同济大学本科教学改革丛书

融入课程　直面挑战

——同济大学竞教结合教改论文集

黄一如　吴志军　主编

同济大学出版社
TONGJI UNIVERSITY PRESS

图书在版编目(CIP)数据

融入课程　直面挑战：同济大学竞教结合教改论文集 / 黄一如，吴志军主编. -- 上海：同济大学出版社，2020.10

ISBN 978-7-5608-9524-6

Ⅰ.①融…　Ⅱ.①黄…②吴…　Ⅲ.①高等学校－教学改革－文集　Ⅳ.①G642.0-53

中国版本图书馆 CIP 数据核字(2020)第 183936 号

融入课程　直面挑战

——同济大学竞教结合教改论文集

黄一如　吴志军　**主编**

责任编辑　张　莉　　**助理编辑**　任学敏　　**责任校对**　徐春莲　　**封面设计**　陈益平

出版发行　同济大学出版社　　www.tongjipress.com.cn
(地址：上海市四平路 1239 号　邮编：200092　电话：021-65985622)
经　　销　全国各地新华书店
制　　作　南京月叶图文制作有限公司
印　　刷　江苏凤凰数码印务有限公司
开　　本　710 mm×960 mm　1/16
印　　张　31.25
字　　数　625 000
版　　次　2020 年 10 月第 1 版　　2020 年 10 月第 1 次印刷
书　　号　ISBN 978-7-5608-9524-6

定　　价　98.00 元

编委会

总　　序

“育才造士，为国之本。”高等教育是一个国家发展水平的重要标志。习近平总书记在全国教育大会上强调：“教育是国之大计、党之大计。要努力构建德智体美劳全面培养的教育体系，形成更高水平的人才培养体系。”本科教育是高校人才培养体系的基石，在推进世界一流大学建设进程中，同济大学始终坚持“本科教育为立校之本，研究生教育是强校之路”的办学理念，遵循学校“综合性、研究型、国际化”发展框架，着力培养具有“通识基础、专业素质、创新思维、实践能力、全球视野、社会责任”综合特质、能够引领未来的社会栋梁与专业精英。

学校于2019年6月起陆续出版的“同济大学本科教学改革丛书”，基于同济大学《一流大学建设方案》和《一流本科教育建设方案》的要旨，全方位、多角度地展现了学校深入推进“双一流”建设，实施“六卓越一拔尖”计划2.0，探索教育教学改革同济模式的全景画卷，对当代大学的本科教育改革提供了全方位参考。

同济大学纵深推进全国首批“三全育人”综合改革试点工作，全面落实立德树人根本任务；开展“大类招生、大类培养、大类管理”联动改革；完善落实“主修专业＋微专业＋辅修专业/辅修学位”进阶式培养模式；构建学科责任岗位、专业责任岗位和课程责任岗位制度，夯实教学基层组织建设；持续加大教学投入，打造一流智慧校园生态。

面向时代要求和技术进步，同济大学专业内涵升级改造和新专业建设并举，全面优化专业布局，已经建设了包括智能建造、智能制造、人工智能等在内的“人工智能＋”专业群；持续推进“卓越人才”“基础拔尖”“荣誉计划”三大模块特色人才培养试验区建设，为拔尖创新人才培养搭高地、建苗圃、育新苗；面向强基计划等拔尖人才培养计划，构建了具有同济特色的

“2＋1＋X”本研贯通培养体系。

在深化科教融合和校企协同育人方面，同济大学持续充实完善学生科学研究、实践创新、全球视野等综合能力培养内涵。学科平台、科研实验室全面向本科生开放，建成全覆盖的“本科生导师制”，依托交叉科研团队构建交叉课程体系，推动科教深度融合；构建政产学研用深度融合的校企协同新模式，落实专业实习实践教育签约实习基地及企业兼职指导老师全覆盖，构建了基于 PBL 的学科竞赛课程体系；打造同济特色的“10－50－100”共生型创新创业教育培养体系；实施意大利、德国海外校区国际交流暑期专项计划，拓展了国际化人才培养教学资源。

“同济大学本科教学改革丛书”的结集出版，凝聚了每一位为推动本科教学改革付出辛勤努力的老师的心血，衷心希望本丛书的出版对持续提高人才培养质量，全面建成综合性、研究型、国际化、世界知名高水平大学起到积极促进作用。未来，学校将继续举全校之力，集全校之智，以目标为导向谋发展，以问题为导向促改革，积极服务国家和区域经济社会发展的战略需求，为加快推进教育现代化、建设教育强国、办好人民满意的教育做出新的贡献。

陳杰

序

同济大学是一所特色鲜明、在海内外具有较大影响力的综合性、研究型、国际化大学。学校时刻把握高等教育发展趋势、面向国家重大战略需求、传承百年工程教育历史经验、发展当代工程教育优势特色，注重发挥优势学科、基础研究和应用基础研究的溢出效应，大力探索建设与发展新时代的同济教育模式。

在“创新”与“实践”相结合的教育教学思想与培养体系下，我校立足科教结合，不断加强创新实践教育，积极探索学科竞赛和创新人才培养的新思路。“竞赛育人、教研兴教、科研兴校”的理念已深入人心，全校师生积极参与学科竞赛的风气更是营造了一种充满朝气与活力的氛围。我校以大学生创新实践平台为载体，引入“在学习中研究、在研究中实践、在实践后反思”的先进教育理念和学习模式，不仅取得了丰硕的成果，还为探索教学模式改革及培养拔尖创新人才提供了新途径。

为进一步宣传我校本科学科竞赛促进教学改革和学院竞赛项目建设成果，广泛交流成功经验，以“竞教结合教学改革和学院学科竞赛项目建设”为主题的教改论文集散发着油墨清香呈现在我们的面前，它以我校教师和教学管理人员在探索本科学科竞赛及竞教结合教学改革过程中的新思路、新做法及其成效的总结为主线，助力“双一流”建设，为我校的本科教育教学改革发展工作服务。其主要内容包括学科竞赛对课程教学改革与发展作用的研究，学科竞赛对推动一流人才培养、专业建设、实践教学等的研究，创新实践育人、学院学科竞赛管理等方面的工作经验和心得，以及与“竞教结合”相关的课程教学成果等。一个个鲜活的案例、生动的描述、鲜明的见解，无不体现出我校教职员工对教育教学工作的认真和执着。阅读这本论文集后，我深刻体会到我校“以学生教育教学为主体”“以学生创新发展为本”的人才培养理念已深入人心。

这本论文集的出版不仅反映了我校教职员工对教育教学的无限热爱和对学生的无私奉献，也体现了他们从教学到实践、再从实践到创新的思维火花反复碰撞的过程。本论文集虽算不上鸿篇巨制，甚至在某种程度上还显得不够成熟，但它却是我校教职员工自己的聪明才智和丰富经验，以及在教学工作中的潜心研究与辛勤教育的心血凝结。

面向未来，我校全体教职员工将继续秉承“竞教结合、创新发展”的教育教学之风，继续深入教研教改，克难奋进、开拓创新，力争在更广的领域、更深的层面开展教育教学研究和竞赛实践活动，以我们的勤勉和智慧，共同铸造同济辉煌的明天，为祖国的建设培养更多的拔尖创新人才！

目　　录

基于PBL-竞教结合课程的创新人才培育模式

同沫宇　黄一如　吴志军
同济大学本科生院

摘要　为了更好地培养和塑造高素质创新型人才，探索具有特色的创新人才培养模式至关重要。因此，有必要在长期的实践教学及创新实践中，引入PBL教学方法，开设竞教结合课程，强调以学生的主动学习为主、以问题为导向的教学改革。本文介绍了PBL教学法的发展现状和优势，并结合学科竞赛项目，阐释了构建基于PBL的竞教结合人才培养模式。该模式使学生做到理论联系实际，突出了创新能力的培养和学生个性发展，提高了学生自主探究和合作解决问题的能力。

关键词　PBL　学科竞赛　创新能力　教学改革

一、PBL教学法的发展现状和优势

作为整合课内外实践教学的重要途径，以及培养学生创新精神及实际解决问题能力的有效平台，学科竞赛在培养学生的综合能力的过程中起到重要作用。

20世纪90年代以来，西方一些国家发起了大规模的教育改革，倡导学生积极适应高速变化的知识型社会[1]。进入21世纪，国外一些高校进行了以项目学习为核心(PBL)的教学改革，取得了良好的效果。

PBL，即Project-Based-Learning，也可以将“P”理解成Problem，一语双关，意味着项目学习是以一个驱动型问题为起点进行发展的。它是一种以学生为中心、强调以学生的主动学习为主、以问题为导向的教学方法。PBL教学法能够提高学生对学科知识掌握程度，同时还能提高学生解决问题的能力，培养学生的批判性思维、协作能力及沟通能力。PBL教学法已经成为全世界范围内研究和应用最多的教学方法[1]之一，对培养应用型创新人才具有实际意义。

二、开展竞教结合工作的基础及实践探索

学科竞赛是培养创新型高素质人才的有效途径之一，是学生对专业知识深入理解、系统整理后进行实践运用的过程[2]。作为创新人才培养的重要载体，学科竞赛也是高校进行“双一流”建设的重要支撑。在教学管理中开展竞教结合工作可以有效促进学科建设和革新教学形式。它以推进素质教育为主题，以提高人才培养质量为核心，是教学质量的检阅与体现，是专业评估、审核评估的重要考察指标。

同济大学着力推进创新与培养方案的融合，全面培养学生的创新意识与能力。自2009年起，学校新一轮培养方案将包括学科竞赛在内的创新能力拓展项目固化到人才培养方案中，将其作为学生本科学习阶段必须要完成主要实践教学环节之一，该培养方案能帮助学生了解科研创新活动的流程，培养学生掌握开展、推进科研创新活动的基本技能。同时，学校将第一课堂作为学科竞赛主要支撑平台之一，使创新培养的理念深植于教育、教学全过程。许多学院也由此派生出理论与实践结合紧密的通识类选修课程，为持续开展相关赛事打下良好的基础。

在倡导“新(兴)工科”和工程教育改革的今天，我国高等工程教育改革发展已经站在新的历史起点，面临着新的机遇和挑战，也对现代、未来工程师应具备的能力与素质提出了更高的要求。在高等教育中，学校要积极促进现有工科的交叉复合，以及工科和其他学科的交叉融合，突出强调创新精神、工程实践能力、表达交流沟通能力、团队合作精神、终生学习能力、职业道德及社会责任等，还要求学生掌握社会人文、经济管理、环境保护等相关知识，丰富学养。教育部实施“高等学校本科教学质量与教学改革工程”建设，以引起高校对培养学生的创新能力和实践能力的重视，激励高校落实实践教学与人才培养模式的改革，不断提高人才培养质量。

为了提供更好的高素质创新型人才培育环境，对特色创新人才培养模式进行积极探索至关重要。为此，同济大学在长期的实践教学及创新实践中，引入PBL教学方法，全面引导学院开设竞教结合课程，强调以学生的主动学习为主、以问题为导向的教学改革，结合学科竞赛项目，构建基于PBL的竞教结合人才培养模式。该模式突出了创新能力的培养和学生个性发展，将使学生做到理论联系实际，提高学生自主探究和合作解决问题的

能力。

为使更多师生认识学科竞赛的教学意义，高校应当加强教学环节对学科竞赛的引领作用，构建并实践“课堂教学-学科竞赛-科技创新”的互动模式，培养大学生的实践和创新能力。在2018级培养方案修订工作中，同济大学以协同创新大实践平台建设为载体，以提高学生综合素质与能力为目标，探索“新工科”人才培养的新模式，引导学科竞赛课程进入培养计划，全面落实学科竞赛进课程。

在2018级培养方案指导原则下，引导学科竞赛进课程，强化学科竞赛的教学引领作用。部分专业在本科教学学时紧张不宜设置新课程的情况下，将竞赛项目融入既有专业课程，建设竞教结合型课程。推动教改创新是一条兼具教学成效和可操作性的新路径。课程建设，保证了竞赛项目的实施，进一步形成了以赛促教、以赛促学的学校环境，提升了教学质量，切实强化了大学生实践能力和创新精神，不断提高了人才培养成效。

三、以学科竞赛为载体，促进课堂教学改革

学科竞赛与相关专业的课程内容和课程体系改革密切相关，有助于推动课程体系的更新和完善[3]。竞教结合课程是专业课程的重要延续，它以培养学生实践能力、创新能力，丰富学生课内所学知识、技能与综合素质为重点，与专业课程共同构成完整的课程教育体系，能够较好地弥补常规教学中存在的重理论传授、轻能力培养的不足。一方面，学生在参与学科与专业竞赛的过程中，能够对所学专业的理论知识进行系统性的梳理，从而巩固所学的专业知识，并将其应用到具体实践中，在应用中分析问题与解决问题，促进专业理论知识的进一步理解和吸收；另一方面，高校通过学科竞赛能够有效地对教学内容进行拓展，更新信息，提高学生的学习能力，落实培养应用型复合人才的任务。

在初步探索中，我校将学科竞赛由第二课堂引入第一课堂，在培养环节设置竞赛类课程，鼓励相关专业以学科竞赛为载体，以学生兴趣为驱动，将竞赛项目嵌入到课堂教学中，引入竞赛中先进的教育理念和学习模式，进一步提高课程教学质量。通过竞教结合课程促进学生创新能力的培养，让学生在基于问题的学习中运用、内化、创造知识，也避免了因突击培训，正常教学秩序被扰乱的情况发生。

竞赛课程采用PBL教学法教学，课堂中教师提出竞赛相关的真实性任

务，把学生的学习过程融入具体的、复杂的、有意义的情景中，鼓励学生通过自主探究和合作，在解决问题的过程中学习和掌握隐含在问题背后的科学知识，从而帮助学生提高解决问题和自主学习的能力。PBL教学法的精髓在于发挥问题对学习过程的指导作用，调动学生的主动性和积极性[4]。而这种以学生为中心，强调以学生的主动学习为主、以问题为导向的教学方法，较好地激发了学生自我学习和自我管理的热情，实现了以赛促学、以赛促建，提高了人才培养质量，为学生走向社会奠定了知识和技能基础。而参加竞赛的结果也反映了学生对所学知识的理解程度和运用能力，继而反映了教学大纲制定的内容是否合理，及时反映了教学中存在的问题，为教学改革提供有用的借鉴，推进课程体系和教学内容的改革，最终形成以学科竞赛为载体，以学生为主体、以教师为主导、以学校为支撑的三位一体人才培养模式。

四、竞教结合人才培养模式的制度建设

高校全面开展竞教结合课程的建设工作，有助于学科竞赛的组织运行实现规范化，常态化以及可持续发展。为更好地持续性发挥第二课堂转向第一课堂的育人功能，需要建立完善的组织保障、制度保障及正向激励措施。本文提出如下两点建议：

(1) 倡导专业教师参与指导相关课程的赛事，具体落实创新人才培养目标。通过赛教结合、赛学相长的形式，同步提升年轻教师的工程实践能力。

(2) 为学生搭建自主选择平台，引导和激励大学生积极参与科研训练，创新学习，推动创新能力培养在本科教学中百分百全覆盖，制定《本科生创新创业成果记录及课程认定管理办法》。

五、结语

在学科竞赛备赛、参赛的过程中，参赛学生和指导教师主动地拓展、加深所学的理论知识。竞教结合课程的教学成效和学科竞赛的成果，最终在学生科技创新能力的提升、科研成果转化的促进以及竞赛延伸度的扩大中得到充分体现。基于PBL的教学模式，利于培养学生的探索精神与创新思维，为学生营造崇尚真知、追求真理的氛围。在与课堂教学有机融合的基础上，以竞赛的方法培养学生的综合能力，促进学校的校风、学风建设，为学校的改革、发展和人才培养注入了新的生机与活力，同时形成长效机制，保障

学生大面积受益，是提升教学质量的有益探索及实践。

学校也会持续推进学科竞赛课程的建设，进一步探索如何构建基于 PBL 的学科竞赛课程体系，继续深化教学改革，提高人才培养质量；全面落实学科竞赛进课程，完善学科竞赛职称拔尖创新人才培养的良性机制，形成 PBL-竞教结合课程模式示范案例，并努力对全国范围内的其他高校形成辐射效应。

参考文献

[1] 叶岩明，余日泰.学科竞赛在卓越工程师创新人才培养中的应用探索[J].计算机时代，2013(8)：71-73.

[2] 杨志斌，赵昕.学科竞赛促进教学改革与创新能力培养[J].实验室科学，2018，21(5)：244-246.

[3] 郭涛，胡小娟.学科竞赛纳入课程体系的探索与实践[J].中国电子教育，2017(2)：77-80.

[4] 米树文. PBL 教学法在解剖学教学中的应用效果分析[J]. 中国医药指南，2013(7)：375-376.

近十年大学生学科竞赛人才培养内涵的变迁与启示

——以同济大学为例

姚智圆　同沫宇
同济大学本科生院

摘要　大学生学科竞赛是推动高校人才培养模式改革，培养拔尖创新人才的重要途径，对培养学生创新意识和综合能力有不可替代的重要作用。本文通过总结近十年同济大学大学生学科竞赛人才培养内涵的变化，对学科竞赛与人才培养的关系进行系统梳理和分析，为新业态下学科竞赛长效发展机制提供经验与借鉴。

关键词　学科竞赛　人才培养　机制建设

一、引言

创新是国家保持领先的原动力，大学是知识创新、技术创新的摇篮。培养大批拔尖创新型人才是一个国家、民族永葆活力、持久发展的根本所在，是大学价值内在的、本质的和时代的要求，也是完成现代大学转型的重要途径[1]。学科竞赛是发现、发挥、发展大学生的优势潜能和个性特色的综合平台，充分契合了德智体美劳人才培养的战略目标，推动并促进教学质量、教学水平的提高。可以说学科竞赛是推动高校人才培养模式改革，培养拔尖创新人才的重要途径。

近年来，学科竞赛数量逐年上升，规模逐年扩大，呈"百家争鸣"之态，并出现"全国普通高校学科竞赛排行榜"等评估性榜单，可见学科竞赛在教育教学、创新人才培养等方面的重要作用愈发凸显[2]。以同济大学为例，已建成国际-国家-省(市)-学校四级学科竞赛体系，获奖面和获奖层次稳中有升。学生参赛整体呈现基础扎实、创新实践能力较强、学科交叉能力较强等特征，学科竞赛的获奖面和获奖层次的显著提高，无论是专业性较强的学科，还是数学、力学、英语等基础学科，在全国均位于前列。学科竞赛结构分布较为均衡，包括工科、理科、文科、医科、思政类、艺术类等；跨学科竞赛成为近年来的发展趋势，促进了学科交叉和不同专业知识的融合；国际学科竞赛成绩斐然，在国际舞台彰显同济影响力。这一方面得益于学校工程教育深厚的历史积淀，另一方面也与学校在人才培养过程中特别注重学生创新实践能力和综合素质的培养分不开。

二、同济大学学科竞赛人才培养内涵的发展

近十年来，同济大学本科人才培养方案历经了三次较大幅度修订。培养方案的每一次修订和改革，都对人才培养改革起到了关键的指导作用，对教学质量的提高起到了积极的推动作用。在学科竞赛方面，这三次修订中均有明确体现，且有明显的内涵变化。

第一次是在 2010 年，培养方案修订强调能力和人格养成，从各专业人才培养目标和标准入手，将能力和人格养成落实到具体的课程和教学环节中，并要有配套的、科学的成绩评价方法作保证。本轮培养方案要求进一步加强实践教学，加强学生创新能力培养，将创新学分作为必备要求，设置创新能力拓展项目，由学生根据“兴趣驱动、自主实践、重在过程、追求实效”的原则自行安排，包括：各类大学生创新性实验计划，赴企事业单位实习或学习、做公益活动志愿者、做专题社会调查、校外（含国外）高校进修等，将综合能力培养和人格养成落到实处。本轮修订第一次在培养方案中明确 2 个学分的创新能力拓展必修课，并出台《创新能力拓展学分认定细则》，主要由学生参加国内外学科竞赛、创新创业项目、学术成果发表、专利申请等方面组成，实现了创新学分的全覆盖。

第二次是在 2014 年，基于学校“综合性、研究型、国际化”框架，建设国际知名高水平研究型大学的办学定位，在“引领可持续发展的专业精英与社会栋梁”的人才培养目标指导下进行培养方案修订，强调深化科教结合，将优质的学科资源转化为优质的教学资源，尊重学生的兴趣、特长，引导本科生参与教师的科研活动。创新能力拓展项目以认定方式取得学分与成绩，依据《本科生创新能力与拓展学分认定管理办法》和各学院（系）创新能力拓展项目认定细则进行认定，包括各类学生创新实践计划、自主实验、学科竞赛、科技发明、学术论文、专题公益活动、学生“进实验室、进教师团队、进

教师科研”等。本轮修订强调科教结合开展学科竞赛和创新实践活动，创新能力拓展必修课的开展形式多样化，与专业教育结合更加紧密，同时重点规划和建设创新创业类的核心通识课程，在专业课程的前段加入激发学生创新思维培养的教学内容，建设了100余门相关的创新创业类的通识课程。

第三次是在2018年，结合国家“建设世界一流大学以及一流学科”的高校发展战略，遵循学校“综合性、研究型、国际化”框架，致力于培养德智体美劳全面发展的社会主义建设者和接班人，努力使每一名学生经过大学阶段的学习、熏陶以后，具有“通识基础、专业素质、创新思维、实践能力、全球视野、社会责任”综合特质，成为引领未来的社会栋梁与专业精英。各学院根据各自学科特点，要求每个专业针对性地设置至少一门以学科竞赛具体赛事内容为主的课程（不同专业可为同一门课程），34个学时，2个学分，卓越专业的学科竞赛课程为必修课；非卓越专业学科竞赛课程，各学院可自定义为必修课或选修课。各专业根据需要，可设置在理论课程环节或实践教学环节，如在实践教学环节，授课形式及内容必须按照理论课程来完成。鼓励相关专业以学科竞赛为载体，以学生兴趣为驱动，将竞赛项目嵌入到课堂教学中，引入竞赛中先进的教育理念和学习模式，进一步提高课程教学质量，通过竞教结合课程促进学生创新能力的培养。让学生在基于问题的学习中运用、内化、创造知识。本轮修订强调学生综合能力培养与课程体系进一步紧密结合，通过课程建设，保证了竞赛项目的实施，进一步提升了学校以赛促教、以赛促学的教学质量。

三、学科竞赛与人才培养内涵变迁原因浅析

对同济大学学科竞赛的人才培养内涵进行梳理的同时，笔者也对清华大学、北京大学、浙江大学、华南理工大学等高校的学科竞赛开展了调研，总结了国内一流高校在学生创新能力培养上的共性和差异，在共性特点上，主要表现为：第一，围绕国家创新创业教育体系的顶层设计，聚焦于人才培养；第二，将创新意识和能力培养融入专业教学标准，加速创新能力培养与专业教育相结合；第三，落地的两大主要抓手为课程教学体系和创新创业实践；第四，通过不断完善相关机制体制建设，健全评价体系，整合资源，打造协同创新的生态链。在差异性上，主要表现为：第一，管理机制的差异，部分高校采取学校统筹引导，各相关部门分工协调的管理体制；部分高校

成立了专门平台，如创新创业学院进行管理；部分高校采取职能部门和交叉平台相结合的方式进行管理。第二，高校特色定位的差异，如清华大学特色为“国际”和“引领”，浙江大学是基于通识教育大框架下的创新创业教育等。

通过上述分析，可以发现学科竞赛的壮大发展与国家发展战略相契合，与社会发展需求密不可分。高校根据自身办学定位和培养目标开展学科竞赛，人才培养是本源核心，竞赛和成果是自然过程。

2007 年至 2017 年是学科竞赛全面融入创新实践大平台、大体系的时期，学科竞赛作为创新人才培养的重要手段日益得到重视。2007 年，教育部正式启动“高等学校本科教学质量与教学改革工程”，首次提出支持大学生开展自主创新性实验，同济大学是“国家大学生创新性实验计划”试点的十所高校之一。同年，国家“质量工程”正式启动，同济大学成为首批获得大学生创新性实验计划六十所高校的第一档类学校[3]。在此背景下，同济大学在培养方案中明确了 2 个学分的创新能力拓展必修课，实现了学生创新能力训练 100%全覆盖。在全校建设具有竞争性的 20 个大学生创新实践基地，构建“国际、国家、省市、高校”四级竞赛机制，覆盖 70%在校生，每年涌现师生创新项目超过 1 000 个；孵化项目获得“挑战杯”大学生课外学术科技作品竞赛特等奖、“挑战杯”中国大学生创业计划竞赛金奖等。这一时期学科竞赛项目和高层次竞赛数量显著增长。据不完全统计，仅 2006—2010 年，全国新增全国性学科竞赛数量达到 85 项；以同济大学为例，从 2007 年开始，学科竞赛参赛类别增长趋势显著，由 2007 年的 38 项增至 2016 年的 153 项；获奖级别逐年提升，省部级以上获奖数量稳定上升。

2018 年至今是学科竞赛与人才培养基础环节全面融合，支撑专业人才培养的重要阶段。2018 年，教育部召开新时代全国高等学校本科教育工作会议，颁布“新时代高教 40 条”，推出一流本科专业和一流本科课程“双万计划”“六卓越一拔尖”计划 2.0，发展四新专业等本科教育教改创新性举措，以新理念直面新时代教与学的新挑战，如何让学习真正激发学生的兴趣和潜能成为此次教育改革的核心任务。2018 年，同济大学全面修订本科培养方案，以培养方案内涵改革为主线，面对未来国家战略和社会需求设计人才培养体系，培养具备学科交叉背景、扎实数理基础、创新思维能力和终生学习能力的高素质复合型人才。在此基础上，全面落实学科竞赛进课程，形成学科竞赛支撑拔尖创新人才培养的良性机制，推动高端人才进课堂，促进科教融合,提升学生创新实践能力和综合素养,全面落实各个专业对学科竞赛工作的投入,达到促进学科竞赛支撑专业人才培养的目的。这一以课促赛、以赛带教,培养跨学科创新型复合人才的理念取得了很好的成效,如土木工程学院桥梁工程系与设计创意学院联合开设的专业设计课——竞教结合课程,其课程作业作为2019年世界大学生桥梁设计大赛总决赛推荐作品获得特等奖的好成绩。

四、启示与思考

通过对同济大学学科竞赛内涵的梳理和相关高校调研,笔者得出以下三点启发和思考:

首先,学科竞赛的本质是人才培养。学科竞赛的发展与国家社会对人才的需求密不可分,需要根据人才培养目标进行系统设计和阶段性调整,最有效的手段是将学科竞赛固化到培养方案中,通过课程体系、实践教学、创新创业教育等关键环节,将学科竞赛贯穿人才培养全过程。通过学科竞赛,激发学生专业兴趣和自主学习能力,将其作为教学改革的重要载体,在人才培养中发挥更为关键的作用。

其次,学科竞赛需要体现特色。国内一流高校均设定了本校学科竞赛的特色,如清华大学的"国际"和"引领",同济大学的科教结合与学科交叉,浙江大学通识教育下的创新创业教育等。只有建出特色,才能发挥各高校的示范、带动和辐射作用,不断延展学科竞赛的宽度和深度。

最后,学科竞赛需要建立长效机制。同济大学于2009年就出台文件,给予学科竞赛指导教师教学工作量和业绩点奖励,彻底地扭转了困扰高校多年的参与实践创新活动教师所付出的工作未被认可和可持续参与度低的问题,在全校范围内形成了需要创新、鼓励创新、乐于创新的校园氛围,极大地调动了全校广大师生的积极性。2018年,引导学科竞赛进课程,部分专业在本科教学学时不足、不宜设置新课程的情况下,将竞赛项目融入既有专业课程,建设竞教结合型课程,推动教改创新,同时保证相关指导实践创新教师的工作量和认可度,是一条兼具教学成效和可操作性的新路径。

参考文献

[1] 杨珏,张文明.以科技竞赛为载体提升大学生创新实践能力[J].中国高等教育,2014(20):30-32.

[2] 陆国栋，陈临强，何钦铭，等.高校学科竞赛评估：思路、方法和探索[J].中国高教研究，2018(2)：63-68.
[3] 廖宗廷，徐沁，张勤.兴趣驱动，重在过程，自主管理——浅谈同济大学大学生创新俱乐部管理模式[J].教育探索，2016(16)：33-36.

高中学科竞赛与高校人才选拔的相关性分析

余　野
同济大学本科生院

摘要　2020 年 1 月，教育部发布《关于在部分高校开展基础学科招生改革试点工作的意见》，明确自 2020 年起，取消自主招生，在部分高校开展基础学科招生改革试点工作（以下简称“强基计划”）。同时明确，对于极少数在相关学科领域具有突出才能和表现的考生，有关高校可制定破格入围高校考核的条件和破格录取的办法、标准。作为国家考试招生制度改革中一个重要的改革举措，本文通过对新一轮招生改革的分析，探索高中学科竞赛与高校人才选拔的内在关系。

关键词　强基计划　高中学科竞赛　人才选拔

一、引言

2020 年，教育部发文出台“强基计划”，同时也宣告了开展十六年的自主招生改革退出历史舞台。然而，无论是已被叫停的自主招生还是新出台的“强基计划”，都不免让人对其中一个内容产生关注——奥林匹克竞赛，简称奥赛，也就是通常人们所说的数学、物理、化学、生物、信息学五大学科赛事。近年来，政策始终在变，而有关奥赛的争论却始终伴随着高考改革的进程。在高校人才选拔这个环节中，高中生的学科竞赛究竟发挥着怎样的作用，反之，“强基计划”的出台对“学科竞赛是否必要”这样一个充满争议的话题会带来怎样的影响呢？笔者通过对此次改革的分析，浅谈高中学科竞赛与高校人才选拔的相关性。

二、“强基计划”与自主招生的联系及区别

要理解当下“强基计划”的改革，需要回溯高考改革的进程，看看当初为

何而改？2003年，自主招生改革启动，本质是为了解决传统高考发展到当时出现的一系列弊端，包括唯分数论、应试教育、衡量标准固化等[1]。各高校充分发挥创新精神，在逐年的尝试和积累中总结经验、完善做法，基本形成了一套笔试与面试相结合的考核方法，表现优异的考生可享受不同分值的录取优惠。但社会上有关“小高考”“掐尖儿”的各种论调反而弱化了其改革的意义。

2015年，教育部新规出台，收紧了自主招生的各项政策，不允许在高考前进行任何形式的选拔测试，也不允许由中学或中学校长进行推荐。这意味着高校要在超大规模的自荐报名学生中，完全凭报名材料确定通过的人选，而且是按照自主招生计划数放大一定比例来进行名额限制，这意味着高校在材料审核这一环节必须精准，更重要的是必须公平。选拔考试被取消，自主招生与相对公开、可靠的五大学科竞赛挂钩是当时高校的最优选择，也是迫不得已的办法。

现在看来，自主招生在一定程度上确实解决了当时出现的问题，然而，越来越狭窄的选才范围，为了招生而招生，奥赛仅仅成了名校的敲门砖，其代表的所谓“偏才怪才”在选拔之外并没有任何的针对性评价及表现。这一系列问题暴露了自主招生改革缺乏成熟完善的顶层设计，服务于招生但也仅仅止步于招生。自主招生的终止似乎是迟早要发生的事。

自主招生仅仅是高考改革的一个过渡，高校这16年的改革和探索为现在的“强基计划”乃至今后的招生培养体系化改革积累了宝贵的经验。2020年，“强基计划”的出台，是高考改革发展的一个必然。看似作为自主招生的替代品，但二者相似却又完全不同。

首先，“强基计划”与自主招生的选才定位不同。自主招生明确选拔具有学科特长及创新潜质的学生，针对的是大家通俗意义上说的“偏才怪才”，而“强基计划”则面向的是“有志于服务国家重大战略需求且综合素质优秀或基础学科拔尖的学生”[2]。“强基计划”的选拔，兼顾综合表现及个别方面的突出，这在各高校出台的选拔细则中可以明显看出，招生对象兼顾两类人群，一是高考成绩优秀的，二是在相关学科领域具有突出才能和表现的奥赛生。

其次，“强基计划”与自主招生的招生专业不同。自主招生自出台以来，从未限定高校招生专业的范围，即使在选拔时明确提出了学科竞赛成绩的要求，但数学、物理、化学、生物竞赛作为入围的门槛，也不限定于报考竞赛相关的基础学科专业，这也是奥赛成为名校敲门砖的一个主要原因，但其导致学生自身所具有的学科特长在入学专业及培养上的相关性始终偏低。而“强基计划”强调突出基础学科的引领作用，限定高校在数学、物理、化学、生物、历史、哲学等专业进行招生，且明确入校学生不得转入其他专业，在这一要求下，以学科竞赛成绩报考相关专业的学生，其专业与相对应的学科竞赛相关联，可以充分发挥考生在某一领域的特长。

再次，“强基计划”与自主招生的录取方式不同。自主招生一直沿用降分录取的方式，即在高校普通本科录取分数线下优惠一定分值予以录取。而“强基计划”将考生高考成绩、高校的校测以及学生的综合素质评价等按照一定比例折算为综合成绩，从高到低排序录取。在这一方面，自主招生更强调政策优惠，而“强基计划”的定位为“多维度考核评价”。

最后，“强基计划”更重培养。自主招生仅仅设计成为招生改革，招生与入校后的培养脱节。“强基计划”则明确要有小班化导师制、强化基础学科的本科教育、本硕博衔接的培养模式等，种种要求释放出的强烈信号就是，要让大学招生服务于人才培养，成为学生成长保障通道。

三、学科竞赛在“强基计划”中的地位与作用

1. 破格入围

“强基计划”针对极少数在相关学科领域具有突出才能和表现的考生开辟了特殊通道，从试点高校公布的招生方案来看，学科竞赛考生的破格入围条件相较普通高考考生来说确实非常宽松。凭借高考成绩入围的学生，其高考成绩在达到一批本科控制分数线以上一定分值的基础上，按照招生计划放大相应比例，排序确定入围校测名单。而对竞赛考生来说，大部分学校仅要求达到一批本科录取控制分数线即可入围高校的校测，同时也明确该部分破格入围的考生不占用凭借高考成绩入围考生的名额。

2. 录取依据

“强基计划”要求以高考成绩占比不低于85%，校测成绩占比不高于15%折算的综合分作为入围考生的录取依据，从实际情况来看，除个别高校外，各高校均将高考成绩及校测成绩比例固定在了85%和15%。通过学科竞赛入围的考生在录取时，综合分不能低于通过高考成绩入围考生的录取最低综合分。

对高考成绩优秀的考生来说，在现在的高考成绩区分度已经极度减弱

的情况下，15%的校测评分是真正能拉开差距、决定是否被录取的一个重要部分。然而，对于学科竞赛入围校测的考生来说，85%的高权重高考成绩却意味着，即使校测表现十分优异，高考成绩的影响仍然不可忽视。按照大部分省份高考成绩满分750分作为测算依据，如果校测满分为100分，同时将最终综合成绩满分折算为100分，减少20分的高考成绩，就需要用约15分的校测成绩来弥补。这样一个评价的依据，决定了校考很重要，但对于竞赛考生来说，高考成绩能否不拖后腿才是最终录取与否的决定因素。

四、学科竞赛的不足

"强基计划"以高考成绩作为门槛，在最大程度上保障了招生的公平性，又通过15%的校测评分实现了高校评价、选拔考生的自主性。"强基计划"校测在高考结束之后进行，测试的范围与考核方式必定会与高考有所区别。虽然竞赛考生考试经验更为丰富，同时个别方面突出的表现必然会转化为学校校测评分的优势，但竞赛考生在发挥其学科特长入围并参加校测之后，最终还是需要回到高考本身，本质上，需要其既发挥某方面的突出潜质，也需要其在文化成绩各方面保持均衡。学科特长引领，全方面综合发展，表现良好才能够获得名校的青睐。

我们在跟踪调研自主招生入校考生与普通高考入学的考生在学校的表现上发现，两类学生在校总体表现相当，在学习成绩、考研升学、实践活动及奖励等各方面表现都相对均衡。学科竞赛作为过往自主招生的一个准入指标，学科特长优势如此明显的学生入校后的表现却似乎显得乏力，这与前文提到的，缺乏有效机制保障有着密不可分的关系。

"强基计划"的出台，将选才与培养有效结合，选拔对基础学科有兴趣或有突出潜质，且综合表现优秀的学生，在本科阶段进行基础学科的强化，实现本硕博衔接的厚基础、重交叉的体系化培养。根据对在校生、毕业生的跟踪调查，通过反馈信息不断完善培养方案和培养模式，并持续改进招生和培养工作，由此才能形成一个完整的闭环。

五、结语

"强基计划"作为一个全新的招生项目，新进入考生及大众的视野。不论是对招生专业的限定还是对高校有关人才培养的高要求，都表现出了其势必要改变自主招生所带来的诟病的决心。

这样一个选拔考核方式的设计，将逐渐对中学生形成一个正向的引导，在家长及考生投入学科竞赛前，需要更慎重的权衡和思考，不盲从、不跟风。让学科竞赛回归其本质，让真正有兴趣、有特长且学有余力的学生去发挥优势。真正的学科竞赛，不应是一项人人都参加的普及性活动，需要针对性的选才策略、配套的培养措施、国际化的视野，学科竞赛的结果不能过于功利。我们期待“强基计划”能真正将招生与培养有效结合，着力实现学生成长、国家选才、社会公平的有机统一。

参考文献

[1] 柳博.新高考制度改革的现状与思考：制度变迁的视角[J].中国高教研究，2020(1)：35-41.

[2] 中华人民共和国教育部.关于在部分高校开展基础学科招生改革试点工作的意见[EB/OL].(2020-01-14)[2020-7-30]. http://www.moe.gov.cn/srcsite/A15/moe_776/s3258/202001/t20200115_415589.html.

立德树人背景下高校思想政治理论课竞赛教学及在人才培养中的作用

——以同济大学“使命与担当”社会实践与创新竞赛为例

李雅茹
同济大学马克思主义学院

摘要 本文结合同济大学思想政治理论课“使命与担当”社会实践与创新竞赛，探讨立德树人背景思想政治理论课竞赛教学的设计、组织和实施，以及在人才培养中的作用。

关键词 立德树人 高校思政课实践教学 竞赛教学 实践探索

在2018年9月全国教育工作大会上，习近平总书记要求：“要把立德树人融入思想道德教育、文化知识教育、社会实践教育各环节，贯穿基础教育、职业教育、高等教育各领域，学科体系、教学体系、教材体系、管理体系要围绕这个目标来设计，教师要围绕这个目标来教，学生要围绕这个目标来学。”高校要把思想政治工作贯穿教育教学全过程，坚持立德树人，实现全程育人、全方位育人，激发学生的使命与担当意识，切实提升学生综合素质。本文基于同济大学思想政治理论课(以下简称思政课)“使命与担当”社会实践与创新竞赛活动的实践，探索立德树人背景下竞赛教学在人才培养中的作用。

一、思想政治理论课竞赛教学的设计、组织和实施

建构主义理论要求以学生为中心，强调学生对知识的主动探索、主动发现和对所学知识意义的主动建构[1]。高校思政课实践教学是一种寓教于“行”的教学过程和教学方法[2]。它是以教学计划为依据，以形式多样的活动为载体，让学生在实践中接受教育所开展的教育实践活动。竞赛教学在课程的教学实践中早已得到广泛的运用，它对于提高学生学习的积极性，促

进学生思考问题，提高学生的综合素质都起到非常积极的作用。高校思政课当下面临的现实情况和立德树人的要求，需要高校继续深化思政课教学改革，充分发挥好竞赛教学的作用。

（一）竞赛设计

要围绕思政课实践教学目标，设计竞赛活动的目的、竞赛内容和竞赛环节。

1. 竞赛目的

在思政课竞赛目的设计方面，要紧紧围绕教育部对高校人才培养的目标进行，与时俱进，与时同行。2018 年第四届同济大学"使命与担当"社会实践与创新竞赛目标：深入学习党的十九大精神，贯彻落实习近平总书记全国教育工作大会讲话精神，培养"德智体美劳"全面发展的社会主义建设者和接班人，引导大学生运用马克思主义理论视角关注社会、关注民生、关注时政，锻炼学生创新思维和批判性思维，使青年学生全面客观认识当代中国和世界，正确认识时代责任和历史使命，倡议"青春理想与中国梦同向、青春奋斗与新时代同行"。此目标的设计，结合思政课特点，将党的十九大内容、习近平总书记在全国教育工作大会讲话精神有机融合。

2. 竞赛内容

以"马克思主义基本原理概论""中国近现代史纲要""毛泽东思想和中国特色社会主义理论体系概论""思想道德修养与法律基础"本科四门思政课为主要内容，突出形势与政策、社会热点、理论热点、校史校情等与学生息息相关的内容，引导学生从书本走向校园，走向社会，将思政课内容更好地与"校情、社情、世情"相结合。

该竞赛所有题目均由四门课程的教研部主任和博士生导师命题。命题者理论功底深厚，且长期从事思想政治理论教育一线教学工作，对学生的知识水平和认知结构有深入了解。在辩题的选择上，由马克思主义学院博士生导师、教授拟定多个辩题，然后在综合分析、比较的基础上从中优选最具有社会现实性、学理性和可辩性的辩题作为决赛的辩题。如第一届"使命与担当"决赛的辩题之一是"中国道路是否具有世界意义"，该辩题得到了出席活动的专家、评委、学生的一致好评。中国道路是政治性话语，它客观上要求学生在准备辩论时，不仅要将这一政治话语的内涵讲清楚，还要求他们与本专业的实际、社会实际相结合，同时还要与"中国梦"联系起来并将之作为内容展开辩论，这就能够引导学生在这一过程中关注民生、关注社会、关注中国未来，从而真正达到学以致用的目的。

3. 竞赛环节

创新竞赛环节设计，培养学生团队合作精神和思辨能力。整个竞赛分为初赛、复赛和决赛三个阶段。初赛和复赛环节，着重考察选手的思政课基本知识、理论热点等问题。选拔初赛人数的15%进入复赛。在复赛环节，采取三人团队合作的方式，选取排名前十的小组进入决赛。在决赛中，通过团队风采展示、客观答题和辩论赛形式，决出最后的获奖者。

（二）竞赛组织

1. 建立“使命与担当”社会实践与创新竞赛的长效机制

成立了“使命与担当”社会实践与创新竞赛组织委员会，负责竞赛的筹划与组织工作，委员会成员由学校本科生院主管实践教学的副处长、马克思主义学院的院长、马克思主义学院主管本科教学工作的副院长、四门思政课教研部主任和其他骨干构成。同时与学校本科生院、校团委、校宣传部等部门密切合作，保障比赛顺利进行。由学校本科生院划拨竞赛经费，为竞赛提供经费支持和保障。

2. 依托马克思主义学院学工办、院分团委，依靠研究生进行竞赛的组织工作

赛事的举办单纯依靠教师是无法完成的。目前在国家重视思政课的大好形势下，高校马克思主义学院教师的教学科研任务都非常繁重，竞赛中大量的组织工作可由马克思主义学院的研究生来完成。这对学生来说是很好的锻炼机会，同时学生可得到适当的工作津贴。同济大学每年“使命与担当”赛事的举办，都会依托马克思主义学院学工办、院分团委，依靠研究生进行竞赛的组织工作。研究生在组织赛事过程中表现出了极大的热情，承担了组织管理、联络沟通、宣传等大量工作。

3. 构建“使命与担当”社会实践与创新竞赛网络支持平台

设立了专门竞赛网站，有大赛简介、大赛动态、下载专区、竞赛帮助、往届回顾、报名入口等版块，便于参赛学生了解竞赛内容和要求，方便学生网上报名。四门思政课任课教师在课堂上通知学生关于参赛事宜，学生在教室里就可以通过扫描二维码报名，利用学校教务处网络系统平台、微信公众号、微信群等传播平台和手段，确保信息沟通和竞赛的高效运行。

（三）竞赛实施

每学年9～11月举办竞赛。10月进行初赛，复赛和决赛在11月举行。

在竞赛前期、中期和后期，重视传播的作用，建立了竞赛专门网站，便于学生了解大赛信息。在学校学院官网、学校官微不时进行信息推送，达到广为宣传的作用。通过公开媒体报道、学校相关部门反馈信息、学生参赛感言等渠道了解竞赛效果，对竞赛效果进行评估。上海教育电视台、中新网、东方网等十余家媒体对竞赛进行报道。

二、思想政治理论课竞赛教学对人才培养的作用

“才者，德之资也；德者，才之帅也。”习近平总书记2018年5月在北京大学师生座谈会上引用的北宋司马光《资治通鉴·周纪一》中的这段话意思是，才能是德行的凭借，德行是才能的统帅。人无德不立，育人的根本在于立德。习近平总书记在此引用，旨在强调人才培养一定是育人和育才相统一的过程，要把立德树人的成效作为检验学校一切工作的根本标准，真正做到以文化人、以德育人，不断提高学生思想水平、政治觉悟、道德品质、文化素养等。通过思政课竞赛这种实践育人方式，可以完善人才培养机制，达到育人目标。

（一）调动学生学习思政课知识的积极性

“使命与担当”竞赛为学生提供一个自我展示的平台，得到了学生的积极响应。每年报名人数都能超过1 000人，2018年更是达到了1 900余人。学生参赛热情很高，各小组围绕竞赛的知识点、演讲内容、辩题进行了积极的准备、讨论。在这一过程中，学生的学习潜能和创造力被充分调动起来，主动地进行思政课程学习。同时，学生也在自己参与、亲身感悟竞赛的过程中体会到思政课学习的趣味，从而进一步认识到思政课的价值和魅力。

（二）培育大学生对主流意识形态的认同

参赛选手在准备过程中，通过对近代以来历史人物、历史事件的剖析，对现实不良现象的揭露和反思，弘扬了社会正能量，树立了自身正确的世界观、人生观和价值观，从而在潜移默化中培育其对主流意识形态的认同。通过古今对比、中外对比、今昔对比，大学生感受到中国特色社会主义的优越性，从而自觉地承担起中国特色社会主义建设的责任，争做社会栋梁，为实现中华民族伟大复兴而不断奋斗。

（三）促进大学生创新思维能力的提升

举办竞赛，使思政课内容由书本延伸到校园、社会，丰富了思政课实践教学。通过合理设置竞赛内容与环节，满足学生的好奇心，充分调动学生的

探索兴趣和求知欲，增强对新事物的敏感性，从而激发他们的创新热情，使学生乐于创新，以创新为荣，自觉按事物的客观规律去创新，将创新热情投入到为中华民族的伟大复兴而奋斗的大业中来。

（四）促进理论教学与实践教学进一步结合

通过举办思政课竞赛，可以推进思政课实践教学环节的改革，使得教学内容具有一定的针对性，丰富思政课实践教育理论，促进理论教学与实践教学进一步结合。同时，面向全校学生举办思政课竞赛也可为高校开展思政课竞赛活动提供一定参考和借鉴。

（五）探索创新实践路径，建立和完善思政课“立德树人”的长效机制

思政课的竞赛教学，使“立德树人”工作能够全面协调可持续发展。通过该项目的实施，更进一步增强了思想政治教育的针对性、实效性、亲和力和感染力，贴近实际、贴近生活、贴近学生，为学生健康成长营造良好的环境氛围，把德育渗透于竞赛教育教学的各个环节，把思想政治理论课德育和整个育人工作统一考虑、统一部署、统一落实，从而构建全员、全方位、全过程育人的有效机制[3]。

三、结语

以思政课实践竞赛为载体，突出思想政治理论课竞赛在教育理念、内容、方法、管理、环境及评价上的创新。在项目实施过程中，不仅要对大学生开展世界观、人生观、价值观的教育，更要提高他们观察问题、分析问题、解决问题的能力，着眼于学生的全面发展。该项目的实施，有利于学生将自己与中国的过去、现在和未来紧密联系起来。该项目活动中的“使命”是历史的使命，“担当”是现实的担当，现实的担当其实是着眼于实现“中国梦”这个目标。中共中央办公厅、国务院办公厅印发的《关于深化新时代学校思想政治理论课改革创新的若干意见》中强调：“大学阶段重在增强使命担当，引导学生矢志不渝听党话跟党走，争做社会主义合格建设者和可靠接班人。”[4]本项止实施旨在于此。

参考文献

[1] 宋敬敬.高校教学方法研究与改革实践[M].长春：吉林大学出版社，2015.
[2] 邱家洪，石加友.立德树人视阈下思政课实践教学的模式构建及实现路径——基于重庆交通大学改革探索的案例分析[J].南方论刊，2017(6)：91-93.

[3] 吴潜涛，王维国.增强亲和力、针对性，在改进中加强思想政治理论课[J].思想理论教育导刊，2017(2)：7-9.
[4] 中共中央办公厅，国务院办公厅.关于深化新时代学校思想政治理论课改革创新的若干意见[EB/OL].2019-08-14[2020-01-15]. http://www.gov.cn/zhengce/2019-08/14/content_5421252.htm.

以竞促学——土木工程专业大学生创新人才培养模式研究*

熊海贝　李国强　沈水明

同济大学土木工程学院

摘要　以竞促学是一种以竞赛方式激励学生挑战自我、追求卓越的创新人才培养模式。以竞促学的内核要素是竞赛内容、竞赛模式、竞赛平台和激励机制。以同济大学土木工程学院创办的大学生创新竞赛为案例，详细介绍了以竞促学的定义、目标、四大主要模式和四大竞赛平台，以辐射效果和学生收获验证了以竞促学的成效。

关键词　学科竞赛　土木工程　创新人才　培养模式

一、问题的提出

教育，关系着每一个人的生存与发展，是民族振兴的基石，是创新进步的源泉。教育成就未来。“教育兴则国家兴，教育强则国家强。高等教育是一个国家发展水平和潜力的重要标志”。“当前，我国高等教育办学规模和年毕业人数已居世界首位，但规模扩张并不意味着质量和效益的增长，走内涵式发展道路是我国高等教育发展的必由之路”[1]。

土木工程师肩负着创造可持续发展世界和提高整体生活质量的神圣使命。未来的土木工程师不仅是民生工程的建设者，还应该是风险和不确定性管理者、公共政策制定的倡导者、全球环境和可持续发展的引领者[2]。面对21世纪资源短缺、人口增加、健康威胁等挑战，我们要思考如何培养敢于直面挑战，且善于应对复杂问题的未来土木工程专业人才。

据不完全统计，我国开设土木工程专业的高校有500多所，每年培养土

---

* 上海科委科技计划(20DE6802300)“未来土木工程师启航培育课程建设与实践”，同济大学精品类通识选修课程建设“创新实践与案例分析”。

木工程专业学生 8 万多人，这些学生中 80%及以上从事与专业对口的岗位，如建筑工程，桥梁工程，隧道工程，地下建筑工程，水利工程和城乡设施建设等的设计、施工、管理和房地产开发。如何培养具有扎实专业基础理论，且具备为国家建设和发展提供新思想、新理论、新方法和新发明的创新能力的专业人才，成为我国土木工程师创新人才培养的关键问题。

同济大学土木工程学院，经过二十多年的探索和实践，走出了一条以竞促学的创新人才培养之路。在全国高等学校土木工程专业指导委员会的支持下，创建了四个特色分明的土木工程专业大学生自主创新竞赛模式和校际交流平台，在全国高校开展大学生自主学习、追求卓越的创新教育培养实践，有效引领和推动了全国土木工程大学生创新人才的培养。

二、以竞促学内核建设

1. 以竞促学的定义

以竞促学是以竞赛方式激励学生树立目标、挑战自我，促进学生自主学习并创新性解决问题的一种培养模式。以竞促学目标是培养大学生面向国家未来可持续发展，着眼学科前沿，通过竞赛交流，挖掘自身潜力，增强实践能力、创新能力和社会责任心。

2. 以竞促学的定位

(1) 多方位平台建设，基于兴趣驱动、目标导向，激励学生自主创新、自主完成创新课题，勇于接受挑战，善于解决复杂问题。

(2) 鼓励多学科交叉，多种思维模式碰撞，针对社会热点问题，自主提出创新项目，并通过国家级、市级或校级创新培训项目的实践，使学生关注民生，关注社会，树立家国天下的远大抱负和社会责任心。

(3) 建立“学生自主管理、教师积极引导、学校大力支持”的可持续发展的长效机制，培养学生组织管理能力，交流沟通能力和时间统筹能力及领导力，扩大受益面，提升整体创新水平。

3. 以竞促学的内核

以竞促学的重要内核是竞赛内容、竞赛模式、竞赛平台和激励机制。

(1) 竞赛内容

竞赛内容是最根本的内核要素。这里的竞赛指的是与学科相关的竞赛。土木工程专业隶属工程学科，培养掌握各类土木工程学科的基本理论和基本知识，能在房屋建筑、地下建筑、道路、隧道、桥梁建筑、水电站、港口及近海结构从事规划、设计、施工、管理和研究工作的高级工程技术人才[3]。因此,竞赛内容的设计必须面向土木工程、面向学科前沿发展。需要以学生的已学知识为基础,设计出有挑战性的复杂问题,激发学生主动学习,即:①运用已学的知识去自主查找和学习新的知识;②运用已知的方法去交流探讨和摸索新的方法;③运用已有的资源去挖掘和尝试更新的资源。

土木工程专业与人民生活息息相关。竞赛内容以房屋建筑、桥梁道路、地铁隧道的设计、施工和建造为背景和主题,通过不同的方式,激发学生探究的兴趣和热情,从而实现自主学习、挑战自我、追求卓越的培养目标。

例如,混凝土轻舟赛,看似一个与龙舟赛类似的体育活动,其实是集材料设计、船型设计、结构设计、建造施工、文化表现以及划船竞技于一体的综合性创新竞技活动(图1)。其中材料设计的难点是轻质高强混凝土的配比,其对应课程知识是土木工程材料。但课程中仅介绍普通混凝土材料,而不是轻质高强的混凝土配比。这就需要学生自己探索和学习最新科研成果,并根据赛题要求设计最优材料配比,再经过试验验证其有效性。整个过程培养了学生的自学能力、分析能力、试验能力和科研能力,同时培养了学生交流合作能力。再如其中的结构设计,要求学生设计的船体要轻、要薄,但

图1 混凝土轻舟赛竞赛内容

同时要能承受两个学生或四个学生在划船竞赛中的自身质量，满足在快速直行、转向中的低阻力和高抗扭转性能等。这与课程中学习到的荷载、荷载效应、荷载最不利分布、结构力学、混凝土结构基本原理（抗弯、抗剪、抗扭）等理论知识相关，但又不同于建筑相关知识，要学会船体结构在受到水浮力、人员集中荷载、水流阻力等时的设计方法。由此可见，一个优秀的赛题是经过精心设计和不断完善的，是基于课程专业知识又超出课程学习目标要求的，是需要学生"跳一跳才能够得着"的挑战性项目。

（2）竞赛模式

竞赛的方式方法多样。学科竞赛有考卷答题式、讨论、宣讲、展示或设计、建造、加载等方式或混合式。本文针对同济大学土木工程学院主办或创办的项目作简单介绍。

● 模式 1：结构赛模式

同济大学土木工程学院于 2000 年在我国高校率先开展了"同济大学大学生结构模型设计竞赛"（以下简称"结构赛"），其目标是培养学生设计能力、动手能力和创新能力。其方式是发布基于工程热点问题的开放性赛题，学生组队报名，学校为学生提供统一的材料和工具，学生在规定的时间内完成设计及制作，并最后进行加载试验，满足赛题要求且自重最轻的模型获胜。"结构赛"着力考查学生对房屋、桥梁等结构的设计、模型制作和模型试验等能力，旨在鼓励学生动手实践、学以致用，探索结构的奥秘并给出创新性设计，如图 2 所示。

图 2　"结构赛"模式

“结构赛”模式很快在全国兄弟院校开展。2004 年，同济大学主办第一届“华东地区高校结构模型设计邀请赛”。“华东赛”以“星星之火”点燃全国大学生结构设计赛的“燎原之势”，推动了全国各高校举办结构设计赛，成为 2007 年第一届“全国大学生结构设计大赛”的基本模式，有效推动了土木工程大学生创新人才的培养。

● 模式 2：论坛模式

论坛模式重在学生自主选题、自主创新，探索以项目为载体的研究性学习和个性化发展方式，激发学生学习的主动性、积极性和创造性。

在全国土木工程专业指导委员会的领导下，同济大学土木工程学院于 2008 年开展了“全国土木工程专业大学生创新实践成果”评选活动；2010 年创办了“第一届全国土木工程大学生创新论坛”。论坛包含创新论文汇报、创新成果展示、趣味创新活动等环节，还包含院士讲座和工程技术参观。学生在学习和交流中拓展眼界、开放思维、充分交流、互相学习。虽然不像竞技活动那么紧张激烈，但轻松的环节可以更好地培养学生开放包容的态度和挑战自我的能力，更全面地培养学生的自主学习能力、科研能力、工程能力和创新能力。为了更好地服务于创新人才培养，两年一届的论坛以专著的方式出版，图 3 为同济大学出版社出版发行的《第一届全国高校土木工程专业大学生论坛论文及创新成果集》。

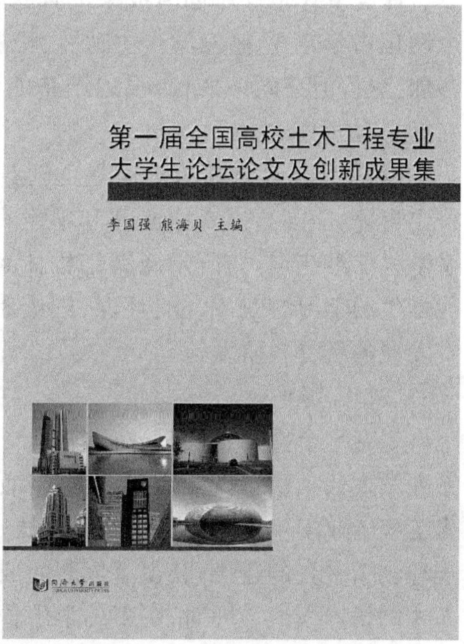

图 3　创新论坛大学生创新成果

● 模式 3：创造模式

创造模式重在创造出新的作品，实现一定功能。该模式覆盖面更广，往往需要多学科知识融合，要求学生不仅具有创新思维能力，还要具备解决问题的设计能力、动手能力、制作能力，并对产品应用有一定的关注。学生不仅要介绍作品的设计理念、制作方法，还要展示作品的功能和应用预期。特邀企业专家和高校教授组成的评审小组根据作品的实用性、创新性、可操作性和美观性等按不同学科领域进行分类评选。

2013年,同济大学土木工程学院在上海市教委的支持和上海创造学会的协助下,以“创造使生活更美好”为主题,开展的“上海市大学生创造杯大赛”,涵盖土木、机械、电子、信息、交通、环境、设计等专业,覆盖上海市20多所高校(含高职高专),旨在鼓励学生关注社会、关注生活、注重学科交叉,用多学科的知识进行产品研发。

● 模式4:评奖模式

评奖模式是针对创新成果的评选,探索以项目为载体的研究性学习和个性化培养方式,激发学生主动性、积极性和创造性。虽然学生没有在一起参加比拼,但在同一平台,根据颁布的创新成果评选要求申报参选项目,并在指定时间答辩。

以“全国土木工程专业大学生创新实践成果奖评选”为例。该评选包含校内自评、全国高校专家函评和学生现场答辩三个部分。参选项目紧密联系学科前沿热点,如研发新型结构体系,思考突发事件解决方案,面向新时代学生的学习游戏,节能、环保、固废利用、雨水收集技术,以及面向绿色建筑发展的新材料研发等。

(3) 竞赛平台

竞赛平台需要顶层设计和搭建。土木工程学院率先在院级层面搭建一系列学生活动平台,继而在全国高校教学指导委员会的指导下,面向全国土木工程专业学生开展了以结构赛模式、论坛模式、创造模式和评奖模式的四连环创新平台的建设,获得了显著的成效,引领和开创了全国土木工程创新人才的培养模式。同时,更多的学生积极参加各学科组织的创新竞赛,如全国大学生水利工程设计大赛、桥梁大赛、土力学大赛等。以点带面,形成了重点突出、多元发展、全员投入的良好局面。

为了更好地培养国际化创新复合人才,同济大学土木工程专业学院学生成立了美国土木工程师学会国际学生同济分会(ASCE-ISG),通过此平台,学生们“走出去”与国外一流高校学生同台竞赛,取得了令美国土木工程师学会和高校师生羡慕的成绩,并协助河海大学、浙江大学、西南交通大学、大连理工大学等高校的学生参加国际赛事。

(4) 激励机制

良好的激励机制是保证创新竞赛可持续发展的必要条件。为此,同济大学于2012年颁布了校级文件，有力促进我校高素质创新型人才的培养，特别是卓越人才培养计划的实施。该文件明确了学分认定的规则、标准和内容；量化给出各种竞赛获奖、论文发表、专利授权和项目完成对应的学分和成绩；并明确了认定程序、成绩记载和认定时间。在该激励政策的鼓励下，学生有了动力，教师有了积极性。同时，每两年召开专题总结大会，表扬先进，分享经验，有效带动了全校师生投入创新人才培养。

三、以竞促学培养模式的创新特色

以竞促学培养模式以学生发展为根本，以"信任、尊重、支持"的教育理念，激发学生"自主学习、勇于探索、努力实践、追求卓越"的自主创新潜能，全面实现土木工程大学生创新人才培养的目标。

1. 竞赛模式特色鲜明，竞赛平台多样全面

从注重结构设计和竞争的华东赛，到注重成果交流的全国大学生论坛；从注重以项目为载体进行研究性学习和创新，到注重多学科交叉的产品研发，为学生开展各种形式的创新活动提供了交流平台，促进了我国高校土木工程专业大学生的创新教育、展示和交流。

2. 创新竞赛导向明确，创新成果精彩纷呈

从自主性、科学性、创新性、实用性和可持续性的维度，提出了定性与定量相结合的大学生创新成果评价方法，引导和鼓励大学生关注民生、关注学科发展，培养学生发现问题和创新性解决问题的能力及社会责任感。

3. 自我管理自主学习，自主创新追求卓越

从创新基地到创新组织，再到管理机制，倡导和实施"学生自主管理、教师积极引导、学校大力支持"的学生"传帮带"的创新教育机制。提倡学生在课程之外自主拓展知识广度，自主加强知识深度，并融会贯通解决复杂问题，提出创新概念，精益求精、追求卓越。

四、以竞促学培养模式的辐射效应

土木工程专业大学生创新校际平台已经在全国高校土木工程创新活动中得到了广泛应用，对促进全国土木工程专业的创新教育、激励学生的自主创新发挥了重要作用。

1. 结构赛的辐射效果

作为全国校际结构设计赛的首创赛事，"结构赛"以"星星之火"，点燃了全国大学生结构赛的"燎原之势"，我国越来越多的高校相继组织了各自的校内结构设计竞赛。"华东赛"成功创办后的第三年，浙江大学牵头举办"第一届全国大学生结构设计竞赛"，同济大学在承办"第三届全国大学生结构设计竞赛"时，将"华东赛"的"统一材料、统一制作、统一时间"的先进、公平竞赛模式引入全国赛，成功沿用至今。

结构设计竞赛因其知识应用的综合性、竞争的公平性和团队性，得到中学生的喜爱。自2012年起，同济大学面向中学生举办了八届全国中学生结构大赛，近30个省(直辖市)的示范高中参加了此项活动。自2013年起，我国建筑设计行业实力最强的华东建筑设计研究院，也将结构赛作为团队建设、凝聚力工程和创新思维的年度活动。担任该活动评委的设计大师感慨地说："别小看这些结构竞赛作品，它们是未来土木工程结构发展的方向，是非常有意义的以专业为导向的团队建设活动。"

2. 评选标准的引领效果

注重自主性、科学性、创新性、实用性和可持续性的评价原则，引导和培养学生树立正确的研究方法和价值观念，从而实现创新人才培养的目标，引领土木工程创新教育。

结构赛评选标准注重结构性能，鼓励创新，鼓励挑战极限。赛题内容与土木工程的前沿发展紧密相连，含建筑、桥梁等多种结构形式，考虑静载和动力等多种作用方式，激发学生关注多灾害下结构的安全、关注绿色发展。大学生论坛，重在学生间的交流与开拓，以及学生组织能力的培养。创新实践成果强调学生主动关心社会热点及工程发展，强调独立思考与合作交流的统一。创造杯大赛重在专业交叉，强调学生动手做出产品并演示，培养学生从创新到创业的能力。

3. 学生自主管理体系的示范效果

随着创新活动的持续开展和不断壮大，管理各项工作的学生组织也日益完善，形成了学生自我组织、自主发展、高年级传帮带低年级的良好氛围，为大学生的创新活动构建了一个有序健康发展的具有引领性的管理模式。通过四个校际的创新竞赛平台，将该模式推广应用，在全国土木工程高校形成了良好的示范效果，培养了一批复合型创新管理人才。

4. "创新学霸"的激励效果

基于四个模式的校际创新平台的建设，一批具有创新特质和国际视野的复合型卓越人才成为"创新学霸"，在学生中产生了非常积极的影响，以点带面、有效辐射，实现了有效提升土木工程创新人才培养水平的根本目标。

学生的突出表现高度展示了土木工程人才培养的优秀成绩，他们不仅能获得国际一流大学进一步深造的机会，还同时主动作为学生导师继续指导学弟学妹取得更好的成绩，展示了非凡的责任心和领导力。如 2014 年美国赛混凝土轻舟队队长黄兆祺同学凭借出色的组织和表达能力，带领第二次参赛的同济大学混凝土轻舟队一路闯入当年混凝土轻舟全美总决赛，还与主办方主席一同接受了美国电视台的采访，充分展现了同济学子的风采。2017 年，他又作为学生指导，带领同济轻舟队获得全美总决赛第四名，取得了北美以外国际参赛队的最好成绩。2016 年，美国赛参赛学生领队李垚同学，创办"第一届大中华地区 ASCE 学生组织年会"，获得了 ASCE 官方颁发的"杰出学生组织领袖奖"，以及当年同济大学的至高荣誉"卓越奖"。

一批批优秀的学生在国外为同济大学树立了良好的声誉，前些年参加各种竞赛的学生已有多人在不同高校任教，担负起培养人才的重任。正是这种良性循环以及不断渗透和扩大，一批又一批优秀人才脱颖而出，他们具备扎实的专业基础，受过良好的专业训练，不仅有学科前沿的眼光，更有强烈的社会责任感。他们是以竞促学的获益者，也是以竞促学的发展者。

五、结语

学生参加学科竞赛，有助于对已学知识进行巩固和反思，加深理解，融会贯通地分析和运用；有助于培养学生对未学的知识，乐于拓展，敢于尝试，并善于学习；有助于激发学生的专业兴趣，提高学生的专业能力；有助于提高团队合作能力、时间管理能力、组织管理能力；有助于培养责任心，拓宽眼界，提高系统性思维能力和思辨能力等。

以竞促学是人才培养的重要举措，其目标正是着眼工程教育，着眼可持续发展，注重学科交叉、知识拓展和新技术应用，培养学生善于发现、勇于探索、自主研究、追求卓越，成为有责任心，能引领 21 世纪科技发展的复合型高级专业人才。

参考文献

[1] 习近平.习近平在北京大学师生座谈会上的讲话[J].北京青年工作研究，2018(5)：

10-13.
[2] ASCE. The Vision for Civil Engineering in 2025[J]. Civil Engineering-asce，2007(7)：66-71.
[3] 全国土木工程专业教学指导委员会.高等学校土木工程本科指导性专业规范[M].北京：中国建筑工业出版社，2011.

以立德树人、竞教结合培养学生创新能力体系的构建与实践

——以港口航道与海岸工程专业为例*

刘曙光　钟桂辉　匡翠萍　娄　厦　谢立全　沈　超

同济大学土木工程学院

摘要　培养为社会主义建设服务的、具有创新能力的人才是大学教育重要的目标。本文针对传统教学模式下的大学生价值引领和创新能力问题，以港口航道与海岸工程专业为例，围绕立德树人根本目标，基于以学生为中心的教育理念，将专业教学改革与学科竞赛相结合，构建了学生创新能力培养体系，促进了学生创新能力的提高。

关键词　立德树人　以学生为中心　竞教结合　创新能力

一、引言

党的十八大以来，习近平总书记先后主持召开全国高校思想政治工作会议、全国教育大会、学校思想政治理论课教师座谈会等重要会议，作出了一系列重要指示，强调高等学校重视创新人才培养的同时还要重视思想政治教育。高等院校作为培养科技人才和实施素质教育的前沿阵地，肩负着为国家培养创新型人才的重任，各高校也将培养为社会主义建设服务的创新型人才作为当前重要的培养目标[5,6]。

学科竞赛是对大学进行价值引领和培养创新能力的重要途径。通过学科竞赛可以帮助大学生树立正确的人生观、价值观，可以培养大学生的创新精神和创新能力，可以激发大学生对学科的认同和献身祖国建设事业的热

* 2019年上海市高校领航课程“河流动力学”、2020年同济大学课程思政示范专业建设“港口航道与海岸工程”。

情，同时也促进学校利用这一重要的途径把教学的重心放到培养创新人才上，所以各高校都非常重视大学生的学科竞赛[7,8]。以全国大学生水利设计创新大赛为例，每届大赛的选题都是紧密结合国家对水利事业关注的热点问题，学生以团队的形式自拟题目、制作作品参加比赛，这就要求学生要关注国家水利事业的发展和热点问题，主动积极的学习和研究，通过大赛来提高自己的创新能力、献身水利事业，实现人生的价值[9]。同济大学水利工程系的学生参加了美国土木工程师协会(ASCE)组织的中太平洋地区土木工程竞赛、全国大学生水利设计创新大赛，都取得了可喜的成绩，学科竞赛在教学改革和创新能力培养方面成效显著。

本文针对我国高校学生在人生价值引领和实践环节创新能力培养存在的问题，以港口航道与海岸工程专业为例，结合十几年指导学生参与多项学科竞赛的实践情况，围绕立德树人的根本任务，基于以学生为中心的教育理念，将专业教学改革与学科竞赛相结合，构建了学生创新能力培养体系，促进了学生树立正确的人生观和提高创新能力，提出基于学科竞赛的大学生人生价值引领和创新能力培养方式，为开展大学生创新能力培养工作提供参考。

二、传统教学模式下大学生创新能力培养存在的问题

(一) 价值引领与知识传授、创新能力培养一体化推进不够

高校人才培养应该是“知识、能力、人格”的相统一。当前，高校还不同程度存在专业教育和创新能力培养与思想政治教育相脱节的现象，未能很好形成育人合力、发挥出课程(包括学科竞赛)育人的功能。需要充分利用学科竞赛这一重要途径构建更高水平人才培养体系，促进学生全面发展，做到全过程育人。

(二) 课程理论教学、实践教学、创新能力培养以及与学科竞赛的结合不够

课堂教学占教学学时的大部分，课堂教学往往注重知识的传授，对实践和创新关注不够。实践教学常常是学生观察教师演示实验或按照教师制订的方案开展实验，创新性实验很少[10]。学科竞赛通常是在较短的时间内完成既定的任务，难以顾及学生创新能力的提高和发展。究其原因，就是没有很好地设计如何从多方面来培养学生的创新能力，如何改进现有的教学体系、实验体系来适应新时代对人才培养的需求。

（三）激发学生主动学习的手段和平台不够

教学是大学人才培养中的一个重要环节。目前的大多数教学模式，始终把知识的传授摆在首位，着重于以教师为主导。然而，在这种模式下，学生的求知潜能未能充分激发，学习主动性也未能充分调动。因此，以学生为中心的教育理念应运而生，国内外都在不断探索与实践。另外，学生创新实践平台不够，大多数学校均有创新实验中心，但学生未充分利用这个平台进行创新活动和学科竞赛作品的准备。除此之外，如何开发线上线下资源、虚拟仿真实验和教师科研资源为学生创新实践提供平台显得不够。

三、培养学生创新能力体系的构建与实践

（一）构建“以学生为中心”“以学科竞赛与教学相结合”的多层次递进式学生创新能力培养的教学体系。

1. 修订和优化培养计划

结合港口航道与海岸工程行业、学科和专业特点，在现有的培养方案基础上全面梳理和凝练本专业相关课程的思政元素，注重知识传授与价值引领紧密结合，注重知识传授与创新能力培养结合，注重校内学习与参加学科竞赛相结合，体现出“以学生为中心”“知识—能力—人格”三位一体的教育培养理念，修订了培养方案和教学大纲，构建了港口航道与海岸工程专业人才培养体系，如图 1 所示。

图 1　同济大学港口航道与海岸工程专业人才培养体系特色

从这个培养体系可以看出：我们在传授专业知识的同时，把人生价值引领的思政元素如工程与社会、环境和可持续发展及职业规范加入培养体系中，使得学生在掌握专业知识的同时也能够基于水利工程相关背景知识和标准，评价港口航道与海岸工程及水利工程项目的设计、施工和运行的方案对社会、健康、安全、法律以及文化的影响，并理解应承担的责任；也能够理解和评价针对复杂工程问题的专业工程实践对环境、社会可持续发展的影响；也具有人文社会科学素养、社会责任感，能够在工程实践中理解并遵守工程职业道德和行为规范，履行责任。这样的培养体系为全面育人打下了良好的基础。

学院组织校内外专家（包括用人单位），于 2013 年开展了培养计划的修订。增设 5 门内涵丰富、专业性强的专业选修课（共 10 学分），并开设一系列的专业特色实验课（共 7 学分），鼓励学生根据自身兴趣进行选择。在保证满足知识整体构架要求的基础上，尽可能多地提供学生自主选择的机会。

2012 年，港口航道与海岸工程专业被学校列为课程思政示范专业建设，2019 年，航道工程学教学团队被列入上海市高校课程思政领航团队，2019 年，“河流动力学”等 3 门课程被列入上海市高校领航课程。

2. 构建开展“以学生为中心”的递进式创新能力培养教学体系

不断研究“以学生为中心”的教育理念和教学模式，通过完善主干课程的教学大纲，改进教学方法，在课堂教学中采取以问题为导向的“互动式、讨论式”的学习模式，开放课前微课堂与课后开放实验平台，培养学生的创新意识。

为解决工程教育脱离理科化，培养具有综合专业知识，解决复杂工程问题的高端人才，我们打造核心课程链，完善实验与实践教学内容，注重实践和实验专业知识及综合解决复杂问题能力的培养，形成了“认识实习—专业实习—实践实训”以及“演示实验—设计实验—综合实验—创新实验”递进式创新能力培养教学体系。

研究成果主要包括：教师开展 3 项教学改革研究项目，发表 3 篇中英文教改论文，并出版 1 本教材。将研究成果运用在课堂教学中，获得了 6 项教育教学奖，并在全国水利类专业青年教师讲课竞赛中成功地运用了该教学模式，获得了 1 项一等奖。开展教学改革研究项目 14 项，编写核心课程教材 2 部，发表教改论文 5 篇，参与教材编写 1 部。

（二）形成了“理论教学—实验课程—创新实验”的学生创新能力培养模式

以学生为中心，优化实验教学内容、改革实验教学模式，强调实验的综合性和设计性、突出创新性，着重于学生动手能力的培养。

在目前的实验教学中，学生的角色通常是观察教师演示实验或按照教师制订的方案开展实验。为满足“以学生为中心”的人才培养的需求，开展了以下工作。

1. 设计“基础实验—设计实验—创新实验”三个层次的实验教学内容

基础实验阶段使学生综合理解所学的专业知识，启发学生发现问题。设计实验阶段侧重于学生动手能力的培养，鼓励学生开展自主设计，激发学生对新知识、新技术的追求欲望。创新实验阶段，鼓励学生发散思维，利用高新实验设备、探索专业前沿问题，培养学生的创新意识和创造能力。分层次的实验教学极大激发了学生的创造力。学生通过自主设计实验项目，承担了 6 项全国、市级、校级的大学生创新项目，并在全国大学生水利创新设计大赛中获奖 5 项。

2. 开设优质在线开放课程，增加虚拟仿真实验项目，构建“开放式、自助式”实验教学模式

开设了“河流动力学”在线优质课程，学生可以网上进一步（反复）学习专业知识，可以在线答疑。新增了 4 个虚拟仿真实验项目，虚拟实验与物理模型试验结合，有效地解决了实验操作复杂危险、实验过程不可逆、实验环节难以实现等难题，让学生能够深入参与在传统实验室无法完成的实验内容，提高了学生的创新能力和综合设计能力。

构建了水利港口综合实验室“开放式、自助式”实验模式，学生可以根据自己的兴趣申请实验。“开放式”，即实验室面向大学生全面开放，学生实验不再局限于同一时间、同一项目，而是采取预约制，学生借助于实验室网络管理系统进行自主预约，根据系统安排的时间进行实验。“自助式”，即学生在一定范围内自由选择实验项目、自主设计实验流程、自行完成整个实验，教师仅在必要时给予辅导和帮助。这种实验教学模式，培养了学生的独立思考和动手能力，激发了学生对科学研究的热情。基于该模式的研究，开展了 3 项教学改革项目，发表了 3 篇教改论文。

（三）开展科研反哺教学工作

重科研、轻教学现象在高校中普遍存在，影响了教学工作和教学质量。

将科研平台的人才优势转化为教学优势，以学生为中心，培养学生的科研兴趣，提高学生的科研创新意识。为了满足卓越人才培养的需求，我们开展了一系列的科研反哺教学工作。

1. 在课堂教学、实验教学中引入科学前沿问题和最新的科研成果

将本专业相关的科学前沿问题和最新的科研成果作为教学内容的补充，如在"河流动力学"中补充洪水风险图在流域防洪中的作用，在"工程水文学"中讨论如何构建海绵城市以缓解城市洪涝灾害等；开设反映学术前沿的专业课程，如"水利工程"等；开展探索性科研团队进课堂，通过理论知识与科研活动的结合，为学生提供体验式、多元化的学习氛围。在探索与实践过程中，开展教学改革项目 3 项，发表教改论文 4 篇。

2. 鼓励与科研课题相结合的毕业设计(论文)及大学生创新活动

以科学研究为基础，以学生为中心，将学生的毕业设计(论文)与前沿的科研课题相结合(高达 80%以上)，引导学生将理论知识应用在科研实践中，激发学生的兴趣和探索的热情；培养学生科学的思维和创新的能力，鼓励学生积极参与大学生创新活动，造就了大批具有科研热情的高素质人才和科研后备力量。培养的学生连续三年获得 4 项优秀毕业生与优秀毕业设计的荣誉，并在全国大学生创新大赛中获得特等奖与优秀组织奖、优秀指导教师奖等奖项。

(四) 开展校企合作、产学研结合

以学生为中心，实现课堂理论教学与工程实践一体化，拓展人才培养的空间和内涵，培养适应社会发展需求的高素质人才。近年来校企合作活动日渐增多，但企业并没有完全参与到人才培养的过程中，校企合作的程度仍不够深入。为了培养适应多元化趋势下的创新型专业人才，我们积极开展了深层次的校企合作，实施高校与社会各类优势资源有效整合的人才培养模式。

1. 开设专家讲堂，共建实习基地

开设专家讲堂，以学生为中心，实施产教结合的培养模式。邀请相关企业专家介绍行业发展前景、工程中存在的问题、设计施工新技术，拓宽学生眼界，并使学生从企业角度了解社会需求。邀请过的专家包括：水利部副部长叶建春、上海国际港务集团教授级高工罗文斌、上海水务规划设计院总工徐贵泉等。通过企业实践、共建实习基地等方式，积极推进校企合作与产学研结合，拓展学生的实践平台，培养学生解决实际问题的能力。近三年来我

们新增了9家合作企事业单位，涉及规划、设计、施工、管理各个方面，并在校企合作人才培养机制方面开展了3项教学改革研究项目，获得了1项同济大学教学成果奖。

2. 实施联合指导本科毕业设计、硕士校企双导师制度

为了深度融合高校、研究机构及企业等各类教育教学资源优势，实施校企联合培养的人才培养模式。我们采取了联合指导本科毕业设计、硕士阶段校企双导师制度的方式，使学生将理论知识与工程实践相结合，促进学生的科技创新能力，全面提高人才培养质量。目前，校企联合培养模式下的学生人数约占学生总数的40%，其中大部分学生获得过优秀毕业生、优秀毕业设计、创新大赛奖项等。

四、竞教结合教学模式成效显现

(1) 近十年来，学生参加国内外多项学科竞赛，取得了优异的成绩。2018年，学生参加美国工程师协会西太平洋区大学生竞赛，获得水科学论文一等奖；在2012年5月第七届“上汽教育杯”上海市高校学生科技创新作品展示评优活动中，同济大学作品荣获特等奖。参加的全国大学生水利创新设计大赛，年年取得优异成绩。所有这些成绩坚定了学生献身祖国水利事业的决心.

(2) 修订版的培养计划、教学大纲、教学内容和教学方法已经实施。以立德树人为核心的思想整治教育教学专业课程链已在同济大学港口、航道与海岸工程专业教学中得到应用，相应的理论研究成果已公开发表于国内外期刊。

(3) “基础实验—设计实验—创新实验”三个层次的实验教学内容，以及“开放式、自助式”的实验教学模式，已应用在本专业的实验教学中，为本科生开设了11项教学实验。同时，数值波浪水槽模拟系统已建成，实验室面向全校师生开放，为其他专业的学生(土木、地质、桥梁、环境等)进行创新实验提供了良好的平台。2015—2019年开放实验机时数分别为307小时、298小时、267小时、311学时、256学时。

(4) 优质在线课程“河流动力学”已经在线开放。虚拟仿真与物理模型相结合的实验项目“海岸地貌学”已经实施了两届。虚拟仿真实验项目“暴雨致涝及洪水风险模拟虚拟”已经初步建设完成[11]，处于试运行阶段，拟申报上海市虚拟仿真项目。

(5) 科研反哺教学,已应用于学生毕业设计与大学生创新活动。目前,与前沿的科研课题相结合的毕业设计与大学生创新活动高达80%。科研反哺教学不仅激发学生的兴趣和探索的热情,还培养了学生的科学思维和创新能力。学生连续3年获得优秀毕业生与优秀毕业设计的荣誉,并在全国大学生创新大赛中获得特等奖与优秀组织奖、优秀指导教师奖等奖项。

由实践经验得知,学校始终把立德树人作为培养人才的根本任务,将价值引领、知识传授和创新能力紧密结合,形成系统化体系。同时将充分挖掘学校各种资源,把教学与学科竞赛紧密结合,为培养学生的创新能力创造更多更好的平台。

参考文献

[1] 习近平.决胜全面建成小康社会夺取新时代中国特色社会主义伟大胜利——在中国共产党第十九次全国代表大会上的报告[J].实践(党的教育版),2017(11):4-20.
[2] 高扬,金虎,吕成国.以工程教育为背景的课程思政建设研究与实践[J].黑龙江教育,2019(12):7-8.
[3] 林贤明.基于立德树人教育根本任务的"思政课程"与"课程思政"的教育改革研究[J].高教学刊,2020(3):191-193.
[4] 江学焕,梁玉红,黄海波,等.大学生工程实践能力培养中学科竞赛与教师科研结合的探索[J].实验技术与管理,2016,33(4):182-185.
[5] 李金昌,林家莲.实践教学与学科竞赛相结合,促进创新人才培养[J].实验技术与管理,2011,28(11):1-3.
[6] 张建平.水利职业院校"赛教结合,以赛育人"人才培养模式研究[J].教育科学论坛,2018(6):55-59.
[7] 刘东,朱子江,邓小光.竞教结合提升学生创新能力的实践研究[J].现代计算机,2012(12):8-10.
[8] 钟桂辉,刘曙光,娄厦,等.暴雨致涝及洪水风险分析虚拟仿真实验的设计与实现[J].实验技术与管理,2019,36(18):160-163.

以课程思政为引领、工程实践为导向的桥梁设计类学科竞赛教学实践

阮　欣　马如进　郑　越　李　奇
同济大学土木工程学院

摘要　桥梁是交通基础设施中实现关键跨越的重要结构，集中地展示了结构工程与建筑设计的发展水平。桥梁设计能够很好地反映学生的综合创新能力，因此常常被选为学科竞赛的题目。桥梁工程专业在竞教结合，促进教学改革和推动高校课程思政建设方面具有得天独厚的优势。本文介绍了同济大学土木工程学院最近几年参加的桥梁设计类学科竞赛，以及在参与过程中形成的以课程思政为引领、工程实践为导向的特色做法和推进路径，总结可供桥梁专业教学改革、立德树人等全方位育人工作参考的经验。

关键词　桥梁　设计竞赛　竞教结合　教学改革　课程思政

一、概述

近年来很多高校在思政建设与竞赛教学相融合方面进行了积极的探索与实践。在思政课程中贯彻竞教结合理念已取得了较为丰富的成果[1,2]，对推动高校思政课程改革产生了积极影响。在此基础上，如何在专业课中融入思政元素，推动“思政课程”向“课程思政”转变[3-5]，如何将传统授课模式与学科竞赛紧密结合，全面提升学生的综合认知水平和实践能力成为了高校教学改革的关注点。

桥梁是交通基础设施中实现关键跨越的重要结构，集中地展示了结构工程与建筑设计的发展水平。桥梁设计类竞赛是对桥梁专业学生专业知识和实践能力进行考查的一种重要形式，也是培养和提升学生创新意识、综合能力、协作精神和思想素质的有效途径。同时，桥梁设计过程中对于系统性、技术性、复杂性的要求，也为课程思政的开展提供了很多交汇点。

近年来，同济大学土木工程学院积极组织参与各类桥梁设计学科竞赛，

通过将桥梁设计竞赛与桥梁专业教学相结合，让竞赛进课程，逐渐形成了以学生为中心、以问题为核心、以成果为导向的教学改革新思路，以课程思政为引领、工程实践为导向的实施路径，在全方位育人、课程思政等方面取得一些经验。

二、桥梁设计类竞赛

目前，国内外桥梁设计类竞赛已有很多，竞赛主题丰富多样，面向的参赛群体也不同。以下重点介绍以高校本科生作为主要参赛对象的世界大学生桥梁设计大赛和茅以升公益桥—小桥工程设计大赛。

1. 世界大学生桥梁设计大赛

世界大学生桥梁设计大赛的前身是“公规院”杯中国大学生桥梁设计大赛，设立于 2017 年。2018 年面向全世界高校邀请大学生参加比赛，并更名为“世界大学生桥梁设计大赛”。到目前为止，共举办了三届赛事。大赛的目的在于引导高等学校在教学中注重培养大学生的创新设计意识、综合设计能力与团队协作精神；加强学生动手能力的培养和工程实践的训练，提高学生针对实际需求，通过创新思维，进行桥梁设计等实际工作能力；吸引、鼓励广大学生踊跃参加课外科技活动，为优秀人才脱颖而出创造条件；发现并培养更多的桥梁设计专业人才，为世界桥梁建设事业的发展提供更多的人才储备。比赛要求学生自选场地，设计一座桥梁，并且从概念、造型、建造等方面说明其先进性。该项赛事鼓励创新，同时也强调结构的合理可行，希望培养学生面向实际工程的设计能力。

图 1　2018 世界大学生桥梁设计大赛特等奖作品——《济梦桥》

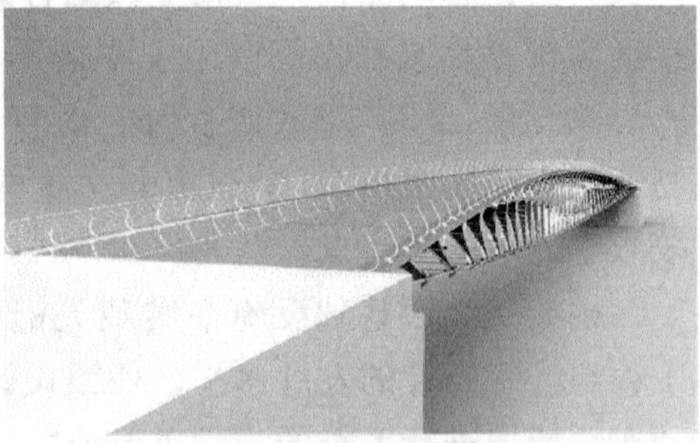

图 2　2019 世界大学生桥梁设计大赛特等奖作品——《林间桥》

同济大学由土木工程学院和设计创意学院联合组队参赛，在 2018 年和

2019 年的比赛中取得优异成绩：2018 年获得特等奖 1 项(图 1)、一等奖 1 项和二等奖 1 项，另有 2 个作品获得三等奖，2 个作品获得优秀奖，1 个作品获得入围奖；同济大学获评“优秀组织奖”；指导教师获得“优秀指导教师奖”。2019 年获得特等奖 1 项(图 2)，2 个作品获得优秀奖，1 个作品获得入围奖；同济大学获评“优秀组织奖”，指导教师获得“优秀指导教师奖”。

2. 茅以升公益桥—小桥工程设计大赛

茅以升公益桥—小桥工程设计大赛是由共青团交通运输部直属机关委员会、教育部高等学校交通运输类专业教学指导委员会、教育部高等学校土木类专业教学指导委员会和北京茅以升科技教育基金会主办，高等院校承办的桥梁设计比赛，自 2017 年首届大赛举办以来，已成功举办了三届。大赛的设计要求为在“交通扶贫—茅以升公益桥—小桥工程项目库”中的待建桥梁目录中进行选题，选定桥址后，学生需进行现场踏勘，综合考虑桥址地形、洪水位的高度和预测的通行能力等因素后自行确定桥位和桥型方案，桥梁造型可以在现有基本桥型的基础上进行创新，但不能完全照搬。设计方案须满足安全、经济、美观和实用的要求，桥梁造型不仅要与周边自然环境相协调，还需要符合办赛的理念，凸显“助力扶贫”的主题。此类比赛既能提升学生的专业素养又能培养学生科技扶贫责任感和交通强国使命感。

同济大学参加了第一届和第三届茅以升公益桥—小桥工程设计大赛。其中，第一届共两支代表队参赛，分别获得一等奖和二等奖；第三届一支代表队参赛，获得二等奖。

三、桥梁设计类竞赛组织

通过总结在教学和指导学生参加桥梁设计类竞赛过程中形成的认识和经验发现，将桥梁设计竞赛与课程、实践和能力提升等教学环节相结合，可以达到更好的专业教学和思政教育的目的，使学生的专业知识、动手能力、思政素质均能得到显著提升，在培养学生综合能力与素质品德方面具有独特的优势。

1. 竞赛与课程结合

世界大学生桥梁设计大赛、茅以升公益桥—小桥工程设计大赛等设计类比赛既注重专业理论的灵活运用又重视美学素养的考查，引导学生跨学科学习。在组队与选拔时采取“以课代选”的方式，既可以充分利用课程教学成果，选出优秀作品推荐参赛，又能充分激发学生的参赛积极性，让学生更容易进入到竞赛准备的状态中，在很大程度上打消学生对于需要额外花费大量时间和精力参赛的顾虑。

目前，同济大学桥梁工程系已将桥梁设计类竞赛与“桥梁工程全过程课程设计”“杰出桥梁结构与美学”“人行桥设计与建构”以及“桥梁工程、科技与文化”等课程以及本科生毕业设计进行结合，将桥梁设计作为课程任务或结课作业，并在设计、创新、展示等方面提出了明确的要求。通过课程选拔竞赛作品，提高了学生的参与积极性。

此类课程在教学组织过程中，针对竞赛要求适当调整课程组织方式，特别是在具体实施，以及评价和管理等方面进行有针对性的调整，打破了传统课堂的传授模式，将授课与针对性指导有机结合，让学生在全面了解桥梁工程建设程序、建设和运维约束条件的基础上，结合专业知识，在有限的时间内自主完成设计任务，形成设计文件，并结合竞赛要求进行提升，形成参赛作品。以“桥梁工程全过程课程设计”的教学成果为例，课程中涌现了很多比以往课程设计更好的设计作品，甚至出现了多份达到或者超过毕业设计深度的课程设计作业，在此基础上学生的毕业设计水平、效率和深度等方面均得到了显著提升。

将竞赛与课程结合的培养方式，有力地引导学生突破传统被动学习思维模式，积极主动学习新知识，贯通运用已学课程知识，并通过团队协作实现复杂工程问题的解决。这不但培养了学生追求卓越和精益求精的“工匠精神”，也充分体现了“成果导向”的教育理念，还提升了学生交流沟通的意识和能力，由此产生的优秀设计作品可以作为参加桥梁设计大赛的推荐作品，形成了独特而有效的互动模式。同济大学在最近两届世界大学生桥梁设计大赛中获得特等奖的作品，都是在“人行桥设计与建构”课程设计作品的基础上提升形成的(图 3)，教学和竞赛形成了良性的互动。

2. 竞赛与实践结合

目前的桥梁设计类竞赛，尤其是带有公益性质的桥梁设计类竞赛，往往要求参赛者不仅具备独树一帜的创新能力，还要有扎根实践的专业素养。以茅以升公益桥—小桥工程设计大赛为例，组委会将选取优秀作品实地建造，因此对参赛作品的实用性和经济性有要求。参赛学生必须进行实际调研，结合场地条件优化设计施工方案，对各施工流程及细节都要了然于胸。

实际上，桥梁设计类竞赛中对实践能力的要求与桥梁专业相关课程的培养方案中生产实践环节的目标是相契合的，由于桥梁施工建造方面的许

图 3 “人行桥设计与建构”课程形成的部分桥梁设计作品

多知识在课堂中无法习得，只有通过实地的踏勘与思考，如现场测量桥位、走访居民、勘察桥址、调研水文情况等，对具体桥梁设计与建造的诸多细节才能有更多了解。目前，通过在实践教学环节为学生设置实习作业已经达到了很好的竞赛与实践结合的效果。例如，在本科生生产实习中，要求学生分组进行实习，实习过程中要写实习日记，实习完成后要整理实习中的见闻，结合专业知识和自己的体会与感想，通过编写微信推文的方式进一步巩固对重要知识点的理解，并将小组实习成果制作成海报进行展览。这样的实习任务设置锻炼了学生在竞赛中的实践能力和表达能力，更重要的是在实践过程中学生对于实际工程有了更真实的感受，对于桥梁工程的总体建设流程、建设难点和建设细节有了更深的认识，可以有效地避免在竞赛中“纸上谈兵”。

3. 竞赛与能力提升结合

由于桥梁设计类竞赛往往对作品创新性有要求，因此将竞赛与学生在新理念、新材料、新结构体系、新技术、新工艺、新设备等方面的深入认识、正确把握和能力提升进行结合是十分必要的。以茅以升公益桥—小桥工程设计大赛为例，茅以升公益桥对创新性的要求主要体现在新型结构体系、新材料、新工艺与新技术应用方面，学生在教师的指导下，通过文献阅读等方式对当今世界相关的最新研究进展进行调研，既对日常课程的学习进行了补充与拓展，同时也为学生在参赛过程中思考和解决问题提供了新思路。例如，在2019年的茅以升小桥赛中，学生参赛作品涉及耐候钢、新型形状记忆合金拉索自恢复桥梁抗震支座和超高性能混凝土（UHPC）材料等，这些新材料新技术在课程中可能提及但未深入讲解，但通过竞赛准备过程中的学习与应用，学生的眼界得到了扩展，对日后的研究学习将大有裨益。

此外，通过在课程教学中设置模型制作、作业展示与答辩等环节，可以很好地锻炼和提升学生的交流、展示与宣讲的能力，填补以往工科学生"做得好，讲不好"的短板；通过在实践环节中设置编写专利、查找问题等任务，可以有效提升学生的观察能力、分析能力、思辨能力以及团队协作能力。

四、竞教结合中的课程思政

桥梁是民族文化和设计理念的理想载体，也是新时代国家发展的重要基础和国家名片，因此桥梁人担负着文化传承、桥梁设计、扶贫强国等多重责任，这就要求在培养桥梁专业学生时不仅要传授其专业知识，还要在指导竞赛和教学过程中充分发掘并讲授我国桥梁建造历史、文化、现状与挑战，讲述卓越桥梁人的高尚职业素养和情怀，增强学生将桥梁技术向世界推广的责任担当与勇气，使学生形成正确的价值取向、专业追求和职业规划。

竞教结合中的课程思政要在教学理念、教学目标、教学体系、教学管理、教学评价和课程优化等方面下功夫，让桥梁专业教学与课程思政建设更好地结合，在完成学习任务和准备竞赛的过程中，要注重培养学生诚实守信、严谨求实、爱岗敬业的工作作风和职业素养，打造注重细节、一丝不苟、精益求精的"工匠精神"。最终，通过扎实推进以课程思政为引领、工程实践为导向的桥梁设计类学科竞赛教学实践，贯彻竞教结合教学方式和思政教育理念，引导学生学会合理表达个人观点，具有强烈的集体荣誉感、归属感，充分认识所学专业在桥梁设计当中的重要作用，加深对本行业以及相关行业的认识，并以优秀的桥梁设计作品来满足人民日益增长的美好生活需要。

参考文献

[1] 曾玉琴.高校思想政治教育新突破探讨[J].高等建筑教育，2008，17(5)：162-165.

[2] 王静.高校思政工作体系与队伍建设策略研究[J].高等工程教育研究，2019(S1)：303-304，308.

[3] 鲁正，林嘉丽.土木工程专业课程思政建设路径探讨——以建设工程法规课程为例[J].高等建筑教育，2020，29(3)：136-144.

[4] 夏嵩,王艺霖,肖平,等.土木工程专业教育中工程伦理因素的融入——"课程思政"的新形式[J].高等工程教育研究,2020(1):172-176.

[5] 王立成,董伟.从我国工程建设新成就视角探讨课程思政教学[J].高等建筑教育,2020,29(4):169-173.

工程制图课堂教学引入学科竞赛的探索与实践

李怀健　吴　杰　王　婉　沈水明
同济大学土木工程学院

摘要　以卓越人才培养为目标,研究工程制图课程体系模块,探索基础理论的教学实施方法,融入学科竞赛意义,设计、开展了三大门类竞赛。通过课堂教学融合学科竞赛,唤起学生的主动求索意识,显著提升了教与学的效果。
关键词　卓越人才　课堂教学　学科竞赛　兴趣驱动　能力培养

一、引言

高校是培养和造就高素质创造性人才的摇篮[1]。同济大学土木工程专业追求培养具有中国特色的卓越人才,教学设计体现"追卓越"的质量要求。随着土木工程专业宽口径人才培养模式的确立,尤其是城市建设的快速发展、建筑业的技术日趋更新,要求学生不仅掌握坚实的基础理论和专业知识,而且应该具备较强的综合实践能力、创新意识和创新精神。以工程制图课程为例,单纯依靠传统的画法几何、工程制图课堂教学体系和教学方法难以完成这一人才培养目标,如:针对学生的个性化发展需求,在教学评价体系中体现"共性基础+个性发展"不够;传统课程教学在面对行业技术升级和适应社会需求方面,与时俱进不够;课程教学转化为学生持续学习能力、达到人才培养目标,还不够充分。

工程制图教学团队在学校和学院相关部门支持下,课堂教学引入全校性成图竞赛,经过多年的探索与实践,已成为配合、推动、提高土木工程专业本科学生图样表达能力的重要举措之一。

二、土木工程专业的制图课程

大学课程教学，面向研究和应用型人才需求，既重理论，也重实践。通过“工程制图”“AutoCAD 工程制图”“BIM 技术及应用”“计算机图形学与虚拟设计”等课程的理论和实践教学，加强课程自身建设，使学生在工程项目、科研成果图形表达和建模能力的数据可视化等方面的基础得到了加强。

1. 土木工程专业工程制图课程教学主要模块

“工程制图”是基础理论教学课程，也是专业核心课程。由于大类招生培养方案的调整，不仅各专业核心课程数减少，总学时数也受到压缩，结合国内外土木工程行业发展的动态及社会的需求，对学生培养的目标和要求不降反升。因此，工程制图基础教育要扎实推进，理清知识体系脉络和核心知识点，加强实践环节，强化学生的实际动手能力[2]。

(1) 表达技术基础模块，要求熟练掌握组合形体的各种视图、剖面图、断面图的画法、标注组合形体尺寸的方法，掌握立体示意图的画法，了解形状构思与表达的方法。

(2) 专业图表达基础模块，根据有关国家和行业标准对制图的基本要求，熟练掌握绘制和阅读中等复杂程度的建筑施工图、结构施工图以及给排水施工图和道路桥梁工程图的图示基本内容。

(3) 绘图能力基础训练模块，要求掌握徒手绘图的方法、仪器绘图的方法、计算机软件绘制基本专业工程图和建模的方法。

“工程制图”课程模块化教学设计，一方面规范了教学内容、教学方案；另一方面，通过内容的精心设计提供了较多的实践环节，也为小单元的教学调整提供了灵活性。当收到学生的学习结果反馈或行业的工程技术更新时，只要适当增加、减少教学的某一模块或模块中的某一个教学子模块内容，就可以满足课程教学的不同需求，并做到与后继专业课程的有机衔接。从课程的教学效果来看，学生对核心知识的理解以及迁移学习能力更高。

2. 土木工程专业工程制图课程教学方式与途径

绘图能力培养贯穿于每个模块。理论基础模块，融入尺规绘图的初步要求，培养学生的图线线型逻辑条理性。表达技术模块，提高尺规绘图与计算机绘图要求，并融入徒手绘制草图要求和讨论式、开放性作业练习；考虑到听课学生为本科一年级的新生，他们大部分没有专业基础知识，为了让学生尽早接触工程实际，教学与工程实际建立较多联系，讲课举例与作业练习图例尽量选用由工程构筑物简化而来的图例，逐步建立形体与工程功能的联系。专业图基础模块，涉及较多的专业基础知识，通过对分属不同类型的施工图的课堂简介与课后实践的协调，充分发挥实践、讨论等多种教学方案在教学内容组织上的作用，展现土木工程知识、土木工程素质和土木工程能力培养的综合特征。学生在课堂内、外完成的作业，比较多的是有唯一答案的练习。为提高学生的动手能力，增加讨论式、开放性的作业。

3. 利用各种因素激发学习动力

学生进入后继课程学习，或踏上工作岗位，将逐步体会到“工程制图”课程的重要性，但受到教学课时的限制，一些内容需要学生根据自身发展选择进一步学习，如 CAD、Revit 等 BIM 课程。通过探索个性化、开放化的讨论式教学模式，学生在完成此类以专题实践等为载体的学习模式时，同时思考为什么做、怎么做、为什么选这个方法做、这样做还留有哪些地方不足等问题。通过大作业、专题实践教学，强化学生工程意识、工程素质和工程能力的锻炼，培养学生从工程全局出发的综合素质。

制图课程体系重点讲授学生必须熟练掌握的公共基础知识。通过正确表达工程实体视图、熟悉软件使用、创新构型等多种实践教学方案，使学生在实践中思考问题，在工程图样表达中发现问题，驱动兴趣，寻找答案，从而重新产生对理论教学的认知。但是，课堂内的教学只是在校学习的一种方式，还有很大一部分是课外自我学习。

二、学科竞赛融入课程教学环节的意义

工程图纸承载着工程信息，制图课程承担了培养学生通过图纸桥梁正确传递出或读取到这种描述语言的基本方法和基本技能。学科竞赛融入课程教学环节，提供学生展示个性能力，以及学习成果转化为能力，是一个体现“包容性”的评价平台，可以进一步提升课程教学效果。

(1) 学科竞赛融入课程教学，扩展课堂教学对学生的评价维度。学科竞赛是学生面对综合问题的创新活动，是培养学生综合素质的重要手段，是传统课堂教学评价的重要补充，是教育教学工科背景下依托学科竞赛的创新型工程人才改革的重要推动力[3]。

(2) “工程制图”课程在工科院校内，既是一门公共基础课，也是需要通过深入专业知识学习才能体现价值的课程。以成图竞赛为载体，拓宽和加深学生对课堂教学内容的深度理解与吸收，可以反映学生掌握课堂教学内

容的层次和实践能力。以学习成果助竞赛，同时，在课程学习过程中，孕育新的创意方案[4]。

（3）计算机应用技术在土木工程中迅猛发展，各类工程绘图和建模软件不断涌现。课堂教给学生的是本课程核心的理念、本专业领域面对问题时的思考方法，当学生离开课堂面对繁多图示表达技巧时，只能不断关注、学习、吸收新的计算机技术。成图竞赛展现了现代大学生制图技能水平、成图技术发展和创新能力，也为参与学生提供了一个学习先进的制图技术与手段的平台，同时有效地提高了制图教师的教学能力[5]。

（4）课堂教学的教学资源主要为静态插图、模型和照片。成图竞赛融入课程，引发学生基于更多个性的理解思考，结合图形图像表现技术，学生自发改变静态的插图和模型教学方法。成图竞赛的开放性问题，既使学生兴趣和表达的多样化，又激发学生独立思考、空间想象和创意表达，同时培养了卓越工程师严谨求实的工作态度。

三、成图竞赛的开展

结合图形图像课堂教学，强调打牢基础、理论与实践相联系，强化基础能力培养，我们构建了成图竞赛的三个门类：手工制图、虚拟建模和程序设计。

手工绘制的图纸虽然不如计算机绘图精确，但是当面对复杂工程形体的视图表达或快速表达空间形体设计构想时，可先手工画出表达方案初稿用于研讨。手工画的草图图形虽不准确，但出图快，受限制因素少。通过手工绘制草图竞赛，比拼目测工程或想象实体各部分相对大小、位置的比例关系的敏锐的尺寸比例目估能力和敏捷的形象思维表达能力，以及图样大小和图面布置、线型和字体规范化能力。

虚拟建模是应用软件绘图建模，可以是一名学生参赛，也可以几名学生组队参赛。学生根据个人兴趣，应用软件包括但不限于：AutoCAD，3ds MAX，Revit，Sketch Up，Flash，Photoshop 等，制作情景自拟的虚拟仿真模型。展现学生课外持续学习能力，专业知识学习与图形语言的结合能力，通过课本实例和教学演示而转为个性化的思维与创新能力，团队合作与沟通能力。

程序设计通过编程解决高等数学、物理、化学、工程图学、力学、建筑、桥梁、道路、交通等源于自己探索的问题，或同学之间组队开展的课外兴趣活动课题。展示课程教学以外的项目图示化的创新活动，体现参赛学生运用课堂教学或课外自学获得的理论知识，通过编程锻炼提高解决实际问题的能力，同时培养良好的编程风格。

四、课程教学与学科竞赛相辅相成

土木工程专业培养体系中，各课程的教学核心是根据课程定位实现对知识的传授和能力的培养。在课程教学方案具体设计中引入学科竞赛，拓宽了对学生综合学习能力、动手能力、表达能力、交流能力、沟通能力、刻苦钻研精神、团队合作、责任心和追求卓越的态度评价维度。被学科竞赛所吸引参与的学生，通过学科竞赛平台所提供的交流机会，获得更深层次学习，取长补短，激发创新能力。在夯实基础的同时，面向应用，持续学习、主动求索。学科竞赛提高了学生的学以致用能力，提升了学生自身与其他同学的人际关系活力(图 1)。

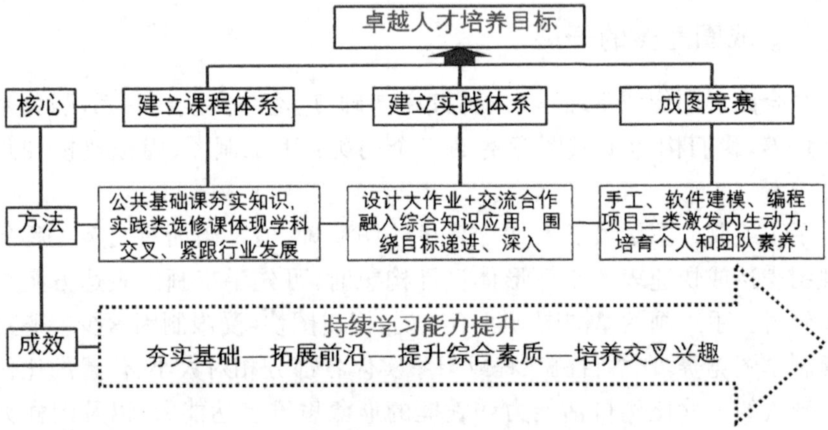

图 1 课堂教学引入学科竞赛的探索与实践

1. 知识层更新

公选课程教学核心知识点、选修课程教学知识点、课外自学知识点、学科竞赛知识点，以及建筑、结构等专业课程知识拓宽至相邻机械、道路等专业图样表达以及三维模型创建，进一步完善信息图形表达和模型系统知识，使学生的所学知识能跟上时代步伐。

2. 设计层关联

“工程制图”课程教学设计以施工图规范表达为主线，考核学生对工程实体“投影”的学习成效；“AutoCAD 工程制图”课程教学设计以绘制建筑、结构、道路、机械工程图样和模型为主线，让学生根据教学目标提出的作业项目要求、自选工程实体建模；“BIM 技术与应用”“计算机图形学和虚拟设计”课程教学设计围绕某个主题，让学生依据初始条件创建“故事”，构型→生成方案→方案调整深化→形成信息模型成果，反思达成度。成图竞赛设计 3 个大类，让学生根据自身特点、课外兴趣展现同学的相互沟通、自学、探索、创新能力。每个教学方案设计针对本科学生的知识结构和课程特点，培养和鼓励学生构思和设计能力，提高学习兴趣，使学生对书本上的核心知识理解更充分。

3. 能力层融合

在课程体系的能力评价维度中，拓展多种实践教学方案，通过提交实践作品，使学生在工程图样表达中遇到问题时，寻找解决方案，从而重新产生对理论教学的认知，除了常规的课堂教学评价外，成图竞赛可以进一步展示学生的自学成果，也可以作为能力评价的重要补充。通过实践环节培养学生综合能力，顺应人才培养的改革和实践需求。

4. 虚实一体化

教学实践针对现行的各课程培养计划以及成图竞赛，分步实施：手工规范绘制施工图；测与绘，将具体的工程实体与工程图样紧密地联系在一起；开放式、按主题围绕功能构想场景，逐层细化功能，形成方案和 1～2 个创新点。学生的形象思维与逻辑思维能力得到交叉融合，学生构造故事的空间想象能力、图形表达能力、形体优化能力等得到锻炼和提升。

五、结束语

以创新和实践为重点，通过课堂教学与学科竞赛的研究与实践，改进了“工程制图”课程的教学和评价方法，形成了多重鼓励学生持续学习成图基础技术、融合专业知识的工作思维模式。从整个课程的全局出发，引入学科竞赛，构建与人才培养目标相适应的教学模式，提高教与学水平，激发学生学以致用的兴趣。

参考文献

[1] 朱美芳.高校创新人才培养的五项策略[J]. 高校教育管理，2009(9)：1-5.
[2] 李怀健，陈星铭，谢玮，等.少学时土建工程制图课程建设的思考与实践[J].东华大

学学报，2008(6)：380-382.
[3] 王晓勇，俞松坤.以学科竞赛引领创新人才培养[J].中国大学教学，2007(12)：59-60.
[4] 何岚岚，张海光，胡庆夕.学科竞赛牵引下的工程素质培养模式探究[J].实验室研究与探索，2019(9)：151-155.
[5] 李怀健，王剑平，张琪，等.基于成图与建模创新大赛的思考[J].图学学报，2013(3)：134-137.

基于竞教结合的创新人才基本能力培养和实践教学品牌建设

——以同济大学国际建造节为例

徐　甘　张建龙

同济大学建筑与城市规划学院

摘要　同济大学国际建造节源于2007年建筑与城市规划学院的一次建造教学活动,发展至今每年有来自国内外近30所建筑院校代表队同场竞技。通过建造实践,一方面,学生们可以获得关于材料性能、建造方式和过程的感性体验和理性认知,初步认识建筑的使用功能、人体尺度、空间形态以及建筑技术等方面的基本要求;另一方面,建造实践也向学生们展现了不同文化和教育背景下的思维及行动模式差异,增添了全球化背景下的文化交流与互动机会。

关键词　竞教结合　实践教学　建造节　基本能力

近年来,竞教结合的教学模式在高校创新人才培养体系中的重要性得到了越来越多的重视。积极开展基于竞教结合的学科竞赛,充分利用其导向性与检验性,并将从中获取的先进教育理念与日常课程教学相融合,是加强学生创新能力培养和提升高校教学质量的一个重要途径。

以同济大学协同创新实践平台为载体,依托建筑与城市规划学院实践育人系统创办的"同济大学国际建造节",正是这样一个竞教结合的实践教学项目。

一、缘起

2007年是同济大学国际建造节的肇始之年。该年6月2日,为了激发学生的创造潜能,培养富于想象力和创新精神的设计人才,设计基础学科组第一教研室结合设计课程教学,组织城市规划、风景园林、旅游管理和历史建筑保护工程四个专业，共五个教学班150余名师生，举办了一次建造实验——我们的寄居空间，在建筑与城市规划学院ABC广场上建造了10栋纸板建筑，并进行了团队体验活动。

本次建造实践要求学生选择规定的建筑材料（瓦楞纸板/金属连接节点/麻绳/清漆/塑料布/透明封箱带）并对其进行性能试验，同时运用结构力学和建筑构造的一般原理，建造一栋纸板建筑，每个纸板建筑内部的空间容量需满足15～16人团队活动，并要求学生在所建空间内住宿一晚。希望通过这样一个建造实验，使学生获得关于建筑物理、材料性能、结构构造、建造方式及过程的感性体验和理性认知。同时，通过在自己所建造空间中进行的活动体验，初步认识建筑的使用功能、人体尺度和空间形态的基本要求，从而充分激发师生建筑设计的热情和创意。

事实上，这种“真实建造”也是同济设计基础教学的一贯传统。从中华人民共和国成立后全国建筑院校中第一个在设计初步课程中引入的设计制作类训练——1979年的“文具盒设计与制作”[1]开始，到1981年德国达姆斯达特大学贝歇尔夫妇带来的基础课程作业“负荷构件设计”[2]，再到此后逐步展开的一系列实践教学活动，包括超级家具、流浪者之家、木构桥、纸板房等，所有这些，都构成了同济大学建筑设计基础教学最为突出的特征。

该类实践教学的开展，其目的不止于专业知识和理论的获取，而是更注重帮助学生建构真实的设计意识和专业实施能力，以及获得多维知识体系在具体情境中灵活运用的能力。这些基于身体、行为、材料、功能的形式和建造，强调亲身体验，倡导将空间与人体尺度和材料特征相关联，并进一步与场所情境、加工方式和建造手段进行叠加，让学生理解只有人的介入、行为的发生、事件的持续才是空间获得的真正意义，从而在感性实践中逐步形成个人清晰的理性认识[3]。正如莫天伟先生在2005同济大学建筑系基础教学实验展前所述，建筑学归根结底是一门“关于理解生活的学问”，需要把握“营造”的技能；而“设计基础”便是“营造的基础和对生活的自信”。

因此，在现行的设计基础教学体系中，本科一年级第2学期的“设计基础2”，正是以“材料与空间建构”为主线。其最重要的课程教学目标之一，就是帮助学生了解材料、构造与形态和空间之间的相互关系，学习运用材料进行空间塑形和建造的基本原理和方法。对“动手”的重视和关于“建造”的启蒙，坚持感性与理性兼备、思考与动手合一，不断激发学生的潜能，帮助他们建立新的认知、走向新的综合。

二、竞教结合模式下的创新发展

第一次的寄居空间建造实验在学生中引起了强烈反响。不但强化了学生对材料和建造意义的认知，还检视了其设计意识、设计方法以及团队合作意识等，对设计学习有了更深刻的体会和认知。因此，这个课程实践范围在第二年扩展到整个建筑与城市规划学院一年级学生。2008 年 5 月 12 日，汶川发生了大地震，所以当年的竞赛主题定为抗震临时居所设计建造(图 1)。这样的题目设定不但对学生进行了专业训练，同时也将家国情怀和思政培育融入其中，培养学生强烈的社会责任感和正确的世界观。

图 1　2008 年同济大学建造实验：抗震临时居所
（图片来源：设计基础学科组）

如今，同济建造节历经多年建设，逐步发展为有国内外 30 余所建筑院校共同参与的国际性实验邀请赛。基于竞教结合模式，它主要有三个方面的创新发展。

1. 建造材料和赛题的更新

所谓竞教结合，是以建造竞赛为载体，促进教学目标的最终达成。为了帮助学生了解材料建造的逻辑，进而寻找材料与建造方式对空间发展可能性的推动力，最终引导学生探索建筑空间的核心价值，合理的材料选择至关重要。

以瓦楞纸板作为竞赛主要材料，首先，因它是生活中最为常见的物品，易于获取和加工制作，而且无污染可回收；其次，它的面状板材特征，以及各向受力特性，又为学生展开富有创意的空间与结构设计提供了条件；最后，瓦楞纸板的受潮失稳特点，以及整晚居住的既定要求，又因竞赛季节的潮湿多雨而充满了挑战。因此，基于这样一种普通环保材料展开建造竞赛，对学生充分认知材料特征和建造潜力、方案设计和建造之间的关联，以及团队合作的重要性，都是极其有利的。多年来学生不但创作了大量的优秀作品（图2），教师也取得了积极的教学效果。

图 2 2009—2014 年同济大学建造节作品
（图片来源：设计基础学科组）

竞赛和教学一样，需要不断地更新和发展。历届竞赛材料在规格与数量上的不断优化，促使学生在竞赛过程中综合解决问题的能力持续加强。经过九年的瓦楞纸板建造竞赛，富有突破性和创新性的设计作品逐渐减少，因此，从 2016 年开始，我们将竞赛材料调整为 PP 中空板（聚丙烯塑料）。不同的色彩、不同的透明度、不同的受力特征和塑形能力、不同的节点处理方式，所有这些新材料的特殊属性，都为竞赛注入了新的活力。而这个更新，也正蕴含了“因材而设、因材而建”这样一个教学目标的所有内容。

2018 年开始命题建造，要求学生对唐代诗人杜牧的《秋夕》进行解读和想象，并以此为意向展开设计和建造实践。这一举措使得该届建造节的作品突破了往年单一空间的塑造，不但呈现出更为丰富的基于对传统文化理解和空间转译的功能考量物质建构，同时更折射出共同的浓厚人文情怀（图 3）。

图 3　2016—2019 年同济大学国际建造节作品
（图片来源：阴杰）

2. 竞赛与教学的互相促进

“同济国际建造节”是一个充满挑战而又激发热情的建筑设计竞赛。参加团队除了同济大学建筑与城市规划学院、设计创意学院、艺术传媒学院、土木工程学院和浙江学院之外，还有近二十所国内建筑院校，以及来自十多个国家的国际建筑院校同场竞技。每组队员需要在规定的时间里，充分发挥团队精神，创造性地利用规定数量的板材，通过对材料的实验、分析和研究来进行设计和实体建造，在基本结构单元与整体空间形态呈现清晰合理的逻辑关系基础上，塑造富于想象力的动人空间和形态。

这不仅仅是一场竞赛，还同时展现了不同文化和教育背景下的思维及行为模式差异。这种差异性和丰富性带来了更广泛的资讯和更全面的视野，更增添了全球化背景下的文化交流与互动学习的机会。对于获取的关于设计基础教学方面的启示，我们通过深入的教学研究，将其优化整合到日常的课程教学之中促进教学的发展。

3. 赛前选拔、辅导与教学互为促进

2017 年之前，建筑与城市规划学院一年级学生全员参加建造节，并在相关课程计划中进行统筹组织。虽然没有开设与此直接对应的竞赛课程，但是已建立包括“设计概论”“建筑概论”“设计基础 1”和“设计基础 2”四门主干课程，以及“艺术造型”等相关选修课程，对学生在人体尺度、活动方式、材料特征、结构采集和建造体验等方面进行初步认知训练。通过组织和参与竞赛，不但使学生取得了骄人的奖项，而且对上述课程的进一步建设，也具有积极的推动作用。

2018 年开始，随着国内外参赛队规模进一步扩大，为了更公正、公平地进行竞赛，我们在学院内采取了预选组队参赛制，包括内部初选组队、前期基础研究及培训、正式参赛 3 个环节。首先，结合课程设计在全年级进行初选，优胜队代表学院正式参加国际建造竞赛；然后，代表队学生由原团队教师进一步组织和辅导，重点包括对历届竞赛作品的充分研读和方案思维训练，对竞赛材料基本性能的充分认知和研究，竞赛流程以及基本工具使用方法的熟悉掌握。正式参赛阶段协助学生做好赛题解读和建造施工的组织计划等。

2019 年，学院则采取自愿组队制，每个教学班级组建一个参赛队，共计 12 队参加建造节竞赛，每队配备 2 名指导教师。其余学生则全员参加新开设的同济大学木构建造竞赛。

在竞赛组织和参与过程中，我们针对所发现的问题，如学生对特定材料潜在的结构、构造及塑形潜力的挖掘深度不足、对案例研究和借鉴模仿的差异性理解、对项目推进的工作组织计划的忽视以及竞赛中团队成员配合的协调度不足等方面，在后续的专业教学中，进一步强化了材料训练和研究；在主要课程设计中增设案例研究环节，引导学生在学习的基础上寻求创新发展；同时，我们还加强了课程设计中的计划管控和时间管理，并设置更多的小组设计模块，强化学生的团队意识和协作能力。这些举措反过来又进一步提升了后续团队的参赛表现和成果。

三、实践教学品牌的持续建设

从 2007 年设计基础课程教学的一次建造实验活动开始，到如今蜚声中外的同济大学国际建造节，这个实践教学品牌历经了十多年的持续建设。

2008 年，除了扩展到整个建筑与城市规划学院本科一年级学生，还邀请了土木工程学院组队参加，共计 46 个团队。2009 年，由陶氏化学(DOW)公司赞助，上海大学组队加入，并开始采用统一提供的瓦楞纸板和联结材料。参赛院校在 2010 年进一步扩展到长三角区域的上海交通大学、东南大学和浙江大学，也是从该年开始，香港华城规划建筑设计院有限公司连续赞助了五届“同济建造节”。2011 年，同济大学建造节走向全国，邀请了包括清华大学、天津大学等在内的 10 多所国内著名建筑院校共同参与。

从 2012 年开始，同济大学建造节正式成为一项国家级学科竞赛，指导单位为全国高等学校建筑学专业指导委员会(2019 年更名为教育部高等学校建筑学专业教学指导分委员会)。

2015 年是另一个重要节点。该年邀请了魏玛包豪斯、麦吉尔大学、佐治亚理工、釜山大学等 8 所欧、美、亚洲大学的建筑院校参加，并正式更名为“同济大学国际建造节”(图 4)。上海风语筑展示股份有限公司成为新的赞助商，并一直延续至今。2019 年的参赛队达到 48 支，包括 13 所美洲、欧洲、大洋洲及亚洲的建筑院校，19 所国内建筑院校，以及同济大学 16 个本科一年级学生代表队，共约 400 名师生共襄盛会。这样一个盛大的建造节，让每一名参与者体验了建造所包含的意义，更充分展示了同济大学的国际化和开放性。

除了大学生竞赛，建造节还积极开展学术科普和专业启蒙，分别在 2011—2014 年以及 2018 年，同步举办了“我爱我家”上海市中学生建造邀请赛，共有近 20 所上海市重点高中学生代表队参加，取得了广泛积极的影响。

对于“同济大学国际建造节”的品牌建设至关重要的有三个方面。首先，“同济大学国际建造节”是在教育部高等学校建筑学专业教学指导分委员会指导下的国际赛事，具有国家级竞赛的权威性和学术公信力。其次，参加国际建造节的除了同济大学之外，还有来自国际、国内的 30 多所知名建筑院校，在学科领域内具有广泛的号召力和影响力。最后，“同济大学国际建造节”现已成为一年一度的公众嘉年华，每年都吸引大量市民、学生前来观摩，并有解放日报、同济大学官网等公开报道，极大提升了同济大学和建筑与城市规划学院的社会声誉，扩大了同济大学的社会影响力。

如今，“同济大学国际建造节”已成为同济大学和建筑与城市规划学院的一张名片，在各个方面产生了广泛影响。竞赛成果被收入《同济建筑教育年鉴》，2018 年的一等奖作品(同济大学 17 级建筑 5 班的作品“穹织”)还被

图 4　2015 同济大学国际建造节

（图片来源：阴杰）

移至上海虹桥枢纽高铁站厅展览，并参加了 2018 上海绿岸艺术节。2018 年 8 月，建筑与城市规划学院 10 名本科三年级学生参加了意大利“2018 卢卡双年展：纸板建筑设计与建造”，更将同济建造活动成果呈现在了国际舞台上。历年参赛高校及获奖情况见表 1。

四、总结与展望

“同济大学国际建造节”充分展现了同济强调“营造”的教学特征，将其追求“脑手合一”的设计基础教学宗旨推向了一个新高度。同时，通过组织和参与国际建造节，扩大了同济大学以及建筑与城市规划学院在国内外建筑学教育领域的影响力，加强了国内外兄弟院校间的交流，促进了师资建设，也促进了对现有教学的反思和不断完善。

表 1　同济大学国际建造节参赛高校及获奖情况

			2007年	2008年	2009年	2010年	2011年	2012年	2013年	2014年	2015年	2016年	2017年	2018年	2019年
		赞助商			DOW	HUACHENG	HUACHENG	HUACHENG	HUACHENG	HUACHENG	FENGYUZHU	FENGYUZHU	FENGYUZHU	FENGYUZHU	FENGYUZHU
		参赛组总数	10 组	46 组	29 组	26 组	28 组	30 组	31 组	31 组	60 组	58 组	61 组	36 组	48 组
	0	同济大学	10 组	46 组	27 组	23 组	22 组	23 组	22 组	21 组	37 组	37 组	35 组	8 组	16 组
					1/2/3/6	1/2/2/6	1/0/3/8	0/1/1/10	1/3/8	2/2/7	1/4/6/8	1/2/4/6/1	2/4/6/6/1	1/1/2	1/3/2/2
国内	1	上海大学			2 组	1 组优秀奖	1 组优秀奖	1 组	1 组	1 组二等奖	1 组	/	1 组	1 组	1 组三等奖
	2	东南大学				1 组三等奖	1 组	1 组优秀奖	1 组	1 组二等奖	/	1 组二等奖	/	1 组一等奖	1 组
	3	浙江大学				1 组优秀奖	/	1 组三等奖	/	1 组三等奖	1 组	/	/	/	/
	4	重庆大学					1 组二等奖	1 组二等奖	1 组一等奖	1 组	1 组二等奖	1 组二等奖	1 组二等奖	1 组一等奖	1 组二等奖
	5	中央美术学院					1 组二等奖	1 组一等奖	1 组二等奖	1 组	1 组三等奖	1 组二等奖	1 组优秀奖	1 组三等奖	1 组
	6	中国美术学院					1 组优秀奖	/	/	/	/	/	/	/	/
	7	新疆大学					1 组优秀奖	/	/	/	/	/	1 组	/	/
	8	天津大学						1 组三等奖	1 组一等奖	1 组二等奖	1 组三等奖	1 组三等奖	1 组一等奖	1 组	1 组二等奖
	9	上海交通大学						1 组优秀奖	1 组三等奖	1 组	1 组	1 组	1 组	1 组	1 组三等奖
	10	清华大学							1 组二等奖	/	1 组一等奖	/	/	/	1 组优秀奖
	11	四川美术学院							1 组三等奖	1 组二等奖	/	/	/	/	/
	12	西交利物浦大学							1 组	1 组三等奖	/	/	/	/	/
	13	北京建筑大学								1 组一等奖	1 组三等奖	1 组	1 组	1 组	1 组
	14	哈尔滨工业大学									1 组	1 组一等奖	1 组二等奖	1 组二等奖	1 组二等奖
	15	华南理工大学									1 组一等奖	1 组	1 组三等奖	1 组三等奖	1 组三等奖
	16	西安建筑科技大学									1 组优秀奖	1 组二等奖	/	1 组三等奖	1 组优秀奖
	17	大连理工大学									1 组三等奖	1 组优秀奖	1 组优秀奖	1 组	1 组
	18	湖南大学									1 组三等奖	1 组优秀奖	1 组三等奖	1 组	1 组一等奖
	19	合肥工业大学									1 组三等奖	1 组优秀奖	/	1 组二等奖	1 组
	20	昆明理工大学									1 组	1 组优秀奖	1 组优秀奖	1 组三等奖	1 组优秀奖
	21	深圳大学										1 组三等奖	1 组	1 组	1 组
	22	沈阳建筑大学											1 组	1 组三等奖	1 组优秀奖
	23	长安大学											1 组	/	1 组
	24	台湾逢甲大学												1 组	/
	25	台湾朝阳科技大学													1 组

（续表）

			2007年	2008年	2009年	2010年	2011年	2012年	2013年	2014年	2015年	2016年	2017年	2018年	2019年
		赞助商			DOW	HUACHENG	HUACHENG	HUACHENG	HUACHENG	HUACHENG	FENGYUZHU	FENGYUZHU	FENGYUZHU	FENGYUZHU	FENGYUZHU
		参赛组总数	10组	46组	29组	26组	28组	30组	31组	31组	60组	58组	61组	36组	48组
国际	1	McGill University									1组二等奖	1组二等奖	1组	1组二等奖	1组优秀奖
	2	Georgia institute of Technology									1组	/	1组	1组	1组
	3	University of Hawall									1组	1组三等奖	1组	/	/
	4	University of Westminster									1组	/	/	/	/
	5	University College Dublin									1组优秀奖	/	/	/	/
	6	Ecole Nationale Supérieure d'Architecture de Versailles									1组优秀奖	1组三等奖	1组一等奖	1组三等奖	1组优秀奖
	7	Bauhaus-Universität Weimar									1组优秀奖	1组一等奖	1组	/	/
	8	Pusan National University									1组	1组	1组	1组三等奖	1组三等奖
	9	Universidad Polité cnico de Cataluña										1组	1组优秀奖	1组二等奖	1组优秀奖
	10	Technische Universität Graz										1组三等奖	1组二等奖	1组	1组一等奖
	11	Università IUAV di Venezia											1组三等奖	1组	1组一等奖
	12	Kyushu University											1组三等奖	1组	1组三等奖
	13	Melbourne University											1组	1组二等奖	1组三等奖
	14	Politecnico di Milano												1组	1组三等奖
	15	Gottfried Wilhelm Leibriz Universität Hannover													1组
	16	University of Dundee												1组	1组
	17	COMSATS University Istamabad													1组

十二年的竞教结合实践，取得了较为理想的成绩，但也提出了不少挑战。

一是教学覆盖面和竞赛规模之间的平衡。随着国内外院校参赛队伍规模的不断扩大，需要进一步缩减本学院的参赛队数量，以此进一步扩大影响范围，同时也使竞赛在一个更加公平的平台上进行。作为应对措施，我们一方面采取了内部选拔制，另一方面，自2019年开始，平行开设了同济大学木构建造竞赛，指导单位为上海建筑学会，并由济木建筑科技工程(上海)有限公司提供技术支持。以此覆盖其他学生，并鼓励学生对新材料展开相关探索。

二是竞赛活动和正常教学的平衡。除了结合课程设计的前期阶段外，后期竞赛准备工作需要占用大量课余时间。但是由于本科一年级学生课业繁重，导致少数团队出现后期准备不够充分，比赛仓促被动的现象。因此需要提前启动策划，以使学生有足够的时间充分准备，做好实施预案并对不可预见因素留出处置时间。

三是竞赛过程中部分团队表现出的合作精神不够、领导力成员缺乏的现象，需要在平时的课程教学中结合立德树人，进一步加强团队精神和领导意识培育，培养健全的人格和综合能力。

2020年，突如其来的新冠肺炎疫情，使得原定的“同济大学国际建造节”被迫取消，但是，这个暂停也提供了一次难得的机会。2020年6月27日，建造节组委会通过ZOOM平台举办了“天涯与共——同济大学国际建造节回顾研讨会”，邀请之前的专家评委和历年参加建造节获奖院校的指导教师相聚云端，听取评委嘉宾的评价和建议，同时也分享了各校带队教师的指导经验。评委团主席、同济建筑系主任蔡永洁教授的发言，也许正可以作为本文的总结：“‘同济大学国际建造节’不仅仅是一个学科竞赛，甚至不仅仅是一个专业教学训练，而是一个真正意义上的现代建筑教育思想的呈现。”

参考文献

[1] 伍江.“兼容并蓄，博采众长；锐意创新，开拓进取——简论同济建筑之路”[J].时代建筑，2004(6)：16-17.

[2] 徐甘，卢永毅，钱锋，等.百年回响包豪斯-同济设计基础教学的回望与对话[J].时代建筑，2019(6)：168-173.

[3] 赵巍岩.同济建筑设计基础教学的创新与拓展[J]. 时代建筑，2012(3)：54-57.

基于学科交叉的竞教协同创新人才培养教学与实践回顾*

——以全国高校木结构设计邀请赛①为例

戴颂华　熊海贝

同济大学建筑与城市规划学院　同济大学土木工程学院

摘要　建筑学是一门技术和艺术相结合的、横跨工程技术和人文艺术的学科，因此，建筑的结构、材料、施工等设计对建筑创作中艺术追求可能性和技术经济合理性的实现具有重要影响。本文通过回顾指导学生参加首届高校木结构设计邀请赛的全过程，对竞教协同下本科生跨学科创新人才培养的教学与实践成果进行归纳总结。

关键词　竞教协同　本科生创新人才培养　学科交叉　教学与实践

从学科发展角度看，建筑学科作为一门技术和艺术相结合的、横跨工程技术和人文艺术的学科，建筑的结构、材料、施工等设计对建筑创作中艺术追求可能性和技术经济合理性的实现具有重要影响，可见，建筑学科人才的培养既要注重建筑学专业学术素养的培养，又要兼顾其他工程技术学科相关学识体系的构建。而从社会需求角度看，对该职业从业人员的要求，也逐步从具备优秀的职业素养和国际视野，发展到要兼具出色的实践能力和新领域的开拓创新精神，由此，创新复合型人才需求态势已然呈现。在这种发展背景下，创新复合型人才的培养越来越受到各高等学校的重视，而依靠学

*　同济大学教学改革研究与建设项目“基于建筑与结构交融的跨学科开放性联合教育教学研究”(项目编号：0100104500/080)。

①全国高等学校木结构设计邀请赛，是由全国高等学校土木工程学科专业指导委员会木结构教学研究会主办、相关高等学校的土木工程学院承办、加拿大木业协会资助的全国性学科类竞赛。自2016年首次举办以来，已经历时五年，共举办了五届。

科交叉整合资源优势进行协同创新①，必然成为主流创新发展模式。首届全国高校木结构设计邀请赛②的组队参赛就是在这样的背景下展开的。

一、团队组建——优势联合、协同互补

自 2013 年秋开始，依托“世界木材日”的“抗地震、抗台风木结构房屋建筑设计大赛”③，从建筑学科与土木工程学科硕士研究生创新人才培养尝试入手，逐步进行本科生、本科生-硕士生、本硕贯通④，基于学科交叉的学科课程和设计竞赛协同（以下简称“竞教协同”），以及教学探索与产业实践协同（以下简称“产学研”）等多形式、多方位的教学实践探索。参加首届全国高校木结构设计邀请赛的，是由土木工程学院的本硕贯通生与建筑学的硕士研究生组成的联合团队，进行“教学-科研-竞赛-实践”全过程的“产学研”协同实践。

由于该竞赛鼓励建筑、结构等不同专业的本科高年级或者研究生协同设计，以加强学生对木结构建筑特性的认识，提高学生对专业基础理论和知识在木结构设计中的运用能力，增加学生对木结构设计的研究兴趣，且在设计成果上给予建筑和结构同等权重的评判标准，促进了多学科联合组队。同济大学代表队由两名指导教师的硕士研究生作为联络人，按照兴趣、意愿、时间、优势、特长、协作精神等条件，面向全校自主招募和遴选本科高年级和硕士低年级学生，并按竞赛组织方的规定，最终确定参赛人员 6 名（包括大四本科生 3 名、研一学生 2 名、研二学生 1 名）。

二、命题探究——基础知识协同学习

按照首届高校木结构邀请赛的竞赛要求，该咖啡厅位于参赛者自主选

---

①协同创新，指的是由多个主体围绕创新目标，共同协作、相互补充、信息共享的创新行为。

②首届邀请赛的题目及要求，是上海某公园基地内的一处建筑面积为 300 平方米、设计使用年限为 50 年的咖啡厅，层数 1～2 层，结构以木为主，需要处可用钢拉杆，可采用任意连接形式。

③由同济大学土木工程学院熊海贝教授带队，并与戴颂华共同指导的江昊、姚亚、刘洪玮 3 名硕士研究生组成的同济大学 T 立方抗震木建筑设计小组设计的“拼图住宅”，2014 年 3 月 22 日以总分第一荣获“2014 世界木材日”“抗地震、抗台风木结构房屋建筑设计大赛”抗震类“优秀创新设计大奖”（即一等奖）。

④本科生、本科生-硕士生联动、本硕贯通等不同形式，是针对参加竞赛团队的成员组成而言，有时竞赛团队全部由建筑、土木等不同学科的本科生或硕士研究生组成，有时则由土木的本科生或本硕贯通生与建筑的硕士生构成。

择的上海市某公园基地内[3]，既要成为公园景点，又要为游客提供服务。竞赛命题较为开放，除“上海”“公园”“木结构”“咖啡馆”等关键词外，没有过多限定。

设计初期，作为指导教师，主要是引导建筑和结构两个专业的学生从各自专业角度对竞赛任务书进行深入研究。建筑学学生从上海的地域特征、公园特性、咖啡文化等方面进行文献阅读和案例调研；而土木工程学学生则从木材料的力学特性、施工技艺等方面进行研究挖掘。每一次的交流都有意识地要求不同专业的学生共同参与，互相补充各自的知识盲区，深入理解不同专业背景的关注点和思考逻辑，为接下来的合作打下基础。

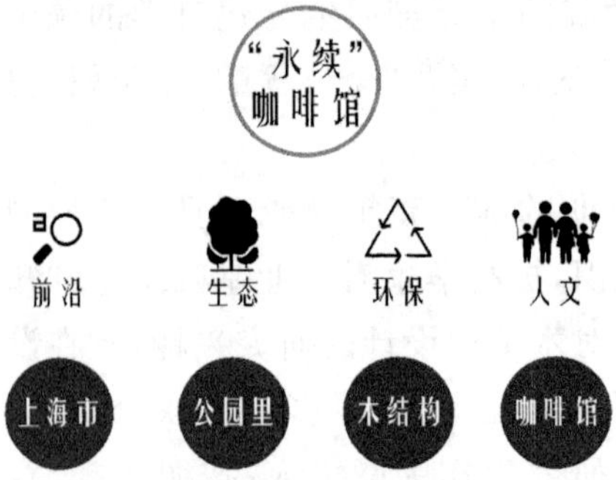

图 1　四大核心内涵

经过 2～3 周的学习研究和交流，结合各自的专业特征，团队提出了“永续建造”的设计理念，并将竞赛关键词“上海”“公园”“木结构”“咖啡馆”提炼成为围绕“永续建造”的“前沿”“生态”“环保”“人文”四大核心内涵（图 1）。所谓“永续”，体现在两个方面：一是功能上的永续，即能够适应消费者不断变化的需求与偶然发生的事件；二是建造上的永续，即在预制装配化的基础上，充分发挥木结构模数化、部品化的特点，实现建造可持续、构件可回收的目标。正是相互学习的过程，让不同专业的学生找到了契合点，提出了“永续建造”理念，并对这一理念有了更全面、深刻的认知。

三、理念落实——工作方式协同推进

对于传统的建筑建造步骤来说，一般是建筑设计在先，结构及水暖电气等的专业设计在后，其他专业则验算配合。高校学科设置过程中彼此细分独立的培养模式，使得不同专业人才在培养过程中缺少相互了解，进而使得职业实践中惯性地形成不同专业彼此独立甚至割裂的工作模式。而根据此次竞赛要求以及设计团队跨学科的背景，指导教师尝试打破这种工作模式，进一步引导不同专业学生在理念落实和方案推进阶段相互协同配合。

为了实现“永续建造”的理念，设计团队选择装配式作为建造方式。而“标准单元体”正是装配式方案成型的关键。建筑学学生对咖啡馆的原型进行深入研究后认为，咖啡馆最重要的功能是提供顾客可以坐下来相互交流的场所，该场所需要有被限定的空间领域、舒适的物理环境、良好的景观视野以及保证相对意义上的私密性。通过对此类空间形态进行原型提取，建筑学学生得到如图2所示的最基本的标准单元体。

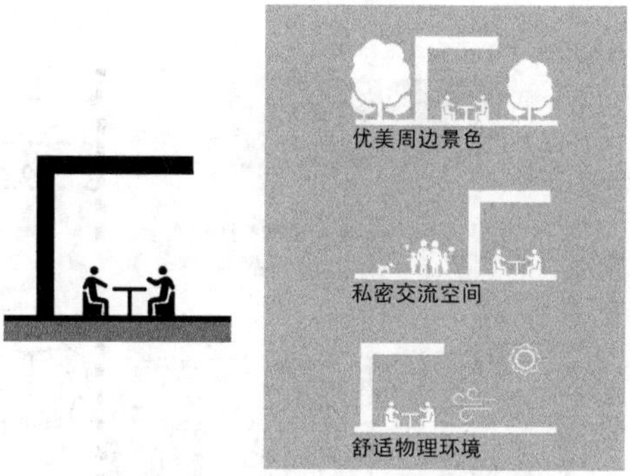

图2 最基本的标准单元体

为了实现这一空间构型，土木工程学专业学生提出了框架结构和大板结构两种结构形式，并经过深入对比，最终选择大板结构体系——与传统木结构的梁柱结构体系不同，大板结构的承重结构与围护结构一体化的优势(图3)，可以最大程度地实现工厂预加工，提高建造效率。同时，在材料选择方面，建议选用正交胶合木(CLT)板材。与常用的胶合木材料相比，CLT板材具有更高的强度、利于更快地施工以及双向学性能更优等特点，从而更好地实现预期的大板结构。

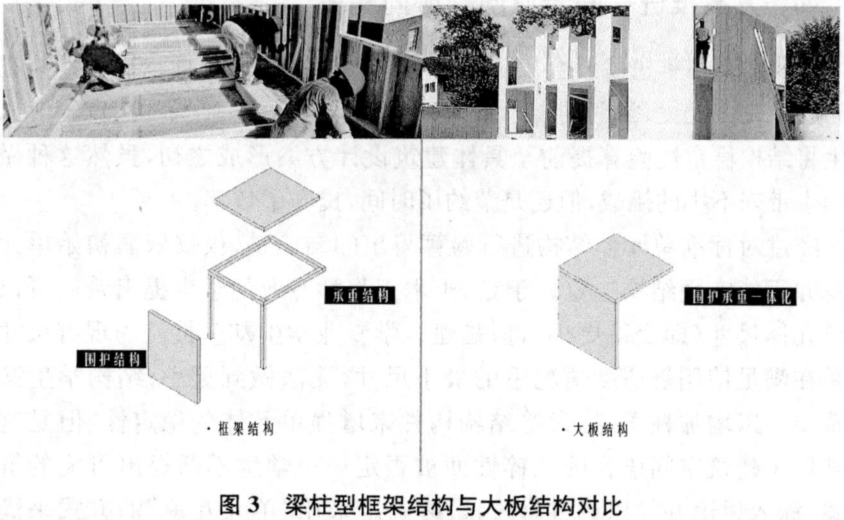

图3 梁柱型框架结构与大板结构对比

建筑学专业学生从人体工程学的角度出发，对CLT板材标准单元体的具体尺寸进行设计核算，最终确定以600 mm作为基本模数(图4)。

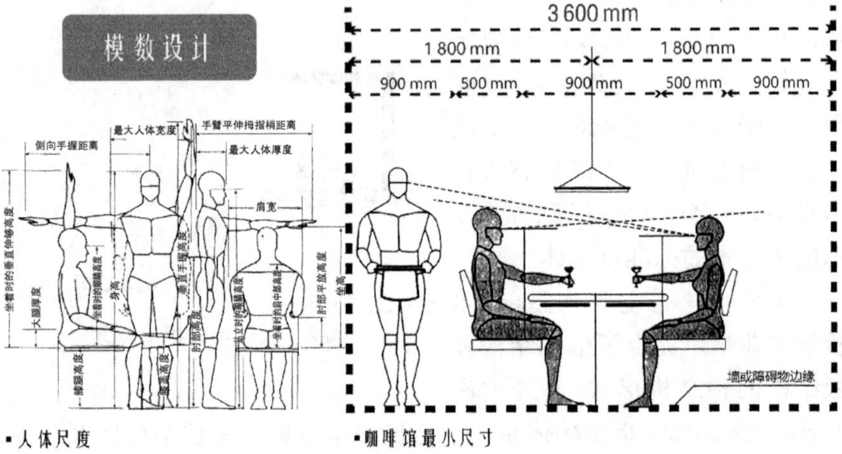

图 4　模数设计

在标准单元体研究的全过程中，不同专业学生从原型确定、造型设计、结构形式、材料选择、模数尺寸等方面共同参与，协同完成。

四、方案推进——专业问题协同解决

现实的项目推进常常会出现建筑与结构方案不尽合理、难以协同，在一个问题上反复扯皮、掣肘的现象。为避免此类情况的发生，本次竞赛尝试让学生将结构稳定性验算提前至具体建筑设计方案形成之初，虽然这种做法给学生带来不小的挑战，但还是节约了时间，提高了效率。

经过对标准单元体结构进行验算得出的结论是，仅仅依靠初始单元体本身并不能实现结构稳定。于是，土木工程学专业的学生提出希望可以调整单元体尺寸（即变得更小），但是建筑学专业学生却坚持认为现有尺寸已经是在满足使用舒适度情况下的最小尺寸，无法做到更小；结构学生又提出希望可以增加柱子、拉索等结构构件来增强单元体的稳定性，但是这又因破坏了建筑空间语言的纯粹性而被否定……学生不断提出可能的解决方案，深入讨论并加以调整修改，最终确定采用“单元互承”的方式来满足空间纯粹与结构稳定。

通过单元体的组合拼接（图 5）得到多种空间形式，再经过内力计算、构件验算、节点和基础设计的结构设计流程找到合适的组合和稳定的结构（图

6)，即通过 SAP2000 的精确内力计算，对各工况下的结构响应进行校核，确保软件计算的正确性。对于任何一个单体，土木工程学专业学生使用 ANSYS 建模分析和基于结构力学手算两种方式进行计算结果验证(图 7)，最终选定四种可行的空间单体组合形式(图 8)；同时对其中包含的两种节点构造(对接节点与正交节点)进行计算，从软件计算结果中获取最不利内力，对 CLT 板件局部强度、钢板和螺栓的强度分别校核，确定采用“钢板配合螺栓”的连接方式，确保现场施工方便快速、无污染。此外，基础部分也采用预制条形基础来实现全过程装配式建造。

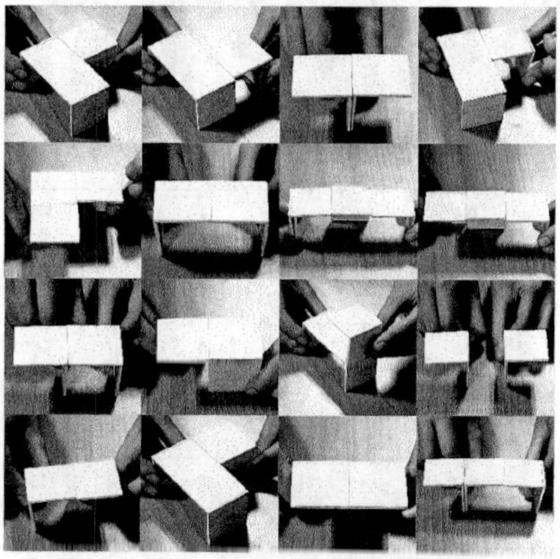

图 5 “单元互承”的组合拼接

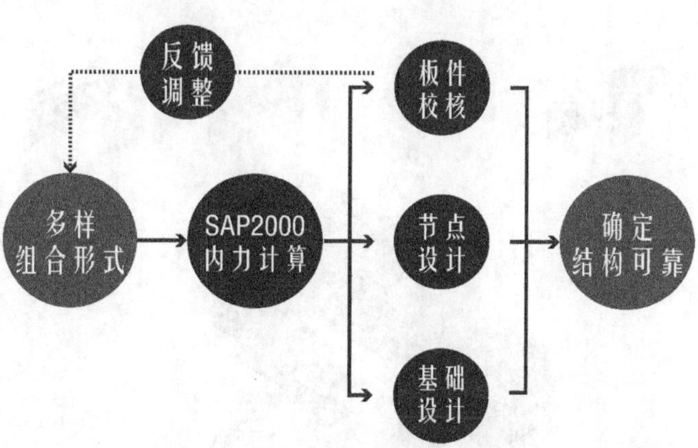

图 6 建筑-结构的协同校核模式

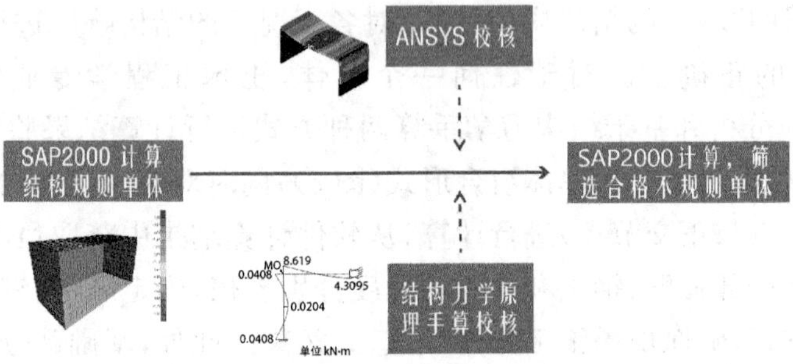

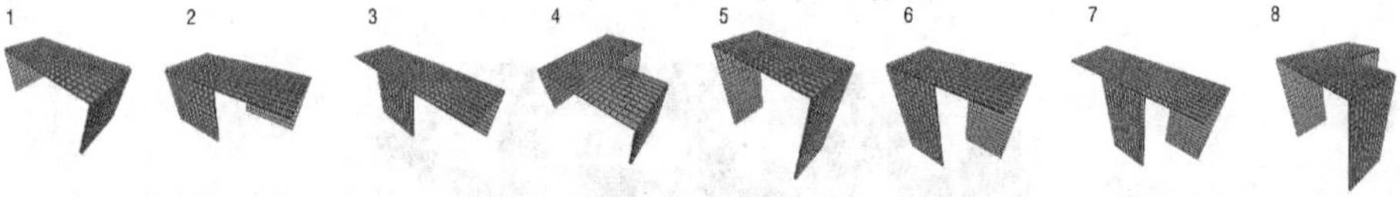

模型编号	正应力最大值（MPa）	与正应力承载力21.5MPa[1]比较	剪应力最大值（MPa）	与剪应力承载力10.2MPa[2]比较
1	1.2	✔	0.4	✔
2	1.2	✔	0.5	✔
3	3.4	✔	0.6	✔
4	1.9	✔	0.8	✔
5	1.7	✔	0.4	✔
6	2.1	✔	0.5	✔
7	3.6	✔	0.7	✔
8	2.2	✔	1.1	✔

模型编号	不同工况竖向最大位移（mm）	与满足规范要求14.4mm 比较
1	3.619	✔
2	9.4	✔
3	10.885	✔
4	5.091	✔
5	7.651	✔
6	12.574	✔
7	13.2	✔
8	6.849	✔

注：【1】、【2】均参考《Standard for Performance-Rated Cross-Laminated Timber》,ANSI/APA PRG 320-2012

图 7　结构的计算和校核

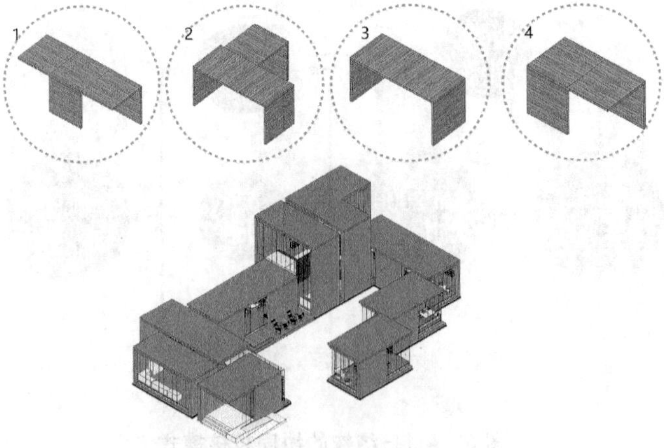

图 8　四种可行的空间单体组合形式

这四种组合形式的单体空间既舒适又结构可靠，可作为基本的组合单元体。再由建筑学专业学生在此基础上充分考虑基地环境、自然气候、历史文脉等因素，形成最终的设计成果。

结构设计的提前介入，在方案设计之初就首先保证各种拼接方式的基本稳定可靠，这种结构验算前置的工作程序提高了设计的整体工作效率。

五、构造深化——细节构造协同深化

在完成建筑-结构设计方案后，进一步对构造节点、设备管线等进行更深入研究。构造节点设计既关乎结构，也关乎咖啡馆的使用舒适度，仍需要不同专业学生的密切配合：既需要对结构构件的尺寸和数量进行准确计算，也需要对整体管线排布、内饰材料等细节进行详细考量。设计团队准确统计了装配化建造该咖啡馆所需要的构件数量，使设计方案最大程度满足可预制化。这些构件将会在上海周边的工厂直接加工并运输抵达现场进行安装。对于运输问题，学生提出“整体运输-现场吊装”与“构件运输-现场组装”两种方案，在综合考虑运输成本和运输环节节能环保情况下最终选择了第二种方案。

具体的建造过程，共划分为“9＋x”个步骤：

第一步，预埋基础。工厂预制条形基础实现快速建造。

第二步，地板架空。将地面板架空，布置设备管线，既避免 CLT 板材腐蚀，也方便设备管线检修。

第三步，主体结构。CLT 板材在工厂分别做好墙板、地板与楼板的预加工，作为主体结构。统一的材料、标准的尺寸可实现建造构件的回收利用。

第四步，墙身保温。考虑到上海夏热冬冷的气候特征，对围护结构加设保温层以增强节能效果。

第五步，屋面处理。屋面采用格栅架空与冷屋顶的处理方式，加强保温隔热。

第六步，地暖保温。室内设置地暖系统，提高咖啡馆的使用舒适度。

第七步，玻璃维护。使用双层真空玻璃幕墙作为围护结构，保证了视野通透与节能特性。

第八步，功能设备。在咖啡馆内部置入无障碍设施和集成式通用卫生间，以提升咖啡馆的受众面与舒适性。同时，虽然 CLT 材料具备良好的防火性能，我们仍在室内设置了消防喷淋系统来提高其整体防火性能。

第九步，软装设计。为实现室内外空间良好的视线通达，我们放弃了室内隔墙设计，代之以模数化家具。模数化家具同样采用统一的 600 mm 模数进行设计。既方便工厂加工，也使得室内布置更加灵活有序，以适应不同室内活动的需求。

第 x 步，可变空间。装配式的建造方式让咖啡馆可以随时拆除墙板结构，任意移动位置，实现平面自由，满足不同活动对室内外空间的使用要求(比如在每年七夕节的时候，我们可以将其中两个单元体模块拆解，重新组装，得到一个更为广阔的外场，来举办大型相亲活动)。快速便捷的拆装与可回收利用，更使得该咖啡馆可以出现在上海市任意一个公园中，以咖啡馆快闪的形式传达“永续建造”的理念。

至此，作为指导教师，基于学科交叉的竞教协同创新设计探索告一段落，之所以能够在竞赛中拔得头筹，与团队组建、命题探究、理念落实、方案推进、构造深化全过程注重学科交叉与协同密不可分。

六、施工组织——强强合作、协同落地

获奖之后，经过为期 11 个月对“产学研”一体化设想的努力，同济大学建筑与城市规划学院和土木工程学院又与宁波中加低碳新技术研究院、加拿大阿尔伯塔大学(UOA)、意大利 RothoBlaas 公司、美国 H.B.Fuller 公司合作，由江苏森之虎建筑工程有限公司施工，在浙江省宁海县中加低碳生态示范园内实现了永续咖啡馆(一期)的构想。项目从落地酝酿到满足一期使用和建设的适应性设计、扩初和施工图完成，再到配件商、施工方等的确定和协作，完成了校企协同的路径探索，成为新一代装配式木结构理念的真实体现。

项目于 2017 年 9 月 28 日正式动工，主体组建仅花了 3 天时间(包括备餐区、休息区、商务区及户外活动平台四大模块，总占地面积 306 m^2，主体建筑面积 133 m^2)，并于同年 10 月 18 日完成装修(图 9)，成为同济大学装配式木结构实训基地的首个 CLT 材料项目，同时也是中国第一栋以绿色低碳模块化预制型板材建成的公共建筑。永续咖啡馆(一期)以其简洁明快的设计理念、空间可变与装配式建造的设计追求以及工期短组建方便的实施策略，诠释了“前沿”“生态”“环保”“人文”的设计初衷。

七、理念勘验——拆装移位、协同优化

2018 年底，因中加低碳生态示范园自身发展和功能使用的需要，对永续

图 9　施工过程及装修完成后的室内

咖啡馆(一期)进行拆装移位和空间变异(图 10),同时勘验设计初衷。其建筑功能发生改变,由备餐-休息-商务为主转变为办公-商务-休息为主,内部空间流线更趋直接,建筑基地也更贴近生产空间。整个拆卸—移位—安装的过程历时不到一周时间。由此,可持续的利用和灵活的可变化空间等设计初衷得以校验。

图 10　拆装移位和空间变异

八、结语

进入新时代,国家和社会发展对培养大学本科生的科研创新能力、团队协同意识以及综合学识素养提出了更高的要求,抓创新就是抓发展,谋创新就是谋未来。以竞赛和教学为核心,改革“闭门造车式”的教学模式,基于优势学科交叉,逐步探索发展出“教学-科研-竞赛-实践”贯通、“产学研”一体的全方位、多层次的创新复合型人才培养模式和体系，尤为重要且势在必行。

参考文献

[1] 戴颂华.永续咖啡馆[J]，国际木业，2017(4)：4-5.
[2] 戴颂华.全国第一届高校木结构设计邀请赛获奖作品[J].中国木屋，2017，53(9)：40-45.
[3] 熊海贝，宋依洁，戴颂华，等.装配式 CLT 建筑从模型到建造[J].建筑结构，2018，48(10)：7-12，49.

融于设计基础教学体系的木构建造竞赛

——2019 乡村休闲廊亭的设计与建造

王　珂　张建龙

同济大学建筑与城市规划学院

摘要　同济大学木构建造竞赛结合专业整体教学目标，与前后教学环节衔接，设定课题定位和阶段教学目标。课题设置指向学生对建筑全过程的理解，通过材料、功能、环境场景的介入，引导学生将前一阶段所学知识和技能充分整合和消化，并能够将之实际应用。通过设计与建造实践，竞赛有效提升学生的创新能力、实践能力；团队营造充分调动了学生的积极性，助力团队协作能力提升。

关键词　教学体系　竞教结合　木构建造　全过程

一、竞赛设置的背景与目的

设计基础教学内容较为庞杂，从基本的技能训练到观点、观念的培养都有所涉及，既应提升学生知识、方法、技能、观念等不同方面的认知与能力，也应加强学生对“构思-设计-建造-运作”完整工程实践过程的认识和深入理解。

当下“探索通识教育和专业教育相结合的人才培养方式，推行模块化通识教育”作为我国《国家教育事业发展“十三五”规划》提出的明确要求，为设计基础教学提出了新的目标和方向。在设计基础教学中，引导学生从建筑（产品）研发到运行生命周期的体验和完整认知，对加强学生深入了解学科、专业，激发学生学习热情和兴趣，扩展学生工程基础知识，提升学生个人能力、团队协作能力和工程系统能力有着重要的价值和作用。

实践能力是专业能力与专业素质构成的重要组成部分，实践活动更是激发学生创造性思维的必要基础，是学生创造能力培养的主要教学环节[1]。正是在这一背景下，结合同济大学设计基础教学的“通专结合”改革，设计并实践了“从设计到建造：木构建造训练”这一竞赛环节。期望通过两周的竞赛式强化训练，让学生体验一个“构思-设计-建造-运作”的完整工程实践过程，实现上述培养目标。

二、教学环节的前后衔接

竞赛的设计与设置不能独立于教学体系之外存在，设计竞赛或选择参与竞赛必须同时考虑前后教学环节的衔接，以及学生能力培养的延续性。

在同济大学的设计基础教学体系中[2]，本科一年级下学期最后的教学环节处于抽象专项训练向具体建筑设计训练转换的节点。

抽象的专题训练，包括：

(1) 建筑认知与表达(基本技能训练——抄、测绘)；

(2) 空间与形态操作训练(形态构成、空间限定)；

(3) 对人行为与需求的认知(空间尺度训练、尺度与行为关联性认知训练、事件立方体设计、日常生活空间的理解和认知、里弄调研等)；

(4) 单一空间的设计(饮茶空间设计、简单建筑方案设计——三户宅方案设计)。

教学环节包括由简入繁的一系列具体建筑方案设计：

(1) 水平空间设计(一层展览空间设计)；

(2) 复合空间设计(多层社区中心设计)；

(3) 完整建筑设计(创客公寓设计或评图中心设计)。

在抽象专项训练与具体建筑之间，以一个单一空间的设计与建造作为主题，“充分强调和展现营造的教学特征”[3]，通过两周的强化，让学生面对真实材料，体验“构思-设计-建造-运作”完整工程实践过程，既能够将之前学到的空间尺度、空间限定、空间行为关联、设计表达等技能充分运用，加强知识巩固；也能够深入理解设计与建造关系、材料技术限制、设计与施工团队组织等更为具体的内容，充分理解建筑的本体意义，有效衔接后续的具体建筑设计训练环节，融入整体设计教学体系(图1)。

三、融于整体教学体系的竞赛教案设计

基于前后教学环节的梳理和分析，在木构建造竞赛的教案设计中，以促进学生了解建筑全过程为目标，通过课题的设计，引入真实的材料、现实的使用功能与环境场景，引导学生充分利用和整合既有知识，综合分析材料、

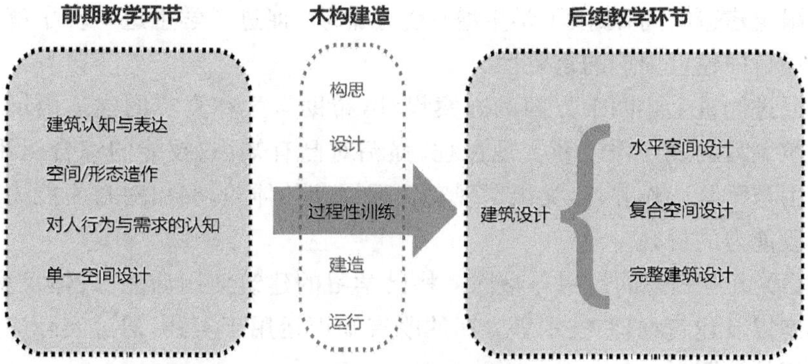

图 1　前后教学环节衔接

技术潜力与限制、复杂的现实需求与使用场景，综合运用既有知识，创造性解决问题。在这过程中熟悉并理解全周期的工程设计方法和流程。尤其是竞赛性的施工过程，充分发挥学生的能动性和团队协作精神，促进学生以主动的、实践的方式提升自我的建筑认知、提升学生系统工程能力。教案设计突出以下四点。

1. 真实的建造场景

结合学生前期课程学习中所进行的社区调研，选择上海社区活动场地作为建造场景，以"社区休憩亭"为题，强化真实的建造环境与需求。

2. 现实的功能需要

课题在功能上要求学生以促进社区交往、社区公共活动为目的进行设计，同时有一定遮蔽和包裹空间的硬性限定。这一方面是为了规避设计过程中构成化、雕塑化的倾向；更是为了引导学生深入理解人的行为与空间需求，充分分析空间与行为的适应和互动，以此为基础进行设计与建造。

3. 可操作的材料设定

采用木材作为建造实践教学环节的材料也经过了一定的思考和摸索。在既往的建造实践中，从最可操作的材料入手逐渐提升材料操作的难度，如从瓦楞纸板到塑料中空板，再到木材。不同的材料给予学生不同的建造可能，学生面对易于操作的材料则可能更关注造型；而难以控制的材料则限制了学生设计与建造的多样性。目前选择的木材杆件，平衡了学生的操作能力与设计多样性。

4. 相对紧迫的时间限制

真实的建造永远是在特定时间内完成的。本次建造实践，采用竞赛的方式限定建造时间，激发了学生潜在竞争意识，促进了学生进一步了解真实建设项目中建设周期的重要性。

通过侧重上述四个方面的教案设计，帮助学生在真实的建造语境下理解建筑工程的设计程序和实现过程，强调对已有知识、技能的综合运用，个体努力与团队协作并行，突出对现实工程周期的体验，突出对自主能力和系统工程能力的提升。

(1) 既有知识的运用与整固。将已学习的建筑使用功能、人体尺度、空间形态以及建筑物理、技术等方面的既有知识运用于实践，通过实际应用实现知识的整固。

(2) 材料性能、建造方式的感性及理性认识。面对现实材料，通过材料性能(受拉/受压/弯曲/防潮/防水)分析、结构分析(承荷/稳定性)、连接可行性分析，充分理解材料的潜力与实际限制。

(3) 工程全周期的认知，体验“构思-设计-建造-运作”完整工程实践过程，提升学生工程系统能力。

(4) 自主学习能力提升。主动进行资料收集，设计推进思考，实践验证，强化学生自主学习能力。

(5) 人际团队能力提升。通过团队协作，共同完成设计与建造，提升学生团队协作能力。

四、竞赛教学的组织与实施

1. 组织方式与阶段

竞赛有其独特的阶段性特点，大致包括“准备期、知识技能复习期、强化期和总结期”四个阶段，设计营造的教学则更多从真实的设计问题出发，通过调研、设计、实施和总结四个阶段，二者有内在的一致性特征。针对这一特征，木构建造竞赛教学组织以小组为单位进行，每个小组独立经由四个阶段，完成竞赛教学任务。

(1) 准备期：结合设计问题与目标，整合既有知识，进行行为与事件分析。

(2) 推进期：结合准备的资料，进行方案设计和深化设计，通过小组团队成员间和师生间的深入讨论，确定实施方案。

(3) 强化与实施期：深化实施方案、结构与构造设计、材料准备；完成材料预制、加工与装配施工的程序。

（4）总结期：通过邀请专家、团队互评、公开展示等方式进行竞赛评审与总结，竞赛成员则进行现场跟踪，结束后总结竞赛中的得与失，并与班级同学分享。

实施过程以综合能力训练为导向，结合文献查阅、模型、图纸的讨论、实验等手段进行教学训练，强化以下六个方面的教学内容：

（1）材料性能方面：材料的视觉与触觉效果、物理性质、加工方法；

（2）结构构造方面：结构稳定性、构造功能性、节点表现性；

（3）建筑物理方面：防雨、防潮、通风、自然光照；

（4）使用功能方面：上海社区主题公共活动；

（5）空间尺度方面：满足 3～4 人活动的站、坐及移动尺度要求；

（6）建筑控制方面：要求每栋公共廊亭屋顶覆盖面积为 5 m^2，室内空间容积控制在 10 m^3 以内，建筑高度控制在 3 m 以下。

教案设计以综合能力训练为导向，对教学过程进行阶段分解；结合文献阅读、现场调研、写作、图解、追问、讨论等手段进行教学训练。每个阶段的相对独立和相互关联，使之成为具有可操作性的，并被证明有效的系统。

教学训练手段包括：

（1）文献与实地结合的阅读与写作：经由体验引发思考，通过任务书写作强化对调研结论的重视；

（2）图解过程分析与设计推进：经由图解建立全面、逻辑而又直观的设计思考；

（3）设计思维逻辑结构的寻求：逻辑连贯性的强调促进有效交流，结构性的思维则有效推动设计；

（4）多尺度模型与图纸推敲：讨论的依据，从不同角度抽象空间与形态，推进设计；

（5）细部专项考察与深化：结合设计概念进行有针对性的专项考察，通过节点阅读完成设计深化。

2. 教学实施过程

整个教学安排占用两个星期课内时间，及一个星期课后时间。这里以 2019 年竞赛为例，具体说明实施过程：

第一阶段，分析与设计（2019 年 5 月 27 日—6 月 2 日，7 天时间，两次课内集体讨论）。

这一阶段学生通过基础资料收集，理解材料潜力；通过行为与事件分析，提出方案设计基本思路，在此基础上进行方案设计，制作小尺度模型；经过两次课内集体讨论，确定基本方案（图 3）。

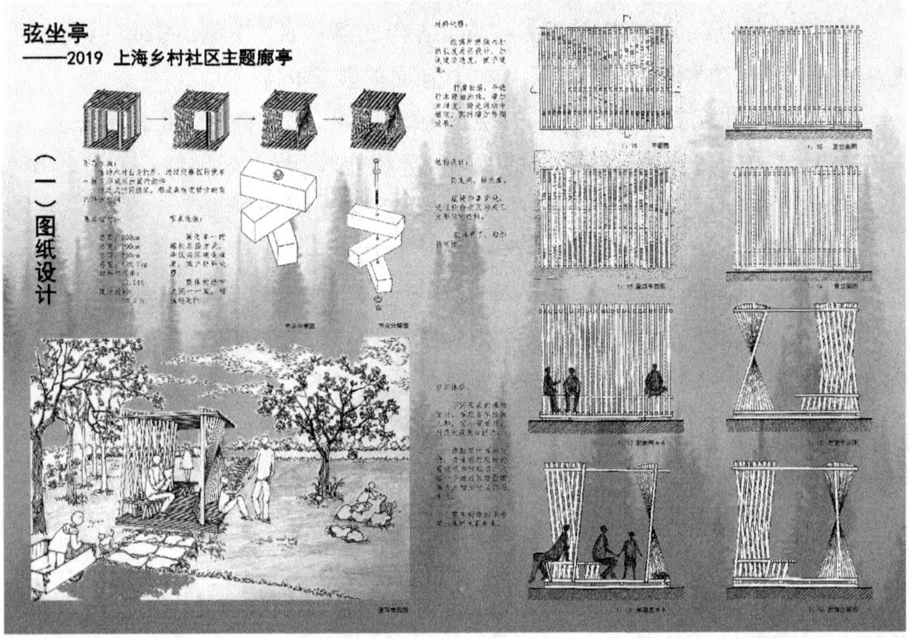

图 3　学生作品设计示例——弦坐亭

第二阶段，验证与预加工（2019 年 6 月 3 日—6 月 6 日，4 天时间，一次课内集体讨论）。

深化设计，深入研究材料连接方式、建造时序，并进行等比例材料连接验证，确定实施方案。

领取材料，进行材料预加工和组件制作。

第三阶段，现场装配施工（2019 年 6 月 7 日—6 月 9 日，3 天时间）。

场装配时间定于 2019 年 6 月 6 日（星期四）—6 月 8 日（星期六），建造地点在建筑与城市规划学院广场东侧停车场。其中，

（1）6 月 6 日（星期四）09：00—10：00 举办现场开幕式，学生分组领取"现场施工许可证"开始施工。

（2）6 月 6 日—6 月 9 日，现场施工。

（3）6 月 9 日（星期日）09：00—10：00 竣工仪式，各组学生停止施工。

（4）6 月 9 日（星期日）10：00—12：00 评委团进现场进行评阅，并于

12:00 公布评审结果，评出一等奖 1 名；二等奖 2 名；三等奖 3 名。

第四阶段，实物展示。

展示阶段分两个时间段进行，一是在校内空间展示一个星期，便于学生随时跟踪和记录；二是在真实的城市空间中展示和使用。

(1) 校内空间展示 2019 年 6 月 10 日—16 日，7 天时间；

(2) 城市空间使用 2019 年 6 月 17 日至今，成果拆装至上海城市公共空间(上海之鱼)进行展示和使用(图 4)。

图 4　完成作品在“上海之鱼”公共空间陈列

五、总结与反思

同济大学木构建造竞赛，从最初构思，再到教案设计、竞赛策划及竞赛实施至今已有三年，2018 年处于设想阶段，2019 年完整实施，2020 年受新冠肺炎疫情影响做了调整。该竞赛一方面获得新生院广大学生的好评，另一方面获得国内外同行的认可。2019 年，该竞赛教案获“全国建筑学专业教学指导委员会”优秀教案。

高等教育对竞赛越发重视，以至于很多高校在培养方案中明确列出“竞赛课程”；但是，繁多纷杂的各类竞赛也与高等教育的教学体系日益脱节，“为竞赛而竞赛”现象层出不穷，以至于教育部多次“严控竞赛”，并出台相关管理规定。木构建造竞赛，正是在目前这种矛盾的背景下，从高等教育和教学规律本身思考出发，对竞教结合的一种探索和尝试。竞赛不是目标，它仅是通往目标的一条“路”或一座“桥”，专业教学体系才是教学的主体，通过前后衔接的教案设计能够有效将竞赛融入专业教学，形成育人合力。可以说，木构建造竞赛是我们“持续探寻建筑教育的一般规律及教学体系的理性线索”[4]的又一次尝试，希望本文的实践和探索能够为更多教师带来参考和启发。

参考文献

[1] 吴长福.服务社会、笃行践履——同济大学建筑与城市规划学院办学目标及其实践[J].南方建筑，2010(6)：83-85.

[2] 张建龙，徐甘.基于日常生活感知的建筑设计基础教学[J].时代建筑，2017(3)：34-40.

[3] 徐甘，卢永毅，钱锋，等.百年回响包豪斯—同济设计基础教学的回望与对话[J].时代建筑，2019(6)：168-173.

[4] 黄一如，张建龙，王一.延续传统、强化特色——“卓越计划”下的同济建筑教育改革[J].城市建筑，2015(16)：43-52.

竞教结合模式下面向城乡规划专业本科生的城市社会学教学改革探索

戴晓晖

同济大学建筑城规学院

摘要 在规划学科向更加注重社会发展和社会公正转型的背景下，城市社会学课程在城市规划专业教育中的重要性日益显现。为了响应新时期学科转型和规划人才培养的要求，2013年以来，本课程重点加强社会调查研究的教学，采用竞教结合的模式，将理论知识传授与社会调研实践相结合，在促进知识体系构建与城市规划专业需求相结合、加强城市社会调查研究能力培养和强化社会公正意识养成方面进行了一系列教学改革探索，为进一步教改创新奠定了基础。

关键词 竞教结合 城市规划专业教育 城市社会学 知识体系 社会调研能力 社会公正意识

一、城乡规划学科转型背景下城市社会学课程的建设发展历程

同济大学的城乡规划专业源于建筑学科，具有很强的工程技术学科属性。在传统工科教育下，学生长于对城市空间的物质与功能维度的学习，但往往“见物不见人”，缺少对城市空间背后的社会维度的认知和把握，反映了我国城市规划教育体系的结构性缺陷[1]。城市社会学课程的前身“城市社会心理学”最早开设于20世纪80年代初期，从个体和群体的心理需求和行为规律分析研究城市问题和社会现象，为当时城市规划学科以物质环境为主要研究对象的传统工科教育引入了社会科学的交叉视角，极大地丰富了规划学科的知识结构和规划专业教育的课程体系。

从20世纪90年代中期开始，在国家社会经济转轨、社会日益多元分化背景下，结合城市规划学科转型发展的要求，本课程的内容从城市社会心理

学领域向更宏观的城市社会学拓展，引入社会学的理论与方法体系分析研究城市，形成新的课程内容体系，并将课程名称变更为“城市社会学”，为构建完善的城市规划学科知识体系添加重要的一环。

党的十八大以来，国家开始实施新型城镇化战略，“新”在以人为核心，强调从“土地”城镇化向“人”的城镇化转变。习近平总书记在中央城市工作会议上提出坚持“以人民为中心”的城市发展思想，要切实转变城市发展方式，完善城市治理体系，提高城市治理能力。在这样的时代背景下，城乡规划学科面临向更加注重社会发展和社会公正转型的任务，对规划人才的培养提出了更高的要求。

为了适应规划专业教育转型发展的需要，2013 年，全国高等学校城市规划学科专业指导委员会(以下简称“专指委”，2019 年后改名为“教指委”)出版了《高等学校城乡规划本科指导性专业规范》。其中，城乡规划专业知识的四大体系包括社会科学知识体系，25 个核心知识单元中包含城乡人口与社会、城乡社会综合调查研究等内容[2]，城市社会学无疑在其中承担着关键的使命。

从 2013 年开始，在同济大学规划专业整体教学改革部署下，本课程重点围绕加强城市社会调查与研究的教学，进行了一系列卓有成效的改革，并平行设置社会综合实践课程(周学时 1 学时)，采用竞教结合的教学模式，组织本科生参加专指委社会实践调查报告竞赛。虽然其后因为学校对课时数的压缩改革而取消了社会综合实践课程，但社会实践调研的教学内容和竞教结合的模式在本课程一直延续下来，并取得了良好的教学效果。

二、竞教结合模式

社会实践调研报告竞赛是由教指委(原专指委)举办的每年一度面向全国城乡规划专业本科生的三大学科竞赛之一，限定每年每所高校可选送不超过 5 份作品参赛，吸引了国内众多高校的踊跃参赛，对国内规划院校的城市社会调研实践教学产生了积极的影响。

(一) 竞赛活动特点

1. 实践性

社会实践调研竞赛需要学生走出课堂深入城乡社区，针对社会发展和城乡规划与建设，通过田野调查发现客观现实中的问题，并利用一定的理论工具进行研究分析，掌握一定的规律。社会调研竞赛具有较强的实践性和实证性的特点，贴近当前的社会生活现实，与理论教学的规范性特征形成良好的互补关系。

2. 激励性

竞赛设置各类奖项，对获奖的学生而言是一种莫大的鼓励。学生对这种荣誉感的向往，会转化为对学习和备赛的巨大驱动力，激发学习的主观能动性，从以往的"要我学"转变为"我要学"。学生不仅在课堂时间表现出强烈的学习兴趣，而且还主动投入大量的课余时间进行调研和写作。

3. 共享性

竞赛不仅通过评奖活动本身为参赛的各个院校师生提供了一个难得的交流学习机会，更为重要的是，竞赛获奖作品尤其是获得高等级奖项作品的公布，为以后参赛的学生提供了学习借鉴的榜样。学生可以通过分析众多获奖作品在选题视角、研究设计、调研方法等方面的优点，获得启发，从而提高社会调研的学习效果，这也有效地提升了各个参赛院校整体的社会调研实践水平。

（二）课程教学与竞赛的结合

教学组织上，本课程的理论教学和社会调研竞赛是有分有合、相互促进的两个有机组成部分，理论教学须把握学科的理论内核和主线，坚持教学内容的系统性和完整性，竞赛指导须以竞赛要求分阶段有序推进，并与理论教学相协调，达到竞教结合、以竞促教的目的。理论教学为社会调研竞赛提供理论和方法基础，社会调研竞赛则为理论教学结合实践开辟了第二课堂。竞赛指导采用分组式教学，学生以不超过 4 人自愿组成小组，而本课程有四名指导教师，平均每名教师指导 4～5 个小组，16～20 人，有利于组织小班研讨式教学。

时间安排上，每年的社会调研竞赛时间一般安排在 2～7 月，而本课程的时间设置在 2～6 月，教学周数为 17 周，每周 2 学时，共 34 学时。虽然二者基本处在同一时间段，但因为调研工作需要大量时间，而课堂时间十分有限，所以，需要对教学活动和竞赛活动的内容和时间进行统筹安排，既要满足理论教学的完整系统性，又要适应竞赛指导的分阶段推进要求。在近几年的教学中，本课程将竞赛指导划分为选题与大纲、调研与初稿、期末成果、选拔与参赛四个阶段。34 学时的课堂时间用于理论教学和调研报告交流研讨，理论教学进度与调研进度相配合，每个阶段均安排相应的理论指导和调研交流研讨。田野调查和报告撰写则需要利用大量的课外时间，第四阶段的选拔和赛前辅导安排在课程结束后至参赛之前的暑假期间。

三、竞教结合模式下的课程教学改革探索

在新时期规划学科和专业教育转型的背景下，结合同济大学规划专业高层次人才培养的要求，按照“知识、能力、人格”三位一体育人的思路，探索城市社会学课程的教学改革。

(一) 知识构建：采用社会与空间复合视角，构建结合规划专业特点的城市社会学知识体系

城市社会学作为一门交叉学科，具有学科外延广泛、理论流派众多的特点。面向城乡规划专业的城市社会学，其教学内容设置必须结合规划专业自身特点。本课程采用社会与空间复合视角，关注“社会”与“空间”二者之间的交互作用，注重城市社会现象的“空间属性”和城市空间现象的“社会属性”，构建“基础理论-研究方法-专题研究”三个层次相衔接的内容体系。基础理论板块以社会空间分析理论为主，包括人文生态学分析、城市政治经济学分析、城市社会分化与空间分异、社区关系与社会网络、社会公正与空间正义等方面的理论和知识点。专题研究板块以城乡规划中的社会研究议题为主，包括社区参与和治理、老龄化社会、贫困等专题。研究方法板块包括社会调查研究方法、统计分析方法以及城市社会研究案例解析。

在竞教结合模式下，基于社会实践调研竞赛的加入，本课程的教学方式从单向的理论传授，向理论与实践有机结合，双向促进转变。学生在社会实践调研中不断反馈所关注的社会问题和社会现象，教师需要对其中蕴含或涉及的学理及研究方法及时进行回应，这将促使教师持续对教学内容进行动态调整。近年来，许多社会调研选题正是当下规划建设实践和社会关注的热点问题，例如社区空间微更新与居民参与治理、外来人口的社区融入问题、动迁安置社区的社会网络断裂问题等，这体现了抽象的理论教学与鲜活的社会实践相结合，使得教学内容体系更加符合我国规划建设实践的需要。

(二) 能力培养：从传授式教学到研究式教学，提升学生对城市社会调查研究的能力

城乡规划专业的本科生，低年级的课程多为建筑基础训练和设计类课程，学生较为擅长空间思维和动手能力，而逻辑思维和研究写作能力相对较为薄弱。面对本科生的这一特点，城市社会学作为一门理论课程，以抽象的理论知识为主，如果采用传统的课堂讲授的教学方式，尤其是关于社会研究

方法的教学,难以获得理想的教学效果,需要不断探索创新教学方式。社会实践调研竞赛的引入成为一个重要的契机,让学生走出课堂,结合城乡建设发展中的社会现象和问题开展社会调查与研究,并且通过引入以交流研讨、案例分析为特征的研究型教学新方式,改变了传统的课堂讲授的单一方式,使抽象的理论知识学习与鲜活的社会现实相结合,促进了学生对于理论知识的深入理解和运用,提升了学生对于城市问题与现象调查研究的能力。

在竞教结合模式下,采用研究型教学方式是理论教学和竞赛活动二者能够有效结合、提高能力培养效果的一个关键手段。一方面,学生需要通过实践来将课堂理论教学传授的理论和方法工具内化为自己的研究能力;另一方面,在社会实践调研中发现的问题,学生需要寻找适宜的理论分析工具加以学习和应用。本课程在探索研究式教学中,强调以学生为主体,以不超过4人的小组为单位,按照"选题—调查—分析—讨论"的步骤,自主选题,分工合作进行调查、分析和写作,各小组以研讨课的形式进行交流讨论,充分发挥学生的主观能动性和自主创新意识;而教师充当引导者、评论者的角色,对各小组学生交流的选题、调研方法、分析框架进行点评,指出其中的优点和存在的问题,并结合相关研究案例分析,启发学生进行讨论和思考,指导进一步学习的内容和改进的方向。通过理论与实践相结合的研究式教学活动,在激发学生的研究创新意识、提高沟通表达能力和团队合作能力等方面都取得了明显的效果。

(三)人格养成:从知识教育到素养教育,强化社会公正价值观

城乡规划教育对于高层次规划专业人才的培养,不仅在于知识传授和能力培养,使学生确立规划工作者必须具备的社会公正价值观更是一项核心任务[3],在当前转型时期显得尤为重要。价值观培养是一项系统工程,贯穿于各门专业课和思政课的教学当中,而城市社会学因为其社会学科属性,决定了在规划专业学生价值观培养中扮演的关键角色。城市社会学教学的首要任务是建立起规划实践与学科价值准则之间的认知桥梁,通过认知城市空间规划面临的社会问题,明晰城市规划实践为社会和人服务的最终目的[4]。

在竞教结合模式下,城市社会学课程不仅有价值观理论教学内容,而且注重通过与实践调研应用相结合创新教学方式,加强价值观素养教育。理论教学方面,在介绍城市社会分化和发展不平等现象及其成因的政治经济学分析基础上,讲授社会公正相关理论、空间正义理论、城市规划和政策中

的社会公正价值观等内容,使学生熟悉社会公正相关理论和概念。在实践调研中,引导学生深入城乡社区,调研规划建设方面的民众意愿,关注公共利益和弱势阶层,应用社会公正的视角,分析城市问题和空间现象,进而对纷繁复杂社会现实背后的本质进行正确的价值判断,使学生增强社会公正意识。

例如,2017 年的一篇学生调研报告《上海“水上船寨”非正式居所拆迁影响调查》,缘起于学生看到一则关于郊区河道中违章停泊的低收入外来人口聚居的船舶将被河道管理部门清理拆除的新闻报道,但学生根据空间正义理论敏锐地发现其中存在外来人员非正式居所的居住权益问题,进而采用实地观察、问卷访谈等方法,跟踪调研了拆迁事件前后两个阶段外来人员的生活状况变化。从人文关怀的视角,揭示了拆迁事件对这些低收入人群在居住、生活、工作、社交等方面造成的不利影响,并发出应关注低收入外来人群居住权保障的呼吁。这份报告体现了这些规划专业学生已经初具独立的批判性思维和良好的社会公正意识,并获得了 2017 年度专指委社会调研报告竞赛二等奖。

四、结语

城市社会学课程通过竞教结合模式下的教学改革探索,对城市规划专业本科生的城市社会学知识体系构建、社会调查研究能力培养和社会公正价值观养成都发挥了积极的作用,收到了良好的教学效果。近五年,本课程选送的学生社会调研报告作业参加教育部高等学校城乡规划专业教育指导分委员会社会调研报告竞赛,总共获得一、二、三等奖和佳作奖共 19 个奖项。这些工作为进一步的教学改革创新奠定了基础。

规划专业教育的社会转型远非城市社会学一门课程的任务,有赖于规划专业各门学科课程的合力演进。展望未来,本课程应加强与总体规划、详细规划、生态规划、交通规划、市政规划等其他课程的协同联动,探索多课程联合开展城市社会调研和竞赛的创新方式,将社会学的思维方式和研究方法渗透到专业课程之中,为进一步推进和加强规划专业课程体系的建设作出积极贡献。

参考文献

[1] 韦亚平,赵民.推进我国城市规划教育的规范化发展——简论规划教育的知识和技

能层次及教学组织[J].城市规划,2008(8):53-58.
[2] 高等学校城乡规划学科专业指导委员会.高等学校城乡规划本科指导性专业规范(2013年版)[M].北京:中国建筑工业出版社,2013.
[3] 杨贵庆.城乡规划本科生能力结构与职业规划师核心能力的对照分析[C]//2014全国高等学校城乡规划学科专业指导委员会年会论文集.北京:中国建筑工业出版社,2014:3-6.
[4] 罗吉,黄亚平,彭翀,等.面向规划学科需求的城市社会学教学研究[J].城市规划,2015(10):39-43.

面向可持续发展的新时代创新型专业人才培养①

——基于竞教结合的城市交通课程改革经验与思考

刘 冰

同济大学建筑与城市规划学院

摘要 利用国家级"交通出行创新竞赛"平台，推动面向可持续发展理念的城市交通课程改革，探索理论与实践教学环节"嵌入-融合-翻转-提升"的竞教结合模式。以创新实践案例调研为基础，采用全过程的启发式和开放式教学方法，在创新型人才培养方面取得了积极成效。

关键词 竞教结合 交通出行创新实践 可持续发展 开放式教学 师生互动模式

一、城市交通竞教结合课程改革的背景

1. 可持续发展对创新型人才培养提出了更高要求

随着城市经济的发展、城市规模的扩大及机动化，城市交通对绿色低碳、社会公正、经济支撑力等的影响日益明显。当前，城市交通发展已逐步从畅通目标导向的"工程思维"转为可持续发展目标导向的"多方位思维"，我国各级政府为改善城市交通，除了大规模建设以外也更加重视综合治理。然而传统的城市交通课程仍然存在突出小汽车交通的畅通性而对多模式绿色交通整合性的重视不足，偏重工程思维而忽略交通发展对城市空间结构、社会公正性等方面产生的外部效应等问题，难以适应我国新型城镇化和可持续发展形势对创新型人才培养的要求。在这种背景下，使学生树立可持

①2020 年改为参加"2020 城市可持续调研报告国际竞赛"，由世界规划教育组织（World Urban Planning Education Network，WUPEN）、联合国教科文组织 iCity 网站（UNESCO-iCity Website）、Guihua Journal 联合举办。

续发展观,提高他们对交通问题多视角认识和综合分析解决的能力,从而更好地为我国实现高质量经济发展、高水平环境保护和高品质人民生活的新时期战略目标做出贡献,对现有的教学体系进行改革和调整十分必要和紧迫。

2. 交通出行创新实践竞赛为开展课程改革提供了载体

按照以上教学改革的要求,城市交通课程的教学内容需要进行更新和扩展。由于交通与社会、经济、环境的交叉领域较广,依靠课堂有限学时的授课教学容易产生信息过载、知识点分散、学习自主性低和吸收难度大等问题。只有引入与课堂良性互动的开放式实践教学板块,才能兼顾"强基础-重拓展"的双重教学目标。因此,教学团队将全国高等学校城乡规划学科专业指导委员会(2019 年改为全国城乡规划教育年会)的"城市交通出行创新实践竞赛:特定竞赛单元"[1],作为城市规划专业和复合实验班的城市交通课程改革实施载体。该竞赛的目的是发掘存在于社会组织、社区、企事业单位及普通民众之中的许多具有创造性的"软性"交通解决方案,力求总结和推广这些创新实践案例的经验,以最大限度发挥城市交通基础设施的效能,有效减少交通的污染、安全等问题,并改善社会弱势群体的出行条件。这竞赛目的与面向可持续发展的课程改革目标相一致,为开展竞教结合的课程改革提供了可行性。

经过多年来竞教结合的摸索,城市交通课程初步形成了理论教学与实践教学两大板块并举、"嵌入-融合-翻转-提升"四个阶段有序推进的特色教学模式,对激发学生的创新思维、增强学生的综合素养、促进复合型人才培养发挥了有效作用。

二、城市交通竞教结合课程改革的目标和思路

1. 城市交通竞教结合改革的主要目标

坚持立德树人,着力培养具有历史使命感和社会责任心,富有创新精神和实践能力的创新型专业人才。在竞教结合的课程改革中,紧跟国家社会经济环境发展的战略需要,始终把具有可持续发展观的人才培养作为核心位置,不断引导学生去发现和认识当前城市交通建设可持续发展中面临的热点、难点、痛点问题以及各种针对性的解决策略尝试。

坚持理论与实践并举,以实践案例调研、效果评估和影响因素分析作为竞教结合教学的核心。根据城乡规划专业社会实践性强的特点,要求学生

从当地城市的实际出发，找出在当地已经实施且具有创新性的交通改善案例项目；并选择和应用课堂内外学习的理论技术方法，对实践案例进行剖析，从而达到“以赛促建、以赛促改、以赛促学”[2-4]的目的。

坚持以学生为中心，积极探索培养创新人才的有效途径。除了突破传统教学理念、调整教学内容，还要引入和运用适合于竞教结合的启发式教学方法和综合考评方式，倡导学生自主性学习和团队合作交流，同时优化教学组织和指导工作，促进形成教学过程中积极的师生互动关系。

2. 城市交通竞教结合改革的基本思路

(1) 立足于上海大都市区的可持续交通发展历程，充分利用好这一标杆城市丰富的竞教结合教学资源。在跟踪上海交通发展技术政策演进的基础上，开展实地的典型案例调研和访谈活动，更加深入地了解上海多模式交通可持续发展的进程、趋势、和政策影响。

(2) 形成全员和全过程的开放式教学模式，充分发挥学生自主性学习和探究的潜力。按照交通出行创新实践竞赛的选题要求，从运营服务、社会公正、绿色出行等多个方向切入可持续发展的主题，并在众多的交通实施项目中筛选出典型案例。所有学生都实行自由分组，并参加“选题分析-开展调研-撰写报告”的教学环节，从而得到竞赛训练和指导的机会。

(3) 完善考核和激励机制，把竞教结合各个环节的表现纳入成绩考评，主要包括选题分析、调研方案制定、中间报告和终期报告等部分。在总成绩的评定上适当提高竞赛环节的成绩比重，鼓励学生在自主学习和创新探索上的投入。同时，将全国获奖项目计入院系保研绩点，对校内入围的竞赛作品也实行加分奖励，以充分调动学生参加竞赛活动的积极性。

(4) 优化教学组织设计，以院系交通教学团队为依托，采用“一对多”“多对多”“一对一”的多种指导方式，形成“老师启思”与“学生悟道”的师生互动教学模式。根据教学进度，有序开展集中指导和分散指导，让学生有更多的交流汇报机会并能听到多位老师的点评，有利于引导学生逐步开阔思路，加深对交通可持续发展问题的思考。

三、城市交通竞教结合的教学组织方案设计与实施

城市交通竞教结合课程改革的实施组织方案可以概括为“嵌入-融合-翻转-提升”的四大举措。

1. 模块嵌入

为了使依托竞赛的实践拓展教学能够系统、有序地"嵌入"城市交通课程的理论教学模块，需要对相关的教学内容和进度做适当调整，以实现二者的平行推进(图1)。结合竞赛的时间要求，拓展性学习被划分为五个阶段：选题论证、调查分析、深化研究、提升推广、完善总结；与之相对应，课程教学模块依次分为交通概论、居民出行、子系统规划、多模式交通整合规划等几个部分，由此使整体教学工作得以由浅入深、环环相扣地进行[5]。

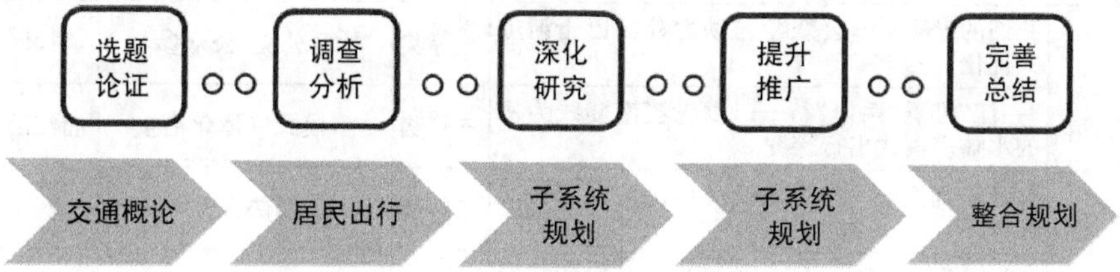

图1　竞教结合的"模块嵌入"教学设计

基于明确的教学阶段，对竞赛和课堂的教学内容进行"嵌入式"对接，使各模块的课堂内外教学能够更加紧密地结合。例如，将"竞赛选题"嵌入"交通概论"模块，引导学生探究最新的交通发展动态；将"调查分析"嵌入"居民出行"模块，指导学生采取多种调查方法了解实际的交通需求；将"深化研究"和"提升推广"嵌入"子系统规划"和"整合规划"模块，帮助学生灵活地运用相关理论与方法，对具体竞赛项目进行深入剖析和优化改进。

2. 互馈融合

竞教结合改革强调理论与实践教学的互馈融合，使课堂内外的教学相得益彰。学生从选题入手，以实地调研为基础，运用所学的理论知识来解决竞赛中的实际问题。这样不仅可以提高学生学习自主性，也有利于加强学生对抽象理论知识的理解。

从多元化的选题方向和典型案例选取可以看出，学生们对交通可持续发展的内涵和外延有了更全面的认识，而在具体案例分析中会运用到居民出行需求、公交运营服务、步行和自行车系统规划、多模式交通整合、精细化组织与设计、交通需求管理和多元共治等相关理论和技术方法，从而有助于打通课堂内外的学习、实现"理论夯实＋课外拓展"的双向促进(表1)。

表 1 近年指导的竞赛获奖情况

时间	项目名称	竞赛成绩	选题方向	案例地点
2014 年	为你看车——研究上海市黄浦区非机动车免费停车政策影响	一等奖	绿色出行和社会公平	老城区
	“P+R”的绿色转型——“X+R”,上海市淞虹路“P+R”使用调研及优化设计	一等奖	多模式一体化衔接	外环附近
	日夜兼程——上海市公交末班车延时与轨道交通无缝衔接调查	二等奖	公交运营精细化	城郊
	公交为家——公众参与政策案例调研,以上海786 路乘客委员会为例	三等奖	公交/公众参与	公交线路
2015 年	我们的巴士——公众参与助力社区巴士渐进式优化	一等奖	社区公交/公众参与	社区
	“一江”难隔“两岸”行——以轮渡南陆线为例的水陆多模式出行探究	三等奖	多模式一体化衔接	浦江沿线
	“医”步到位——中心城区大型医院定制公交探究	三等奖	弱势人群	医院
2016 年	E 驱同公——EVCARD 电动汽车分时租赁对公共交通的补充作用	一等奖	绿色共享新技术	全市
	随行校园——校园自行车出行研究	二等奖	绿色共享交通技术	校园
	载绿穿行——上海市陆家嘴 CBD 微公交系统的调查与优化	三等奖	公交运营服务改善	CBD
	合享其成——共享经济模式在公共出行领域的探索	三等奖	公交新技术	全市
2017 年	公交脉动,高架“焕”新——延安路公交优先实施效果及提升研究	一等奖	公交优先	中心城区
	共享电单,助力郊通——共享电单车,郊区出行新可能	一等奖	绿色出行/共享技术	近郊
	E 路到底,多网贯联——互联网+公众参与式的定制公交线网规划模式研究	二等奖	共享交通技术	全市
	老有所至,食无所忧——老龄化背景下的老年助餐及送餐政策的调研及分析优化	三等奖	老龄化/弱势人群	社区
2018 年	近郊公交枢纽站大客流精细化管理与空间组织优化	一等奖	精细化设计管理	近郊
	潮汐公交·美好生活——上海市四平路段潮汐公交专用道调研与优化	二等奖	精细化设计管理	交通走廊
	无微不至——五角场换乘“微枢纽”促进多模式公共交通	三等奖	公交优先和交通整合	副中心
2019 年	“医”路畅行——中心区三甲医院就医交通优化	一等奖	弱势人群	医院
	更“绿”CBD——上海市陆家嘴非机动车政策评估与精细化管理优化	一等奖	绿色出行	CBD
	从“快线”通道到“精明”走廊——大都市郊区公交走廊系统整合及优化	二等奖	公交运营服务改善	郊区

3. 翻转互动

城市交通竞教结合的课程改革以激发学生的创新思维为本，将“学生讲、老师评”的翻转教学模式贯穿于选题判别、调研实施、报告撰写、成果展示等各个阶段。学生作为教学活动的主体，自主开展内部讨论、制定调研方案、提出项目改善建议以及制作最终成果。老师着重对学生各阶段的调研活动进行点评指导，采用全体交流、分组交流和书面意见等多种形式，针对学生在不同阶段遇到的问题进行答疑解惑，进行渐进式启发教学。

这种全员参与的师生互动反馈也增加了学生之间相互学习的机会。面向全体学生的竞赛动员、选题分析、初期调研和中期成果交流，使学生们在深入调研分析自己所选案例的同时，能够从其他小组丰富多样的案例研究中获得对交通可持续发展的多视角认识。

4. 聚力提升

城市交通竞教结合课程改革的成效在于学生创新能力的提升，而这直接体现在竞赛成果的质量和水平上。为使学生能够紧紧围绕竞赛要求开展调研和思考，除了在竞赛动员时进行总体讲解并介绍获奖案例，在中间教学环节还增加了获奖学生的指导交流，把以往经验能够传帮带给正在参赛的学生。

按照每个高校只能选送 4 份学生作业的竞赛要求，教学团队对期末提交的调研作业实行了入围选拔，并在期末考试之后开展入围小组的集中指导，对提交成果从主副题目、逻辑框架、分析内容、建议措施和综合表达等各个方面进行全面提升。在选拔和强化指导阶段，各个入围小组根据指导意见进行深化修改，再由修改情况最终确定选送竞赛作业的名单。入围小组在这一阶段完成多轮修改，成果水平整体上有了明显提升。

四、城市交通竞教结合课程改革效果

经过多年的实践，以可持续发展观为引领的竞教结合改革取得了令人满意的教学效果，同济大学在全国竞赛中不仅连续多年保持了优异成绩，更重要的是帮助学生树立城市交通的可持续发展观以及培养学生综合解决出行便利、公正、绿色等多目标的专业创新能力。

1. 引导学生从实践中认识可持续发展理论

以交通出行创新实践案例为调研对象的竞教结合教学，促使学生走出校门、深入社会，直接了解城市交通面临的实际问题和各方努力。竞赛作品跟踪了上海大都市交通发展的最新进展，选题方向的丰富性反映出学生思考可持续发展问题的开阔视角和敏感度，如：关注在现有基础设施条件下，如何利用手机、网络技术提高和改善交通服务；老龄化、无障碍、儿童出行环境、就医交通、城市边缘区出行难以及末端物流配送等社会热点问题；交通改善中社会组织和公众参与的力量；共享交通、出行即服务(MaaS)等新技术的应用；多模式交通精细化管理与组织；交通网络与空间结构优化等。基于创新案例的深度挖掘，学生从不同角度探讨交通可持续发展的理论和实践策略，有利于培养具有当代可持续发展观和社会责任感的复合型人才。

2. 全过程多手段提高学生自主创新能力

竞教结合交通课程采用学生为主体的教学模式，其特点是基于出行创新实践案例的调查研究，激发学生自主学习与探索的兴趣和热情。整个教学过程分为案例选择、调研实施、案例创新点和效果分析、后续推广方案等若干环节，学生需要根据各个环节的任务要求来安排进度和组内分工，并开展文献阅读、政策解读、现场勘察、出行活动调查、人员和部门访谈、数据采集分析、方案优化设计等技能训练。学生除了广泛涉猎相关专业理论，还自学 GIS、空间句法、个体行为分析等多种技术方法，而且在案例优化建议中还会运用空间形态设计的表达方法。因此，基于出行创新案例调研的竞教结合改革，促进了城市交通与其他前修、后修课程的交叉学习，学生自主学习、团队合作以及综合运用理论方法分析解决实际问题的创新能力明显提高。

3. 形成以学生为中心的开放式教学模式

竞教结合课程改革给指导老师提供了创新教学体系的机会，也对他们的专业素养和综合能力提出了新的要求。面对初学交通而对竞赛要求认知不足的学生，加强竞教结合的经验积累，不断充实教学案例库；将竞赛活动与理论教学有机嵌合，并对竞赛关键环节加强指导；采用开放式教学模式以加强师生互馈互动，对学生遇到的问题及时答疑、点评和指导。为有效帮助学生的选题和调研，老师长期关注上海市的交通政策和建设动态；当某些典型案例被多个年级的学生选定时，如三甲医院交通改善、CBD 多模式交通等，则要引导学生从不同视角或更深层次进行剖析。总之，这种开放式教学促使老师不断更新知识储备和改进教学方法，提高了专业理论和教学水平。基于竞教结合工作，教学团队完成了“面向可持续发展的城市道路与交通课程建设”校内教改项目。

五、小结

在我国推行新型城镇化和生态文明建设的新时期，培养具有可持续发展观的专业创新型人才极为重要。城市交通竞教结合课程改革以创新实践案例为抓手、以扎实调研为基础、以激发学生创新思维为根本，按照“嵌入-融合-翻转-提升”的教学组织有序实施，实现了课外竞赛和课堂教学的互促双赢。城市交通竞教结合改革对增强学生的可持续发展意识和综合创新能力起到了积极的推进作用，总体教学成效突出。

参考文献

[1] 全国高等学校城乡规划学科专业指导委员会.2018 中国高等学校城乡规划教育年会 4 号通告，特定竞赛单元：城市交通出行创新实践竞赛[EB/OL]. [2020-01-15]. http://www.nsc-urpec.org/index.php? classid=5924&newsid=8723&t=show.

[2] 董雷刚，崔晓微，张丹. 以竞促教、竞教结合的嵌入式课程实践教学[J].计算机教育，2014(9)：105-108.

[3] 陈英杰，刘健，唐新军，等.以赛促学、以赛促练、以赛促教——工科大学生竞赛与教学结合的教学模式探索与实践[J].中国管理信息化，2015，18(13)：246-248.

[4] 刘东，朱子江，邓小光.竞教结合提升学生创新能力的实践研究[J].现代计算机：下半月版，2012(23)：8-10.

[5] 刘冰.“竞赛嵌入式”教学方法改革初探——以城市交通课程为例[C]//全国高等学校城乡规划学科专业指导委员会.城乡包容性发展与规划教育：2015 全国高等学校城乡规划学科专业指导委员会年会论文集.北京：中国建筑工业出版社，2015：101-106.

学科竞赛对一流人才培养的实践探索

——以同济大学国际建造节为例

张　丰　徐　甘　张建龙

同济大学建筑与城市规划学院

摘要　学科竞赛是以学科专业知识为基础,理论联系实际,以竞赛的方式,激发学生探究兴趣,达到以赛促学、强化学习、提升实践和创新能力目标的活动。它是检验教学成果、锻炼提高学生创新能力的重要环节。通过以赛促学、以学强赛,激发学生的兴趣和潜能,培养学生的实践能力和创新精神;以赛促教、以教助赛,将竞赛融入专业教学,强化学科竞赛与相关课程建设的结合,不断推动教学内容与方法的改革。本文通过梳理和总结同济大学国际建造节十几年的办赛经验,探索研究学科竞赛对一流人才培养所发挥的作用。

关键词　学科竞赛　建造节　人才培养

学科竞赛是以学科专业知识为基础,理论联系实际,以竞赛的方式,激发学生探究兴趣,达到以赛促学、强化学习、提升实践和创新能力目标的活动[1]。在高等教育教学改革中,高校人才培养工作的重要任务是培养具有创新精神和实践能力的高素质创新型人才。随着教育部明确将学科竞赛工作纳入实践教学与人才培养模式的改革中,学科竞赛已成为高校人才培养的重要环节。

同济大学始终把学科竞赛作为一流人才培养的重要途径,以学生发展为中心,以学科竞赛为引领,培养学生创新思维、团队合作以及解决实际问题的能力,培养知识、能力、素质协调发展的创新型人才,打造富有特色、影响广泛的品牌竞赛项目。

同济大学建造节始于2007年,是同济大学建筑与城市规划学院主办的大学生实验与实践活动,每年举办一次,到2011年已发展为全国多所建筑院校参加的赛事活动。自2012年起,该项赛事被批准为教育部高等学校建筑学专业指导委员会指导下的全国实验性邀请赛,具有国家级竞赛的权威性和学术公信力。2015 年开始同济大学建造节成为国际性竞赛，邀请国外建筑院校学生参赛，中外大学生同场竞技，展现出不同文化和教育背景下的思维及行动模式差异。2019 年，国际建造节吸引了来自欧洲、美洲、大洋洲及亚洲等 12 个国家的 13 所国际建筑院校，以及 19 所国内大学建筑院校组队参赛，在学科领域内具有广泛的号召力和影响力，形成良好的声誉。本文通过梳理和总结同济大学国际建造节十几年的办赛经验，探索研究学科竞赛对一流人才培养所发挥的作用。

一、学科竞赛管理体系的构建

同济大学鼓励学生积极参与赛事规模大、学术水平高、组织规范、奖项评比严格、在国内外享有盛誉，能够提升参赛学生学术水平和实践创新能力的学科竞赛。为使学科竞赛的组织管理工作科学化、制度化和规范化，设立校、院二级竞赛管理机制。以“保障重点、鼓励先进”为原则，根据各学科竞赛项目的认定级别、人才培养实际和历年参赛情况等，学校每年对竞赛项目进行分类、分层资助，承办学院负责学科竞赛的具体实施。

建造节每年举办一次，作为承办单位，同济大学建筑与城市规划学院负责竞赛项目的具体组织实施，提供场地、竞赛材料、设备等硬件支持。学院领导高度重视，发动全院资源组织参与，成立专门的竞赛筹备小组，做好参赛的各项组织工作，如制订参赛方案，编写竞赛任务书，流程、日程安排，邀请中外业内的权威专家作评审等，以及做好赛事宣传动员，竞赛各环节的指导、管理和服务。

每届参赛队通常有几十支中外代表队，参赛人数在 300～500 人。同济大学建筑与城市规划学院、设计创意学院、艺术与传媒学院、土木工程学院和浙江学院均会组队参赛，指导教师由专业任课教师担任，学校为指导教师核算相应的教学工作量。

学校制定《同济大学本科生创新创业成果记录及课程认定管理办法》，对本科生在校期间参与的学科竞赛进行过程记录，并在本科生毕业时出具官方《创新创业成果记录表》，作为其在校期间参与创新创业教育的学习经历。获得省部级及以上学科竞赛奖项的，可依据管理办法申请创新创业学分的认定。

1. 学科竞赛是专业教学的实践与补充

学科竞赛是在结合课堂教学的基础上，以比赛的形式，促进学生理论联系实际，提高学生的动手操作和实践应用能力，培养学生的创新思维和团队协作精神，使日常的理论学习与实践应用融为一体。

建造节最初是面向本校建筑学类专业本科一年级学生的“建筑设计基础”课程的一个实验教学项目和大学生创新实践活动。目的是通过 1∶1 的建造实践，让学生对建筑的材料性能、建造方式及建造过程获得感性和理性认识，理解建筑的物理特性，初步把握建筑使用功能、人体尺度、空间形态以及建筑物理、技术等方面的基本要求，把握建筑空间的真实意义，形成对建筑设计应有的态度。以小组为参赛单位，要求各参赛队选用比赛所提供的纸板材料、麻绳等，在有限时间和空间内，各成员共同协作进行建造，需要对材料性能充分认识和挖掘，充分发挥想象力，运用建筑结构力学和建筑构造原理，进行设计和建造实践，建造出具有可使用内部空间的纸板建筑。不仅设计想法需要有创意，实际建造过程也需要有创新。合理的安排制作进度才可以保证设计的完美体现。

从概念设计、方案评比到施工建造全周期，是对本科一年级建筑设计基础教学成果的综合检验。不论是 1∶1 尺度下对材料特性更直观的认知，还是设计与建造过程中每名小组成员团结一致的精神，以及遇到困难时愈挫愈勇的决心，都是在平时的理论学习中难以体会的。

2. 学科竞赛利于大学生综合素质的培养

学科竞赛是强化和提升大学生综合能力的独特方式，促进了学生实践能力的发展，锻炼了大学生的解决问题能力，更有利于创新型人才的培养[2]。

建造节是以小组为单位参赛，每组都要确定一套属于自己的方案。各小组需要独立自主完成验证比赛方案，分析出现的问题，讨论比赛结果。团队中每个成员都要各尽其责，密切配合，相互信任，互相帮助。团队的前进过程中离不开讨论、决策和奉献。一个团队要分工明确，培养默契，发现问题后及时交流经验，最后选择出最适合自己团队的方案。在比赛中，队友之间互相安慰、陪伴、激励前进，在实现共同目标过程中不放弃，一起经历失败的考验，一起思考解决的对策，一起分享成功的喜悦。期间要不断扩展思路，完善方案，学生的思维意识和创造性思维能力不断被激发。在竞赛的过程中，参赛者的沟通合作、交流表达能力，处理突发事件及时反应能力，团队协作能力，进取精神等综合素质都得到锻炼和培养。

二、学科竞赛促进了大学教育与中学教育的有机衔接

同济大学利用学科竞赛在促进大学教育与中学教育有机衔接方面，也

进行了新的探索。从2011年起的五届建造节，同济大学特别邀请沪上一批高中参加，旨在激发中学生的创造潜能，培养中学生的科学精神，促进大学教育与中学教育在学生专业兴趣、学科特长、创新潜力等方面的有机衔接。比赛活动受到了各中学的热烈响应。通过参加比赛，高中生对建筑产生兴趣，激发了其对建筑设计的热情和创意，同时增强了动手能力。每名参赛者对创意、建造和团队精神是作品成功的三大关键要素，有了深刻的体会和认识。通过比赛活动，在大学与高中之间架起了一座桥梁，让高中生有机会近距离体验和感受大学的校园文化，以及他们感兴趣的大学学科的特点。同时，同济大学与一批高中学校形成更为密切的合作关系，共享大学教育资源，共同推进卓越人才培养。

三、充分利用社会资源服务学科竞赛

同济大学鼓励竞赛承办单位以多种渠道筹措经费支持学科竞赛。建造节获得同济校友的大力支持。2015年，为激发学生创造潜能，培养富有想象力和创新精神的设计人才，上海风语筑展示股份有限公司设立"风语筑"国际建造节基金，用于支持同济大学国际建造节竞赛。该基金总额90万元人民币，基金捐赠单位风语筑展览有限公司总经理兼设计总监是同济大学校友，每年赞助30万元。通过对学科竞赛活动的支持，鼓励学生秉持创新、创意的态度与精神，努力提升专业素养，毕业后积极回馈母校，促进教育事业发展。

由于建造节的广泛影响力，部分获奖作品有机会在上海城市空间向市民进行展示，如上海城市规划展示馆、上海虹桥火车站、建筑模型博物馆等，让社会更好地了解当代建筑教育的培养方式和教学成果，与社会形成良性互动。

四、打造学科竞赛精品

同济大学国际建造节已成为一年一度的公众嘉年华，构成了一道独特亮丽的校园文化景观。每年的建造节，所有的建造物都会依次排开，形成热闹活泼的街道气氛，会有一大批市民、学生前来现场观摩。在作品中自由漫步穿行，接触各式各样的建造思想，感受各种各样的建筑构造所带来的冲击。他们被创意的激情和年轻的活力所感染，为众多奇妙的创意驻足点赞。同时，建造节也会吸引大量公共媒体进行跟踪报道，扩大了同济大学的社会影响力，充分展示了同济大学的国际化和开放性。

五、结语

学科竞赛是检验教学成果、锻炼提高学生创新能力的重要环节。通过以赛促学、以学强赛，激发学生的兴趣和潜能，培养学生的实践能力与创新精神；以赛促教、以教助赛，将竞赛融入专业教学，强化学科竞赛与相关课程建设的结合，不断推动教学内容与方法的改革，从而更好地实现一流人才的培养。

参考文献

[1] 雷金华.大学生学科竞赛管理体系研究[D].杭州：浙江大学，2013.

[2] 李惠杰，侯婧.高校学科竞赛管理制度体系建设研究[J].教育教学论坛，2020(14)：19-20.

[3] 廖振修，高旭光，曹品.基于学科竞赛的大学生创新能力培养[J].现代交际，2019(23)：65-66.

“以学定教，竞教融合”的线上线下混合式实验教学模式

叶 晨[1] 王晓国[2] 王 利[2] 张 校[2]

1. 同济大学国家级计算机与信息技术教学实验示范中心

2. 同济大学计算机科学与技术系

摘要 以强化实践为核心，构建了竞教融合的线上实验教学平台，从培养学生的学习兴趣入手，引导学生参与课外自主实验和学科竞赛，逐步提升程序设计能力。线上平台的数据统计和可视化分析，助力教师找准薄弱环节，以学定教，课内给予学生精确“补给”。实践表明，该实验教学模式有效拓展了教学的时间和空间，以及时、客观的评价方式，激发了学生的学习热情，将学生由浅入深地引向层次化和个性化学习，促进了课程教学质量的提高。

关键词 竞教融合 线上线下混合 实验教学 在线评测系统

一、引言

相对于理论教学，实验教学突出学生主体地位，手脑并用，有助于学生建构自己的科学知识体系；突出研究探索，有助于培养学生的创新意识和能力；突出观察思考、综合设计和多元分析结合，有助于提高学生的综合科学素质。大学生，特别是工科生，动手实验的时长、效率成为人才培养质量的重要标志，因此实验教学成为大学教学的重要方式、教学建设的重要内容、教学创新的重要途径。教育部于 2019 年开展的实验类“金课”建设[1]，对实验教学提出了提升高阶性、突出创新性、增加挑战度的要求。

“数据结构”课程是计算机、大数据、人工智能、软件工程等专业的核心基础课程，已被 IEEE-CS/ACM 的 CS 教程列为核心课程之首[2]，说明数据结构在信息学科中具有重要地位。学生在前序课程中掌握了基本的编程方法后，通过本课程的学习，能够进一步掌握各种常用的数据逻辑结构、存储

结构、基本操作以及算法设计，同时能够综合运用这些知识解决问题。这门课以培养学生的实践能力为核心，重点提高学生的分析设计能力、数据抽象能力和编程能力，进而提高学生的系统认知、设计、开发、应用能力，为研究数据处理的科学问题和培养创新思维打下坚实的基础。

在数据结构课程教学中，实验教学课时少，部分学生编程基础较弱，缺乏学习信心，影响兴趣和动力；教师批改编程习题的工作量大，由此带来反馈滞后，课内课外脱节的问题。我们在教学实践过程中，研制了以学生为中心的线上自主实验教学平台，以强化实践为核心，对实验教学模式进行了有效的改革，符合创新型、复合型、应用型人才培养的需要。

本文以“数据结构”课内实验为依托，通过线下课堂教学与线上自主实验平台相结合，课内实验与课外自主学习相结合，达到了积极引导学生进行探究式、个性化学习的目的。如图1所示，课前学生在实验教学平台上完成教师布置的自主预习实验，通过在线评测程序和评估模型得到班级学习效

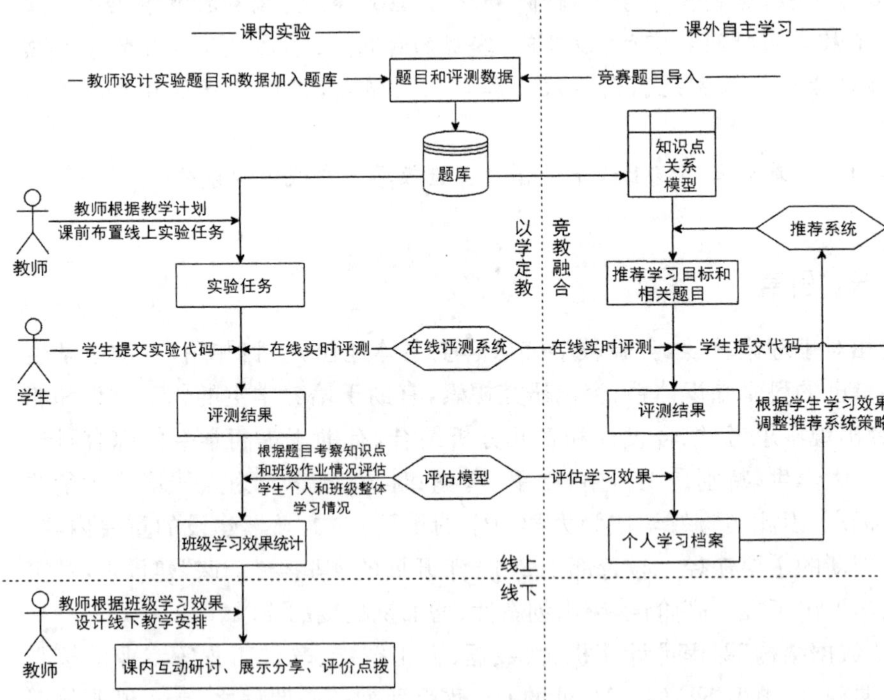

图1 “以学定教，竞教融合”的线上线下混合式实验教学模式

果的反馈，课内教师有针对性地开展线下互动研讨、展示分享、评价点拨，这一套“先学后教，以学定教”的方法是线上线下混合式教学的有效策略。依托程序设计在线评测系统、评估模型和训练题目的推荐系统，构建了从课内实验、课外自主学习，到训练与竞赛的层次化、递进式的“竞教融合”实验教学模式。实时反馈的自动评测系统有效激发了学生课外自主学习的热情，减轻了教师查验程序的负担，让教师将更多时间投入到实验题目和测试数据的设计中，实现各教学环节时间、空间分配的转变，为以学生为中心的学习和教学方式创造了条件，促进了课程教学质量的提高。

二、“竞教融合”的线上实验教学平台建设

国际大学生程序设计竞赛（ICPC）是目前全球公认水平最高、影响最大的编程赛事，比赛题目大多源于实际问题，具有一定的趣味性和挑战性，已得到国内外众多知名高校的积极响应和参与。ICPC 竞赛利用在线评测系统对提交的程序进行自动、实时评判，包括对程序结果的正确性、运行时间、占用内存资源和输出格式的判别，其客观、公正和实时的评价方式，得到学生普遍认可。许多高校开发了基于 ICPC 的程序设计在线评测系统”，提供程序设计竞赛与训练的开放式环境。

典型的在线评测系统面向竞赛，有助于培养优秀学生的创新精神和团队合作能力[3-6]。但题目难度大、评判要求严格，程序设计初学者入手困难。将面向竞赛的在线评测系统直接应用于课程实验教学[7-10]，教学仍然存在较大的局限性。在教学实践中，从培养学生的学习兴趣入手，以引导学生进行探究式学习为目标，构建了竞教融合的线上实验教学平台。平台主要包括以下特点：

1. 因材施教，从细节培养兴趣

平台的题库包含历年竞赛中精选题目和相应的测评数据，也有教师根据教学方案中的知识点精心设计的实验题目和数据，这些题目可用于布置作业、安排考试、赛前训练或自主学习。针对初次接触线上实验的同学，我们设计了 10 道专门用于训练输入和输出的非常简单的题目，这些最简单的题目也给那些对编程缺乏自信和兴趣的同学带来了成就感。针对学有余力的同学，设计了一系列由简单到综合、循序渐进的练习题，这对于鼓励学生提高编程能力是非常重要的一步。所有这些工作都是为了同一个目的：培养兴趣、树立自信。

2. 实时反馈,激发学生的学习动力

教师根据教学计划课前布置线上实验任务,学生在规定时间内完成程序的编写和调试后提交程序源代码,平台的在线评测系统对提交的程序进行自动评判,实时反馈评测结果,解题的成就感有利于提升学生的学习热情。同时,评估程序按照一定规则,根据完成情况对班级内学生进行排名,激发青年学生的竞争心理,对于没有拿到满分的题目,学生可以及时改进代码后多次提交,培养了学生探究式学习的能力。此外,自动评测能够极大减轻教师批改作业的劳动强度,教师可以及时了解学生预习中存在的问题,并将更多时间投入到有针对性的教案设计中。

3. 个性化推荐,引导课外自主学习

为了进一步激发广大学生自主学习的兴趣,让优秀的学生脱颖而出,从平台和举措上鼓励学有余力和爱好编程的学生参加学科竞赛。由于学生的基础和能力是参差不齐的,平台的推荐系统将知识点关系模型与学生个人学习档案相结合,给出个性化的学习目标和推荐题目,引导学生在课外进行大量编程练习,并营造一种"你追我赶"的学习氛围。

4. 虚拟比赛,跨越时空的同场竞技

平台的虚拟比赛(Virtual Contests)功能让学生可以选择任意一场已经结束的比赛作为虚拟比赛的题目来源,平台将在比赛过程重现原比赛的提交信息和排名信息,参赛学生如穿越时空隧道般,与学长们同场竞技。学生通过课外自主训练,提升至一定的水平后,可以参加一年一度的同济大学程序设计竞赛,优秀学生将被选拔进入校集训队,代表学校参加 ICPC 的亚洲预选赛和全球总决赛。

综上所述,依托"竞教融合"的线上实验教学平台,建立了从课内实验到课外自主学习,再到学科竞赛的培养模式,形成了渐进式、多层次的创新型人才培养的良性循环。

三、"以学定教"的线上线下混合式教学模式

以"数据结构"课内实验为例,每个实验项目均设定了实验目标、实验内容、测试数据和结果,其中测试数据文件为自动评测机提供输入数据,结果文件用于程序运行结果的一致性比较。此外,在实验项目的描述中指明测试数据的上、下限,以及输出结果的格式等内容,以便学生在程序中定义符合要求的变量,控制程序运行结果的输出格式等。平台记录了实验项目中

的知识点分布，并根据学生首次提交结果、最终提交结果、提交次数等数据，统计班级整体预习效果。如图 2，图 3 所示，可视化的数据有助于教师提前关注学生之间的分化和差异情况，有针对性地做好差异预案，以学定教，及时避免分化的扩大。

平台上作业的统计分析结果，如图 2 所示为一个实验项目的提交次数和得分统计结果，在柱状图中分别使用了不同图例代表实验项目中的 6 道题目，横坐标是提交结果的得分分布，纵坐标是得分所对应的提交次数统计。以“图的存储结构”和“图的遍历（邻接矩阵）”为例，有些学生一开始只得到 50 分的成绩，经过分析和对代码的改进，绝大多数学生都能获得满分。以“拓扑排序”为例，只有少数学生得到过 80 分以下的成绩，经过改进也都获得满分，反映出这道题目相对简单一些。以“关键路径”为例，一些学生只得到 50 分以下的成绩，经过改进后获得满分的也少于前三道题目，而获得 80 分的明显多于其他题目，反映出学生对这道题目中相关知识点的掌握有所欠缺，授课教师可以在课上有针对性的调整教学重点。由此可见，通过平台对学生作业的统计分析和可视化，既反映出题目之间的难易程度，也反映了学生对相关知识点的掌握情况。实验题目和测试数据的设置是否合理，也是需要教师重点关注和持续改进的。如图 3 所示，横坐标是每人的提交次数，纵坐标是所对应的人数统计，（为了获得高分）需要提交 3 次以上的人数不超

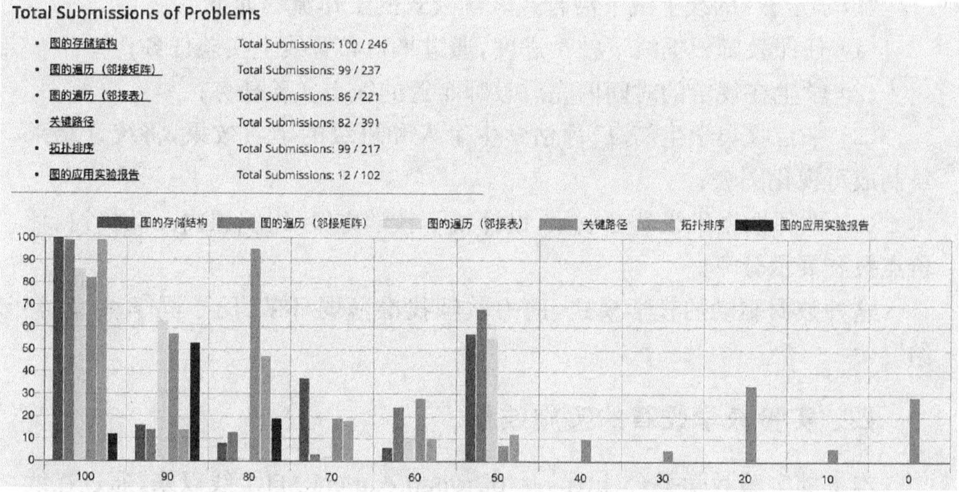

图 2　实验题目每次提交结果的得分统计

过 8 人,可以反映出题目设置的难易程度合理,学生一次提交的成功率也反映了题目之间的难易程度,有助于教师精心设计和持续优化实验题目和评测数据,从而更准确的把握学生的学习效果。

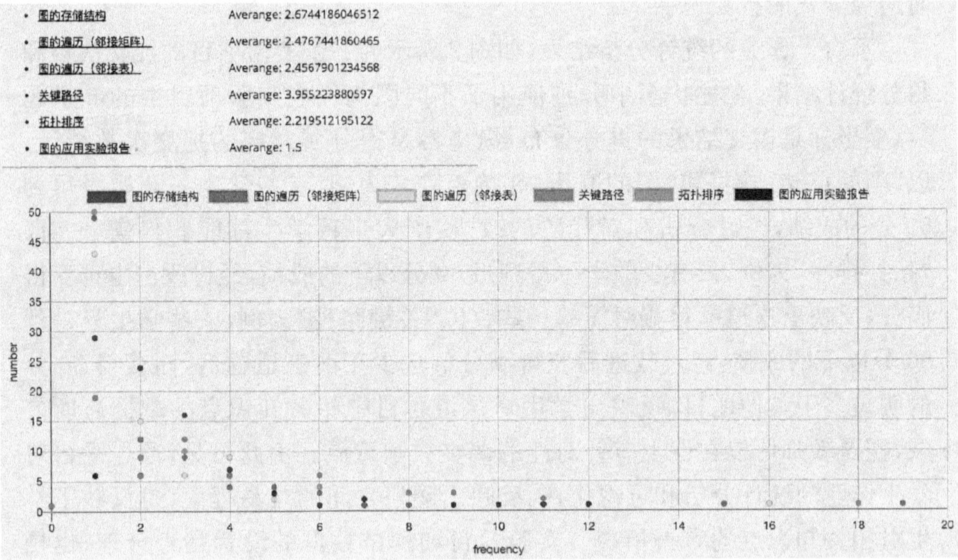

图 3　实验题目的提交次数统计

“以学定教”的线上线下混合式教学模式的工作流程如下：

(1) 任课教师根据线下教学进度,通过平台布置线上实验任务；

(2) 学生在规定的时间内完成教师布置的线上实验任务；

(3) 平台收集学生信息,评估学生个人和班级的学习效果,将统计结果绘制成可视化图表；

(4) 教师根据班级学习效果,设计线下教学方案,组织课内互动研讨、评价点拨和展示分享。

这种数据驱动的教学模式,助力教师找准薄弱环节,给予同学精确“补给”。

四、实验教学改革的实施效果

本文的实验教学平台(https://oj.tongji.edu.cn/)自上线以来,通过在线评测系统、学习效果评估模型、实验题目推荐系统和可视化分析等功能模块,引导学生进行自主学习,激励学生根据评测系统实时反馈的提示,对源代码进行及时修改和完善；辅助教师课前关注学生之间的分化情况和差异情况，有针对性地做好差异预案，以学定教，及时避免分化的扩大。通过精心设计的实验题目和数据，培养学生良好的程序设计习惯，提高学生解决复杂问题的能力，激发学生自主探究式学习的热情。通过学生的个人学习档案，平台可基于题库生成个性化推荐方案，既可为后进生弥补短板，也可为学有余力者提供拓展训练，帮助每一名同学实现差异化、个性化的学习，营造"你追我赶"的个性化学习氛围。通过这种"以学定教，竞教融合"的教学模式，有效拓展了教学的时间和空间，以及时、客观的评价方式，激发了学生的学习热情，由浅入深地引向层次化和个性化学习，促进了课程教学质量的提高。

不仅"数据结构"这门课，更多程序设计类课程的教研组教师也在利用本文的实验教学平台进行相关的教学活动。如今，已经有越来越多的教师加入，将学科竞赛中生活化、趣味性和实用性的题目引入平台题库，激发学生学习的主动性和积极性，由我们承办的同济大学程序设计竞赛每年吸引200余名本科生参加。本文作者作为校队指导教师，组建了CPCLab程序设计竞赛实验室(https://acm.tongji.edu.cn/)，校队队员利用寒暑假时间进行集训，锻炼了分析问题解决问题的能力，也培养了团队合作精神，提高了参赛能力。近三年，共有78人次获得ICPC国际大学生程序设计竞赛亚洲区金、银、铜牌(国际级)，以及42人次获得CCPC中国大学生程序设计竞赛金、银、铜奖(国家级)。

五、结语

依托学校和学院实践育人的政策，引入学科竞赛中先进的教育理念和程序设计竞赛中的自动评测技术，形成"以学定教，竞教融合"的线上线下混合式实验教学模式，这种模式既拓展了程序设计类课程教学的时间和空间，也大大激发了学生的学习兴趣，推进了学生实践能力和创造性思维的培养。

参考文献

[1] 中华人民共和国教育部办公厅.教育部办公厅关于开展2019年线下、线上线下混合式、社会实践国家级一流本科课程认定工作的通知[EB/OL].(2019-11-21)[2020-01-15] http://www.moe.gov.cn/srcsite/A08/s7056/201911/t20191122_409347.html.

[2] Wang X, Yu F, Zhao S, et al. Exploration and Practice on Teaching Mode of Data Structure Course Based on CDIO and Program Design Competition[J]. Advances in Education, 2018, 8(3): 179-183.

[3] 李文新.ACM-ICPC 竞赛——ACM 参赛教练：收获，不止是心灵上的[J]. 计算机教育，2006(3)：69-71.

[4] 琚生根，廖勇，周刚，等.ACM 竞赛与实验教学创新[J].实验技术与管理，2009，26(5)：125-126.

[5] 孙大烈，车万翔.ACM 竞赛与学生综合实践能力培养[J]. 计算机教育，2009(19)：12-14.

[6] 卢玲，陈媛，苟光磊.基于 ACM 竞赛的学习能力培养模式研究与实践[J]. 计算机教育，2013(7)：59-61.

[7] 谢迪，李文新，郭炜."百练"：一个程序设计技能训练与水平测试平台[J]. 合肥工业大学学报(社会科学版)，2008(4)：172-176.

[8] 韩建平，刘春英，胡维华."课内外贯穿，竞赛教学融合"的程序设计教学模式[J]. 实验室研究与探索，2014，33(6)：169-171.

[9] 肖红玉，贺辉，陈红顺.在线评测教学辅助系统设计[J]. 计算机技术与发展，2017，27(11)：141-145.

[10] 喻梅，于瑞国，王建荣，等.程序设计类课程教学与学科竞赛结合的研究[J]. 实验室科学，2019，22(1)：237-240.

工程哲学视野下的电气工程实践教学模式探索*

张文豪　朱琴跃　方春华　袁登科　周　伟
同济大学电子与信息工程学院

摘要　电气工程与其他学科的交叉越来越多，对未来电气工程领域技术人才提出了更高的素质和能力要求。以工程哲学这一新兴哲学研究领域为理论指导，结合现代工程特点和工程教育趋势，介绍了同济大学电气工程专业近年来构建的工程实践教学模式和教学体系，从工程理念指导、工程能力导向、注重工程全过程以及自主创新等方面探讨了提高电气工程专业大学生创新素质与实践能力的实现途径。

关键词　工程哲学　电气工程　实践教学模式

科学技术的迅速发展带来了世界范围内各国经济的设计、生产、销售、消费及服务模式的改变，未来工程力量的发展尤其是工程教育中的创新与实践能力培养问题引起了越来越多的国际关注。高等工程教育是培养未来工程师的主渠道，培养与造就一大批高质量的创新型工程师和工程技术与管理人才，为中国的发展和世界的工程科技进步作出新的重要贡献，便成为中国高等工程教育责无旁贷的使命。

电气工程是科技革命的原动力，电气工程专业与网络化、信息化技术结合，具有强大的发展潜力和生命力。"中国制造 2025"着重提出的十个重点领域中，电气工程专业在电力装备的设计与制造、节能技术、新能源汽车研发、先进轨道交通、新型电工材料等领域均有十分重要的作用，电气工程领域的创新与发展是实现我国新型工业化自动化革命的基础之一。在电气工程专业本科生培养过程当中，不仅要求学生掌握电气工程及其自动化学科

* 本文系 2019 年度同济大学本科生教改项目"新工科建设背景下面向电气工程新型人才培养的专业建设与实践"（项目编号：0800104500）的研究成果。

的相关原理和知识，基础理论扎实、专业知识宽厚、实践能力强，还要适应未来科技进步，获得良好的工程师培养训练。

工程哲学作为近十几年发展起来的一门新兴学科，对工程实践和工程教育改革具有重要的指导意义[1]。如何用工程哲学思想来整合与改革现有电气工程专业教育理念、模式、内容和方法，树立当代工程观，构建新的电气工程师培养体系，探讨工程教育改革的新途径，加强电气工程专业大学生创新素质和实践能力的培养已成为电气工程领域的新焦点。

一、工程哲学在工程实践教育中的应用现状

工程哲学是对工程造物的思辨，是研究人类改变客观世界活动的哲学，也是作为工程实践主体的工程师所必备的工程素养和哲学智慧。当代工程观反映了当代工程科学与工程技术和社会、经济、文化、生态交叉融合、协调建构的新趋势，对于指导工程实践和创新工程教育具有重要意义。中国工程院院长徐匡迪院士多次强调"工程需要有哲学支撑，工程师需要有哲学思维。我们应该把对工程的认识提高到哲学的高度，要提高工程师的哲学思维水平"。高等工程教育的主要任务就是培养未来工程技术人才，因此，将工程哲学思想贯穿于教育教学全过程，以当代工程观引领工程教育便成为当前高校教改的重点所在。

近年来，中国工程哲学的研究队伍逐渐扩大，研究成果逐渐增多，工程哲学在工程教育中的作用也日益引起人们的重视，将工程哲学思想贯穿于工程教育，以工程理念来指导教育教学成为新的关注点[2,3]。在工程方面，叶琳昌针对防水工程从"抗"与"防"两方面开展了辩证哲学分析[4]；吴迪以银河亿次巨型机为案例在工程哲学视角下开展了研究[5]；傅志寰对我国铁路提速工程进行了哲学思考[6]；王勇、张同乐就三门峡水利工程决策当中带来的经济、生态与社会问题展开了哲学反思，并提出工程活动应该遵循的几个原则[7]；李璘、肖德生则就风电工程从自然观、社会观、技术观方面进行了讨论，并提出了科技与生态一体、竞争与合作并存、吸收与创新结合的思考和对策[8]。在教学方面，段新明从工程哲学的几个主要范畴——工程问题、工程理性、工程知识、工程实践和工程伦理出发，分别探讨了它们与工程教育之间的相互关系[9]；赵翼翔讨论了机电工程中设计方法和启发式思维中需具备的工程哲学思维，并从理论教学和项目培养两方面加强探讨了工程哲学在工程教育中的价值与实践途径[10]；王文福基于工程哲学视角探讨了

测绘卓越工程师综合素质的培养方案，以及测绘工程师应当具备的工程素质与能力[11]；还有伍永豪探讨了工程哲学在软件工程教学中的应用[12]，李青锋针对基于工程哲学的采矿工程专业学生人文素养培养开展了研究[13]，陈新基于工程哲学理念对工程制图教学开展了研究等[14]。从认识的理性到行动的理性，再到现实的理性，是工程实践和工程哲学的真正体现。下文将以同济大学电气工程系的实践教学体系构建为例，探讨工程哲学思维的指导作用。

二、基于工程哲学的电气工程实践教育体系

马克思说："哲学家们只是用不同的方式解释世界，而问题在于改变世界。"工程问题的实质是怎样改变世界，作为现代工业革命的基础，电气工程是一门实践性很强的学科。电能是发展生产和提高人类生活水平的重要物质基础，与电能相关的工程活动直接体现人利用自然和改变自然的过程。随着信息技术的发展，电气化结合网络化、信息化技术，智能电网、"互联网＋电气工程"等成为电力领域发展的新方向，新兴领域对电气工程专业学生的要求也发生了极大变化。

根据教育部工程教育专业认证的理念，电气工程的毕业生必须具备处理复杂工程问题的能力，这个能力指的不仅仅是具备运用知识的能力和研究创新的能力，同时还包括职业素养、项目管理能力、工程与社会认知能力、环境和可持续发展理解能力等。工程教育认证对毕业生能力的要求迫切需要在电气工程教育过程中引入工程哲学思维，加强对工程演化、工程与社会、工程创新、工程伦理等的认识，启发学生将复杂的工程问题抽象化，并在推理分析、归纳演绎的基础上，实现复杂问题的有效解决。因此，工程哲学对电气工程实践教学的开展具有很强的指导作用。

1. 现代工程理念下的电气工程教学体系

在当前社会背景和技术条件下，电气工程与其他学科，如信息技术、机械工程、材料工程、汽车工程、气象学、海洋工程等均有交叉，相关工程项目也越来越朝着巨型化、复杂化、集成化发展，对工程实践教育提出了更高的要求。工程教育必须突出实践教育理念，构建完善的实践教学体系，注重和加强动手操作能力、研究设计能力和工程实践能力的培养和训练。在同济大学"知识、能力、人格"三位一体的全面素质教育和复合型人才培养模式之下，坚持"人才培养、科学研究、社会服务、国际交往"四大办学功能协调发展，构建

了更加合理的“分层递进，突出创新、多位一体”的教学培养体系，通过公共基础类-专业基础-专业类-领域类课程不断深化，理论课程、实践课程、自由探索等有机结合，形成了多元化的教学模式，整体架构如图 1 所示。在整个人才培养的过程中，注意科学、技术与工程之间的关系，科学思维和工程能力并重，研究和总结工程活动中普遍性的工程规律，落实工程哲学的新观念。

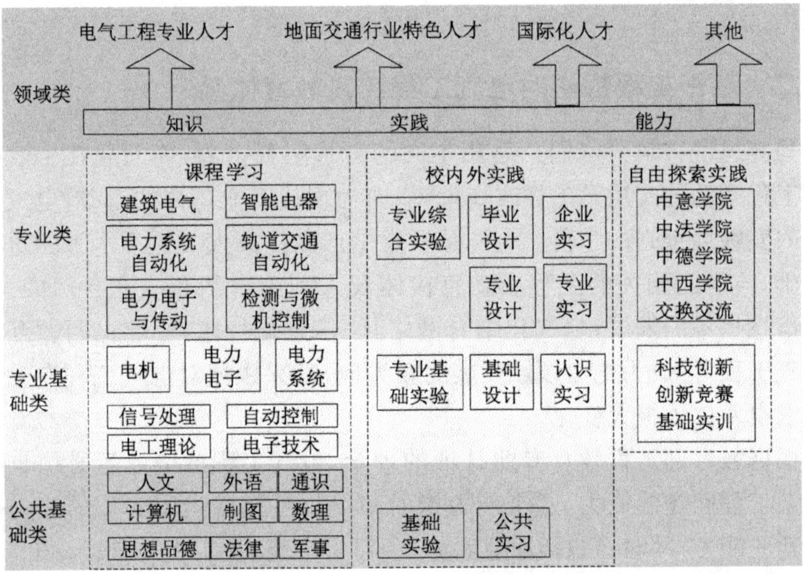

图 1 电气工程教学培养体系架构

2. 工程能力为导向的分层实践体系

实践教学过程中要求采用的理论与方法必须能够解决实际问题或者对解决实际问题有所帮助，结合理论教学，形成了基础-专业-综合的实践进阶模式，包含实验类、实习类、工程实践类、综合设计类等多种类型的实践环节，如图 2 所示。实验环节中注重培养学生动手能力、现代电子仪表的使用能力、数据分析与总结能力等；实习环节注重培养学生工程素养，包括工程师职业道德、技术与工程、工程项目管理、工程伦理等；工程实践环节注重培养学生工程工具使用、工程创新、工程与产业以及工程全过程管理等的能力；设计环节从初步的设计到综合设计，侧重培养学生知识应用、信息获取和选择以及创新实践等综合能力。通过构建多环节、多层次、多渠道的实践教学体系，培养学生的构建性思维、设计性思维和实践性思维，实现知识价值、经济价值、社会价值、环境价值、人文价值的融合，提高学生解决工程问题的能力。

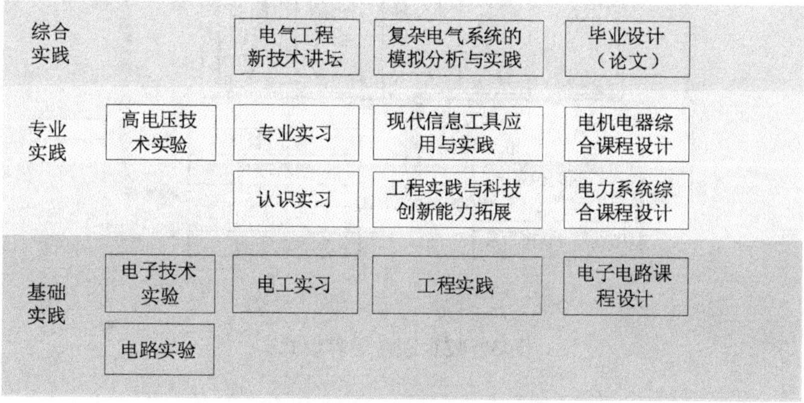

图 2　电气工程实践教学体系

3. 工程全过程为导向的校企联合培养体系

按照工程实践的过程划分，工程问题是集合了工程前的知识实践、工程中的生产实践和工程后的话语实践的全过程[9]。当前的工程实践教育实质上只发生在工程前的知识实践阶段，学生习惯了数学分析思维，习惯严谨地推导和计算，注重局部而非系统，不习惯没有唯一解的问题，不习惯“没有最好只有最合适”，定性分析以及辩证地看待工程问题的能力亟待提高。将具有丰富工程理论知识的高校工程类教师和具有丰富工程实践经验的工程师通过一系列的有效措施整合在一起，切实实现工程实践全过程的资源共享，有助于提高我国工程教育的水平。为了实现本科生对工程实践全过程的深入了解，以 20 余家校企卓越联盟和校外实习基地为基础，形成校企产学研联合培养新模式，解决了校内实践指导教师队伍建设不够、学生参加实践活动模式单一等问题[15]。以创新型卓越工程师培养为导向，通过长期聘请企业兼职教师、校企双方联合申报科研项目、共建共享校企网络资源库等方式切实开展校外专业实习、毕业设计和科研训练等实践环节，形成了校企间从在校学生到在职工程师的不间断、多学科持续培养的新型模式，如图 3 所示。校企联合培养过程中，着重强化工程实践中职业道德、工程伦理、项目管理、知识产权、法律法规、成本分析、环境保护等方面的知识和能力的培养。在这个过程中，学生熟悉工程决策、工程规划、工程设计、工程建构、工程运行以及工程管理中需要遵守的自然

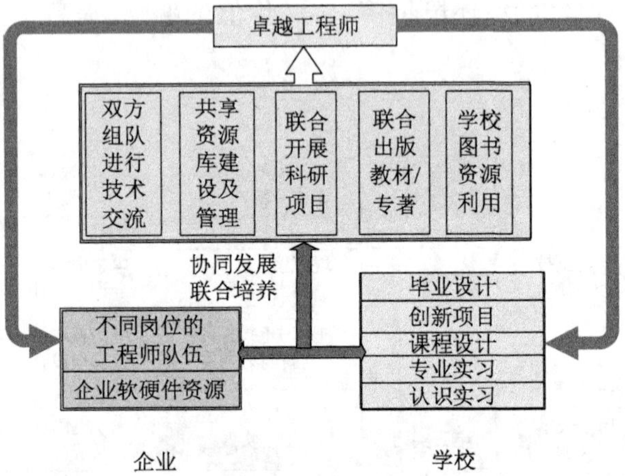

图 3 校企联合培养模式

规律、社会规律、社会伦理等原则，提高了综合设计能力、工程实践能力、协作沟通能力等，培养了正确的工程理念和工程观，提高了就业竞争力。

4. 自主创新为导向的自由探索实践平台

科学技术是第一生产力，工程科技就是第一生产力中的最重要的因素，通过工程项目实践增强工程人才的培养，有助于认识工程的本质和把握工程的定位。电气工程系依托本专业学科优势，协同多方优质资源，构建学生自由探索实践平台，如图 4 所示。同济大学投入大量资金建设创新人才培养基地，组织开展了大学生创新实践训练计划(SITP)，并拨专款作为创新实践计划基金，扶持以学生为主体的自主创新、自主科研和有优势的特色项目，激发了学生的热情，启发了学生思维，保证了创新实践能力培养方式的长效运作活力。同时，借助专业科研平台和科研项目，协同校外企业和国际合作交流平台等优质资源，由专业教师进行指导，切实推进学生开展包括各级各类创新型竞赛和素质能力拓展项目等在内的自由探索实践活动。大力推进集成创新，积极鼓励原创性创新，在一定程度上解决了现有实践教学条件无法满足部分拔尖学生创新实践能力培养需求间的矛盾，激发了学生自主创新热情，在周围群体中产生一定的辐射效应。

三、实践教学建设成效

在工程哲学理念指导下，教学工作和学生各方面能力都取得了长足发展，其中，校企联合毕业设计比例不断提高，从 2016 年的 44.9%上升到 2019

电气系导师制科研训练计划（发表论文、申请专利等）	
国际级	“绿色城市”施耐德电气全球大学生创新挑战赛、国际太阳能十项全能大赛、IFEC国际未来能源挑战赛、世界机器人大赛暨RoboCup公开赛
国家级	TI杯全国大学生电子设计竞赛、飞思卡尔杯全国大学生智能汽车竞赛、全国大学生电气与自动化大赛、全国部分地区大学生物理竞赛、美国大学生数学建模大赛、高校电力电子应用设计大赛、全国大学生节能减排社会实践与科技竞赛
地区级	西门子杯大学生工业自动化挑战赛、上海市大学生电子设计竞赛、上海市大学生创新活动计划、上海市嵌入式系统创新设计应用竞赛
校级	“校庆杯”电子设计竞赛、同学大学数学建模竞赛、大学生暑期社会实践、大学生创新实践训练计划、飞思卡尔智能车校内选拔赛、创造社新世纪论坛

图 4　自主创新的自由探索实践

年的 68.3%。图 5 展示了近年来学生参加的各级各类创新竞赛项目，基本做到了学生的全覆盖。通过将工程哲学思想融入整个教学体系，完善科技创新活动激励机制、校企联合培养机制等，从制度上保证了实践教学环节的有序运行和各类实践项目的顺利实施，达到了增强学生创新实践能力，提高学生综合创新素质的目的，工程认证各项毕业要求达成情况良好(图 6)。

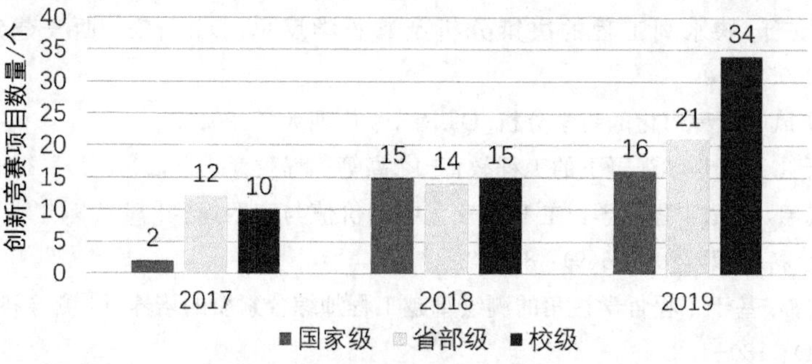

图 5　学生创新竞赛项目

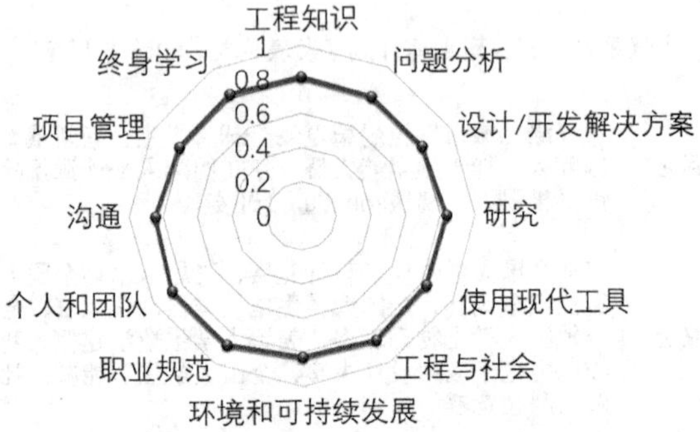

图 6　毕业生的毕业要求评价

参考文献

[1] 李伯聪.工程哲学引论[M].郑州：大象出版社，2002.

[2] 石芳娟.工程哲学视野下我国工科大学生创新素质与实践能力培养研究[D].合肥：合肥工业大学,2009.

[3] 王章豹,石芳娟.从工程哲学的视角看未来工程师的素质——兼谈工科大学生大工程素质的培养[J].北京：自然辩证法研究,2008(7)：63-68.

[4] 叶琳昌.防水工程中的工程哲学分析[J].杭州：新型建筑材料,2008(12)：53-56.

[5] 吴迪.工程哲学视角下的银河-Ⅰ亿次巨型机案例研究[D].北京：国防科学技术大学,2010.

[6] 傅志寰.我国铁路提速工程的哲学思考[J].杭州：浙江大学学报(人文社会科学版),2007,37(3)：5-14.

[7] 王勇.三门峡水利工程的决策分析及其哲学反思[D].西安：西安建筑科技大学,2005.

[8] 李璘.风电工程演化的哲学分析[D].南宁：广西大学,2015.

[9] 段新明.工程哲学视野下的工程教育[J].高等工程教育研究,2007(1)：28-31.

[10] 赵翼翔,闵敏.工程哲学：在工程教育中的价值与实践途径[J].广东工业大学学报(社会科学版),2006,6(9)：81-83.

[11] 王文福. 基于工程哲学视角的测绘卓越工程师综合素质的培养[J].测绘科学,2013,38(1)：180-182.

[12] 伍永豪.工程哲学在软件工程教学中的应用[J].计算机教育,2014(9)：90-93.

[13] 李青锋.基于工程哲学的采矿工程专业学生人文素养培养探讨[J].煤炭高等教育,2015,33(2)：88-92.

[14] 陈新，李平.基于工程哲学理念的工程制图教学研究[J].中国科技信息，2009(8)：200-202.

[15] 袁登科，朱琴跃.校企联盟合作之路探索——高校与企业的协同发展[J].课程教育研究，2016(35)：214-215.

以机器人创新平台建设为抓手的“本研协同，教研融合”体制建设与人才培养实践

刘成菊　张志明　张　伟　陈启军
同济大学电子与信息工程学院

摘要　同济大学电子与信息工程学院积极探索以机器人创新平台建设为抓手的“本研协同，教研融合”体制建设与人才培养实践，提出了本研协同创新引领的卓越人才培养模式，历经15年，机器人创新平台的建设与运行实践结果验证了这一培养模式的有效性。
关键词　本研协同　创新引领　机器人创新平台　创新能力

一、引言

自动化专业卓越人才应当是具有跨时代前瞻创新能力、跨专业知识综合能力、跨学科工程应用能力、跨文化国际交流能力的专业精英和社会栋梁。为适应这一要求，学生的学习模式也在发生变革。针对自动化专业卓越人才培养体系这一命题，同济大学电子与信息工程学院创新基地进行了积极而有益的探索与实践，提出了以机器人创新平台建设为抓手的“本研协同，教研融合”体制建设与人才培养实践，提出本研协同创新引领的卓越人才培养模式，历经十五年，同济大学机器人创新平台(以下简称“平台”)的建设与运行实践结果验证了这一培养模式的有效性。

二、创新实践平台主要解决的问题

目前有很多高等院校在研究我国高校创新型人才培养存在的问题及对策[1-4]，本平台侧重实践育人，解决目前我们发现的本科教学环节中的问题。在本科课堂教学中，学生局限于书本内容知识点的学习，对理论知识理解不够深刻，对书本知识的物理意义理解不够明确；传统课程教学方式封闭，学生动手能力不强，解决复杂工程问题能力不够，解决工程实践能力不强；学

生学习兴趣与动力不足、学习方向不清晰；学生对专业发展和研究方向认识不清；学生想象力、创造力不够或未被激发；学生发现、分析、解决和汇报总结问题能力不足；学生竞争与合作意识不够清晰。

三、竞教结合培养人才

机器人创新平台组织学生参加各类学科竞赛：包括机器人竞赛、全国大学生智能汽车竞赛、“西门子杯”中国智能制造挑战赛、全国大学生电子设计竞赛等。十五年来电子与信息工程学院学生获得国内外奖项 200 多项。其中 RoboCup 中国公开赛标准平台组 7 连冠，连续四年进入世界八强，2018 年取得了世界赛季军，入选世界上最好的五支球队之一；在世界机器人大赛、世界人工智能大会挑战赛等重大机器人赛事中斩获佳绩；全国大学生智能汽车竞赛：近五年获得全国一等奖 3 项，全国二等奖 4 项；获得华东赛区一等奖 10 项，二等奖 9 项，三等奖 3 项，优胜奖 1 项。

1. 竞教结合典型案例

以 TJArk 机器人竞赛为例阐述竞教结合在培养人才方面的具体过程。机器人世界杯赛 RoboCup 始于 1992 年，是国际上级别最高、规模最大、影响最广泛的机器人赛事。RoboCup 中国公开赛是中国目前最具影响力、最权威的智能机器人领域的顶级赛事，基本汇集了中国现有最高级别的机器人专家和众多知名机器人学者，是当今中国机器人尖端技术产业竞赛和人才汇集的活动之一。研究团队的核心算法在同济大学机器人足球队 TJArk 全面应用。TJArk 自 2006 年开始参加机器人足球世界杯 RoboCup 和中国机器人大赛等机器人权威比赛，获得多项优异成绩：从 2013 年开始连续七年获得 RoboCup 中国赛标准平台组冠军，2018 年获得 RoboCup 世界赛季军，是中国队目前取得的最好世界成绩。多维视觉感算法、精准定位技术以及高适应性和鲁棒性的轨迹在线生成方法保证了 TJArk 的优异成绩，团队入选世界上最好的五支球队之一。

“峻极之山，非一石所成；凌云之榭，非一木所构”，机器人竞赛团队建设更少不了团队成员的互帮互助，RoboCup 比赛是一项高复杂性、高难度、高技术的机器人比赛，依靠“本研协同，教研融合”才能促进竞赛技术的进步。竞赛团队有本科、硕士、博士不同年级的学生，在科研上的经验和能力固然有所差异，但同学之间、同学与导师之间像战友、像朋友，可以灵活交流；硕士将自己研究成果、学习方法和搜集的优秀材料等与本科生分享，督促本科生脚踏实地、勤奋刻苦、珍惜时间。在比赛上，硕士生和大四学生会在第一时间培训参加比赛的新成员，确保在一定时间内能够对接整个比赛，熟悉比赛流程，清楚比赛细节，从而使得学生们成为一个整体去为团队的进步作出贡献。同时，比赛经验丰富的老队员会耐心地告诉新队员可能发生的各种各样状况，可能出现的错误、问题，帮助整个团队沉着应对比赛。当机器人出现问题时，分工明确，互帮互助，共同解决难题，确保比赛取得好成绩，教师耐心指导各团队，稳定队员的心态，确保获得比赛的胜利。

2. 竞教结合培养人才的成效

在学生培养上，平台以竞赛为契机，以卓越人才培养为最终目标，促进学生全面发展。每年吸收 50 余名本科生和 10 余名研究生进入机器人平台学习，学生通过平台的培养发现自己专业知识和科研能力的兴趣。每年都有一批学生保送和考取包括清华大学、中科院自动化所、浙江大学、上海交通大学、同济大学等高校的研究生，都有多名同学出国留学或进入阿里、华为、腾讯等著名公司。平台每年均培养出国家奖学金、研究生国家奖学金获得者，并有多人荣获优秀学生(标兵)、优秀学生干部(标兵)、上海市优秀毕业生、追求卓越学生奖提名奖等荣誉。基于平台“本研协同”联合培养的学生在 2019 年度已经发表学术论文 5 篇，申请发明专利 15 项，软著 2 项。

在平台建设、管理和传承上，平台形成并提出了以“本研结合、梯队培养”“创新引领、学术争先”“思想指引、文化建设”“动态考核，奖助全面”为核心的建设、管理与传承理念，主抓以学生为主体，教授为主导的培养模式。竞赛团队组织充分发挥“以老带新”“硕本联合”的模式，充分带动“大三，大四，研一”的学生充分参与，组成梯队式参赛团队，保证参赛团队的持续性，竞赛主力有保障，学生的参赛兴趣和成绩得到保障。“以老带新”更重要的是促成了比赛队伍的梯度建设。经过长时间探讨和探讨，逐步解决了平台学术上与理念上的传承问题，平台学术方向及其实用性、先进性问题，学生内在动力与归属感问题，以及学生积极性与投入性问题等诸多极具现实意义的教学问题，从理论和实践上践行卓越人才培养的使命。

在社会责任上，平台学生参与社会活动，承担校级、院级接待与表演任务。平台还承担了中国 RoboCup 及相关赛事的组织、技术指导和咨询工作，协助和组织了近七年 RoboCup 中国公开赛。在平台成员的引导和帮助下，中国机器人足球队伍数量由最初的6 支已发展至目前的 30 余支。平台在 RoboCup 国际组委会中还承担技术委员职务，为机器人竞赛在世界范围内的发展做着同济人的贡献。2019 年,中国自动化学会、教育部高等学校自动化类专业指导委员会为 TJArk 机器人足球队颁发了"杰出贡献奖",这是对同济大学十五年来在中国机器人竞赛工作中突出表现的认可和肯定。

四、机器人创新平台建设模式的主要创新点

1. 机器人创新平台建设的内容创新

涵盖高中-本科-研究生的梯队式实践平台先进、有趣、实用、多样,内容从简单到复杂,包含硬件、软件、算法等各个环节的学习与实践。平台设备自己动手做(DIY),学生在机器人创新平台 DIY 各种机器人硬件,涵盖机械手、小型移动机器人、AGV、飞思卡尔智能小车、机器狗、仿人机器人等实体机器人。平台支撑学生的课程实践、工业实训/课程设计、本科毕业设计、上创/国创 ISTP 等课程和实践类项目,是学生的创新实践基地。

2. 可持续的培养过程创新

兴趣导向,创新引领,自主管理,口碑相传。实物教学,直接编译代码、运行算法、动手实验、观测实验;鼓励支持学生参加各类创新竞赛活动;建立奖助激励体系,激发学生动力,使学生学业水平,动手能力以及竞赛成绩同步提升;鼓励学生与外校实验室交流,以分享促科研,树立正确的合作与竞争意识;将思想政治教育融入团队,让学生树立正确的世界观、人生观、价值观,健全学生的人格与优良品德;培养学生脚踏实地的精神,树立正确科研观,制定长远且可达的学业目标;培养学生实事求是、敢于质疑、勇于创新的开拓精神。本-研贯通,教-研融合,形成可持续的指导队伍。科研成果促竞赛水平提升,形成理论传授与实践指导相结合的教-研融合培养模式。注重思想指引和平台文化建设,完善学术思想、工程思路、竞争与合作意识文化建设,增强归属感与凝聚力;机器人创新平台的活动内容聚焦技术前沿;校内、校外合作交流,建立合作机制;学生自主与相关跨国公司形成交流机制;学生自主与国内、国外知名高校的学生建立互动与合作机制。

参考文献

[1] 孙远韬,张氢,朱玉田,等. 面向工程教育认证的以学科竞赛为载体的高校创新型人才培养研究[J].高教学刊,2020(21):29-32.

[2] 姚美娟,汪利. 产学研合作视角下应用创新型人才培养研究[J].黑龙江教育(高教研究与评估版),2020(8):90-92.

[3] 夏忠龙. 当前我国高校创新型人才培养存在的问题及对策[J].黑龙江教育(理论与实践),2020(9): 19-20.
[4] 李含,侯丽华,张强."产学研合作"背景下高校创新型人才培养协同机制探析[J].黑龙江科学,2020,11(3): 46-47.

全国大学生智能汽车竞赛及其对实践教学的促进作用

朱　劲　张志明　余有灵

同济大学电子与信息工程学院

摘要　大学生智能汽车竞赛是提升专业教学效果，特别是培养大学生实践能力的一种有效途径。在分析智能车竞赛意义和现状的基础上，以电子与信息学院创新基地竞赛实验室为主，建立智能车竞赛平台。从学生选拔、专业知识培训、日常管理、实践活动、院内竞赛，校内选拔等各个方面加强竞赛平台的建设。经过多年实践证明，智能车竞赛平台的组织建设和项目实施，对大学生专业知识和专业实践能力的提高起到了明显的促进作用。

关键词　智能车竞赛　专业实践教学

一、引言

为了与新时期新工科教育和专业认证要求相适应[1-3]，同济大学的专业培养计划也在不断调整和完善。不同版本的电子信息类专业培养方案中，理论与实践密切结合的专业课程，除了对学生有较高的理论知识要求之外，还有工业应用的认知要求，培养学生善于分析和解决实际问题的能力[4]。在课时有限的背景下，课程教学体系内容存在知识点零散、工程概念多、实践性强的特点，要想突出教学重点，提高教学效果，保障教学质量，培养出拔尖的应用型人才，则须注重课程教学与实践教学相结合的改革与创新。与专业课程相结合，通过竞赛加强大学生的创新意识、合作精神、实践能力的培养，是当前高等教育教学改革的重要内容之一[5-7]。

二、全国大学生智能汽车竞赛

全国大学生智能汽车竞赛由教育部高校自动化类专业教指委主办，为教育部全国大学生课外学术科技 A 类竞赛，在 2017 年和 2019 年连续两次入选中国高等教育学会发布的"全国普通高校学科竞赛排行榜"[8]。该竞赛是本科自动化专业及相关学科的顶级赛事之一，竞赛以"立足培养、重在参与、鼓励探索、追求卓越"为指导思想，其公正、透明、技术含量高等优势得到全国高校师生的高度认可，已在全国500多所高校普及[7]。竞赛以智能汽车自动驾驶为研究背景进行科技创意性制作，涉及多个学科方向：电子、电气、计算机、机械、模式识别、传感技术等，是一种具有探索性的工程实践活动。

竞赛内容设置面向大学本科阶段学生的学习内容，同时兼顾当今科技发展的新趋势。各参赛队伍需要改装竞赛车模，完成智能巡线小车的制作，实现指定的竞速比赛或创意比赛任务。在此过程中，参赛学生需要学习嵌入式系统开发环境与在线编程、外围接口电路设计、自行设计并实现识别导引线的硬件电路、电机的驱动电路、车速反馈电路、智能车舵机控制电路以及能使小车在偏出赛道的前提下尽可能快速行驶的控制策略与软件算法[7-9]。

三、竞赛组织与管理

1. 竞赛实验室建设

智能汽车竞赛不是单一课程的教学内容，而是大学生的课外科研活动，属于实践教学的范畴。因此在考虑大学生参与智能车项目时，队伍的组织和具体计划的实施要结合各个学生的专业背景，相应的教学计划、教学内容以及各学院不同专业方向等因素，把学生分为不同对象、不同目标来处理和组织开展活动。竞赛相关工作由同济大学本科生院指定电信学院和汽车学院负责，参赛队伍和队员的选拔由电信学院基地和汽车学院基地联合组织、分散实行，按照宣传招新、竞赛培训、分组报名、车模调试、院内初选、校内赛、华东分赛区参赛、全国总决赛参赛的流程进行。同济大学参加华东赛区和全国总决赛的组织管理工作，由电信学院基地负责，汽车学院基地协助。

竞赛实验室面向全校非毕业班本科学生开放，近三年来，每学年都有100多名学生参加电信学院创新基地竞赛实验室的培训和选拔，涉及全校电信、机械、软件、轨交、汽车和中德工程等多个学院。竞赛逐年增加竞技难度和调整比赛内容，本科不同阶段学生可选择不同难度的组别。现已形成由本科二、三年级学生作为参赛主力，本科四年级学生辅助指导教师并以老带新的组织管理形式。实验环境和实验条件也在校院两级的支持下逐渐完善和提高，初步满足了参赛学生进行备赛工作的需求。参加竞赛的学生都得到了一定的培训实习和动手锻炼机会。电信学院竞赛实验室是最早一批参与智能车竞赛的队伍之一，自2005年组建起，参加2006年第一届及以后的历届比赛并多次获奖。近年来（以2015—2019年度为例），电信学院创新基地竞赛实验室每学年都有队伍经过华东分赛区的激烈对抗，成功进入全国总决赛，共获得全国总决赛一等奖3项、二等奖4项；华东分赛区一等奖10项、二等奖9项、三等奖3项、优胜奖1项的优异成绩。

2. 人才培养

参与选拔的学生需要进行最基本的科研训练，进行智能汽车知识的基础培训和比赛演示，以提高其参与的兴趣和学习效果。根据智能车比赛组别要求，比赛分为若干小组，在教师的指导下进行理论和实践培训，完成各个部分学习与研究，推动项目按期进展。由于代表同济大学参加华东分赛区的队伍数量有限，竞争激烈，需要根据参赛学生的项目进展和完成程度，组织院内赛、校内赛进行项目成果的评比，鼓励及激发学生的学习热情和创造性，完成智能车工程制作及调试，选拔成绩优秀的队伍代表学校参加后阶段分赛区的比赛。

另外，我们也注意挑选一些学习成绩好，实践动手能力强的学生，在参加完竞赛后的本科四年级阶段作为不参赛的辅助带队学长，队伍更新的同时又保持延续（往届参赛学生成功保研或考研本校）。参赛队员和辅助学长、指导教师之间可以顺畅交流，将比赛经验和传统传承下来。这样的队伍组织和管理机制使同济大学电子信息学院智能车比赛队伍保持很好的活力和激情，同时也进一步锻炼和培养了学生辅助管理的综合素质。

实践表明，在学校人才培养目标的方针指导下，参与竞赛的学生在经过将近一年的参赛实训实践后，主动学习和终身学习的能力得到培养，系统全面认识世界、分析问题和设计开发解决问题的能力得到提高，为后续进行的其他大学生科技竞赛、创新创业训练计划、出国留学和研究生阶段的学习和工作等打下良好的基础，在毕业就业环节和后续研究生阶段中具有极强的竞争力。

四、竞教结合，助力专业实践教学

电子信息类专业作为多学科交叉专业，涵盖自动控制、电子电气、传感器检测、计算机技术、人工智能、机械设计等多个学科知识。在现阶段教学过程中，理论课侧重于讲解基本理论知识，常规情况下的实验课时有限，且受实验条件的限制[9,10]，大多是与单一专业课程相关联的认识及验证性试验，还没有一个能完整贯穿全体系专业课程，统一设计、制作、应用、调试的实践性试验项目。在课堂教学之外，学生通过智能车竞赛自主完成综合性与创新性实践训练，是专业实践教学环节的进一步丰富和完善。

智能车竞赛涵盖控制、模式识别、传感技术、电子、电气、计算机、机械、汽车工程等多个学科知识，比赛要求本科学生以解决在特定赛道上能自主行驶且具有优越性能的智能汽车这一类复杂工程问题为任务，综合运用多学科知识，提出、分析、设计、开发并研究智能汽车的机械结构、电子线路、运动控制和经济成本等问题。备战过程具有极高的学科基础知识要求、多学科交叉知识应用要求以及理论结合实践创新要求。智能车要达到理想的运行状态，不但要求理论设计正确、合理、精准，还要求能够实际制作出来。参加校内、华东分赛区和全国总决赛等各阶段的选拔/淘汰赛，学生融合应用各个专业课程的知识，对理论基础知识的理解、实践分析和设计能力得到巩固和提高，提高了专业实践教学效果。

本科生学科竞赛和创新创业训练计划项目是培养创新人才培养的重要途径，也是理论教学内容的有益补充和增强。将学科竞赛中先进的教育理念和学习模式进行归纳和总结，探索将其部分内容以问题和课题为核心引入教学中，改革教学模式，研究培养拔尖创新人才的新途径。构建将实践教学贯穿于创新人才培养全过程和全方位的立体化实践教学体系，从实践基地管理与运行角度考虑，将电子信息类专业理论进行功能模块划分，采用循序渐进的方式，为不同专业、不同层次的本科学生提供良好的教学和实践环境支撑，真正达到初步认知、基础技术、专业理论和技能、系统集成、智能应用创新的逐步提高的拓展规划。

五、总结与展望

全国大学生智能汽车竞赛实验室鼓励多学科交叉融合探索，涵盖控制、电子、电气、机械、信息、软件等多个专业，以实际训练为主，理论教育为辅，经过参赛实训实践后，从多学科多角度全方位培养本科学生应对复杂工程问题时的独立思考能力、动手能力和创新能力，引导本科生自主完成综合性与创新性实践训练，为其后一阶段的学习和实践提供坚实的基础。后一阶段将继续配合学校和学院工作，在软件和硬件两个方面建设和完善大学生智能汽车竞赛实验室，除了为学科竞赛提供良好的环境支撑外，也为电子信息类专业建设提供有力的支撑。

参考文献

[1] 梁军，侯迪波，张光新.新工科背景下自动化专业课程教学体系的优化重构[J].中国大学教学，2019(9)：15-21.

[2] 周萌，曹政才，吴启迪.新工科背景下基于“五位一体”的机器人技术教学改革研究[J].高等工程教育研究[J]. 2020，38(3)：66-70.

[3] 白雪峰，李沛.工程认证背景下电气工程及其自动化专业实践教学体系研究[J].高校实验室工作研究，2018(3)：19-20.

[4] 同济大学本科生院. 同济大学专业培养方案[EB/OL]. [2020-07-20]. https://jwc.tongji.edu.cn/index.php?classid=6661

[5] Qing Z，Yan P R，Yong H J，et al. Hands-On Learning Through Racing：Signal processing and engineering education through the China National Collegiate Intelligent Model Car Competition[J]. IEEE Signal Processing Magazine，2017，34(1)：31-39.

[6] 李国锋，张世英，李彬.论基于学科竞赛的大学生创新能力培养模式[J].实验技术与管理，2013，30(3)：24-26.

[7] 教育部高等学校自动化类专业教学指导委员会. 全国大学生智能汽车竞赛章程[EB/OL]. [2020-07-20]. https://smartcar.cdstm.cn/index/2.html.

[8] 中国高等教育学会.2019 全国普通高校学科竞赛排行榜[EB/OL]. [2020-07-20]. http://www.hie.edu.cn/news_12577/20200221/t20200221_994380.shtml.

[9] 刘宇雷，佘明.“新工科”背景下高校实验教学体系建设探索[J].实验技术与管理，2019，36(11)：19-21+32.

[10] 任光辉，付威，吴金栋，等.面向新工科的高校实验平台建设模式研究[J].实验技术与管理，2018，35(11)：194-197.

工科专业课程讨论课教学模式探讨

王巧英　黄翔峰　王志伟　徐竟成
刘　佳　郑　雄　孙　婧　彭开铭
同济大学环境科学与工程学院

摘要　讨论课作为一种新型教学模式已经逐渐应用于高校教学改革中。本文针对工科教学特色，结合讨论课实施经验，探讨了工科专业课程改革中讨论课的实施过程，阐述了讨论课过程中议题选择、教师角色定位、实施模式优化，以及评价体系建立实施等关键环节，强调了小组讨论、公开答辩、多角色互评的竞教结合教学模式，并提出了讨论课对工科人才培养的预期成效。
关键词　工科专业　卓越工程师　讨论课　竞教结合

工程教育对我国科技水平的发展具有重要意义。我国高校的工科专业点数以及在校工科专业学生数均占总体的1/3，工程教育规模位居世界第一。2010年6月，教育部正式启动的“卓越工程师教育培养计划”，正是促进中国由工程教育大国迈向工程教育强国的重大举措。2013年6月，经过国际工程联盟大会正式投票表决，中国科学技术协会（以下简称“中国科协”）成为《华盛顿协议》预备会员。2016年6月，中国科协通过考察正式加入《华盛顿协议》，成为第18个会员国。加入《华盛顿协议》是提高我国工程技术人才培养质量的重要举措，是推进工程师资格国际互认的基础和关键，对我国工程技术人才培养目标与世界接轨具有深远意义[1]。学生能力是教育质量最直接也是最有力的证明，《华盛顿协议》的等效性从实质上承认了通过工程专业教育的学生所具备的能力。

随着当今社会经济和工程技术的快速发展，社会对工科教育及工程技术人才提出了新的要求。大学工程教育培养的毕业生不仅应具备扎实的基础理论知识，更应该具有实践动手能力，能够充分理解专业知识，并将理论知识用于解决工程实践中的复杂问题。因此，工科教育的目标要从专业能力的培养转变为工程能力培养。如何顺应时代需求，进行大学工科教育改革，提高工科人才培养质量，为社会输出“卓越工程师”，是目前工科专业教学改革的重要目标[2, 3]。

一、讨论课教学的实施

教育重在施教。科学合理的课程体系是基础，而灵活有效的教学模式是成功施教的关键。高等教育大扩招以后，我国高等教育完成了从“精英教育”向“大众教育”的转变，然而目前教学模式过于单一，多采用以课本为中心，以板书或多媒体为介质，老师“灌输式”讲授，学生被动接受的教学模式。而这种教学模式下培养的工科毕业生往往存在主动思考能力不足、理论知识点理解不透彻、交流能力欠缺、实践动手能力差等问题，导致毕业生知识能力结构与社会需求脱节。在遇到实际工程问题时，学生无法提出正确的解决方案，也就不能被称之为“卓越工程师”。因此，工科专业课程改革应依据“卓越工程师”培养目标，打破“填鸭式”教学模式，充分调动学生的学习主动性，探索新型教学模式，旨在提高学生的自主学习能力，强化毕业生交流沟通、团队合作、工程伦理等素质的培养。

讨论课就是改变单向知识灌输为主的讲授式教学模式的重要探索。1737 年，德国学者格斯纳首次在哥廷根大学开创了哲学讨论课（seminar），随后逐渐被国内外学者采用[4-6]。国外具有高水平工程教学的高等院校对其专业核心课程都设置了专题讨论课。以密歇根大学安娜堡分校的“水和废水处理”（Water and Wastewater Treatment）课程为例，课程为 4 学分。其中，课堂教学 4 学时/周，专题讨论课 2 学时/周。专题讨论课的重要性不言而喻。专题讨论课实施的基本形式为：围绕课程核心知识与工程实践问题设置若干讨论专题，基于学生课前准备、课堂陈述和辩论，教师课后引导、课堂点评完成。经过实践，学生反馈讨论课教学模式下知识点掌握更为牢固，实践应用也更加得心应手。基于国外课程讨论课的改革经验，我国讨论课建设也逐渐引起重视，并已经出现多个试点学科及设计课程。讨论课的教学方式能够加深和强化学生对课程核心知识的理解水平和运用能力，提高毕业生直面复杂工程问题和辩证思维解决问题的能力，为实现“卓越工程师”培养目标提供有力支撑。

二、讨论课教学的关键环节

1. 讨论课议题选择

讨论课的议题选择对教学效果至关重要。目前实施的专题讨论课的有些教师工作不到位，认为讨论课以学生为主，从而全权放开让学生自主选题，由此导致学生选题内容过于表面，与课堂教学知识点结合不够深入，不能代表学科前沿热点方向等问题，从而导致讨论课教学效果大打折扣。针对上述问题，教师应该投入大量精力，认真筛选讨论课议题，具体选择原则如下：①议题应该与课堂教学大纲紧密联系。所讨论议题应该与本课程课堂理论教学内容息息相关，是书本理论知识的延伸及实际体现，理论与实践相结合，加深学生对理论知识的理解和升华。②议题应具有一定意义。讨论的议题应该是学科研究前沿及实际工程中的重要问题，利用宝贵的时间讨论重要的问题，避免浪费学生的学习时间。③议题应该具有一定的争议性。选择的议题应该具有一定的开放性，不应只有唯一的答案，这样才有讨论的价值。如果议题不具有争议性，会使学生的观点趋同，从而不能形成激烈的观点交锋，达不到辩论的效果。④议题应具有可发掘性。教师抛出的议题应该具有一定的可发掘性，具有可调查的素材，让学生通过查阅文献、开展调查来逐步了解议题本质，不应是天马行空、凭空想象出来的，更不应该选择被大家广泛熟知的表面问题。⑤议题应具有一定的趣味性。有趣的议题能激发学生的讨论热情，调动学生查阅文献、开展调查的积极性，能吸引更多的学生参与到讨论课中来。

2. 教师角色定位

在传统的理论教学过程中，教师承担着知识输出者的身份，教师基于教材理论知识，制作多媒体讲义，采用“满堂灌”的方式教学。那么，教师在讨论课过程中充当怎么样的角色呢？根据讨论课执行经验，一般而言，一门课程的讨论课教学团队应该由 4～6 名教师组成，并全程参与和辅导讨论课。尽管讨论课的教学模式是以学生为中心，但教师应该全程发挥引导作用，包括前期的议题选择、议题动员、教学模式选择、意义介绍、提供辅助条件、观点引导以及最终进行高屋建瓴式的总结等。因此，讨论课的教学对教师的整体水平要求更高。在讨论课教学过程中，教师不再是讲台上的“主角”，而是幕后的“导演”，对讨论课的组织实施要起到引导、指导和辅助的作用，最大化提高讨论课效果，避免学生走弯路，做无用功课，使讨论课能够高效、有序地实施。

3. 实施模式优化

广义而言，讨论课有多种实施形式。例如：①学习小组活动，讨论如何完成课后习题或作业；②反转课堂，即通过前期准备，由指定的学生来讲解课程部分章节内容或其感兴趣的专业相关主题；③课上讨论，班级或小组形式讨论事先阅读或研究过的资料，发表各自观点；④演讲，学生以PPT汇报的形式向大家展示专业知识；等等。无论采用何种形式，讨论课的宗旨是让学生们通过书本阅读、资料调研、观点凝练、交流阐述以及辩证讨论的方式，就某一话题进行思想和观点的交流。

鉴于笔者参与环境工程专业本科课程讨论课实施经验，建议讨论课实施详细过程如下：①讨论课动员大会，由授课老师介绍讨论课提出的背景、形式与意义，分享上一期讨论课主要成果与学生评价，并介绍本学期讨论课的主要形式、议题及辅导教师等情况；②学生自由报名与选题，学生通过自主扫描微信二维码进入讨论课群，并通过抢红包的新形式来确定所选议题，抢到哪个议题的红包，即视为成功报名参与该议题的讨论；③议题任务布置，每个议题由一名教师负责，向学生下发纸质材料及参考文献，PPT介绍该议题的主要背景及讨论问题方向，布置任务，讲明实施步骤及关键时间节点；④学生自由组队研讨，选择相同议题的学生自由组队，形成3～4人的小组，并选出小组长，由小组长进行分工、协调组员，开展研讨工作，并在指定时间内形成初步观点；⑤负责教师与小组第一次内部研讨，小组成员向负责教师展示初步调研成果，陈述小组观点及依据，教师与小组成员进行交流讨论，建议教师不要主观引导其观点，只作答疑和指导，同时注意各研讨小组间观点的保密；⑥小组完善讨论材料，小组成员根据第一次内部研讨结果及时进行材料的补充完善，进一步加工PPT，并确定小组成员在最终答辩中的分工；⑦负责教师与小组第二次内部研讨，小组学生模拟最终答辩，向教师展示小组观点及依据，负责教师进行答疑指导；⑧答辩前最终准备，小组成员根据第二次内部研讨结果，完善最终汇报PPT，并进行答辩前准备；⑨小组公开陈述与讨论，每个议题的各小组进行公开陈述，首先，各小组分别进行观点阐述，负责教师组织各小组间自由讨论与提问，小组间进行观点质询及交流，最终由教师对各小组及成员的表现进行点评和建议，并进行最后总结。

4. 评价体系建立

评价和反馈是讨论课不可缺少的一部分。课堂教学的理论考试或读书报告，是一种静态的成果呈现方式，对静态成果的评价相对较容易，通常通过阅卷和批阅打分的方式即可。但讨论课是一个动态的过程，在交流讨论过程中，教师应该对讨论小组整体，以及小组各成员全程的表现进行考查与评价，其中包括材料收集、观点凝练、演讲PPT制作、演讲表现、辩论思维等全流程、多环节。同时，学生之间的自评及互评也应该引入讨论课评价体系中。此外，讨论课在学科课堂教学中学时及学分的分配也应该合理设置。通常，讨论课实施过程集中在3～8周内完成，以确保高效实施，不影响课堂考试，给予讨论课多少课时及学分也是评价其重要性的一种体现。

二、讨论课对工程专业人才培养的预期成效

(1) 增强学生工程概念，树立学生的大工程观，注重创新精神、综合运用、竞争意识和协作意识的培养，切实强化学生的工程能力与创造力。

(2) 提升工科专业学生工程思维能力，有效强化学生对核心知识的理解深度和运用能力，为学生的工程实践能力培养提供强有力支撑。

(3) 提高学生沟通表达能力、主动学习能力和相互协作能力，有助于学生在以后的工作中及时融入集体、融入社会。

(4) 提高学生的资料检索、分析问题、PPT制作及汇报等能力，培养学生解决复杂工程问题的能力，强化毕业生交流沟通、团队合作、工程伦理等素质的培养。

三、结束语

工科专业学生能力的培养不能单纯依赖于课本，除认知实习、实践教学、专业实验等课程设置以外，讨论课是一种重要的教学形式改革。讨论课通过多种教学模式结合，调动学生的学习主动性，强化了学生的自主学习、资料收集、观点整理、团队协作、PPT制作、表达陈述、交流沟通等多方面能力。更重要的是将本专业重要的工程问题与课本知识有机结合，建立课堂与实践之间的直接联系，让学生充分理解课本理论知识，并用于解决实际工程问题。讨论课教学模式是新时代要求下，“卓越工程师”培养的一个重要教学手段，是促进优秀工科人才输出的有力保障。

参考文献

[1] 周凌波，王芮.从《华盛顿协议》谈工程教育专业建设[J].高等工程教育研究，2014(4)：6-14.

[2] 林健.面向世界培养卓越工程师[J].高等工程教育研究，2012(2)：1-15.

[3] 樊一阳，易静怡.《华盛顿协议》对我国高等工程教育的启示[J].中国高教研究，2014

(8)：45-49.

[4] 吴价宝.大学课堂讨论课教学的一种新模式[J].淮海工学院学报(人文社会科学版),2003(1)：100-102.

[5] 姜玲.哈佛大学的讨论课制度对我国高校的启示[J].教育研究与实验,2009(S1)：34-37.

[6] 乐毅.复旦本科通识教育改革的经验及启示——核心课程、讨论课、助教制[J].理工高教研究,2008(2)：58-61.

面向创新能力培养的机械制图竞教结合课程建设

卜王辉
同济大学机械与能源工程学院

摘要 机械制图是机械类大学新生的第一门专业基础课程，在专业建设中有着承前启后和贯穿始终的重要作用。为适应新工科建设，机械制图课程培养学生的空间想象能力、机件表达能力、绘图软件应用能力和初步的创新设计能力。本文考查制图技术发展历程，按信息维度划分制图技术，探讨不同制图技术对创新能力培养的重要作用。我校学生近年来在"上图杯"先进成图技术与创新设计大赛中获得了优异成绩。机械制图竞教结合实践表明，基于制图技术的创新设计能够有效培养学生的创新能力。
关键词 机械制图 竞教结合 创新设计 人才培养

一、引言

作为机械工程专业大学新生的第一门专业基础课，机械制图课程既有理论又重实践，在专业建设中有着承前启后和贯穿始终的重要作用。机械制图课程的教学质量关系到学生后续专业课程的学习和专业素质的培养。

机械制图课程培养学生的空间想象能力、机件表达能力、绘图软件应用能力和初步的创新设计能力。前三种能力的培养相对容易实现，因为这是机械制图课程的传统教学目标；创新设计能力的培养相对较难，特别是针对大学低年级学生。许多优秀的机械制图教材都希望能够培养学生的创新设计能力，吉塞克（Giesecke）等的 *Technical Drawing with Engineering Graphics*（《工程图学机械制图》）[1]，不仅讲解了制图技术的多种二维和三维表达技法，还介绍了产品设计过程和专利图的画法。纳拉亚纳（Narayana）等的 *Machine Drawing*（《机械制图》）[2] 从培养学生的设计能力的角度出发，先介绍蓝图阅读，再介绍装配图绘制，最后介绍零件图绘制。西蒙斯

(Simmons)等的*Manual of Engineering Drawing*(《工程制图手册》)[3]介绍了计算机制图的最新技术，包括三维尺寸及技术要求标注。何铭新等的《机械制图》[4]通过形体构思培养学生的想象力和创造力。尽管少数优秀的机械制图教材涉及部分创新设计能力培养，但大多数机械制图课程教学主要从生产制造的角度讲授读图、画图技能，对学生创新设计培养不足。

机械制图课程的学科竞赛，特别是侧重于考查创新设计能力的学科竞赛，一方面可以检验机械制图课程教学质量，另一方面也能促进机械制图课程教学改革，增强学生创新设计能力培养。近十年来，我们指导学生积极参加"上图杯"先进成图技术与创新设计大赛，取得了优异成绩。

本文考查制图技术发展历程，按信息维度划分图学技术，研究不同图学技术对创新设计表达的作用，探讨基于制图技术的创新能力培养的优势与培养方案，介绍近年来机械制图竞教结合课程建设的成效。

二、制图技术发展与创新设计表达

人们很早就利用图形来表达设计思想。早期的图形表达没有专门的作图规则，完全取决于设计者的画法。为了有效表达设计思想，早期的工程师往往也是画家，他们的图纸追求形象逼真、立体感强。这样的作图方法需要大量时间和精力，这种画图技法很难被普通工程师掌握。直到蒙日的《画法几何》问世，在平面上用正投影法表达空间形体的方法为广大工程师采用。随着计算机技术发展，现在制图技术有更多的表达方法，能更有效地表达出创新设计思想。

1. 达·芬奇时代

在蒙日(法国人，1746—1818)《画法几何》问世之前，设计师为了能有效表达设计思想，他们画的图形象逼真、立体感强。500多年前的达·芬奇(意大利人，1452—1519)是他们的杰出代表。达·芬奇设计过很多机械装置，图1(a)是他于1494年设计的作品"机械翼"，图1(b)是意大利研究人员采用现代设计方法设计的达·芬奇"机械翼"的三维造型[5]。可以看出，达·芬奇时代的画家，不仅是艺术家，他们的许多画作有很高的工程实用价值。

有一个问题值得思考，尽管达·芬奇设计的很多机械装置在当时就有很大使用价值，但就"机械翼"而言，达·芬奇希望人们穿戴机械翼之后，能够像鸟儿一样在天空飞翔，这不仅在500多年前无法实现，即使今天也很难实现。那么，这种尚未实现的作品能否算作创新设计？我们认为，只要作品表达了设计细节，有设计计算依据，且在功能和结构上有所创新，就可以算作创新设计作品。对创新设计作品的这种判断，主要考虑了两方面因素：一是当今创新设计产品，都需要多次设计迭代，很难保证原始设计就能做出成熟的产品；二是就“机械翼”而言，随着科技进步，在达·芬奇设计的机械装置基础上，增加小体积大扭矩马达和智能控制系统，也许不久的将来“机械翼”就能实现。这对今天的研究依然很有启发意义。现在大学低年级学生就能参加学科竞赛，可能会有人质疑，低年级学生尚未系统学习专业知识，他们能否做出优秀的创新设计作品？我们认为，尽管低年级学生的作品很难兼顾设计创意与制造工艺，但他们仍然能够做出优秀的创新设计作品。

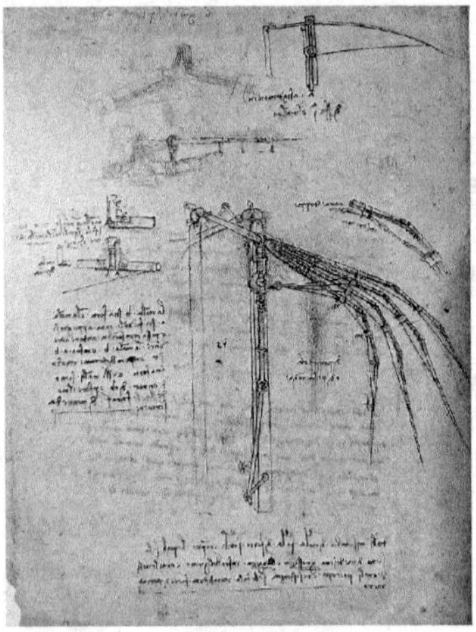

(a) 达·芬奇的“机械翼”作品

(b)“机械翼”的现代三维造型

图1　达·芬奇1494年的作品“机械翼”[5]

2. 拿破仑—蒙日时代

达·芬奇那样的画图技法需要大量时间和精力，很难被普通工程师掌握。直到200多年前蒙日的《画法几何》问世，在平面上用正投影法表达空间形体的方法为广大工程师采用，今天的工程图纸仍然采用这种精确、清晰、易于度量的二维作图方法。蒙日的《画法几何》起初于1769年在法国军事院校讲授，属于军事机密，直到1798年才公开出版。蒙日和拿破仑(法国人)是同时代人，拿破仑曾在巴黎军事学院学习《画法几何》。图2是1804年设计师为拿破仑设计的宝座图纸，可以看出，设计图纸采用了《画法几何》技法的前视图和侧视图来表达设计思想。

图 2　1804 年拿破仑宝座的设计图纸(采用前视图和侧视图表达设计思想)

三、制图技术分类

按照图形包含的信息维度，制图技术可以分为以下类别：

(1) 2D 视图及剖视图。不论计算机二维绘图，还是尺规绘图，或者徒手画图，工程图纸中最常见的就是 2D 视图及剖视图。

(2) 2.5D 线条立体图。用线条或曲线在平面上画出物体的立体图形。这种图虽然看起来有很强的三维立体感，如正等测图、透视图等，但依然是在二维平面中绘制出来的。我们把这种平面上绘制的立体图称为 2.5D 线条立体图。

(3) 3D 实体三维图。这是在计算机三维图形空间中建立实体模型，然后向平面投影获得的图形，包括零件三维图和装配体三维图。

(4) 4D 运动仿真图。前面三种图的信息维度都是长度，若再增加时间维度，即可获得机械装置随时间变化的运动仿真图。

(5) 5D 运动色彩图。在 4D 运动仿真图的基础上，再把其他信息(如应力值、应变值)用色彩的方式添加到图形中，即获得机械装置的运动色彩图。

值得注意的是，上面把制图技术按信息维度分为五类，但并不代表低维度的制图表达方法不重要。事实上，2D、2.5D 的制图技术在创新设计初期，创意思想快速表达方面仍很重要，如图 3(a)，(b)所示，分别是学生参加学科竞赛创作的无人售卖食堂的餐具供应装置的徒手剖视图和套餐自动售卖装置的徒手透视图。

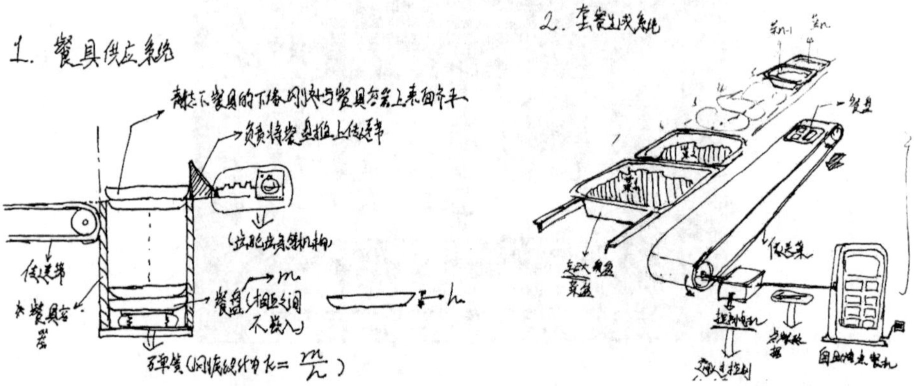

(a) 餐具供应装置的剖视图　　　　(b) 套餐自动售卖装置的透视图

图 3　无人售卖食堂的设计思想快速表达

图 4(a),(b)是学生参加学科竞赛设计的机械式四轮转向巴士的后轮转向装置的 3D 实体图,它们也是车轮转向过程 4D 运动仿真图的两个片段。机械式四轮转向巴士通过机械传动实现四个车轮的协调转向,优点是转弯半径小,转弯更灵活。

(a) 后轮转向的一个片段　　　　(b) 后轮转向的另一个片段

图 4　机械式四轮转向巴士的后轮转向装置

四、基于制图技术的创新能力培养

基于制图技术的创新设计是指使用 2D 或 2.5D(例如徒手草图、尺寸绘图、AutoCAD 计算机绘图)、3D(例如 SolidWorks, Inventor, Creo, NX,

CATIA 等三维造型软件)、4D 及 5D(例如三维软件的运动仿真模块以及专业的动画制作软件 CINEMA 4D 等)制图技术,进行机械装置的二维绘图、三维建模、运动仿真等。基于制图技术的创新设计的特点和优点包括:

(1) 表达直观:特别是三维立体模型和四维运动仿真动画,十分形象逼真,能够激发本科低年级学生的学习兴趣。

(2) 修改方便:计算机数字化设计可以方便地修改,而无须像实物制作那样重新加工,适合工程教育初学者。

(3) 成本低廉:只需要使用图纸或计算机及软件,无须制造费用,适合缺少经济支持的本科低年级学生。

(4) 经验易积累:传统上,机械工程师的经验积累需要大量时间,这是因为产品设计、制造、装配、调试的周期很长。而基于图学技术的创新设计可以专注于设计阶段的创新能力培养,通过计算机仿真技术验证创新设计的可行性,因而积累经验所需的时间大大减少。

因此,基于制图技术的创新设计十分适合低年级本科生从被动学习转变为主动学习。如果结合本科低年级阶段的相关机械装置创新设计大赛,学习方法则可以从科目学习转变为项目学习。部分优秀本科生,甚至能实现从经验学习到试验学习的转变。

为了拓展机械制图课程在创新能力培养方面的重要作用,我们对机械制图课程作了纵向延伸与横向贯通(图 5)。

机械制图课程的纵向延伸分为前向延伸与后向延伸。前向延伸,一方面是指在相关中学设立的“苗圃计划”,选派优秀讲师到中学讲座,给高中生讲授机械制图的基本知识和典型应用;另一方面是指每年暑期,选拔部分高中生参加同济大学暑期夏令营,在夏令营中由优秀教师向高中生讲授机械制图的理论基础和计算机绘图的应用技能。后向延伸是指在后续专业课中运用机械制图技能,包括装置测绘实践、机械设计等课程。

机械制图课程的横向贯通分为理论知识的横向贯通与应用实践的横向贯通。理论知识的横向贯通是指课程除了讲授我国采用的第一角投影法,还介绍美国、日本等国采用的第三角投影法;除了讲授经典机械制图知识,还包括面向智能制造的画法几何。应用实践的横向贯通是指导学生应用数字化设计软件，指导学生参加课后的先进成图技术大赛与机械装置创新设计大赛。

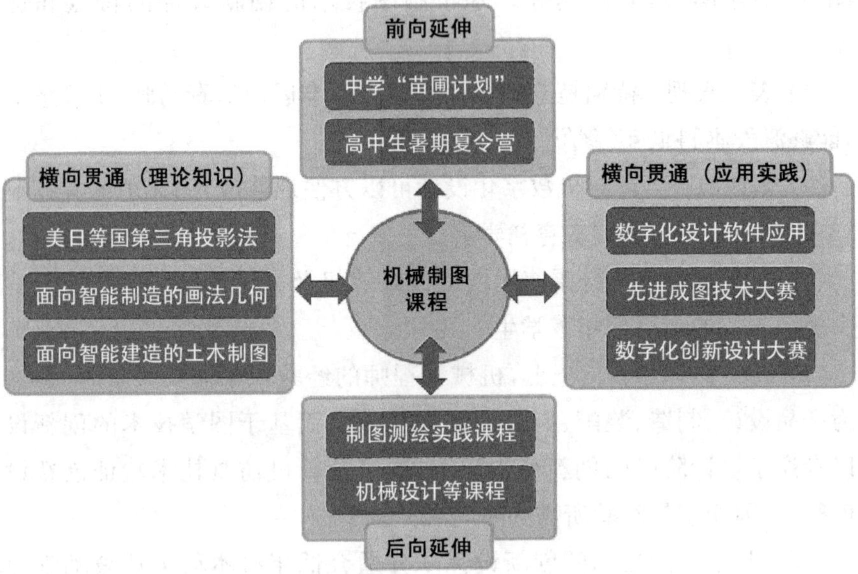

图 5　机械制图课程的纵向延伸与横向贯通

五、机械制图课程竞教结合成效

在教学层面，我们以制图技术为工具，构建从被动学习到主动学习、从科目学习到项目学习、从经验学习到试验学习的转变途径。制图技术可以与多门课程相关联，教学实践表明，制图技术显著培养了学生的创新设计能力，很多学生在各类创新设计大赛中获奖。

“上图杯”先进成图技术与创新设计大赛由上海市教育委员会主办、上海市科学技术协会支持、上海市图学学会承办，近年来每届大赛都有来自二十多所高校以及上海航天精密机械研究所、上海汽轮机厂、上汽通用汽车公司等企业的 1 000 余名队员参加。同济大学从 2011 年开始参加第一届大赛，到目前已经参加九届。近十年来，同济大学参赛学生人数不断增加，近年来参赛学生几乎 100%获奖。表 1 列出了近三年同济大学参加“上图杯”先进成图技术与创新设计大赛取得的优秀成绩。

表1 近三年同济大学参加“上图杯”先进成图技术与创新设计大赛的成绩

年份	参赛人数	团体一等奖	团体二等奖	个人一等奖	个人二等奖
2017年	52人	4项	8项	9项	4项
2018年	70人	7项	11项	6项	1项
2019年	61人	7项	5项	8项	5项

“上图杯”先进成图技术与创新设计大赛分为先进成图技术竞赛模块和创新设计竞赛模块。2017年创新设计竞赛主题是“九天揽月，深空探索”，图6(a)是学生作品“月球站舱室联接器”；2018年创新设计竞赛主题是“未来汽车，畅想生活”，图6(b)是学生作品“四轮转向巴士”；2019年创新设计竞赛主题是“精心照料，体贴入微”，图6(c)是学生作品“智能导盲鼠”。

机械制图竞教结合课程建设的成效，不仅表现在学生参加各类大赛获奖，还体现在学生后续发展更加优秀、顺畅。机械制图课程主要面向本科一年级学生，而大学第一年对大学生十分重要。我们统计了参加“上图杯”先进成图技术与创新设计大赛学生的后续发展情况，大部分学生在整个大学阶段学业优秀，保送研究生、出国留学的比率很高。例如，2018年5月，本科一年级学生纪金帅参加“上图杯”创新设计竞赛获奖，现在进入大四的纪金帅同学在整个机械专业的学业排名第一。

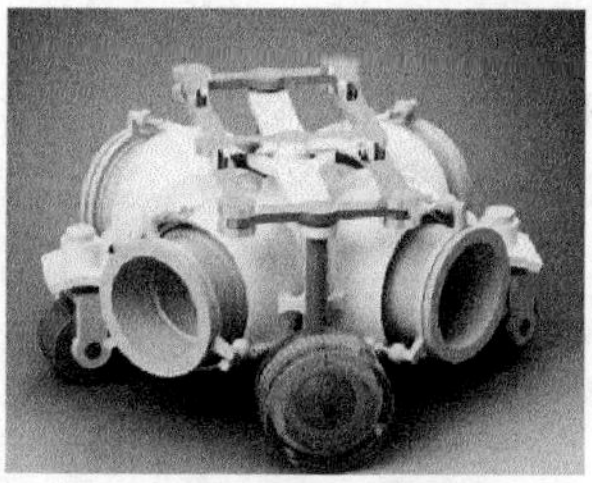

(a) 月球站舱室联接器

(b) 四轮转向巴士

(c) 智能导盲鼠

图6 “上图杯”先进成图技术与创新设计大赛学生作品

六、结论

本文考查制图技术发展历程，按信息维度划分制图技术，探讨不同制图技术对培养创新能力的重要作用。随着计算机技术发展，现在制图技术有更多的表达方法，能更有效地表达出创新设计思想。

机械制图课程培养学生的空间想象能力、机件表达能力、绘图软件应用能力和初步的创新设计能力。前三种能力的培养相对容易实现，而创新设计能力的培养相对较难。机械制图竞教结合课程建设实践表明，基于制图技术的创新设计能够有效培养学生的创新能力。同济大学学生近年来在"上图杯"先进成图技术与创新设计大赛中获得了优异成绩，参赛学生后续发展更加顺畅。

参考文献

[1] Giesecke F, Mitchell A, Spencer H, et al. Technical Drawing with Engineering Graphics[M]. 15th ed. USA: Peachpit Press, 2016.

[2] Narayana K, Kannaiah P, Venkata R K. Machine Drawing[M]. 3rd ed. India: New Age International, 2009.

[3] Simmons C, Maguire D, Phelps N. Manual of Engineering Drawing[M]. 3rd ed. UK: Elsevier, 2009.

[4] 何铭新，钱可强，徐祖茂.机械制图[M].北京：高等教育出版社，2016.

[5] 罗伦佐.达·芬奇的机器[M].广东：南方日报出版社，2015.

结合专业实验教学建设提升大学生创新实践能力

——以机械学院能源方向专业实验建设为例

李　翠　李峥嵘
同济大学机械与能源工程学院

摘要　大学生创新与实践能力培养，是适应社会发展的新要求，是大学生必备的重要能力，对于工科学生而言，创新实践能力尤为重要。高校实验课是大学生创新实践能力培养的一个重要环节，如何结合专业实验室资源更好地培养大学生创新实践能力，是一个值得探索的问题。本文结合同济大学机械学院能源方向专业实验课程建设提出几点建议与思考：专业实验在加强对接理论教学的同时，应整合科研、创新基地，企业等多方资源，以学生为主体，提升大学生创新实践能力。

关键词　创新　实践　专业实验　资源整合

一、引言

大学生实践创新能力的培养是时代发展的需要，也是当代大学生自身发展的需要。大学生创新实践能力培养是高等学校教育的重要环节，除了基础理论学习外，应加强实践教学[1,2]。实践动手能力是解决实际问题的关键所在，是创新活动得以实现的方式和步骤，直接影响着创新活动的结果[3,4]。实验室是大学生创新实践能力培养的重要场所，在大学生创新实践能力培养环节中发挥着重要作用。仪器设备是实验室基础条件的重要组成部分，是学生开展创新实践活动必备条件[5]。因此，实践教学环节不是理论教学的附庸，实验教学目标不应限于验证理论课教学所形成的概念和理论，而更重要的是使学生学习和掌握本学科有关的实验方法和技能[6,7]。

机械与能源工程学院热实验中心承担我校能源方向建筑环境与能源应

用工程、热能与动力工程两个专业四个方向(暖通空调、燃气、热能、制冷)14门实验课程的54个实验项目。实验中心建筑面积约4 700平方米,仪器设备2 400余台套,专用大型实验装置10余台套,为实践环节培养提供重要的保障。能源方向专业实验课程具有专业化强、知识面广的特征,重点在于培养能源高效利用,绿色、环保、可持续发展,以及废弃物资源化利用、气体燃料利用等行业领域的人才。

近年来,在能源方向专业实验建设方面,注重加强特色实验项目建设、强化人员队伍发展,努力建立起专业实验室与理论教学、科研、企业、行业发展相互衔接、有机融合的实验室新体系;把实验室建设成符合学校创新人才培养基地和科学技术研究开发基地。在实验教学中,紧密围绕学校“知识、能力、人格”三位一体的育人模式,结合校内外资源,不断提升教学质量,培养具有“通识基础、专业素质、创新思维、实践能力、全球视野、社会责任”综合特质,成为引领未来的社会栋梁与专业精英。

二、结合专业实验建设培养大学生创新实践能力体系建设

实验室是大学生实践创新能力培养的重要场所,通过专业实验平台多元化建设,实现专业实验与理论课程、科研平台、创新基地发展相结合,课内与课外相结合,以更好的培养学生专业技能、创新能力、实践能力等。具体实施框架如图1所示。

因此,在专业实验建设时,应综合校内外资源,完善现有体系,提升大学生创新实践能力,具体实施方法如下:

首先,要加强教师队伍建设。建立专业实验课程、学科竞赛讨论、指导组,确保对学生实验、创新项目的随时解答。同时,团队老师还需积极参与理论课教师的交流与合作,以及对大学学科竞赛、创新项目的指导。

其次,转变传统专业实验课程的教学理念。建设开放式实验课程,以学生为主导,教师为辅助,让学生更多的参与专业实验的全过程,以激发学生创新思维能力、动手能力、实践能力、团队协作能力等。

再次,充分发挥科研资源优势。实现科教一体化实验课程体系建设,将科研项目理念、成果进一步转化实验教学资源,进行多层次的结合与应用,为学生创新能力培养提供专业平台。

最后,结合创新基地发展要求完成创新实践课程建设。为大学生创新实践能力培养提供实验场地、仪器设备、专业平台、系统等资源的同时,形成

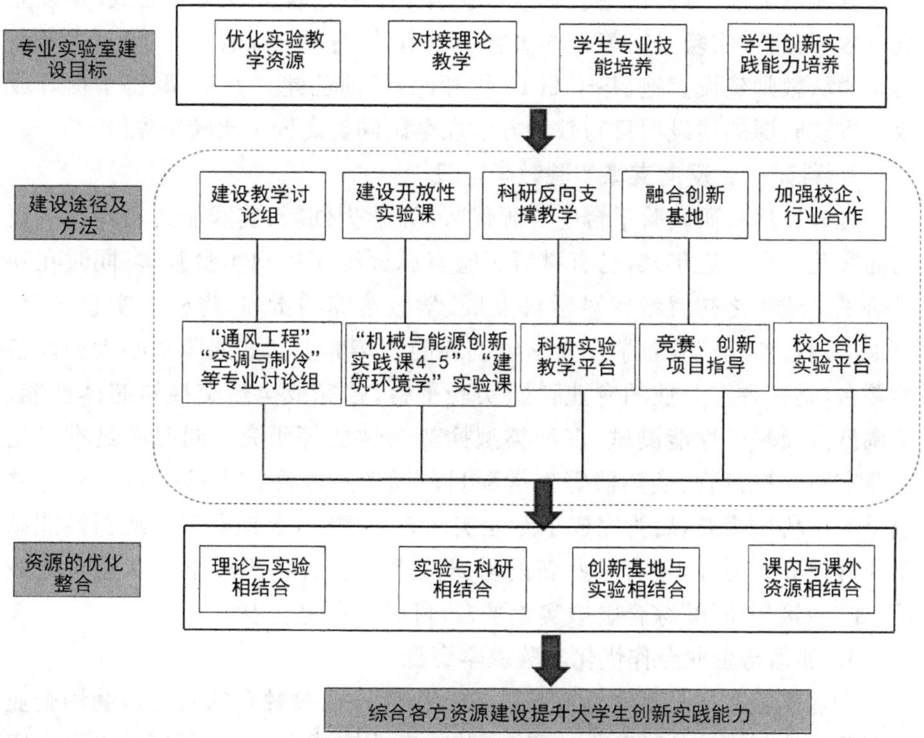

图1　大学生创新实践能力体系实施框架

规模化、体系化、常规化建设。

另外，还应加强与企业合作，利用企业优势资源，实现产教融合，将校企合建共建实验室转化为培养学生创新能力的综合实践平台。

三、结合专业实验建设培养大学生创新实践能力具体实施方法及成效

在过去的几年中，我院能源方向专业实验建设，综合考虑了大学生创新能力培养，并取得一定成效。

1. 转变传统教学理念增设开放性实验教学

在理论课时数缩减的背景下，实验教学方式的转变尤为重要，多样化教学模式可更好的辅助理论教学，同时为培养高新尖的社会栋梁提供支撑。完成“建筑环境学”实验课程的七个实验项目建设，实现以学生为主、教师为辅助的转变。实验以组为单位，培养学生的协作能力，各实验项目组根据实

验课程大纲要求，自行讨论设计实验方案，合作完成实验现场测试，并独立进行数据分析、实验总结等。本实验于2016年与理论课老师讨论后，由专业实验团队教师建设实施，并于2017年开课，目前已建立五年，取得了良好成效。本实验课的建设项目与教学方法在全国同类高校中比较领先。

2. 科研平台反向支撑实验教学建设

充分发挥科研实验平台的资源优势，为学生创新、实践能力培养提供更高的实验平台。近年来，已有科研实验资源逐渐应用到实验教学；同时在新科研平台建设之初就考虑对学科发展、学生培养的贡献，将科研实验平台、成果应用在专业实验教学及大学生创新能力培养上。如能源中心大型设备焓差台，是一种综合性的专业科研实验平台，曾完成全热交换器芯体性能、空调低温极端的性能测试、多种类型换热器性能等研究。同时满足本科生专业实验风机盘管、换热器等教学项目。通风过滤测试系统平台最初建立也是为了科研需要，后为完成了专业实验教学建设，承担空气过滤器性能试验课程任务。另外，还有一些新的科研成果正在转化为教学平台建设与应用，如“建筑环境学”综合虚拟实验平台，目前正在建设中。

3. 加强与企业合作优化实验教学资源

专业实验教学是落实企业与高校合作提升产教融合的关键。利用企业的资源优势与高校的教师人才资源，共建专业实践平台，为高校学生提供实践培养基地，也为企业技术人员提供再学习机会，实现校企双方共赢，从而促进校企合作的可持续发展。在本科生培养方面建立实习基地、产学研平台等，对学生实践能力培养有较大的促进作用。新一代人工智能的发展，与企业的合作，紧跟时代人才需求，提升企业合作为产教融合。目前已与广联达科技股份有限公司，以及意大利遮阳公司，正在共建“建筑环境学”虚实一体化实验平台，已达成合作框架协议，项目正在进展中。

4. 加强创新能力培养与实验教学相结合

专业实验建设紧密围绕理论教学，承接科研平台、校企合作的关键桥梁作用，将先进的实验系统、平台、设备为创新基地大学生创新能力培养提供了强有力的保障。在专业实验教学中，结合工程、行业发展，启发学生创新思维能力培养，并通过专业实验资源落实大学生创新能力、实践能力的培养平台建设。为使大学生创新能力规范化、体系化培养，学院于2016年，面向能源方向大一至大三学生开设了“机械与能源专业创新实践课程1-5”，其中实践课程4，5是由专业实验落实完成，能源方向四个专业学生，可以通过交叉实验项目拓展完成，或在专业实验平台上完成创新项目。

四、结论

综上所述，本研究在结合专业实验建设提升大学生创新实验能力方面取得一定成效。专业实验课程教师团队建立，专业实验课程多元化建设，开放式实践课程建设，科研反向支撑专业实验教学，与校外企业的合作等举措，实现了利用多方资源优化专业实验教学，校内、校外资源综合利用的目的，也为培养大学生创新实践能力提供了更好的专业平台。

有了专业实验平台，同时还需教师通过实验课程与创新、竞赛项目关联机制的建立，在实验课程上利用专业知识启发和引导学生创新思维的培养，鼓励学生积极参加创新项目和相关学科竞赛。学生参加能源方向的"全国大学生节能减排社会实践与科技竞赛"，以及创新项目的人数每年都在增加，获奖比例也在不断提高，有效提升了学科竞赛的成绩。

参考文献

[1] 鲁明波，刘亚丰，杨英，等.大学生创新能力培养与实验教学模式改革实践[J]. 教育教学论坛，2020(7)：100-102.

[2] 刘潇，毛涛.改革实验教学——强化大学生实践创新能力的培养[J].山东化工，2015(44)：106-109.

[3] 张立敏. 新形势下大学生创新实践能力培养体系的构建[J].大学教育，2016(6)：16-17.

[4] 黄文彬，戎思淼，李铁军.新形势下大学生创新实践能力培养途径[J].科教导刊，2015(2)：178-180.

[5] 陈其凤，毕美花，任保胜，等.课堂教学与课外实验教学结合培养大学生创新能力[J].课程教育研究，2015(8)：152.

[6] 赵娟，刘雁红.改革实验教学模式培养大学生创新与实践能力[J].中国轻工教育，2012(4)：77-79.

[7] 夏雪，曹永建.开放性实验教学中大学生创新实践能力的培养[J]. 中国轻工教育，2012(2)：69-71.

基于大学生机械创新设计大赛的创新实践育人模式探索

李梦如　奚　鹰　陈　哲　卜王辉　于睿坤　孙　波
同济大学机械与能源工程学院

摘要　本文介绍全国及上海市大学生机械创新设计大赛,同济大学参赛情况和学生成果。文中简述了基于全国及上海市大学生机械创新设计大赛的创新实践育人模式探索措施:竞赛课程的建设,全国及上海市大学生机械创新设计大赛平台的建设,机械类专业课程群虚拟实验教学平台的建设,竞赛指导教师队伍的建设和学生竞赛活动成果的凝练,以期为相关研究提供参考。

关键词　机械创新设计　创新实践

一、引言

全国大学生机械创新设计大赛是经教育部高等教育司批准成立大赛组织委员会,由教育部高等教育司发文举办的全国理工科重要课外竞赛活动之一。

该大赛主要目的在于引导高等学校在教学中注重培养大学生的创新设计能力、综合设计能力与团队协作精神,加强学生动手能力的培养和工程实践的训练,提高学生针对实际需求进行创新思维、机械设计和制作等实际工作能力,吸引、鼓励广大学生踊跃参加课外科技活动,为优秀人才脱颖而出创造条件[1]。

不仅如此,全国大学生机械创新设计大赛作为一项公益性的大学生科技活动,也承担了一定的社会责任。通过该赛事的举办,加强教育与产业之间的联系,推进科学技术转化为生产力,促使更多青年学生积极投身于我国机械设计与机械制造事业之中,在我国从制造大国走向制造强国的进程中发挥积极的作用。

全国大学生机械创新设计大赛培养学生工程实践能力和综合素质效果

显著，现已成为国内最具影响力的大学生竞赛项目之一。

二、同济大学参赛情况

全国大学生机械创新设计大赛是由全国大学生机械创新设计大赛组织委员会和教育部高等学校机械基础课程教学指导分委员会主办，全国机械原理教学研究会、全国机械设计教学研究会、各省市金工研究会联合著名高校和社会力量共同承办的一项大学生机械学科创新设计大赛。全国大赛每两年举办一次。

上海市大学生机械创新设计大赛为全国大学生机械创新设计大赛上海赛区的预选赛，由上海市教委主办。上海大赛每年举办一次。

因此，根据全国大赛和上海大赛的赛程要求，确定了同济大学校内赛程安排，如图 1 所示。一般每年 9 月发布大赛主题，学生报名。报名统计完毕后，校内召开大赛启动大会，相关教师和学生参加，解析大赛主题。每个参赛组以“导师＋参赛组”的形式，完成参赛作品，并开展每两周一次的参赛作品集体汇报活动。上海市大学生机械创新设计大赛一般在每年 6 月举行，争夺参加国赛资格。全国大学生机械创新设计大赛每两年举行一次，一般在 7 月下旬举行。

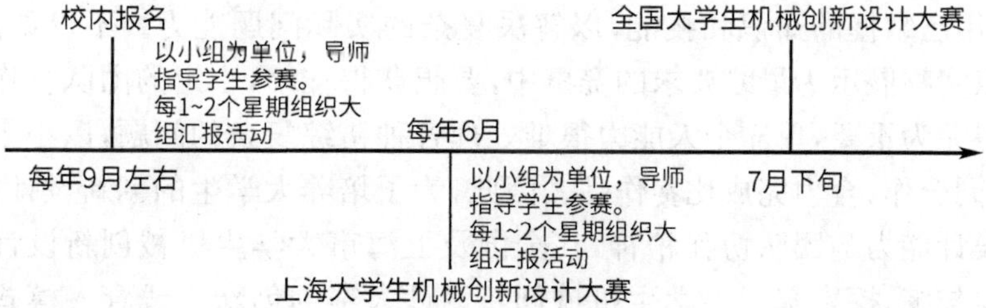

图 1　校内赛程安排

参加本竞赛的学生需要掌握机械类专业基础课程所涉及的基本知识，设计时应注重综合运用所学机械原理、机械设计等课程的设计原理与方法，具有良好的三维建模设计能力、创新设计能力、综合设计能力、实际动手能力和团队协作精神。近三年来同济大学学生参赛情况如图 2 所示，参赛的学生人数呈逐年递增趋势，学生主要来自机械与能源工程学院、汽车学院、电子与信息工程学院、交通运输工程学院、软件学院、航空航天与力学学院等。可见，全国及上海市大学生机械创新设计大赛作为专业类竞赛，在学生心目中已越来越具有吸引力和影响力。

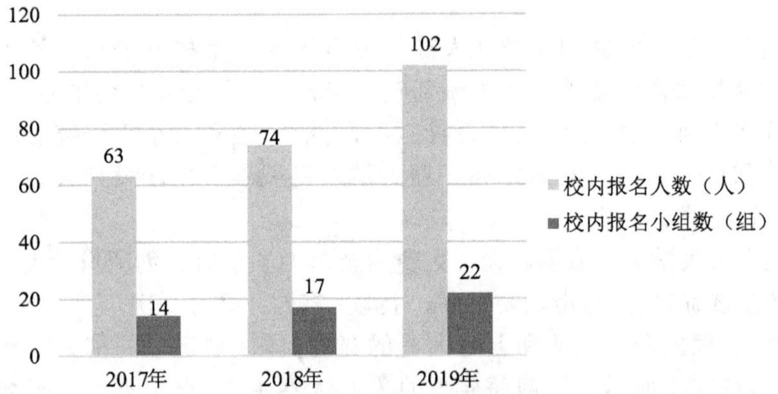

图 2　近三年来我校学生参赛情况

三、基于大学生机械创新设计大赛的创新实践育人模式探索

大学生机械创新设计大赛需要学生根据大赛主题及设计要求，设计创新机械装置，并将制造实物予以展示。参赛过程能够培养学生根据实际情况，利用已掌握的知识和技能，以解决复杂的实际问题能力。不仅如此，在该项以实物展示为最终要求的赛事中，要想获得佳绩，小组的团队合作精神更显得尤为重要，单靠个人能力很难处理各种错综复杂的问题，以小组为单位，共同合作，合力完成比赛作品。因此，为了培养大学生的创新设计能力、综合设计能力与团队协作精神，在全国及上海市大学生机械创新设计大赛中取得佳绩，探索基于大学生机械创新设计大赛的创新实践育人模式就显得尤为重要。

1. 竞赛课程建设

目前已开设机械与能源专业创新实践课程和机械工程创新设计课程。这两门课程为实践课，授课对象为机械设计制造及其自动化专业或其他相关专业大一或大二学生。通过本课程学习，学生对机械工程主要的数个市级及国家级课外竞赛活动有一个总体的了解与把握，能够了解与掌握一个竞赛活动报名、立项、查阅文献、方案设计、计算与分析、三维建模或实物制作、调试与分析、总结及参赛等全过程，初步具备自主学习意识和方法，具有参加各类机械工程竞赛的能力。通过竞赛课程的建设，不仅有利于学生对专业竞赛了解及培养了学生的创新设计能力、综合设计能力与团队协作精神，而且提高了学生终身学习意识和终身学习能力。

2. 全国及上海市大学生机械创新设计大赛平台建设

近三年来，持续建设全国及上海市大学生机械创新设计大赛平台，不断改进平台制度。现采取“导师＋参赛组”的形式，完成参赛作品。平时，以小组为单位、导师指导学生参加竞赛。学生有问题可以随时和导师讨论。同时，每一至两个星期组织一次大组汇报活动，对各小组所决定参赛作品的主题汇报内容进行点评，进行方案讨论，各小组项目进度控制、难点解决、作品创新性和可行性讨论等，以便不同组的学生和导师相互交流学习，促进竞赛作品的完成，引导学生积极参与创新实践活动，从而着力培养学生实践动手能力、分析和解决复杂工程问题能力以及综合设计与创新能力。

3. 机械类专业课程群虚拟实验教学平台建设

依托学院优势学科，整合虚拟仿真资源与现有学科专业资源，构建具有同济机械特色的虚拟实验教学平台。学生(尤其是非机械类专业的学生)通过机械类专业课程群虚拟实验教学平台的学习，深入掌握与竞赛相关的专业知识，能够更积极投入各类科创项目和学科竞赛。

4. 竞赛指导教师队伍建设

注重建设竞赛指导教师队伍，拓展教师专业视野，提高教师专业能力，加强教师创新能力培养。目前，竞赛指导教师队伍主要由 2 名教授、1 名副教授、1 名助理教授和 4 名工程师组成。

5. 学生竞赛活动成果凝练

鼓励学生将自己的创新实践活动成果实现技术转化，申请专利，实现师生共创。目前，由学生竞赛活动成果所凝练的专利已授权 2 项，公开 11 项。

四、学生成果

近三年来，同济大学学生参加全国及上海市大学生机械创新设计大赛，取得了丰硕的成果，如图 3 所示。上海市大学生机械创新设计大赛的获奖数量和质量稳步提升，2018 年和 2019 年连续两年获得学校的优秀组织奖。

图 4 为同济大学在全国大学生机械创新设计大赛的获奖情况。可见，同济大学在全国大学生机械创新设计大赛中获得奖项情况相对比较稳定，但是要提高同济大学参赛作品的质量需深入探索基于大学生机械创新设计大

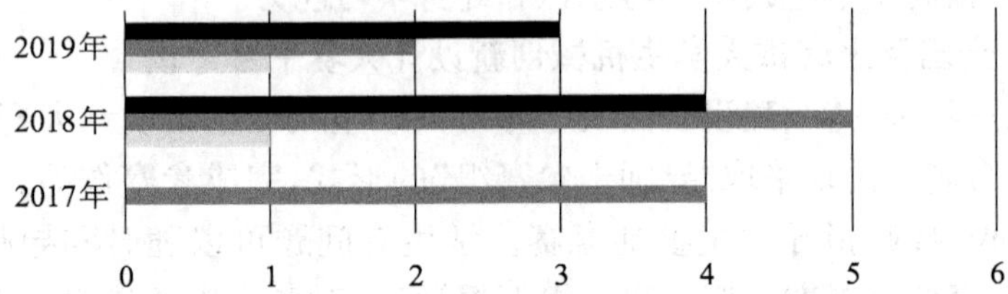

	2017年	2018年	2019年
■一等奖	0	4	3
■二等奖	4	5	2
■优秀组织奖	0	1	1

图3　上海市大学生机械创新设计大赛获奖情况

赛的创新实践育人模式。

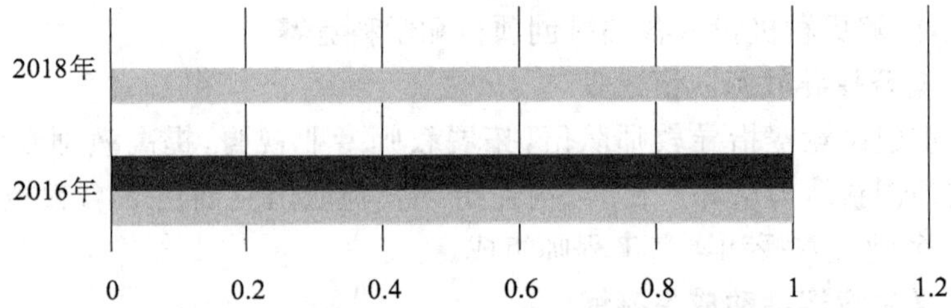

	2016年	2018年
■一等奖	1	0
■二等奖	1	1

图4　全国大学生机械创新设计大赛获奖情况

五、总结

近年来,通过竞赛课程的建设、全国及上海市大学生机械创新设计大赛平台的建设、机械类专业课程群虚拟实验教学平台的建设、竞赛指导教师队伍的建设和学生竞赛活动成果的凝练等一系列措施,围绕培养和增强大学生认识和掌握机械领域的复杂工程问题的解决方案,设计满足特定需求的机械系统、机械零部件或机械制造工艺流程的能力,积极地探索了基于大学生机械创新设计大赛的创新实践育人模式，激发了学生学习兴趣和潜能，培养了未来可成为引领可持续发展的专业精英与社会栋梁。

参考文献

[1] 全国大学生机械创新设计大赛组委会.大赛简介[EB/OL].[2020-01-15]. http://umic.ckcest.cn/view/about/index.

竞教结合在“互联网+”能源工程管理教学改革中的实践与作用

马国彬
同济大学机械与能源工程学院

摘要 能源工程管理是能源与动力工程专业重要课程。近年互联网发展更是为该课程赋予了“智慧”内涵。“竞教结合”教学法以竞赛为出发点促进课程教学改革，基于互联网“云大物智移”等技术特点，将课程理论知识应用到智慧能源管理项目中，发挥学生的积极主动性，提升学生创新能力。

关键词 能源工程管理 互联网 智慧能源 竞教结合

一、概述

能源在国家发展和国民经济中一直起着重要作用。能源工程管理就是将能源及其相关因素合理高效利用的一门学科[1]，培养学生的宏观视野，使学生了解能源工程管理系统运行规律，具备利用先进技术节能降耗，保障系统经济运行的能力[4]。

在通信技术高速发展的时代背景下，起源于传媒领域的物联网技术逐渐在能源领域得到应用，互联互通的科技有望更科学合理地满足人类前行的能源动力需求。2009 年，专家学者提出要“构建一个更有智慧的地球”。能源利用方面，提出了智慧能源的理念，也就是通过超级计算机、云计算和 5G 网络将“物联网”整合，使能源管理拥有自组织、自检查、自平衡、自优化等人类大脑功能，最终实现“互联网＋物联网＝智慧的地球”[6]。

二、能源工程管理教学中存在问题

近年来，高校教学改革不断深化，传统的课堂教学陆续发现一些问题。

1. 能源工程管理内容多课时少

能源工程管理教学，涉及能源和管理两大领域。每个领域都涵盖了大量的基础知识和基本概念，需要了解的系统和设备也品类繁多。教师受限于课时和教学进度安排，无法把每个知识点都讲解得清晰详细，倘若再加上案例分析的内容，所需的课时就更多了。这就造成课堂教学对一些学生感兴趣并且想深入了解的内容无法进一步拓展。

2. 智慧能源管理学习资源缺乏

通信技术的发展，使能源工程管理日趋信息化、智能化。在“互联网+”的时代背景下，物联网技术逐渐在能源领域得到广泛应用，能源工程管理得以从全新的视角优化分析，采取更合理的能源管理策略。互联网知识欠缺，学生无法深入学习智慧能源管理内容。智慧能源管理要求学生，既要了解能源管理相关知识，又要学习先进通信技术。在现有的能源工程管理教学中，缺乏足够的智慧能源管理关键技术、项目以及案例分析。学生也就很难从案例分析中了解先进的通信技术给能源管理领域带来的巨大变革。

3. 学生主观能动性及团队合作能力欠缺

能源工程管理课程教学多以授课为主，学生学习的积极性和主动性比较差。学生得不到足够的独立思考能力锻炼，不能主动积累相关的学科知识，无法提出有实际意义的问题，也缺乏主动解决问题的意识。例如对热力系统进行能量平衡分析，需要计算㶲平衡和㶲损失，在实际工程热力设备计算中，学生如果不了解设备系统，就不容易全面计算进出口流体各组分的㶲和㶲损。

4. 课时不足

课时不足导致学生在能源工程管理项目设计策划过程中，没有足够的时间组成一个团队进行合作，只能各自查找资料，设计一个相对较小的能源工程管理方案。这样的情况造成学生欠缺团队协作所需的互相沟通、共同商讨解决问题的能力。企业中任何一个能源工程管理项目的立项、调研、可行性研究与实施都不可能一个人独立完成，而是群策群力、团队协作，历经磨合达成一致，共同完成的。这就要求在学科学习的过程中，必须加强培养学生协作分工，信息沟通，共同解决问题的能力。

三、“互联网+”大学生创新创业大赛及模式

近年来教育部大力倡导改革人才培养方式，举办了众多面向大学生的覆盖面广、影响力大的比赛。中国“互联网+”大学生创新创业大赛就是越来越受到重视的开拓学生思维的载体和平台。大赛首次举办于 2014 年，第

一届到第三届大赛累计有225万名大学生、55万个团队参赛，已经成为覆盖全国所有高校、影响最大的赛事活动之一。通常参赛项目主要包括“互联网+”传统产业、“互联网+”新业态、“互联网+”公共服务和“互联网+”技术支撑平台四种类型。比赛目的在于深化高等教育综合改革，激发大学生的创造力，培养造就“大众创业、万众创新”的生力军，推动高素质、全方位、复合型人才的培养。

“互联网+”大学创新创业大赛就是将移动互联网、大数据与云计算等互联网信息技术，应用到现代制造业、传统产业和服务业中的创新创业比赛。

比赛计划书包括项目概述，团队管理，产品(服务)介绍，研究与开发，行业及市场情况，营销策略，财务状况，风险分析及控制，融资计划，实施进度等诸多方面。对项目总体情况的描述，需要说明项目背景，针对的问题，采取何种方式解决问题，以及所采取技术和方式具备的优势特点和创新点等。

参赛学生可以运用学校所学知识和所提供的资源，结合自己的爱好和特长，互联网技术提供的“云大物智移”平台，组建团队，完成项目调研和资料收集，进行可行性研究和项目策划统筹，最终完成一个系统的、可操作性强的、有创新、有价值的项目方案。

四、竞教结合对“互联网+”能源工程管理教学改革的推动

(一) 课程改革的原则

在竞教结合的背景下，需要对原有的知识点进行适当的取舍，同时增加竞赛部分的内容。不但要将核心知识教授给学生，还要使学生团队构建一个完整的能源工程管理项目和具体实施步骤满足竞赛的要求。课程教学遵循以下原则：

(1) 课程设置要有利于学生扎实的知识积累。竞赛与教学相结合并非指以竞赛为主，课程讲授为辅，而是将课程的精要部分教给学生，让学生累积足够的课程重要知识。

(2) 不详细介绍内容过于分散的部分。由于课时较少，一些学生自学起来容易理解，在竞赛中用不到，或者以后实际工作中应用较少的内容，在课堂教学中不做详细介绍。

(3) 为了让学生更好地适应新形势，需要增加通信科技方面的内容。

(4) 为了使学生游刃有余地参与竞赛，需要增设项目设计部分的内容。

（二）调整教学内容

根据上述原则和能源工程管理课程的基本要求，调整能源工程管理教学内容。

1. 保留核心内容

(1) 能量品质与㶲平衡。能源工程管理归根结底是对能源进行管理。在能源管理过程中，分析系统的能量品质与能量平衡，才能从中发现问题，进而解决问题[1]。

(2) 能源管理体系。能源管理体系就是将各种能源管理活动整合起来成为一个主动的、全面的、可持续运行和维护的管理系统，是建立并实现能源方针和目标的一系列相互关联要素的有机组合。它包括能源管理体系的构架、内容以及能源管理体系的建立和实施[2]。

(3) 能源技术方案和节能管理。能源技术方案是指在能源生产、加工、转换、消费的过程中，为达到确定的目的，形成的整体构思与系统设计。这部分内容是深入挖掘节能潜力、节能技术与节能经济运行实施的保障。

(4) 能源工程管理。从用户角度出发，接触最多的是能源的需求侧管理和能源合同管理。能源需求侧管理将需求方提高效率而减少的资源消耗和改变资源消费方式而降低的资源需求也视作一种资源，与供应侧资源一起参与资源规划。能源的合同管理是基于服务的一种管理方式。合同能源管理控制专业化节能服务公司(EMCO)为客户提供能源系统诊断，提出节能方案，然后与客户签订合同。在合同存续期间，EMCO与客户分享节能效益，合同结束，客户独享节能效益。

(5) 技术经济分析。每一个项目立项，技术经济分析都是必不可少的。项目的各个环节都需要对技术条件、人员、物资、资金消耗数量指标等进行综合分析，评价各个方案的经济效果，选出最佳方案作为决策依据。

2. 省略简易的学科内容

因为课时限制，突出讲解核心内容之外，对能源的分类与评价，能源的利用与储存，能源的预测与规划等章节不做详细讲解。

首先，这部分内容比较分散，例如能源分类，能源可以根据可再生与不可再生分类，也可根据一次能源与二次能源进行分类等。内容不深奥，学生感兴趣完全可以自学。

其次，从竞赛角度，着重于对一个完整项目进行整合，学生需要对某一种能源管理有个切入点，然后跟进项目整体流程，而不需要对每一种能源了如指掌。

3. 增加智慧能源管理内容

（1）分布式能源管理系统的架构和功能

分布式能源接入是智能电网发展中不可缺少的重要环节。由于传统配电网的设计并未考虑分布式能源的接入，在并入分布式能源后，用户既是用电方，又是发电方，电流双向流动、实时动态变化[7]。通信技术的发展实现了"大带宽、低时延、海量数据接入"，增加配电网的可靠性、灵活性及效率，也支持超大规格的用户接入能力[3]。

（2）物联网、大数据及云计算在智慧能源工程管理中的应用

物联网、大数据及云计算是对智慧能源管理系统高度认知和智能化决策的控制网络。互联网的发展实现了万物互联，利用无线传感器技术和定位技术等主动识别、采集和感知获取物品属性信息，借助海量数据传输技术，将相关信息聚合到统一的信息网络中，然后利用云计算、模糊识别及语义分析等各种智能计算技术将信息整合处理，以实现能源管理系统的智能化与最优化[5]。

（三）优化教学模式

引入竞赛进课堂教学，增加学生参与项目的环节，调动学生积极性和主动性。在教师指导下，学生以团队协作的方式，撰写竞赛项目计划书，共同商讨方案，分工合作完成整个项目，使学生能够了解整个项目流程，促进教学质量提高。竞教结合作为一种教学方式，使学生的竞争意识、参与意识得到激发，分析解决问题能力、交流合作与创新能力得到加强，从而有效提高课堂教学效果。

五、结论

通信科技进步使传统行业发生了翻天覆地的变化，需要从新的视角对能源工程管理学科教学进行改革，竞教结合的教学方式使学生更好地跟上时代脚步，响应国家号召，适应时代变革。中国"互联网＋"大学生创新创业大赛等一批国家级的竞赛为广大学生提供了施展才华，参与竞争，开拓思维和巩固所学的机会。基于竞教结合的能源工程管理课程改革，符合学科发展，巩固了课堂教学效果，培养了更符合社会需求的人才。

参考文献

[1] 周伟国，马国彬.能源工程管理[M].上海：同济大学出版社，2007.
[2] 黄素逸，龙妍，关欣.能源管理[M].北京：中国电力出版社，2016.
[3] 冯庆东.能源互联网与智慧能源[M].北京：机械工业出版社，2015.
[4] Ruth M F, Kroposki B. Energy Systems Integration: An Evolving Energy Paradigm [J]. The Electricity Journal, 2014,27(6): 36-47.
[5] 解运洲.NB-IoT 技术详解与行业应用[M].北京：科学出版社，2017.
[6] 杨峰义，张建敏，王海宁.5G 网络架构[M].北京：电子工业出版社，2017.
[7] 王蓓蓓，胥鹏，赵盛楠，等.基于"互联网+"的智慧能源综合服务业务延展与思考[J].电力系统自动化，2020,44(12): 1-12.

理论与创新课程双支撑下的学科竞赛开展过程及其融合模式*

孙远韬　何俊杰　朱玉田　赵　炯　张　氢
同济大学机械与能源工程学院

摘要　本文从专业认证角度，分析了理论课程、创新实践课程及学科竞赛的关系和内涵，给出了理论与创新课双支撑下的学科竞赛开展过程及其融合模式，并对所承办的上海市创意机器人挑战赛和教授的理论课程、创新实践课程予以说明。从整体看，机械与能源工程学院竞教结合的模式提高了机械专业学生创新实践能力。

关键词　竞教结合　专业认证　教学改革　创新实践

一、引言

习近平总书记指出，"实现中华民族伟大复兴的中国梦，我们必须具有强大的科技实力和创新能力"。创新能力是国家持续进步和发展的关键因素之一，培养学生创新能力是世界上许多科技强国高等教育改革的目标[1, 2]。我国的高等教育体系改革的主方向是面向创新型教育，培养创新型人才。本科教育阶段各种学科竞赛成了创新教育比拼的舞台，具有显著的引导作用。

同时，在中国制造2025的大背景下，工程技术人才成为了建设工业强国的第一战略资源[3]，其培养质量的高低影响着这一战略目的实现。对于工程技术人才的培养，目前国际通行的工程教育专业认证是其质量保障制度。我国从2005年就开始构建工程教育专业认证体系，逐步开展专业认证工作[4]，到2016年6月2日，国际工程联盟大会一致同意我国成为《华盛顿协

* 同济大学2019—2020教学改革项目：面向工程教育认证的教学过程管理机制建设。

议》正式成员。这意味着我国本科工程教育所授学位与其他《华盛顿协议》成员所授的学位"实质等效"[5]。也正是在此精神的指引下,同济大学机械与能源工程学院的机械制造及其自动化专业经过科学架构与不懈推进于2018年通过工程教育认证。

对于工程教育认证而言,它规定了毕业生应该达到的能力,并通过毕业要求的达成情况评价本专业的培养目标的达成情况。各专业的课程体系紧紧围绕着毕业要求进行建设,以实现预设的培养目标。而创新能力培养也是其中关键指标,由理论与实践课程共同支撑。

理论课程与创新课程本质上是创新能力培养不可或缺的内容,是学科竞赛高品质发展的有力支撑。同时,学科竞赛也作为一个反馈,使高校及时了解教学中存在的不足。在时代的召唤与创新能力培养需求下,各大院校开始将学科竞赛融入教学体系;在"竞教结合"的教学方式下,加强对学生创新实践能力培养,确保每一名学生得到有效锻炼,进一步巩固基础理论知识,具备较好的创新发展能力[6]。

本文基于工程教育专业认证的精神,以同济大学承办的"上海市大学生机器人创意挑战赛"(以下简称"创挑赛")实施过程为例,结合同济大学机械与能源工程学院的理论教学及其创新实践课程,说明院校教学体系对学科竞赛的支撑作用、融合过程及效果。

二、双支撑的内涵与融合思路

从一般意义上说,传统的课程教学过程强调的是对知识点基本原理的讲解,强化的是知识结构体系的完备性,而创新实践课程是对相关原理予以更形象化的理解,并通过学科竞赛予以更生动和透彻的应用[7]。同时按工程教育认证的观点和要求[8]来看,评价培养目标达成情况所需的每一个毕业要求都需要相关课程及其课程目标达成度予以支撑。

而作为2019年、2020年上海市教委连续支持(资助)的比赛,"创挑赛"以机器人救援为主题内容,其主办精神就是充分参考了中国工程教育专业认证的精神,旨在强化相关专业大学生专业水平,达成高校机械等专业培养目标和毕业要求,总体而言学科竞赛的培养要求就是提高学生分析问题的能力,能够具有创新意识,在此基础上形成对应的设计方案,并通过使用现代工具结合社会规范要求进行相关管理与开发,注重项目开展过程中协调和沟通,从而实现复杂机械问题的解决。所以结合课程要求、学科竞赛要求与工程教育认证支撑点之间的关系见表1。

表1 课程要求、竞赛方案要求/执行与认证支撑内涵关系

认证毕业要求	实践课程要求	竞赛方案执行过程	相关课程支撑
① 工程知识	文献研究	—	机械原理及课程设计
② 问题分析	创新与评价	执行机构的创新	机械原理;机械设计;机械设计课程设计等
③ 设计/开发解决方案	设计方法	执行方案的确定;执行机构的选择	机械设计方法;高等数学;理论力学;材料力学;工程材料等
⑤ 使用现代工具	工具开发选用	执行机构零部件的制造加工;执行程序的编写	CAD机械工程制图;C++语言;控制工程基础等
⑥ 工程与社会	国际化视野	项目的发展前景	—
⑪ 项目管理	—	团队成员协助	工程与管理
⑩ 沟通	—	项目交流与答辩	—

构建创新实践课程与完善、充实的理论程体系,在专业认证精神下,通过大创基地的服务来支撑和驱动大学生创新创业项目(国创、上创、SITP)以及学科竞赛,从而形成了理论与创新课双支撑下的学科竞赛及其融合模式,提高了学生的创新能力,如图1所示。需要说明的是所谓的双支撑的核心作用就是理论课夯实基础知识与能力,达到强基础、宽口径培养的目的;创新课程激发灵感,从而使学生在掌握创新方法的基础上以扎实的理论基础来持之以恒地进行开发与创新实践。

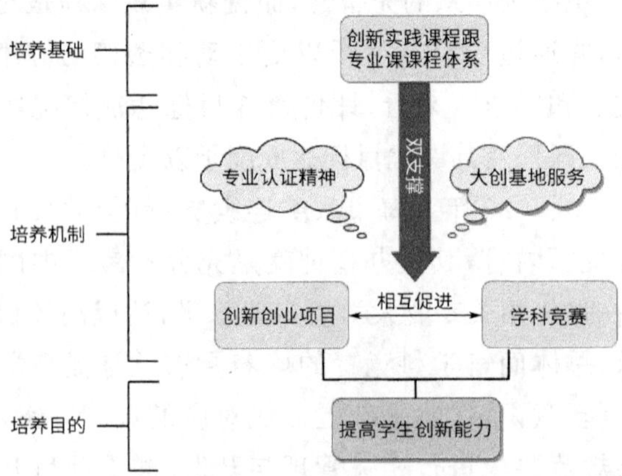

图1 理论与创新课双支撑下的学科竞赛及其融合模式

其中,机械与能源工程学院于2004年创立“大学生机械与热能创新实践基地”。基地汇聚专业教师力量,构建了机器人创新实践平台、节能减排与新能源创新实践平台等,以比赛和科创项目作为磨砺人才的主要载体,通过系统培训、项目开发、团队交流等方式培养学生的团队精神和创新能力。

三、理论课程—实践项目(课程)—竞赛及其融合过程

1. 强调理论基础,以学启创,优化课程教学方式与内容

创意机器人挑战赛结合机械等同济特色专业以及新工科背景下的教学课程重点内容,要求参赛人员具有较好的方案构建能力、机械设计能力和编程、智能控制能力。这是最主要的能力要求,也是机械方向的核心课程。

理论教学的作用就是科学打造今后个人发展的知识结构体系,其基础作用不可替代,有些学生一味追求创新,参加大量实践活动,轻视理论学习,套用现成解决方案,但不能理解现象背后的核心原理,过多从经验角度熟练“技巧”,不能多层次、多角度理解创新背后的理论支撑,导致创新后劲受限、不可持续。

为了提高理论教学效果,结合“创挑赛”等学科竞赛的各种有趣元素,通过现场视频播放创意案例,在教学过程中建立教师引导的教学模式以锻炼和启发学生创新意识。创挑赛中别具一格的创意“螳螂手”用机械攀爬的方式展示了机构运动的典型特色,赏心悦目(图2)。

图2 “螳螂手”

同时,强调理论原理的掌握,根据专业认证中多种评价的精神,通过练习、讨论,反复说明创意背后的原理,并利用理论来描述。比如在机械设计

方法中就通过 triz 理论的原理说明案例中创新原理的应用，并应用矛盾矩阵方法，给出多种策略实现创新方案的输出；而针对一些创新方案，以线下数学模型的大作业方式分析其优化求解的策略，从而在掌握基础经典优化方法的基本原理的基础上，比较感性地理解从创新方案到最终详细设计的过程，并能比较不同方法的差异，将较为“枯燥”的理论讲解尽可能生动起来，也有助于学生在学科竞赛设计过程所需较为扎实系统的逻辑能力的培养。而这些也丰富了毕业要求所对应课程目标的评价内容。再比如，“电机与拖动”专业课讲述了诸多电动机原理、模型、分析计算等知识，但许多学生感觉还停留在理论层面上，通过竞赛过程，真正地理解了电动机的转速、功率、扭矩之间的关系；找到了最适合的电动机启动、调速、制动方法；同时将课堂的整流、调压、逆变等仿真作业应用到实际的电路设计中，从竞赛中得到了锻炼，提高了知识综合运用能力。

总的来说，诸如“创挑赛”等学科竞赛有助于完善各基础、专业课程毕业要求指标点所对应课程目标的内涵，有助于丰富课程目标对于教学内容的相关要求，并从体系上加强各课程知识点的融合。

2. 完备实践教学，实现不同层次学生创新实践

机械与能源工程学院开设有机械与能源创新实践课程，以完成项目的整个过程为主要培养目标，主要过程包括项目的前期文献调查、可行性分析、方案设计、详细模块设计、使用工具/软件绘图或设计、制作/编程、改进/调试，以及项目报告撰写等，从中也培养学生抓住各种机会积极参与国际合作活动，扩展自己的视野的能力。课程由五个部分组成，第一部分是基础部分，提供创新实践的基本知识与技能，包括文献检索、专利写作、案例讲解、学科基本认知。第二与第三部分为创新项目实训，由导师与学生共同提出课题，并组织实施完成，其中包括专业仪器培训、专业技能培训、专业技能实际操作。第四与第五部分为综合实验部分，由实验室根据既有条件和专业培养要求，设计综合实验内容，学生根据自身条件选择并完成。开设时间主要是从大二上学期一直延续到大三下学期，共四个学期。这段时间是最为关键的专业基础构建阶段。

同时，从学校培养时间规划看，创新能力培养是一种递进的培养，大一学生一般参加同济大学创新创业项目(SITP)，积累相关经验。在大二的时候，直接申报或者基于原有 SITP 项目升级为国家级、上海市级创新创业项目，并在此基础上开始着手准备学科竞赛。大三学生是参加学科竞赛的主体，开始参加“挑战杯”“互联网＋”等国家级大型赛事。学生到大四之后便可以在获奖的基础上获得“项目保研”或“科创保研”资格（图 3）。

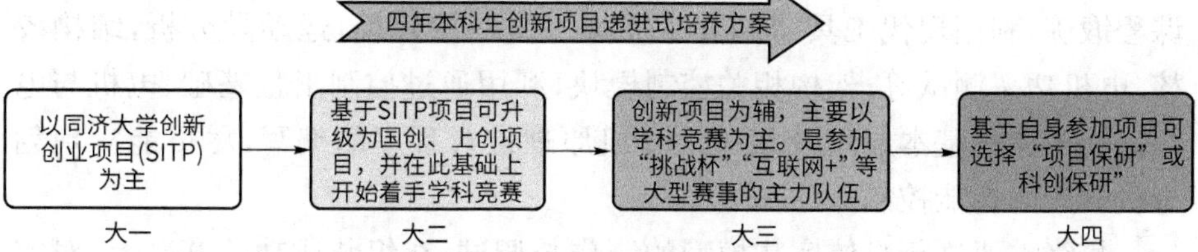

图 3　创新项目递进培养方案

在这个过程中，机械创新基地也在组织学生培训，培养相关技能，并制订了相应的培训计划，表 2 为机械创新基地用于“创挑赛”“机甲大师赛”的部分培训计划表。

表 2　部分培训计划表

时间	内容	考核/任务
第 5 周	简介电控组、机器人机械部分的情况	安装开发环境，初步熟悉
第 6～7 周	STM32 嵌入式程序基础培训	手册学习，I/O 口、中断、定时器等实验
第 8～9 周	通信协议（UART，I2C，CAN）、电机	串口实践、I2C 实践、CAN 实践
第 10～11 周	程序框架、文档规范、机器人控制方法	使用 git 协作任务
第 12～13 周	算法简介	PID 电机控制实践、IMU 解算实践（考核）

3. 教赛结合，以赛促创的学科竞赛

如前所述，作为 2018—2020 年上海市教委连续支持的比赛，“创挑赛”由同济大学承办，均在同济大学嘉定校区举行，德西福格汽车零部件集团提供部分赞助。竞赛以攀爬、救援为主题，旨在培养大学生的创新能力、专业实践能力及团队合作能力。赛事发起后就得到了上海市各个高校的积极响应。“创挑赛”也是机械与能源工程学院机器人嘉年华的传统赛事的一部分，其中 2019 年大赛的主题为“高塔救援”，各组创意机器人将在尽可能短的时间内攀爬等方式救援对象且不能发生“二次伤害”。

对本“创挑赛”机器人设计而言，前期的准备工作主要是进行方案的确定。参赛队伍的各个成员针对大赛主题，初步拟定一个理论上可执行的方案，并构思关键执行机构。为了少走弯路，在竞赛过程中，院竞赛评审组公开评审，交流各组创意，完善其方案，从而尽可能使竞赛既具创新特色又能

较好落地实施。

在后续详细方案的设计中，参赛学生充分利于所学的理论课程知识分析各关节机构的驱动原理、强度、刚度和可靠性，不断通过文献检索及实践课程锻炼，利用现代工具协同分工完成三维结构建模，运动学分析，结构校核，电机功率测试等；架构相关控制模块，利用通过控制工程基础、电机与电力拖动等课程基本原理及相关计算机原理进行程序的编写，尽可能实现创意机器人的智能控制。

最终需要进行具体实物模型的制作与调试，在组装成功的基础上，对实物模型进行预期功能的调试，检验实物模型能否达到理论预期要求。在这些过程中，指导老师会不断为学生指点迷津。

经过初步调试与初赛淘汰，同济大学将报名的 20 支队伍精简到 9 支，其余高校各参赛队也压缩了近一半，从报名的 68 支队伍中选拔出 38 支队伍，提高了决赛队伍的竞技水平。需要说明的是本届比赛采用手机 APP 同步直播方式向全球直播了赛事过程，观赏人数达到 10 000 人以上，大大拓展了比赛的影响力！新媒体传播方式成功做了有益的突破。

竞赛分两组同时进行，场面非常精彩，各参赛队造型各异、原理多样的机器人，现场每一个动作都吸引着观众们的目光，大家既为表现优异的选手喝彩，也为碰到困难的队伍加油鼓劲。

全部赛事进行完成后朱玉田教授对本次比赛表现进行了总结，朱玉田教授认为竞技组的救援机器人形态多样、创意十足，各类轮式、履带式底盘结构展示了各自的越障能力；双轮、四轮、万向轮以及铰接车身等构造展示了转向的灵活性；多自由度的机械手实现了被救援模型的抓取；无线电、蓝牙、Wi-Fi 结合手柄、触屏、手机、计算机实现图像传输、操作控制，多个参赛组因此取得了很好的成绩。创意组的深孔救援、危险品处理、生命探测、环境监测等也展现了个人创意和团队协作的能力。创意组获奖的学生现场表演并讲解了整个开发过程，也提到基础理论、实践课程对创挑赛事具有促进、支撑作用。大赛对学生们的创新能力、实践动手能力起到了积极的推进作用。

基于上述竞赛过程可以看到“创挑赛”作为上海大学生交流平台，为参赛选手提供科研支撑、研究环境、专家资源，并通过竞赛实践不断提升学生创新能力，而在整个参赛过程中理论课程和先期实践课程锻炼对于竞赛成绩(水平)支撑效果明显。

四、持续改进及实施效果

从整体看，同济机械专业根据工程教育专业认证的精神，按“知识、能力、人格”三位一体的人才培养模式，培养具有数学、自然科学基础理论和机械专业知识及人文职业素养；具备面向工程实践，发现、分析、解决机械领域的复杂工程问题能力，并具有国际化视野；身心健康、良好的道德修养和社会责任感，具有严谨、求实、团结、创新精神的人才。而通过引入上述工程教育专业认证的理念和所制定的培养目标，利用历届各种学科竞赛，完善了各相关专业，丰富了各课程教学的内容，优化了教学模式，实现了持续改进的认证理念并达成了相关的课程教学目标。

近年来，专业教师积极参与指导学生参加各类学科竞赛、科技竞赛、创新创业项目与竞赛，为学生团队提供资源支撑并帮助项目开展，同时，加强与学校创业谷的交流与合作，支持学生创业团队及项目入驻同济大学创业谷。

总的来说，通过教赛结合有助于搭建检验教学改革效果的平台，完善各基础、专业课程毕业要求指标点所对应课程目标的内涵，有助于丰富课程目标对于教学内容的相关要求，并从体系上加强各课程知识点的融合。

参考文献

[1] 张涛.工程教育专业认证背景下高校教务管理工作的新思路——以天津理工大学机械工程学院为例[J]. 当代教育实践与教学研究，2020(1)：135-136.

[2] 雷瑛.工程教育专业认证在机械工程学院开展的必要性[J].科技经济导刊，2019(4)：169-169.

[3] 瞿振元.推动高等工程教育向更高水平迈进[J].高等工程教育研究，2017(1)：12-16,23.

[4] 张开升，张保成，李艳，等.面向专业认证的特色型机械专业工程教育质量保障机制[J]. 教育教学论坛，2018，372(30)：10-14.

[5] 华尔天，计伟荣，吴向明.中国加入《华盛顿协议》背景下工程创新人才培养的探索与实践[J].中国高教研究，2017(1)：82-85.

[6] 丁广龙，夏镇波，辛志宏，等.创新创业教育：新工科类大学生学科竞赛体系构建[J].创新与创业教育，2019,10(2)：121-125.

[7] 孙远韬，张氢，朱玉田，等.面向工程教育认证的以学科竞赛为载体的高校创新型人才培养研究[J].高教学刊，2020(1)：29-32.

[8] 刘元林，胡波，马艳萍，等.机械工程省级实验教学示范中心的建设[J].教育现代化：电子版，2015,5(6)：12-15.

以赛促教的培养模式与智能制造专业建设*

唐 堂 陈 明 赵 炯 符长红
同济大学机械与能源工程学院

摘要 本文回顾智能制造主要特征与关键技术，总结智能制造人才所需具备的能力要求，分析在建设智能制造专业中遇到的挑战，归纳智能制造大赛对专业建设的促进作用，最后提出赛教结合的探索思路。

关键词 智能制造 专业建设 学科竞赛 跨学科

一、智能制造专业设置的背景

制造业的兴衰，印证着大国的兴衰，没有强大的制造业，就不可能成为经济大国和强国。进入21世纪，伴随着以物联网、云计算、大数据为代表的新一代新兴信息技术的发展，以及欧美各国再工业化的浪潮，各国相继推出以智能制造为核心的制造业发展计划，产业界、学术界也积极投入智能制造的研究，提出各种智能制造理论，智能制造发展路径。金融危机爆发后，世界各国围绕制造业发展进行了新一轮的激烈竞争，在技术创新和产业升级引领下，智能制造的发展成为大国关注的焦点。美国政府先后发布一系列鼓励智能制造的政策与法规，诸如，《重振美国制造业框架》(2009)，"先进制造业国家战略计划"(2012)，"国家制造业创新网络"(2012)，《复兴美国制造业创新法案》(2014)，《美国创新新战略》(2015)。2011年汉诺威工业博览会，德国产业界提出"工业4.0"概念，2012年德国政府将"工业4.0"上升为国家战略。2015年5月8日，我国国务院发布《中国制造2025战略》，2015年7月4日，印发《关于积极推进"互联网＋"行动的指导意见》，全面推动智能制造的发展[1]。

---

* 同济大学研究生教育研究与改革研究生核心课程建设项目(项目号：ZD1903012)及临港地区智能制造产业专项"智能制造系统级人才培训标准研究及培训验证"项目资助。

智能制造（Intelligent Manufacturing, IM）是以新一代信息技术为基础，应用新能源、新材料、新工艺，贯穿设计、生产、管理、服务等制造活动各个环节，具有信息深度自感知、智慧优化自决策、精准控制自执行等功能的先进制造过程、系统与模式的总称[2]。智能制造的本质是虚拟网络与实体生产的融合，一方面，信息网络将彻底改变制造业的生产组织方式，大大提高制造效率；另一方面，生产制造将作为互联网的延伸和重要结点，扩大网络经济的范围和效应。以网络互联为支撑，以智能工厂为载体，构成了制造业的最新形态。这种模式可以有效缩短产品研制周期、降低运营成本、提高生产效率、提升产品质量、降低资源能源消耗。

二、人才培养需求变化

智能制造时代的到来，对人才的知识结构、能力素质提出了全新的要求。简要总结有以下几点：

(1) 多专业的融合已经成为不可逆转的趋势。自动化、信息、网络以及行业知识的综合内容不可避免地成为人才的基本知识背景。

(2) 工厂与产品的全生命周期整合。工程能力不能只局限于某一环节，而须具备从设计、开发、执行到优化的全局意识和上下游整合的能力。

(3) 商业意识、管理能力等软技能的需求。

知识的不断变化，促使工程教育日益成为一种动态过程。这对目前以教学大纲为基础的课程教育方式是一个严峻的挑战。

智能制造所需工程人才的培养环境，必然是一个能够融合相关专业以及新技术的职业环境，一个能够贯穿产品与工厂从研发、设计、实施到优化的全生命周期的产业链环境，一个能体现数字化技术从商务到生产的供应链环境。这对智能制造工程专业的培养模式、课程设置提出了极高的要求。

三、专业建设面临的问题

1. 专业定位

智能制造人才可以分为工程人才与技能人才，其中工程人才包含面向智能制造的专业人才、跨学科人才与系统级人才。专业人才培养主要基于原有传统学科，如机械工程、电子信息、自动化、通信、计算机等。在原有课程体系下，针对智能制造关键技术，增加新课程，如工业大数据、云计算、工业物联网等。跨学科人才培养主要基于新兴交叉学科，如机械电子、工业软件等，并规划建立更多符合智能制造需要的交叉学科。重点进行智能制造系统级人才培养，建立健全智能制造学科，建立涵盖从本科到博士的教学体系，重点针对智能制造系统集成、智能制造架构体系展开教学与科研工作。

2. 兼顾深度和广度

在智能制造过程中，人的角色将由服务者、操作者转变为规划者、协调者、评估者、决策者，企业需要的是能够运用与掌握现代信息技术和智能化设备技术、独立完成智能化目标和任务的高素质技术技能人才。智能制造作为一个系统工程，强调数字化设计与制造、智能装备、智能机器人、物联网（工业以太网）、人工智能、大数据、云计算等关键技术的集成，涉及机械工程、控制科学与工程、计算机科学等多个学科（图1）。因此，在智能制造工程专业的课程设置中，既要兼顾多个学科，又不能是以上学科课程的简单堆积（总学分不可能超出太多），更不能是各学科知识点"蜻蜓点水"式的简单拼接，必须是有机组合。

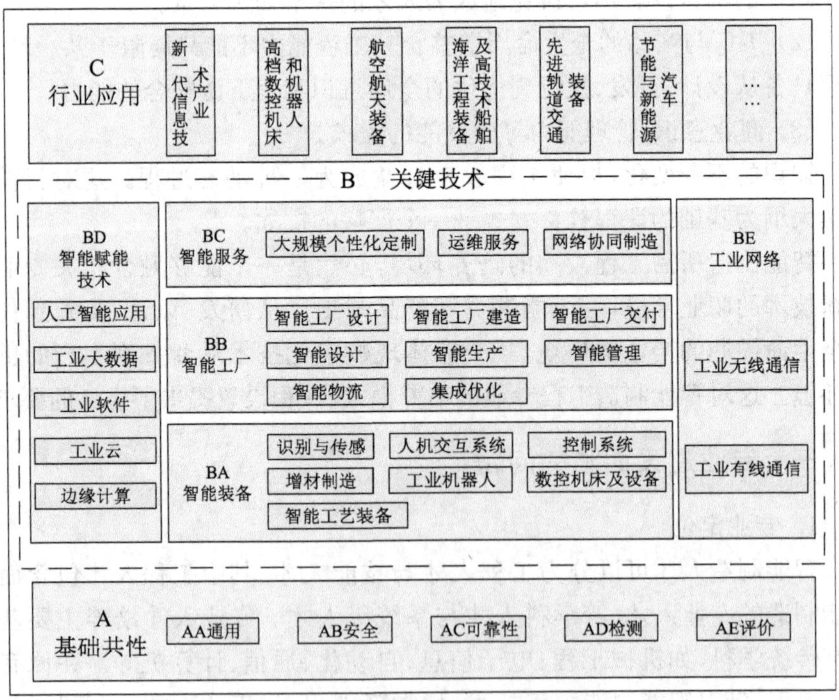

图1　智能制造标准体系结构[3]

3. 先进性的保持

智能制造技术本身尚处于高速发展阶段，许多领域不断涌现出新技术与新方法。这就要求专业教学需要紧跟技术发展前沿，不断更新。这给教师的教学准备与学生的学习造成了很大的难度，如何在教学中保持先进性同时不破坏教学的稳定性是一个需要解决的问题，尤其对于对教学内容稳定性要求较高的本科教学，问题尤为突出。

4. 软硬素质的培养

智能制造系统的复杂性，使得智能制造技术与系统的实施与运行，是一个跨部门、跨专业，贯穿整个产品价值链与生命周期的过程，这就要求智能制造人才不仅要具有很广泛的多学科专业知识还需要具有很强的沟通能力与协调能力，同时由于智能制造技术本身的高速发展，智能制造人才还需要具有很强的自我学习能力与继续学习意识。这类软能力都需要在智能制造工程专业教学过程中逐步培养。

四、当前的主要智能制造类学习竞赛

由于智能制造技术本身还处于不断发展阶段，当前智能制造类学习竞赛还处于探索完善阶段，同时由于智能制造技术的复杂性，智能制造类学习竞赛设定门槛较高，目前具有全国影响力的智能制造类学习竞赛数量还较少，以下对当前规模较人的两项赛事进行说明。

1. 中国智能制造挑战赛

大赛原名为全国大学生控制仿真挑战赛、全国大学生工业自动化挑战赛，是教育部与西门子(中国)有限公司签订战略合作框架共同举办的[2]。竞赛内容涉及智能制造领域中的科技创新、产品研发、工程设计和智能应用等，大赛以企业真实的工程项目和科研项目作为竞赛赛题，以真实的工业设备和工业环境作为赛场，以工业企业的工程标准作为考核评分指标。

2019 年，竞赛赛项分为“智能制造创新研发类”与“智能制造工程设计与应用类”两大类别。

“智能制造创新研发类”涉及的方向包括但不限于智能硬件研发、智能软件研发、数字建模仿真、人工智能、产品全生命周期管理、智能机器人研发等。“智能制造创新研发类”赛项包括 4 个赛项，具体为：

(1) 智能制造创新研发类赛项：自由探索方向(原智能创新研发赛项)。

（2）智能制造创新研发类赛项：企业命题方向（原企业命题赛项）。

（3）智能制造创新研发类赛项：产品全生命周期管理（PLM）方向（原PLM产线规划赛项）。

（4）智能制造创新研发类赛项：协作机器人方向（原协作机器人赛项）。

“智能制造工程设计与应用类”赛项包括4个赛项，每个赛项均分为本科组、高职组。本科组重点培养参赛选手的设计能力，包括但不限于控制算法、排产调度、智能网关、工艺优化、工程设计以及工程方案实施等。高职组重点培养参赛选手的应用实施能力，包括但不限于控制方案设计、工程实施，故障排查等。

（1）智能制造工程设计与应用类赛项：流程行业自动化方向（原连续过程设计开发赛项）。

（2）智能制造工程设计与应用类赛项：离散行业自动化方向（原逻辑控制设计开发赛项）。

（3）智能制造工程设计与应用类赛项：离散行业运动控制方向（原运动系统设计开发赛项）。

（4）智能制造工程设计与应用类赛项：信息化网络化方向（原工业信息设计开发赛项）。

2. 中国大学生机械工程创新创意大赛智能制造大赛

中国机械工程学会、教育部高等学校机械类专业教学指导委员会、教育部高等学校材料类专业教学指导委员会、教育部高等学校工业工程类专业教学指导委员会联合主办[3]。

比赛从实际工业场景出发，以模拟的智能工厂生产线为依托展开，按照未来智能制造对人员技能的要求设置比赛项目。比赛内容覆盖智能工厂仿真与规划、系统集成与调试及数据分析等方面，不仅考察专业实战能力，更考察创新能力与解决实际问题的能力。

2020年比赛内容主题为“解构智能工厂，遇见新未来”，内容包含如下方面：

（1）赛项一：数字双胞胎与仿真。

通过数字化工业软件设计智能工厂及智能产线，建立产线的3D数字双胞胎，并对产线进行虚拟调试。

（2）赛项二：系统集成与调试。

在物理产线上进行系统集成与调试，使产线按既定工艺流程运行，涉及

PLC组态与编程、机器人调试与编程、网络通信、机器视觉编程与调试、系统联调等。

(3) 赛项三：工业大数据分析。

对生产过程中产生的数据进行建模分析，从工艺优化、质量检测、设备故障预测、成本优化等方面提出优化方案。

上述两项具有较高国内影响力的智能制造竞赛比赛内容体现了前文所总结的引领性、实践性、灵活性等优点。其中同济大学机械类学生参与了中国大学生机械工程创新创意大赛智能制造大赛的历届比赛，并取得优良的成绩。比赛的技术与能力要求，引导了智能制造专业实践类课程的建设方向，同时也对专业课程设置提供了参考。

五、智能制造大赛对实践教学的促进作用

学科竞赛以一种特殊的考试方式，强化和提升学生创新精神和实践能力的重要方式，使得学生可以熟练并灵活地掌握知识。它与课堂教学的理论教学紧密结合，用比赛的方式，可以激发大学生理论联系实践和独立思考的热情，可以整合课内外实践教育教学的环节和资源，使大学生更容易适应新的环境，提高学生在日常生活中发现问题、应对问题、解决问题的能力。

由于智能制造技术的高度复杂性与快速发展，智能制造学科竞赛还对智能制造工程专业建设和教学实践起到了更多的促进作用。

1. 贴近工业的真实性

当前智能制造大赛都是由行业协会(如机械工程学会)、智能制造领军企业或组织[如西门子，莱茵(TUV)等]牵头组织，比赛内容往往来源于实际生产需求，所使用的软、硬件平台也基本为一线生产工具，因此，大赛非常贴近工业生产实际。学生在准备、参与比赛过程中，可以近距离地了解实际生产场景，有利于弥补长期以来在工程教育中存在的教学内容与实践相去甚远的问题。

2. 顺应智能制造技术发展的及时性与灵活性

由于竞赛考题可以逐年更新，时刻跟踪智能制造技术发展的方向与热点，相较于数年才能更新的专业教材，竞赛的反应速度和灵活性要高很多，有利于学生了解追踪学科发展前沿，保持学习兴趣，也有利于学生更早接触日后硕博阶段可能的研究方向。

3. 兼顾专业技术能力与个人软素质的全面性

智能制造技术范围广泛，以竞赛形式将大量分散的知识点串联，同时在竞赛驱动下，推动学生更加熟悉工程/项目需要，有目的地查找学习相关知识，培养自我学习、主动学习意识。此外，在准备与参与竞赛过程中，加强朋辈合作，高年级引导带动低年级学生，逐步形成学生与竞赛团队相互促进、相互发展的良好态势，是培养学生协调沟通、互帮互助等软素质的良好契机。

六、赛教结合的探索

当前在智能制造工程专业中，虽然在大三下学期设定了 2 学分竞赛课程，但此课程主要是对竞赛中涉及的较有难度的理论部分进行理论知识补充，并不足以完全发挥智能制造竞赛对专业学习的促进作用，考虑智能制造工程专业建设与智能制造竞赛的特点，可以从以下几点发挥智能制造竞赛对专业学习的促进作用。

(1) 将智能制造大赛赛题涉及的知识点作为专业课程设置与课程设计的重要参考依据。

(2) 将智能制造竞赛作为学生了解与接触专业发展前沿与需求的重要窗口。

(3) 将参与智能制造竞赛作为学生参与工程实践的重要环节、鼓励学生参与竞赛。

(4) 将参与智能制造竞赛作为选拔具有突出科研潜力与工程能力高素质学生的主要依据之一。

七、总结

学科竞赛是大学生理论联系实际的最佳途径，在准备与参与竞赛过程中不断地发现自我知识构成与能力不足并针对性地自我学习与提高，可以极大地提高大学生学习的积极性和主动性，完善学生的知识结构，提高学生的实践与科研能力及互助、沟通、坚韧等能力。在智能制造工程专业建设中，应积极融合智能制造竞赛，以赛促学、以赛促改、以赛促教，从而更好地培养高素质智能制造人才。

参考文献

[1] 唐堂，滕琳，吴杰，等.全面实现数字化是通向智能制造的必由之路——解读《智能制

造之路：数字化工厂》[J].中国机械工程，2018，29(3)：366-377.
[2] 吕铁，韩娜.智能制造：全球趋势与中国战略[J].人民论坛·学术前沿，2015(11)：8-19.
[3] 辛国斌，田世宏.国家智能制造标准体系建设指南(2015年版)解读[M].电子工业出版社，2016.

浅谈创新竞赛对“双一流”高校能源类学科建设的推动作用

——以全国大学生节能减排大赛为例*

朱 彤　唐裕祯　高乃平　陈德珍

同济大学机械与能源工程学院

摘要　传统的能源学科存在教学体系和教学方式偏重理论知识，教学环节缺乏实践操作的问题，学生对能源专业的理解不深刻，创新精神不足，解决相关问题的能力欠缺。本文通过全国大学生节能减排大赛项目及其实施，探讨了能源类高水平学科竞赛对推动国家创新发展，助力“双一流”高校建设的促进作用，提出了国家层面建立完善的学科竞赛保证机制等建议。

关键词　学科竞赛　能源学科　创新人才培养

一、引言

习近平总书记指出，只有培养出一流人才的高校，才是世界一流的大学。2015 年，教育部决定统筹推进建设“双一流”高校。2018 年相关各部门联合印发《关于高等学校加快“双一流”建设的指导意见》，提出培养创新型人才，加强专业建设以及建立科教融合机制，这是“双一流”建设的核心与重点，以人才培养为中心及最终目标构建学科建设和科教结合[1, 2]。

能源战略直接影响着国家的产业发展，是国家重大发展战略的重要组成，具有能源大局观、全局观、独立思维能力，创新能力强、解决问题能力强的综合性人才才能适应当前能源行业的发展。这也对高校能源类专业的培养模式提出了新的要求。回顾我国高校的能源专业的本科教育情况，虽然学校在扩招，专业在进步，但实际教学仍在延续“理论为主，实践为辅”的传

* 2019 年同济大学研究生教育研究与改革项目(ZD1903010)。

统教育理念和培养模式[3-5]，主要表现在：

(1) 高校能源类本科教育偏重理论知识而忽视实践操作，科研与教学融合不足，缺少创新培养的氛围，学生的创新意识和应用能力薄弱，综合素质无法提高，不利于一流人才的培养。

(2) 学生对能源专业的了解囿于书本知识，教师与学生的交流局限于课堂，对专业的全局应用与发展前景理解不够深刻，无法突出学科的优势与特色，不利于能源专业的建设和专业型人才的培养。

经过多年实践发现，高水平的学科竞赛作为全面提升高校办学水平的一项重要举措，具有创造性、探索性和科学性特征，不仅是培养复合型创新人才的有力手段，也是评价高校科研水平的重要依据[6]。

以全国大学生节能减排大赛为例，该赛事是唯一由教育部高等教育司主办的能源类专业全国性竞赛，影响力大，范围广，一方面，赛事紧密围绕国家能源与环境政策，紧密结合国家重大需求，在紧密结合理论授课的基础上，为学生提供了施展能力的平台，既激发学生的创新思维，也对学生的专业实践能力进行了考查，并极大地激发了学生的自主精神和对专业的兴趣，有效提升了参赛学生的自信心和创造力；另一方面，在竞赛中获得的成果也提高了高校的科研能力，促进了本学科建设。所以该竞赛在“双一流”高校的能源专业建设中发挥了极大的推动作用，有效促进了同济大学能源学科的建设。以竞赛为载体、以项目为驱动，推进竞教结合，这也是目前高校进行实践教育改革的关键思路。

本文以机械与能源工程学院学生参加全国大学生节能减排大赛的项目“具有负荷预测功能自学习系统的高效智能型热水机”为例，具体阐述该赛事对能源学科“双一流”建设的人才培养、专业建设以及科教融合的推动作用，并对未来该类赛事的完善保障机制提出建议。

二、“具有负荷预测功能自学习系统的高效智能型热水机”项目简介

1. 项目选题

本项目来源于日常实践，参与学生自建团队，针对现有饮用热水机存在的高能耗、低使用效率问题，提出了项目设想。在教师的指导帮助下，对校内在用饮用热水机进行了充分调研，同时对不同应用场景的饮用热水机能耗进行了广泛调研，并进行了深入的文献查阅。在此基础上提出了课题“具

有负荷预测功能自学习系统的高效智能型热水机”（以下简称“热水机”项目）。

2. 项目实施

本项目的完成需要学生灵活掌握热力系统、热量传递、能量守恒等方面知识，涉及能源与动力工程专业的主要课程传热学、工程热力学等诸多专业基础课知识。在指导教师的帮助下，项目团队确定技术路线，进行任务分工，通过头脑风暴，确定项目目标是减少能源浪费，优化能源利用方式，利用数据挖掘技术预测热水机负荷。接着利用专业知识对问题进行分析，对热水机的结构和运行模式进行优化设计，确定实验方案。为减小湍流扰动传热和提高能源利用效率，改良后的模型采用分段式加热和布水器进水模式，同时引入了智能的自学习自动控制系统，可对用水人数及高峰期进行统计，得到一段时间内用水量在一天的变化趋势，最终根据趋势进行用水预测并且不断更新数据完善自身运行，以实现自动控制加热的目的。实验研究过程中，采用了热电偶温度计和流量计等热工测量仪器测量了不同高度、不同流量下的温度分布；最后通过实验对比验证其能源利用节能性和经济性。

3. 项目收获

该项目最终获得“第十二届全国大学生节能减排社会实践与科技竞赛”三等奖。项目的获奖是对所有参赛学生的认可，在这一过程中，不仅是对学生课程学习的一次重新梳理，更是学生对这些知识的一次实践。这些学科不再是单独的考试学科，更是彼此关联的有机整体；不再是痛苦枯燥的考试、课程作业，而是为了解决问题的艺术。而且通过这些项目，也帮助这些参赛学生感受到了团队、责任和协作的力量。

三、“热水机”项目对学科发展的推动作用

1. 推动创新人才培养

节能减排大赛采取的是学生自拟题目、团队参与、现场答辩、权威专家评审的竞赛模式，每个环节都在锻炼和考验学生的思考能力、学习能力、实践能力、团队协作能力以及表达能力。这也正是“双一流”高校学科的建设目标。

(1) 自拟题目可以促使学生发挥学习主动性和积极性，在规定时间内进行头脑风暴，扩展发散创新思维，覆盖范围较广；培养学生独立分析提出问题，将理论知识与实际问题相结合，分析思考得出解决方案的能力。

(2) 以团队的形式参加比赛,增强了学生的团队合作和协调意识,提高学生的沟通交流能力,团队协作集思广益能达到“1+1>2”的效果;指导教师制也加强了教师与学生在课堂外的联系,起到更好的指导作用;同时,团队中的高素质综合型人才脱颖而出,发挥领导作用,得到更好的作品以及更佳的呈现效果。

(3) 作品成果的最终整理与呈现也锻炼了学生整合知识、分析结果、思维逻辑以及现场表达的能力,专业权威专家的考评提高了竞赛的“含金量”,也是对学生研究成果和科研能力的肯定,增强学生的学习自信心。

节能减排大赛在各方面提升了参赛学生的综合素质,提高了学生的创新能力。

2. 推动能源专业建设

本次学生参赛的“热水机”项目,是对专业知识的一次良好实践与应用。项目的完成过程涵盖了物理学、统计学、计算机科学、经济学等多门学科,以及能源类专业的传热学、工程热力学、热工仪表测量、能源自动控制等多门课程,达到了在竞赛中学科交叉融合的目的,为能源学科建设中打破学科壁垒,实现多学科跨界、多课程融合提供了解决思路,也让学生在实践中加深了对能源专业在解决实际问题中的应用和广阔前景的认识,突出了能源学科的优势和特色。

3. 推动科教融合机制

科教融合机制是高校教学改革的关键,科教融合主要体现在两个方面[4]:一方面,教师将研究成果转化为授课内容,为学生提供专业前沿知识;另一方面,以科学研发和先进的科学技术手段为支撑,鼓励本科生积极参与科学研究,培养学生的创新精神和动手能力,学会运用高效便捷的科学技术手段,为项目的可实施性提供保障。

通过“热水机”项目,全国大学生节能减排大赛为能源类科教融合机制提供了良好践行。项目进行过程中,指导教师根据多年的科研经验、掌握的前沿知识以及对专业发展的理解,为学生项目的研究方向提供有益的思路和理念。在“热水机”项目中,指导教师在项目开题以及研究方法上提出了专业建议,学生在实验研究过程中,还采用了模拟研究手段作为辅助,例如三维 Solidworks 建模软件和 FLUENT 流体流动传热仿真软件等,保障项目的可实施性并对实验结果进行了一定程度的预测,丰富了学生的研究方法,提高了学生的科学研究素养和水平。

综上所述，学科竞赛对培养高水平创新人才和团队，加强学科建设突出其优势与特色，促进科教融合、相互促进的协同培养机制发挥着重要的推动作用。

三、建立发展学科竞赛的完善保障机制

在能源类专业，目前高水平的赛事不多，仅有全国大学生节能减排大赛是远远不够的，现有的制度仍不完善，对学科竞赛的支撑不足，所以建立一个完善的促进学科竞赛的保障机制十分必要。

1. 积极开展各类学科竞赛

目前关于能源类的指向性学科高水平竞赛种类和数量较少，全国性学科竞赛中，仅有节能减排大赛和“挑战杯”赛，且因全国性的赛事认可度高，赛事难度较大，参数的学生数量有限，限制了学科竞赛的受益面和作用。

为此，建议各高校积极开展校级或院级竞赛及院校间的赛事，竞赛多样化，加大学科竞赛的宣传力度，为学生提供更多便捷优质的学科竞赛平台，鼓励更多的学生参与到赛事中，提升学生参与感和创新精神，培养学生的自信精神和对知识的灵活掌握能力[3, 7]。

2. 改革学科竞赛指导和考核机制

为更好指导学生参与学科竞赛，高校应组建优秀的专业教师指导团队，根据不同的赛事和主题制订详细的选拔方案，筛选出最优秀的参赛作品，并因材施教，给予学生适宜的指导方法。同时，为了激励学生重视学科竞赛，应适当改变学生的考核和评价体系，将学科竞赛加入最终成绩评定中，如学生应通过参加学科竞赛获得相应的创新学分才可顺利毕业[7, 8]。

3. 加大对实验室的投入建设

学科竞赛项目应贴近实践，所以实验室是项目的基础和支撑，但大部分高校实验室的硬件仪器设施不能满足项目研究的需求，因此需要在经费允许的情况下加大对实验室硬件设施的更新和改善，建立科学的实验室管理模式，服务于学科竞赛的开展[3, 5]。

4. “产科教”三结合

“产科教”三结合是指将教学、科研和成果产品化相结合。实践的指导基础是理论，所以在强调实践重要性的同时也要抓好理论知识的学习，高校应当引入优质课程，加强教师专业授课，丰富学生理论知识。同时，高校应当加强与企业的合作，将学生的优质研究成果转变为具有生产价值的产品，

提高学生的创新热情，实现高校企业的合作双赢[2,3]。

四、结语

对于参赛学生而言，全国大学生节能减排大赛帮助他们在校学习阶段，更有计划、更有激情地感受了能源是什么，能源专业对他们意味着什么，创新是什么，团队是什么。对于学校而言，该大赛为能源学科实现学科融合、科教融合提供了解决思路，促进了学科的“双一流”建设。鉴于此，应完善学科竞赛机制，建立多重学科竞赛平台，构建专业教师指导团队，鼓励更多的本科生参与到竞赛中来，使得“双一流”高校的建设步伐更快。

参考文献

[1] 白逸仙，耿孟茹.跨界融合："双一流"建设高校教改新方向——基于40所高水平工科行业特色型高校的实证分析[J/OL].湖南师范大学教育科学学报，2020-06-17(4)[2020-06-29]. http://kns.cnki.net/kcms/detail/43.1381.G4.20200617.0829.002.html.

[2] 杨国富，付慧真."双一流"建设背景下高校跨学科性与学术影响力的国际比较——以环境科学领域为例[J/OL].高等工程教育研究，2020-06-16(3)[2020-06-29]. http://kns.cnki.net/kcms/detail/42.1026.G4.20200615.1025.054.html.

[3] 陶成，徐克，吴相威，等.学科竞赛对大学生创新能力培养影响分析——以数学建模为例[J].中外企业家，2020(16)：150-152.

[4] 白逸仙.建设一流本科重在四个融合[J].湖南师范大学教育科学学报，2019，18(2)：23-26.

[5] 张铁强.基于学科竞赛的创新人才培养模式研究[J].成才之路，2017(11)：1-2.

[6] 马爽，李赫，刘新鑫，等."双一流"背景下的创新竞赛＋实验教学改革研究[J].黑龙江畜牧兽医，2019(1)：166-170.

[7] 刘东，朱子江，邓小光.竞教结合提升学生创新能力的实践研究[J].现代计算机(专业版)，2012(34)：8-10.

[8] 刘红梅，胡瑞.学科竞赛对机械类大学生实践和创新能力的培养[J].轻工科技，2017，33(4)：166-167.

基于工坊教学法的跨学科课程研究
——以人行桥设计与建构跨学科课程为例

任丽莎　孙　哲
同济大学设计创意学院

摘要　设计教育所面临的是越发复杂和不确定的世界，如何让设计教育培养的人才与现实世界接轨，在理论教学之外，更需要来自社会多方、多维的评价反馈。2017—2019年，同济大学设计创意学院联合同济大学土木工程学院桥梁工程系开展了“人行桥设计与建构”跨学科工作坊，从设计、结构、建筑等多个学科视角共同建构城市空间尺度的“大产品”——人行桥。重点从数字化建构、行人体验延展到人行桥在城市空间的定位，同时也涉及对可持续、生命周期等议题的讨论。利用工坊教学法打破学科壁垒，促进不同学科背景的学生彼此欣赏、理解、交融，促进最终设计成果碰撞出不同的火花，向高水平迈进。教学成果多次在国际桥梁设计竞赛中取得优异成绩，竞教结合的方式对于学生的培养也从对专业技能的提升到兼顾对道德发展以及社会影响力的教育。

关键词　设计竞赛　跨学科　工坊教学

一、引言

自1999年高校扩招以来，中国的设计类学生人数不断攀升，导致设计人才市场的供需关系逐渐失衡。其中最明显的特征即设计类实习岗位不断缩减，设计学生在无法获得相应“实战经验”的现状背景下，参加各类设计竞赛成为替代“演习”的主要途径[1]。同时，设计教育所面临的是越发复杂和不确定的世界[2,3]。如何让设计教育培养的人才与现实世界接轨，在理论教学之外，更需要来自社会多方、多维的评价反馈，以实现设计“T型”人才培养目标[4]，即在本科阶段对学生的各项技能进行纵深培养，而在研究生和博士阶段横向培养学生解决多学科复杂问题的能力。竞教结合的方式利于和提高学生学习主动性和综合解决问题能力[5, 6]，更利于学生团队合作能力、多学科整合能力、针对性自主学习能力[7, 8]的培养和训练。

图 1 为立体“T 型”设计教育框架（在本科阶段对学生的各项技能进行纵深培养，而在研究生和博士阶段横向培养学生解决多学科复杂问题的能力）

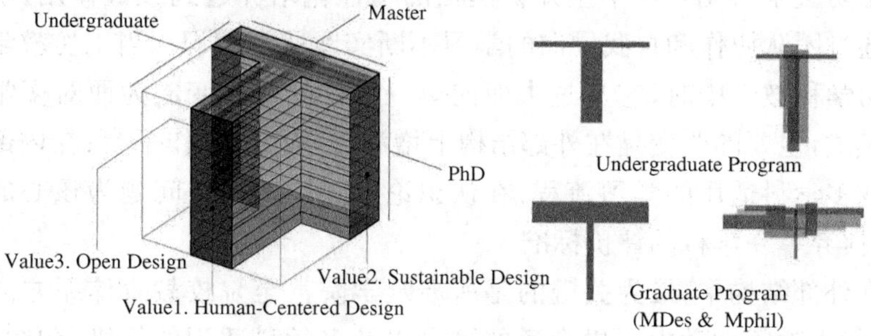

图 1　立体“T 型”设计教育框架

同时，设计本身就是不同形式的知识交融结合，它天生具有组合材料、技术和思维的能力。随着 D.School 等在跨学科教学上的成功，越来越多的跨学科教育研究学者将目光转向”设计思维”。工坊教学法作为设计教育中的主要教学模式同样受到跨学科教育研究者的关注。工坊教学法是以学生为中心，受真实的问题或项目驱动，通过不断的实验与迭代给出答案的过程，已经被证明有利于团队的跨学科整合。它和跨学科研究所鼓励的以学生为中心来突破学科界限[10, 11]的方法不谋而合，和跨学科教育对于培养高阶思维批判性思维等，拓展学生多维度能力，理解科学和真实世界等[12]的目的异曲同工。研究者们认为工坊教学法提供了一个多样性观点共同合作的沟通环境，所有人在问题或项目的驱动下集思广益、交流创意和完善成果[13]，进行跨学科的整合。

基于此，2017—2019 年，同济大学设计创意学院工业设计系联合同济大学土木工程学院桥梁工程系以及中国美术学院城市空间艺术系（2019 年）开展了“人行桥设计与建构”跨学科工作坊，从设计、结构、建筑等多个学科视角共同建构城市空间尺度的“大产品”——人行桥。在开课的三年间，课程重点从数字化建构、行人体验延展到人行桥在城市空间的定位，同时也涉及对可持续、生命周期等议题的讨论。对于学生的培养也从对专业技能的提升到兼顾对道德发展以及社会影响力的教育[9]，这同样也是常规的理论课程教学中缺失的部分。

二、跨学科教学理论模型：工坊教学法

回顾历史可以发现，工坊教学法作为设计教育领域的核心教学法，一直以来都随着设计学科的成长以及设计学对应的职业发展变更而不断发生变化。工坊教学法尤其对学生知识建构的个性化培养起到关键作用，学生在其中通过团队协作和自我导向的学习不断实践所学知识。当工坊教学法被引入跨学科教学中时，它从过去面向单一学科的模式变成为面对多学科的教学模式，主要的改变是在外部结构上增添多学科的合作平台；在内部结构中采取多学科适用的学习流程；在认识论中强调以解决问题为核心的教学目标，摒弃单一学科的评价标准。

在外部结构中，最为关键的是所涉及学院甚至院校教育体系之间的合作，它能为教师和学生提供合适的平台以及多学科适用的规则（包含课时、评分标准、学分及教学空间，多个学科的教师能够有同等的参与度等）。其次，合适的选题也在其中起到了重要作用，选题需要结合多学科教师的特征、教学条件并匹配给合适的学生。

在内部结构中，知识的融合与差异成为结构的重点，不论是在界定问题，还是生成方案的环节，学生从不同的专业视角出发生成概念，视觉化甚至将概念方案通过实物模型的方式进行表达，在讨论、争辩、对比的过程中不断打磨、筛选、综合从而实现深度的学科交融。这也体现了工坊教学法隐含的跨学科认知模型，分别可以从“沟通”“过程”“成果”三个维度进行评价，突破了传统课堂教学“理解—应用”的二维评价，也为设计成果评价增添了更加多元的指标依据。

三、实例课程研究

“结构”是跨学科的一个交叉点，从工程的角度来看，“结构”是承重的建筑内核，而对于设计来说，“结构”是一种解决问题、美感创造的方式。因此，“结构”是技术与美学之间的平衡，这种平衡并不多见，主要源于设计和工程的学科发展差异导致的两种不同的职业发展导向的培养模式，其中包含了思维方式、价值取向、学科知识体系、目标需求。例如工程师强调技术细节和成本，而设计师关注设计语言和表现形式，然而一批像施莱西（Jorg Schliach）和卡拉特拉瓦（Santiago Calatrava）这样的优秀桥梁设计师都是跨专业的实践者，这背后所需要的整合式的教育模式是目前高等教育中普遍

缺失的。

人行桥作为一种特殊的建筑形式，有其强大的空间表现力，因此，在跨学科课程的合作中，我们选择人行桥作为设计对象进行跨学科的教学探索。同时，结合学科竞赛，在课堂之外融入更多不同学科背景的专家意见，让概念性的原创设计作品获得来自真实世界的评价声音，从项目的可行性、落地性、可复制性、创新性等多个维度进行评价，真正实现课程"边学边做"的跨学科课程目标。

1. 课程描述

人行桥跨学科课程由同济大学设计创意学院和土木工程学院在2017年联合开设，课程持续了三年，招募来自本科三年级工业设计方向的学生以及桥梁工程专业本科四年级和研究生一年级的学生，并在第三年招募中国美术学院城市空间设计系本科三年级的学生共同参与。

三年中，课程持续更新升级以促进学科间的合作。在时间上，课程周期从第一年的5周增加至第三年的8周；在主题上延续从各个角度对人行桥的类型进行创新，包括运用参数化设计进行形态创新、为静态的人行桥增加"动"势考虑结构创新以及第三年回归将人行桥视作一种特定的空间类型，从社会文化、历史传统角度对其进行重新构造；在课程环节设置上，在第三年增加了对前两届人行桥设计方案的讨论会与学科视角转化工作坊，增加学科对话增进合作的深度（表1）。

表1　2017—2019年人行桥设计与建构课程设计

年份	课程周期	参与学生	课程主题	小组数量	小组配置	设计成果获奖情况
2017	5周	28	Dream Big 参数化	7组	2设计＋ 1～2工程	《济梦桥》获2018年世界大学生桥梁设计大赛特等奖；《同心桥》获三等奖
2018	6周	27	Inner Action 感·动	9组	2设计＋ 1工程	《林间》获得2019年世界大学生桥梁设计大赛特等奖；《Cubes of Growth人行桥》获首届大学生创意节创意环境设计类三等奖
2019	8周	58	Wandering city 漫/行	12组	2设计＋ 1工程＋ 1建筑	—

2. 课程产出

学生在跨学科课程中结合参数化建模思路，利用 CAD、Rhino、扩展参数化插件 Grasshopper 以及一系列结构分析模型实现了人行桥数字化设计与建构。除此之外，最后的成果还包含了 1∶10 的场地、人行桥实体模型以及对应的结构单体模型。模型是学生在课程中对人行桥这一大体量空间产品反复推敲、拟真的结构，但实际的模型制作结构又是一道检验设计可行性的关卡，学生利用设计创意学院工坊设备进行激光切割或 3D 打印历经两周最终完成模型的制作(图 2)。

图 2 人行桥设计与建构课程部分学生成果

3. 竞赛——课程延续

2017 年，人行桥的课程作品在“中交公规院杯”2018 世界大学生桥梁设计大赛中获奖。该桥梁大赛由国内土木工程的资深专家参与评审，评审结果有相当的专业性与公平性，课程作品《济梦桥》和《同心桥》脱颖而出，作为为数不多的本科生团队，连续两年斩获特等奖。

每年的课程都开设在秋季学期，距离来年的桥梁设计大赛尚有近半年的空档期，这意味着参赛学生在这段时间内仍然可以继续补充、完善、提升设计。以《林间桥》为例(图 3)，它从弹簧的管状螺旋空间中得到启发，使用鳞片的形状作为桥面板的片状搭接，通过下部转动的销轴连接，使人走在桥面的时候出现桥面结构的下沉，外伸栏杆顶端靠近，让栏杆运动与行人足迹形成互动，借以形成特殊的趣味桥梁体验。它挑战了桥梁在工程设计上一贯注重安全、稳固的思维，创造出一个“不稳定”体验的桥梁。从工业产品的角度，这座桥的整体形态明快而简洁，富有美感和趣味性；从桥梁工程的角度，该桥梁的设计实现了“不稳定”但安全的工程设计，能够满足生理体系的要求；从建筑学科的角度，它的体量感和周围的环境有很好的融合。而在竞赛方案中，考虑到结构的安全性和项目的落地性，原本悬索吊桥的形式，通过增加张拉结构形成拱形，使桥面所受的力在桥体内部分解。这背后蕴涵着学生内部之间以及学生与不同背景指导教师之间的学科沟通和话语角力，这一过程也体现了竞赛与课程之间的良性互动关系。

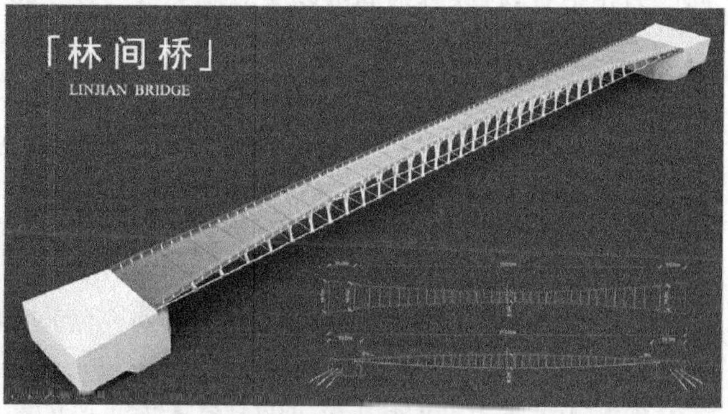

图 3 《林间桥》课程作业与最终获奖作品对比
（图片来源：王傲，闵麟婷，徐曼）

四、结论

跨学科背景下的工坊教学法不能简单理解为多学科学生参与，而是在于多学科间教学系统、多学科师生和多学科合作的关系。从跨学科整合的角度看，工坊教学法实际上实现的是学生和教师共同的合作。在外部结构方面，它着重于建立多方公正的跨学科管理平台，以及预设合作学科的范围。在内部结构方面，学生活动是多学科学生间整合知识的过程，它包括最开始的建立共享知识、建立共享问题，再到后来针对学科边界问题的激烈碰撞，以及制作模型引发的学科反思。教学活动为学生活动提供方法、知识补充等的支撑性课程，并以批评的形式促进学生活动的持续推进。

"人行桥的设计与建构"作为一门土木和设计专业的跨学科联合培养新兴课程，直面学科界限，以工坊教学的形式使学生能将自己的技能运用到其他领域，以新的工作方式工作。它有效地利用了不同学科的学生在知识结构上的差异性来设计课程，避免了无意义地整合知识。同时，它利用位于学科边界（聚焦技术、对象等）的选题来促进整合，更有针对性地展开合作。教学活动以促进学科整合为目的，以讲座和批评分别对应跨学科整合的前期与中后期，有效帮助土木学生和设计学生互相建立共享知识，进行学科观点的整合和创新。课程与学科竞赛相辅相成，在课程中以学科竞赛作为课程成果的可选去向，为学生的跨学科协作学习注入了强心剂；同时，在长期备战竞赛的过程中，参与学生不断精进所涉及的多学科知识，真正将横向和纵向能力相结合，打破思维局限以应对现实世界复杂多样的挑战。

参考文献

[1] 许江，顾平.德国红点设计概念奖影射下的中国工业设计教育[J].艺术设计研究，2014(2)：81-85.

[2] Rittel，Horst W J，Melvin M Webber. Dilemmas in a General Theory of Planning [J]. Policy Sciences，1973(4)：155-169.

[3] Buchanan R. Wicked Problems in Design Thinking [M]. London：The MIT Press，1992.

[4] 娄永琪，马谨.一个立体"T 型"的设计教育框架[M]//新兴实践：设计中的专业、价值与途径. 北京：中国建筑工业出版社，2014：228-251.

[5] 文茜茜.以学科竞赛为导向的工业设计专业实践教学优化设计[J].文教资料，2018，797(23)：173-174.

[6] 曾力，梁家年.专业竞赛在工业设计实践教学体系中的价值再认识[J].美术教育研究. 2016(19)：60-62.

[7] Bielefeldt A R，Lewis J，Polmear M，et al. Educating Civil Engineering Students about Ethics and Societal Impacts via Cocurricular Activities[J]. Journal of Civil Engineering Education，2020(146)：1-10.

[8] Huang Z L，Peng A N，Yang T G，et al. A Design-Based Learning Approach for Fostering Sustainability Competency in Engineering Education[J]. Sustainability，2020，12 (7)：2958.

[9] Klein J T. A Platform for a Shared Discourse of Interdisciplinary Education[J]. Journal of Social Science Education，2006，5(4)：1026.

[10] Kek M Y C A，Huijser H. Focusing on Learning Outcomes and Authentic

Interdisciplinary Problems[M]// Problem-based Learning into the Future. Springer Singapore，2017.

[11] Indriani M N，Thanaya I N A，Astana N Y，et al. Conceptual Framework of Knowledge Sharing and Project Team Performance Relationship in Design and Build Project[J]. IOP Conference Series：Earth and Environmental Science，2020，419(1)：12.

[12] You H S. Why Teach Science with an Interdisciplinary Approach：History，Trends，and Conceptual Frameworks[J]. Journal of Education & Learning，2017，6(4)：66.

[13] Mamykina L，Candy L，Edmonds E. Collaborative Creativity[J]. Communications of the Acm，1996，45(10)：96-99.

汽车自主创新复合型领军人才全链条培养模式建设与实践

李理光　邓　俊　吴志军　熊　璐　李彦龙
同济大学汽车学院

摘要　面向“由大变强”“汽车新四化”的需求，培养具有国际竞争力的汽车行业未来自主领军人才已成为当前汽车人才培养的巨大挑战。本文基于FSAE赛事，通过复杂赛车设计和制造全面培养学生解决复杂工程问题能力，围绕车队建设的全链条不同阶段解决复合型人才培养的关键难题——非技术能力培养，构建复合型人才的多学科交叉培养平台；实现本研贯通、政产学研贯通、国内和国际贯通的面向传统工科新人才需求的创新课程和学生全链条培养模式，为培养中国未来汽车的技术和管理等综合型领军人才提供培养方式的支撑。

关键词　领军人才　复杂工程问题　赛车设计　多学科交叉　全链条培养模式

一、引言

汽车产业是推动新一轮科技革命和产业变革的重要力量，是建设制造强国的重要支撑，是国民经济的重要支柱。目前我国的《汽车产业中长期规划》已正式出台，这一规划的实施，需要与之配套的人力资源为支撑[1]。中国汽车工业连续十二年世界产销量第一，面向“由大变强”“汽车新四化”的需求，在汽车新技术革命和产业结构调整的时代背景下，汽车人才培养的跨专业、跨学科协同发展的特点尤为突出，对从业者知识的系统性要求日益提升。应对汽车行业重大变革和创新、服务国家强国发展战略的要求，培养具有国际竞争力的汽车行业未来自主领军人才已成为当前汽车人才培养的巨大挑战。

世界汽车产业发达国家对于汽车人才本科阶段的教育非常重视，我国在本科汽车人才培养方面仍存在差距。主要体现在以下几个方面：

（1）面向新工科建设主体内容——传统工科专业新要求，如何实现传统工科专业培养内涵的可持续性升级改造，促进核心课程体系的改革和教学内容的与时俱进；

（2）针对工程专业教育的核心难题——复杂工程问题能力培养，如何在人才培养全过程构建培养体系并探索实施体制机制；

（3）针对复合型人才培养的关键难题——非技术能力培养，如何通过培养体系的全链条设计、竞教结合、第一第二课堂联动、政产学研协助实现学生团队合作能力、创新思维、全球视野、自我学习能力、社会责任等能力素质的培养。

各高校对标《工程教育认证标准》，从提高生源质量、明确培养目标、清晰毕业要求、强化持续改进、优化课程体系、完善师资队伍和保障支撑条件等方面入手进行改革；加大了实践课程的学时，以提高学生的动手能力和所学技术的运用能力；加大了毕业设计中工程设计类的比重，提高了企业专家指导毕业设计的比重。无论是以培养研究型人才为主的院校，还是以培养应用型人才为主的院校，都将学生的工程素质培养放在第一位。

可见，工程能力全链条培养体系的建立与完善，是汽车专业教育的核心工作，其内涵是现代工科教育体系所提出的创新型、实践型、领军型人才培养。早在20世纪70年代，美国汽车工程师学会(SAE)就创办了面向大学生的综合性工程教育赛事，即FSAE赛事，通过创新竞技团队的形式提升大学生创新实践能力，这是世界上最早的汽车预备工程师培养模式。此后，该模式迅速在全世界各大洲的高等工程教育当中采用，尤其是在北美、西欧以及日本等地汽车工业高度发达地区。未来二十年，将是我国由汽车大国向汽车强国转变的关键时期，依托综合性工程教育赛事，结合我国国情，建立竞教融合全链条中国汽车自主创新复合型领军人才培养体系，必将是我国建设汽车强国所需人才体系的重要支撑与先决条件。

从2010年开始，FSAE赛事正式在中国举办，即中国大学生方程式汽车大赛(FSC)，该赛事目前已成功连续举办十届比赛，培养了大批优秀汽车人才。同济大学翼驰车队成立于2007年，是国内最早的FSAE车队之一。车队通过学校、学院及赞助商的支持，每年设计、制造赛车，定期参加国内、国外FSAE赛事，成绩优异，并且独立管理、独立运营，是一个非常自由的学生组织。

本文基于 FSAE 赛事，通过复杂赛车设计和制造全面培养学生解决复杂工程问题能力，围绕车队建设的全链条不同阶段解决复合型人才培养的关键难题——非技术能力培养，构建复合型人才的多学科交叉培养平台；实现本研贯通、政产学研贯通、国内和国际贯通的面向传统工科新人才需求的创新课程和学生全链条培养模式，为培养中国未来汽车的技术和管理等综合型领军人才提供培养方式的支撑。

二、全链条中国汽车自主创新复合型领军人才培养体系

1. 全链条汽车人才培养新模式

通过本研贯通、政产学研贯通、国内和国际贯通建立传统工科专业全链条汽车人才培养新模式。

在课程建设方面，开展针对汽车构造、整车设计、汽车造型、汽车竞赛理论与实践等课程和毕业设计的改革，在建设上海市精品课程"汽车构造"中，融入发动机拆装大赛和教具制作等环节；在课程设计中引入与保时捷合作的专题赛车底盘设计讲座；在造型设计课引入赛车设计大作业；针对赛事专门新设汽车竞赛理论与实践课；围绕赛车设计，在毕业设计阶段年均设专项毕设 5 项。进一步构建从基础课、专业基础课、专业课程到毕业设计全链条的人才培养课程体系(图 1)，促进本研教育的贯通。

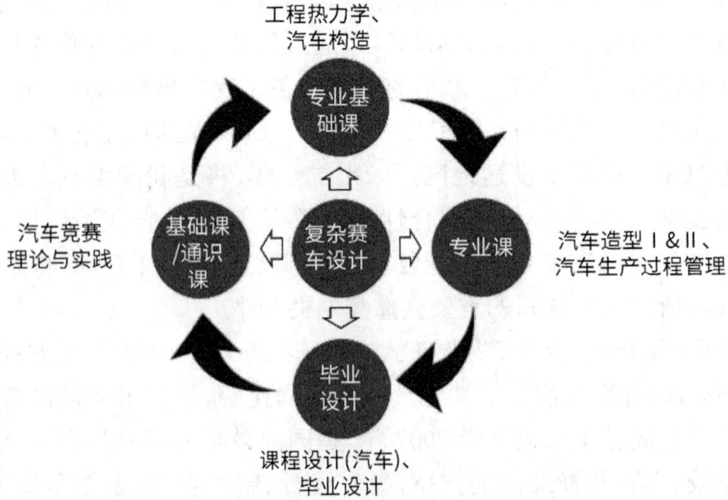

图 1　全链条人才培养课程体系构建

在动手和实践能力方面，强化实践环节，针对汽车产业最新发展趋势，促进核心课程体系的改革和教学内容的与时俱进（面向新四化）；在专业课中增加认知实习、企业实习等环节，实现产学研政综合教育的贯通。

车队作为实践基地，提供了实践的平台，丰富了实践教学条件，培养学生“有想法、会设计、能制造、敢拼搏”的精神。同时，车队促使学生能够接触到更多前沿技术并成功将其应用于赛车，是课堂理论教学的有益补充。车队技术应用和实践案例为学生的课堂教学提供了丰富的素材，最终促进了工程实践能力和成绩的显著提升。车队队员的保研人数占全院保研人数的18%，出国交流学生占全院本科出国人数的25%，并涌现出了一批优秀毕业生。其中车队队长和骨干刘寅童、舒强、卞江和童孙禹等在毕业后短短几年内，已经成为企业创新人才骨干，或成功创办了创新企业，担任企业主要经营负责人。经过该体系培养的学生，如张梓桐和廖逸飞两名同学，被录用为英国英菲尼迪工程学院实习生，其中张梓桐在2015年凭借从车队实践中培养的工程素养，从全国众多申请者中脱颖而出，获得了国内的唯一实习名额，也是中国首位获得此机会的人选，在尼桑欧洲技术中心和雷诺F1车队经历了一年的实习。一大批队员免试录取为研究生或国外留学深造，部分队员获上海市和同济大学优秀毕业生称号。

2. 多学科交叉培养平台

通过培养体系的全链条设计、竞教结合、第一第二课堂联动、政产学研联动，构建复合型领军人才的多学科交叉培养平台，解决复杂工程问题能力培养难题，如图2所示。

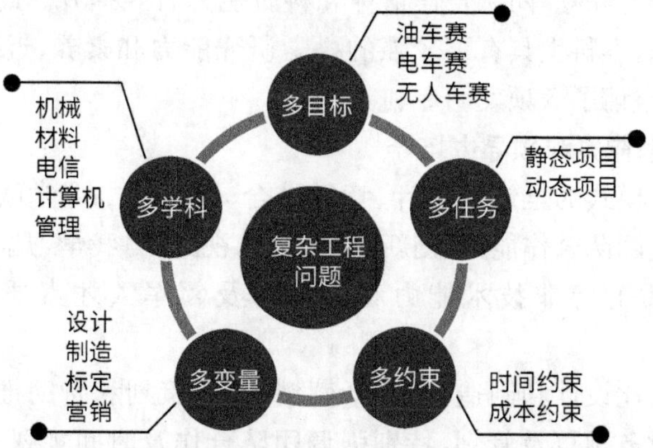

图2 解决复杂工程问题能力培养

赛车设计和制造是一项涉及大量复杂工程问题的过程，且赛事规定每年参赛赛车必须是新设计的，要求学生按照赛事规则进行为期一年的设计、制造、调试以及参赛，车队历年赛车如图 3 所示。赛车是在紧张的课余时间完成，进一步提高了赛车设计的创新性和难度。赛车设计，使学生不仅需要系统掌握第一课堂的理论，还需要通过第二课堂学习工程设计、仿真和控制等软件，同时不断开展新结构/新材料/新制造的零部件设计和制造的创新，如碳纤维轻量化车身、3D 打印进气管和空气动力尾翼等一系列复杂工程问题的设计和应用，有效提高了复杂工程问题解决能力。近百名车队在校本科生通过参赛，获中国汽车工程学会颁发的见习工程师资格证书。

图 3　翼驰车队历年赛车一览

通过该赛事，激发了学生学习的兴趣和动力，促进学生对课堂理论知识的掌握。车队累计申请国创、上创、SITP 等项目 70 余项，20 余人在车队完成毕业设计研究课题，团队合作精神和科研能力有效提升。此外，通过该培养体系的训练，本科生具有了较强的科学研究能力和素养，近年来发表了 8 篇学术论文，申请了 5 项发明专利。

3. 非技术能力和领导力培养

通过培养模式的全链条设计、竞教结合、第一第二课堂联动、政产学研协助实现学生团队合作能力、创新思维、全球视野、自我学习能力、社会责任等能力和素质的等非技术能力和领导力及领军人才素质培养，如图 4 所示[2]。

赛事不仅比设计和制造，还包括营销，市场策划和赞助推介，以及赛事组织过程和财务预算及管理，特别强调团队合作及时间规划与执行力。长达一年的高强度赛事全过程参与对复合型人才非技术能力的培养是其他课

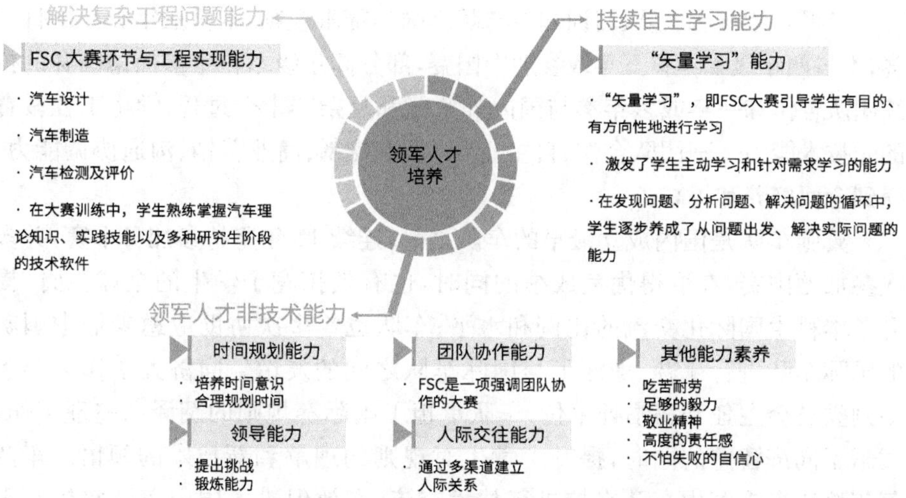

图4　FSC赛事对大学生综合素质能力的培养[2]

上和课下培养所不能相比的，已成为中国汽车人才培养的创新模式。车队实现自主学习、自主管理、自主设计、自主制造，有效激发了学生的创造力和积极性，学生能够经历赛车从概念开发到设计、制造、评价的完整正向开发流程，在设计、制造、成本控制、商业营销、沟通与协调能力等方面形成了完整的对内组织架构（图5），使学生的设计、开发、制造、营销等能力得到了全面提升，并多次获得赛事相关单项奖。通过本科一年级了解车队赛事，本科

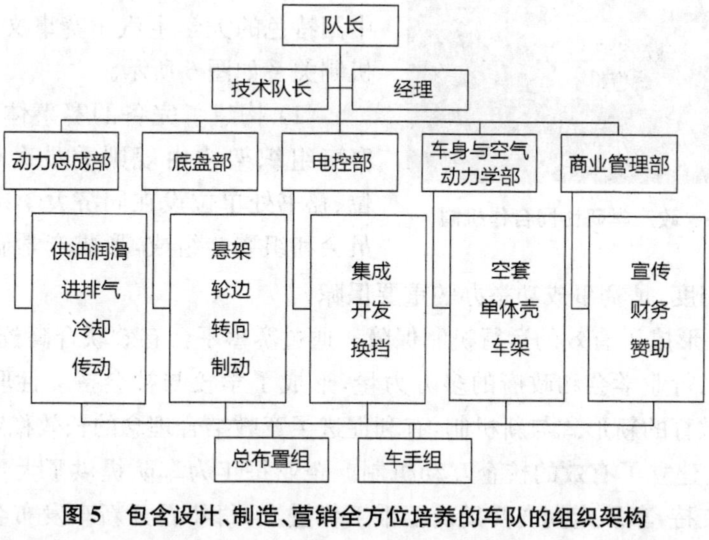

图5　包含设计、制造、营销全方位培养的车队的组织架构

二年级报名考核后入队、培训和参与翻译国际赛事规则，本科三年级参加日本赛，本科四年级和本科五年级参加中国赛，部分高年级本科生参加德国赛的持续团队合作和一年或多年参与国内外紧张和复杂赛事全过程，学生工程教育的非技术能力——团队合作、自主管理、成本控制、商业营销、沟通协调能力，得到全面培养和提高。

翼驰车队是国内成立最早的车队之一，连续11年坚持参加日本赛，并多次参加德国赛，在取得优良成绩的同时，也有效拓宽了学生的全球视野，提升了本科生国际化交流的比例和水平；车队也曾多次协助应邀参加中国赛的国际车队进行比赛，加深了与国际车队之间的友谊。同济大学作为赛事规则委员会主任和秘书处单位，车队承担了国际赛规则的翻译和整理工作，贡献了同济智慧的同时，提升了学生对规则的理解和新技术的领悟。车队每年接待多支国内车队来校进行技术交流，有效促进了国内车队整体水平的提升，同时培养了学生实现世界汽车强国梦的责任和担当。

4. 政产学研协同可持续合作机制

政产学研协同的中国大学生方程式汽车大赛平台，实现了大赛十年来的可持续性发展和扩大，弥补了高等工程教育所缺失的实践环节，创建了国内汽车人才工程教育竞教结合的国家级平台，被誉为“中国汽车工程师的摇篮”，也是世界规模和种类最大最全的大学生方程式大赛。

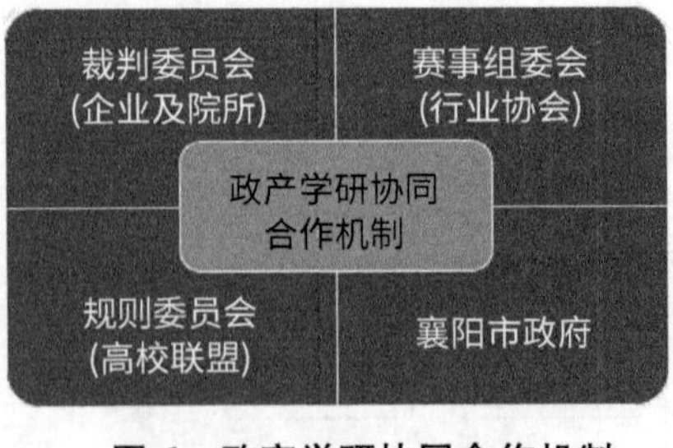

图6 政产学研协同合作机制

建立政产学研联合培养未来行业的精英和领军人的长效稳定机制，形成中国特色的大学生汽车赛事文化，协同机制关系如图6所示。

(1) 构建了完备的赛事体系保障。赛事组织架构由规则委员会（主任单位、秘书处单位设在同济大学）、裁判委员会和组委会组成，形成产学研政结合的长效制度，是赛事成功举办的重要保障。

(2) 形成了有效的运行机制保障。通过赛事平台有效联合高校、研究机构、企业、行业学会和政府的多方力量，形成了学校与社会持续性联合开展赛事和教育的新形式与新机制，有利促进了竞教结合理念的长效稳定发展。

(3) 建立了有效的校企互动机制。企业每年为车队提供了大量的物资和经费支持，车队定期向赞助商汇报工作进展，每年召开新车发布会和赛季总结会，加强与企业之间的联系；邀请企业深度参与赛事各环节，促进了企业深度参与和建设高质量人才培养体系。

(4) 形成了特色的赛事文化传播。形成中国大学生方程式赛事文化，带动和影响国内外高校车队积极参与；每年向对口中小学进行赛事文化宣介，有效促进汽车文化的国内与国际传播。多年来主编赛事规则 10 部，并参与编写了汽车大学生培养专著 2 部(图 7)。

图 7　赛事规则及专著

四、人才培养体系成果及其推广效果

基于该培养体系，同济大学翼驰车队至今已设计并制造 12 辆赛车，自 2010 年起，每年参加中国赛和日本赛，培养高质量本科毕业生 500 余人。十余年来，车队获两次中国赛总冠军、一次中国赛亚军、两次日本赛季军，长期保持了中国车队参加国际赛事的最好成绩，车队跻身世界前 3%(17/621)。同济大学作为 FASE 大赛发起单位和规则委员会发起单位，是赛事规则委员会主任委员单位，每年组织两次大赛规则研讨和制定，同济师生每年为中国赛翻译、修订、制定赛事规则，以立德树人为根本任务，提升学生的社会服务能力和价值，强化了服务行业的责任和担当意识，有力地支撑了赛事平台的建设。

作为国内成立最早的车队之一，带动和影响了一大批国内外高校车队来同济交流；每年向对口中学进行赛事文化宣介，培养未来汽车工程师的接班人。每年受邀参加中国汽车工程学会年会展览、参加西部博览会等活动，在校内校外多次接待上级领导的参观指导，接受过包括 CCTV5 在内的 20 余家媒体的独家采访和报道，网络报道 17 800 余次，有效促进汽车文化传播的同时，宣传了同济大学汽车人才高质量培养的特色。尤其是在 2017 年同济大学校庆系列展示活动中，全国政协副主席、科学技术部部长万钢教授再次视察翼驰车队，并对车队取得的成绩予以高度认可，对于车队的发展给予鼓励。

FSC 赛事是 FSAE 赛事的中国化赛事，从 2010 年的 20 支燃油车队，发展至目前的近 150 支参赛车队，参赛单位囊括国内知名的车辆工程高等院校，并逐步发展成为从巴哈赛、油车赛、电车赛到无人车赛的梯级人才培养系统，为汽车产业培养和输送各类高质量人才超过 23 000 人，直接拉动各种社会力量投入年均 4 000 万元人民币以上，赛事已成为汽车行业人才培养的重要创新平台。

立足于中国大学生方程式汽车大赛，聚焦中国汽车工程教育和汽车产业领军人才培养的迫切需求，围绕立德树人根本任务和国家双一流大学建设目标，组建了核心教学和指导团队，通过十余年的不断探索和实践，构建了竞教融合、政产学研协同全链条汽车创新复合型领军人才培养模式。先后完成了包括上海市精品课程“汽车构造”在内的课程改革和建设 5 门次；建设了一支具有国际视野以本科生为主体每年设计和制造一辆大学生方程式赛车的创新性、实践型车队，获得系列国内外奖项，车队跻身世界前 3%(17/621)；累计完成本科创新项目 70 余项，直接培养了高质量本科毕业生 500 余人；设计制造新赛车 12 辆，获国内外各类奖项 40 余项，获首批上海市学生科技创新社团称号，涌现了一批优秀创业毕业生代表。

该培养体系已被多所高校学习和借鉴，也对企业现有的人才选拔标准产生了潜移默化的影响，一些企业不再执着于学生的学校背景和在校成绩，更注重学生的工程实践经历和综合能力，不再以“985”和“211”高校为唯一标准。

参考文献

[1] 中国汽车工程学会，中国人才研究会汽车人才专业委员会.中国汽车产业中长期人才发展研究[M].北京：北京理工大学出版社，2018.

[2] 朱明荣.中国大学生方程式汽车大赛与汽车大学生培养研究[M].上海：同济大学出版社，2018.

全过程贯通式竞教融合实践育人体系研究

——以车辆工程学科背景下大学生科技创新实践育人模式为例

曹 静 李 红 方 璐 李崇凯 曹 卢

同济大学汽车学院

摘要 为纵深推进"三全育人"综合改革试点建设工作，着力培养创新型实践型复合型人才，汽车学院结合学科特色，依托创新实践基地，以创新项目和学科竞赛为载体，构建了全过程贯通式竞教融合实践育人体系，培养动手能力强、创新能力强、沟通与团队合作能力强的高素养汽车人才。以课程建设为基础，专业发展为导向，校企合作为支撑，制度建设为保障，文化建设为核心，构建科学规范的创新型实践型复合型人才培养模式，增强学术导向，强化学科建设，为汽车工业新发展的人才需求提供有力支撑。

关键词 车辆工程专业 学科竞赛 人才培养模式

加强创新人才培养是时代赋予高校的使命，其重点是要建设具有时代特征的实践教学体系，营造良好的学术氛围。2010 年，我国正式提出"创新创业教育"的概念，将创新教育和创业教育结合，并指出创新创业教育是一种新的教育理念和模式[1, 2]。以学科竞赛和创新项目为载体，将大学生创新创业教育融入课堂教学，延展第二课堂育人内涵，成为提升实践育人质量的重要手段[3]。

学科竞赛和大学生创新项目是提高学生实践能力、创新能力和综合素质的重要途径。本研究基于汽车工业转型升级的大背景，依托大学生汽车科技创新实践基地(以下简称"创新基地")，探索具有车辆工程学科特色的全过程贯通的实践育人体系，打通第一课堂与第二课堂，连接课堂教学、企业实习与创新实践，通过文化浸润，分层次、分模块、分阶段全面提升人才培养质量。

一、多学科交叉的理论课程体系

创新实践是课堂教学的延伸，需要激励学生应用所学的知识，发现问题、分析问题、解决问题。目前创新实践呈现种类多、形式多、发散性广的特点，学生需要掌握不同学科不同专业基础知识。专业教学体系中，往往注重本学科理论课程的讲授，对于多学科交叉融合、教学与实验环节一体化方面的理论知识涉及较少。

1. 以问题为导向的多学科交叉课程

为了满足大学生创新实践和学科竞赛的实际需求，以解决实际工程问题为导向，建设"汽车构造""汽车竞赛理论与实践"等专业课程。课程包含理论授课、分组实践等教学环节，融合了机械、电子、材料、化学、管理、设计等多学科理论知识，从应用的角度把理论教学融入具体的工程实例中，并加入创新思维、创新方法等辅助教学内容，引导学生以项目组的形式发现问题、解决问题，完成课程任务。

2. 强化实验教学，实现教学实验一体化

实验教学是理论知识与应用的桥梁，在人才培养中的作用越来越明显，也在整个教学体系中占据重要的地位。汽车学院以培养学生实践能力和创新能力为核心，构建了认知-实训-创新的多层次实验教学体系，实验教学内容与理论课程紧密结合，鼓励科研项目与创新实践相结合，增加实验设计、实验方法和实验室安全方面的课程内容，充分发挥实验教学的育人作用。

二、多维度、多角度的专业支撑体系

大学生开展高质量的创新实践，需要专业引导、硬件配套、实验平台等多方面的支撑。创新基地成立以来，逐渐形成了固定的指导教师团队，建设了完善的创新基地实体，连接了学院各类实验平台。

创新基地结合不同的专业实践方向，构建了以教授为带头人，多学科交叉的指导教师团队。同济翼驰车队作为国内最早成立的大学生方程式赛车队，以李理光教授为总指导教师，围绕大学生方程式赛事的不同技术模块，搭建了整车、动力、电子、造型和营销等不同专业方向的指导教师团队。固定化的指导教师团队，能够更好地积累创新实践指导经验，形成一套适合学生指导模型，帮助学生实现更有价值的技术迭代和文化传承，保证了翼驰车队始终处于大学生方程式赛事的领先地位，并两夺中国大学生方程式汽车大赛的总冠军，成为此项学科竞赛中夺冠最多的车队之一。

创新基地在发展过程中一直注重大学生科技创新实践场地的建设，专门规划出一间实验室用于创新实践的工作室，配备专业的设备和工具，也形成了一套符合大学生创新实践特点的管理体系。根据发展需要，逐步扩建场地，形成了集仿真、调试、零件加工、整车装备、维修、储藏、办公等功能为一体的综合性创新基地实体。实体的建设，有效提高了学生的归属感和责任心，保障了学生参加创新实践的内在动力。

同时，创新基地联合新能源工程中心实验室、智能网联测评基地，为大学生科技创新活动搭建了完备的试验平台，满足了学生测试、试验、试车的需求，保证了大学生科技创新实践的专业性、科学性。

三、阶梯式第二课堂实践课程体系

1. 渐进式课外实践课程

创新基地成立近二十年来，逐步建立了创新文化启蒙、汽车文化体验、科创沙龙、汽车构造认知、发动机拆装实训、汽车造型设计、汽车电子控制系统设计、整车制造、环境识别与智能控制、汽车营销与项目管理、计算机仿真模拟等实践课程，形成学与用的动态融合，有效地补充了基础理论教学的空白。同时，将学生引入大学生方程式赛车队、节能车队、智能车队、新能源车队和造型设计车队等工程实践平台，以学科竞赛为目标，经历培训、见习、实习等阶段，应用课程训练成果，解决复杂工程问题，完成竞赛目标，大大增强了实践课程的趣味性、挑战性。在具体的课程设计中，分小组制定学习任务，分阶段设置任务节点，提高学生的团队合作意识和工程师素养。

与此同时，引入生产安全、实验室管理、财务管理等辅助课程，有效保障了学生在工程实践的同时得到全方位的锻炼和提升，实现复合型人才培养目标。

2. 分阶段创新实践

遵循课堂教学体系的发展，考虑学生课程学习的逐步深入和知识体系的逐渐完善，引导不同年级的学生开展不同层次的大学生科技创新实践。针对低年级学生，每学期组织一堂创新讲座、一系列科创沙龙、一次学科文化体验等活动，引导学生感悟学科内涵，激发创新思维，鼓励学生开展自由探索式创新活动；针对高年级学生，以兴趣为导向，引导学生加入不同专业方向的研究团队，开展动力、节能、智能、造型和新能源等专业方向的技术研发和应用探索(图1)。

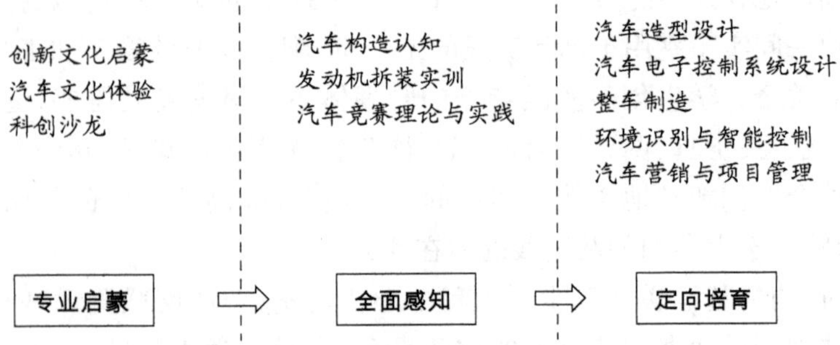

图1 第二课堂实践课程体系

四、多元化的校企协同育人体系

创新基地与上百家汽车企业形成了良好的协同育人机制，覆盖产业链的方方面面，包括保时捷、大众等整车制造企业，大陆、舍弗勒等零部件企业等。校企协同育人，充分利用了企业的设备优势和最新的生产技术优势，弥补了校内实训设备的不足。学生在企业生产一线实习，开展技术交流，直接接触生产实际，提高学生的专业视野和创新水平，也为学生提供一个发挥聪明才智的实践机会，提升学生大胆进行技术创新的自信力。同济大学EP志远车队(Tongji Zeal Eco-Power)作为全国最大规模的大学生节能车队，在探索汽车燃油极限的过程与20多家企业展开积极合作，实现了每升汽油行驶335 km到2 689.62 km的技术跨越，车队并多次获奖(图2)。

图2 志远车队历年获奖奖杯

同时，本着“走出去，请进来”的原则，创新基地积极邀请企业高级技术人员来校指导学生创新实践、毕业设计等实践性教学活动，并走进学生创新实践工作室，聚焦汽车技术开展精细化技术交流与指导。与企业联合，设计大学生创新项目，围绕行业痛点、技术热点设计适合大学生参与的研究项目，并以汽车为出发点校企联合举办创新竞赛，例如自动驾驶算法马拉松、汽车造型创意设计比赛等。多种形式的校企合作，为学生开展创新实践打开新的窗口，为培养汽车工业发展所要求的实践型创新人才创造多样化的育人通道。

校企合作的过程，充分释放学生的自由度，采取“学院引导，学生自主”的模式搭建校企沟通桥梁，学生根据创新实践的实际需求，通过制作宣传片等方式进行自我包装，推广自己创新成果的商业价值，寻求企业在技术和资金上的支持。这一过程使学生逐渐了解企业、了解行业发展，增强沟通交流能力，输出同济汽车学生文化品牌，全面提高综合能力。

五、以成果为导向的评价激励制度体系

创新实践成果是人才培养成效的直接反映，为了避免出现专业指导不到位、实践活动流于形式、过程管理不规范等情况，同时充分考虑创新实践多样化的特点，分过程管理、成果评价和人才激励三个板块构建了实践育人制度体系，涵盖了大学生科技创新实践和创新指导的全过程（图 3）。

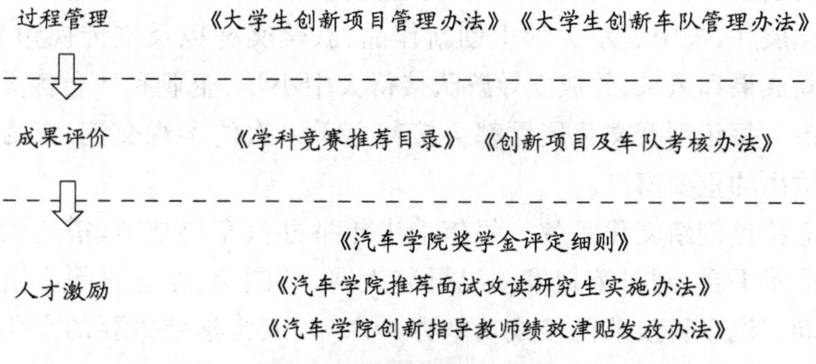

图 3　创新基地制度体系

过程管理板块设计了大学生创新项目和创新车队管理办法，建立了从选题、立项、进展报告，到中期考核、升级提升、结题验收的项目孵化机制，保证了创新项目规范有序开展；同时制订了从选苗、培训、分流，到参与备赛、

参加竞赛、投身管理的学生培养机制，激发学生潜力，保证学生在创新实践中得到最合适的锻炼。

成果评价板块设计了多角度的评价指标，包含竞赛获奖、论文专利等学术成果指标，以及卫生安全、创新活动等日常管理指标，并为每项指标定级评分，细化了评分体系。针对学生个人，加入团队贡献系数的评价，进一步提高学生参与竞赛的热情和积极性，充分调动了全院学生积极参与各类学科竞赛。多角度的考核评价，不仅能评价学生的创新实践能力，还能考查学生管理、统筹等综合能力，科学地评价创新基地的实践育人成果。

人才激励板块优化了学生创新成果的奖励机制，将创新成果加入学院各类评奖评优的指标体系中，集中资源激励大学生积极参加创新实践，产出高质量成果。同时，细化了创新指导教师的奖励机制，统筹院内资源，制定了基础性绩效和奖励性绩效的发放标准，并对指导学生产出创新成果突出的专业教师予以职业发展上的优先考虑，有效保障了专业教师投身创新指导的积极性，促进了大学生创新成果的高质量累积。

六、"以文化人"的创新文化体系

文化建设是创新基地建设的重要组成部分，形成良好的创新文化氛围，不仅有利于引导学生参与创新实践，形成良性循环，也能吸引更多高校、企业和政府部门的关注，提升创新基地乃至学院的社会影响力。

打造创新文化展示实体。以大学生创新车队为主体，打造了汽车学院创新文化展厅，集中展示大学生创新作品、获奖奖杯以及宣传视频，展现大学生创新成果和风采，并成立导游队接待大中小学、企业和社会各类团体的参观交流。每年创新文化展厅都会接待上千人次的参观交流，成为学院创新文化输出的重要窗口。

树立特色创新文化品牌。每年上半年举办汽车科技节，搭建大学生创新成果展示平台，同时策划发动机拆装大赛、游园会、企业日等丰富多彩的校园活动。汽车科技节已经成功举办十六年，成为学院重要的文化品牌活动。每年下半年举办大学生创新车队新车发布会，邀请学校和企业代表共同见证全新赛车的诞生，由学生向到场嘉宾汇报新车的研发过程、技术特点，并进行动态展示(图 4)。新车发布会是学院最具特色的创新文化品牌活动，也是加强校企连接的重要手段之一，强烈的仪式感会激发学生的荣誉感和拼搏热情，强化企业和教师的获得感，促进大学生创新实践高质量发展。

同时，打造了“带着国旗去比赛”的特色赛事文化，借助国际竞赛厚植爱国主义教育，延伸了创新实践的育人内涵(图5)。

图4　新车发布会

图5　带着国旗去比赛

构建创新文化传播通道。每年组织创新基地走进中小学，开展赛车体验、赛事宣讲等活动，将自身特色融入中小学的活动策划中；积极参加工博会、汽车工程学会年会等大型展览展示活动，在更广阔的平台上展示学生创新成果，有效地促进了汽车创新文化的传播。

七、结论

立足于新工科建设和汽车“新四化”的发展方向，依托大学生汽车科技创新实践基地，以学科竞赛和创新项目为载体，以成果为导向，从实践课程、校企合作、软硬件支撑、制度保障、文化建设等方面，构建了全过程贯通的实践育人体系，有效地保障了大学生开展高质量的创新实践。创新基地成立以来培育了志远节能车队、大学生方程式赛车翼驰车队、同济电车队、智能小车(TU Smart)和 PACE 中心等多支具有国际水平的大学生车队，孵化了近 800 项大学生创新项目，获得挑战杯国家级奖项 6 项(其中一等奖 1 项)，6 个国际级冠军、18 个国家级冠军，建设成果支撑 3 项，同济大学教学成果特等奖，直接培养了一大批高质量毕业生，涌现出一批行业精英和优秀人才。

参考文献

[1] 牛庆玮，胡伟.学生创新能力培养的实践教学体系研究与实践[J].中国大学教学，2011(10)：70-73.

[2] 李秀红，任家骏，郭策，等.基于大学生课外科技创新活动的实践教学体系重构[J].高教学刊，2020(19)：95-97.

[3] 杨珏，张文明.以科技竞赛为载体提升大学生创新实践能力[J].中国高等教育，2014(20)：30-32.

协同自主的多元化创新实践卓越汽车人才培养模式与实践

楼狄明　房　亮　谭丕强　曹　静　毕迪迪　曹　卢　刘继跃
同济大学汽车学院

摘要　学生的创新实践能力培养是工科专业人才培养的重要一环,也是最难的一环。在解决复杂工程问题的同时还要兼顾社会、法律、环境、经济等各方面制约因素,同时具备项目管理的能力和终身学习的能力,是当代工程人才培养的要求。同济大学依托大学生创新车队的模式,以EP志远车队为例,历经二十一年的实践与探索,总结出一种协同自主的多元化创新实践卓越汽车人才培养模式,在国内外的赛场上取得诸多荣誉,培养了大批具有国际视野、创新实践能力和民族自豪感的卓越汽车工程师。

关键词　学科交叉　创新实践　协同自主　人才培养

一、引言

培养学生的创新实践能力和国际视野是现代高等教育的首要目标之一[1-3]。为培养优秀的汽车工程师,壳牌公司、美国汽车工程师学会(SAE)相继在1939年和1978年创办了面向大学生的综合性工程教育赛事,通过创新竞技团队的形式提升大学生创新实践能力。该模式迅速为全世界各大知名高校所采用,在节能竞技大赛方面美洲有加州大学、密歇根大学、渥太华大学等,亚洲有南洋理工大学、早稻田大学等,欧洲有慕尼黑工业大学、苏黎世联邦理工等上千所高校的参与。

2000年,同济大学率先在国内引入该模式,成立了同济大学EP志远节能车队,引导并带动全国大学生创新车队竞赛的发展。经过二十一年的持续探索与改进,形成了"协同自主的多元化创新实践卓越汽车人才培养模式"(以下简称"卓越汽车人才培养模式"),较好地解决了传统工程人才教育培养过程中出现的授课内容单一、理论与实际脱节、学生被动学习效果不佳等问题，引导学生学科交叉，鼓励学生自主学习能力，提升创新实践能力，协同各界资源促发展的同时兼顾社会责任，培育了大批优秀汽车工程人才[4-6]。

依托如EP志远车队这类创新团队的形式，学生根据自己的爱好和专长确定研究方向，充分利用第二课堂和业余时间进行自主学习和研究，解决在设计制作赛车过程中遇到的复杂工程问题。学生在团队中完成的相关工作和成果可以认定实践环节学分，同时将学到的知识和经验主动传授给低年级学生，从而形成了学生自主学习、朋辈教育、个性发展的创新实践教育新模式。在这一过程中，学生主动与交叉学科交流学习，并积极开拓协同各界资源，专业教师在指导学生的同时与学生共同研究成长，形成了闭环、良性、可持续的协同自主多元化创新实践人才培养新模式(图1)[7-9]。

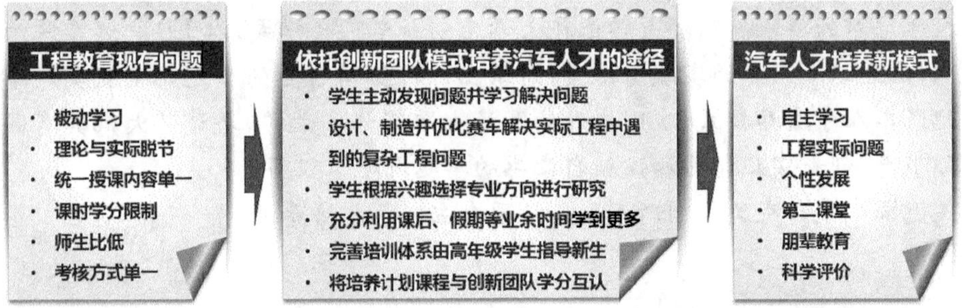

图1　协同自主多元化创新人才培养模式对现有工程教育问题的解决途径

该模式与学生培养方案良好结合，学生通过参与EP志远车队可以认定生产实习、企业实习、创新学分等，研究成果可作为毕业设计内容。学院50%以上学生通过车队获得创新能力拓展项目学分，近三年累积认定生产实习学分54分，近三年完成车队相关课题的毕业设计19项。

二、卓越汽车人才培养模式及特色

1. 创新实践：理论与实际结合能力全面提升

工程人才自主培养的新模式可以最好的实现理论与实践相结合，学生自主发现问题，自主设计开发解决方案，自主分析解决问题，实现与时俱进、突破进取。同济大学EP志远车队作为中国首支大学生创新车队，倡导研究性学习、创新性学习，培养学生创新意识，塑造学生创新精神，增强学生创新能力。车队成立21年来紧密结合课堂教学，理论联系实际努力将新技术、新材料、新方法应用到赛车的设计制造中，不断挑战燃油消耗极限。在整车及车身轻量化技术、发动机高效燃烧技术、高效传动技术、整车节能技术、外形设计技术等方面不断突破，车队成员分别承担并完成大学生创新训练计划项目国家级20项、上海市级21项，同济大学30项（2008年国家开始推行大学生创新实践训练计划项目）。

所开发车型包含化油器汽油原型车，电喷汽油原型车，柴油原型车，电动原型车和汽油城市概念车，柴油城市概念车以及BOSCH创意电动车等。目前车队聚焦未来城市汽车的发展和更加符合实际应用场景的研究方向，大力研发城市概念车，在挑战节能极限的同时，兼顾车辆的安全性、舒适性等，在解决复杂实际工程问题的同时主动考虑社会、经济、法律、环境等各方面制约因素。图2为历年学生设计制作并参赛的赛车。

图2　EP志远车队历年赛车展示

2. 学科交叉：多元化智力汇聚，激发无限潜力

在工程师培养方面，充分的学科交叉和对经济成本、项目管理、人性化设计方面的全面考虑，在各类制约因素中寻找最优组合和平衡点，是当代工业社会对卓越工程师人才的重要需求。

卓越汽车人才培养新模式在践行过程中除汽车学院车辆工程专业学生参与外，还吸引了学校其他专业的大量学生主动参与，团队成员涉及约10个学院，近40个专业。节能赛车技术涉及机械设计技术、发动机技术、电子控制技术等，需要多元化智力汇聚，包含车辆工程、动力机械及工程、机械工程、设计创意、电子信息工程、力学、化学、物理学、经济学、管理学、外国语等诸多学科的共同作用,才能够保障团队的正常发展。通过学科交叉交流,实现技术互补和融合,为学生创新思维和方法开辟新思路、新方向(图 3)。例如车队财务管理方面引入经管学院学生负责车队财务运营情况,造型方面引入工业设计学生,在国内外赛场上均多次获得最佳设计奖。

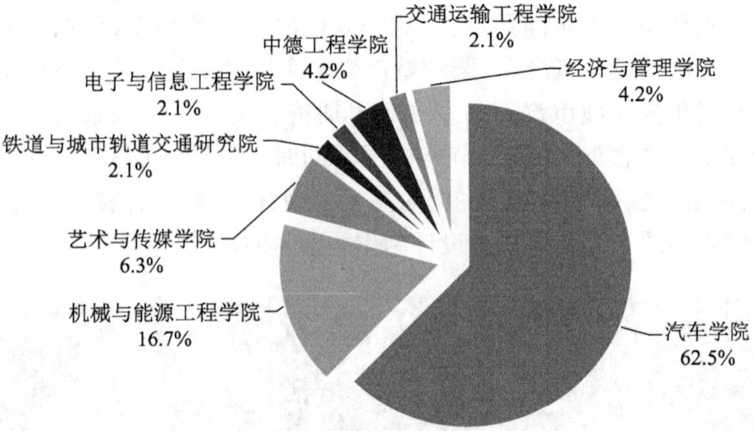

图 3 EP 志远车队队员学院分布

创新团队面向学生提出两个开放,即项目向全校学生开放和实验室向全校专业开放。一方面大力支持和鼓励学生参与到 EP 志远车队,进行跨学科实践创新活动,不限学院不限专业,兴趣引导自主学习;另一方面为车队提供专业台架实验室以及试车场地,给予实验设备支持和技术辅导支持。目前 EP 志远车队已经成为学校学生参与度最广的项目之一,车队发展成了一个集车辆工程、动力机械及工程、机械设计、电子电信、财务与管理、工业设计等各专业的,学生均适合以及均能找到对应实践领域的大型综合学生科技创新实践平台。

3. 协同自主:自主管理,校企协同开拓新模式

在践行卓越汽车人才培养模式过程中,引导学生主动寻求各界资源来弥补教育过程中存在的资金、技术、经验等方面的不足,并在成长中肩负社会责任,形成了传统工程教育中不曾出现的"同舟共济"新风尚。EP 志远车队积极与企业、社会资源协同,先后与 20 余家企业和单位开展合作,每年累计支持金额 50 余万元。企业提供资金支持车队新技术研发、赛车制造与运营，弥补高校第二课堂教育因资金缺乏或资源有限而受到限制的短板，学生通过校企合作实现了成本极高、看似遥不可及的赛车梦。

同时，依托创新团队率先发挥大学的优势，主动为中学和社会提供科普教育支持，帮助中学开展创新实践教育及平台建设，帮助社区建设科普创新屋，各方通力协作积极践行社会责任。EP 志远车队率先将科技创新实践延伸至中学，与上海中学（上海市排名第一）和东北师范大学附属中学（吉林省排名第一）合作，帮助中学生创立了全国仅有的两支中学生节能车队，并在国内赛场上与众多大学同台竞技，取得优异成绩，培养了大批对汽车专业有浓厚兴趣且创新实践能力突出的优秀生源。

创新团队的良好运转需要一个稳定科学的组织架构（图 4）。EP 志远车队每年保持成员 50 余人，分布在本科二、三、四年级，是大学生自主管理、自主创新实践的学生科技创新团队，提出了探索提高学生自我主动性学习和实践相结合的实践型创新性人才培养模式及“教师指导、学生为主、自我管理、滚动发展”的可持续发展良性循环机制。通过大学生亲自参与赛车整车设计、零部件制造、赛车性能调试、企业赞助商联络、到国内外赛事联系等环节锻炼实践能力，激发学生理论联系实际和独立工作的能力，培养学习兴趣，激发和调动学习、参与实践的积极性，为学生提供施展才华的平台与空间。以此在专业知识、技术创新、团队合作以及社会活动能力上，保证团队每一名学生都得到了充分的锻炼和提高。

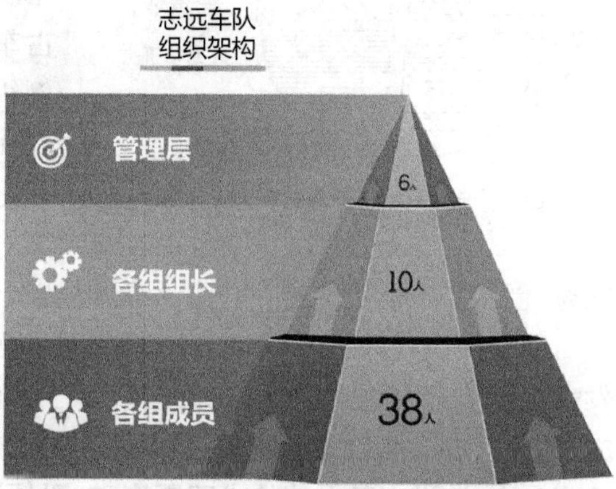

图 4　EP 志远车队组织架构

三、践行卓越汽车人才培养新模式成效

自同济大学 EP 志远车队项目组 2000 年成立以来，经过 21 年延续不断的探索与实践，逐步形成了具有“学科交叉、创新实践、协同自主”特色的协

同自主多元化创新实践卓越汽车人才培养模式。在人才培养、学科交叉、节能技术等方面取得了显著成绩。车队每年赴日本、东南亚、中国广州参加各类节能竞技赛事，获得国际国内奖项 35 项，在国内外赛场上为中国争得荣誉。同时积极履行大学的社会责任，取得的教学成果得到党和国家各级领导人的高度认可，受到媒体和社会的广泛关注。

1. 理论与实践结合，提高学生创新能力

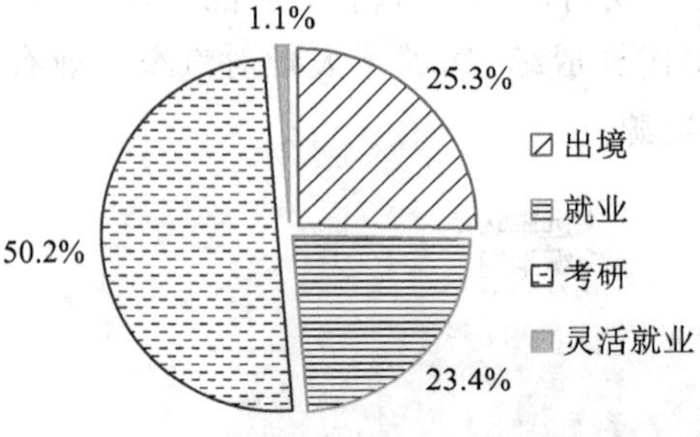

图 5 EP 志远车队毕业生就业分布

EP 志远车队成员规模逐年扩大，车队成员全部为在读全日制本科生，现已培养车队成员 500 余人。车队成员学习成绩优异，保研比例占车队总人数约 50%，出国留学比例约占 25%，整体就业率 100%，全院优秀毕业生中 EP 志远车队成员占比 40%(图 5)。

该模式下培养的学生个人素质优秀，创新实践能力突出，有 42 人获得省部级以上个人荣誉。

通过该模式的培养，本科生具有了较强的科学研究能力和素养，近年来发表了 3 篇学术论文，其中在美国汽车工程师年会(SAE)上发表了 2 篇论文，并在大会上宣读了论文，且均被 EI 检索收录。

2. 多学科交叉促使技术不断突破，引领国内节能车赛事潮流

学院不同专业的学生交流研究，EP 志远车队融合多学科智力资源不断挑战并突破赛车燃油消耗极限。从 2006 年的每升汽油 331 km 上升至目前的每升汽油行驶2 689.621 km 的成绩，代表中国最高水平。在日本赛场上，车队从 2001 年的每升汽油行驶 180 km 至目前每升汽油行驶 1 800 km，成绩提高了 9 倍，同时代表中国在整个亚洲的赛场上也多次获得冠军(图 6)。车队在技术方面不断突破和创新，通过转向角、制动系统优化、碳纤维材料应用、轻量化设计等提高整车性能；通过发动机改进、润滑系统优化、电控匹配、配气机构减摩优化等提高燃油经济性；通过离合器设计、传动摩擦优化、轮辋优化等提高传动效率及可靠性等。

在取得卓越成绩的同时，车队一直引领中国节能竞技赛事的发展，第一个将大学生车队赛事引入国内，设计制作了国内首个电动节能赛车，柴油节能竞技赛车，首个城市概念节能车等。车队成立以来，取得 4 个亚洲冠军，

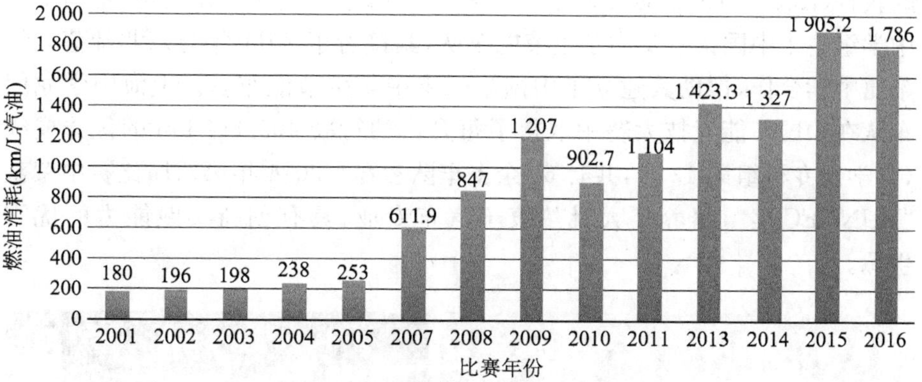

图 6　EP 志远车队历年日本比赛成绩

5 个亚洲亚军，5 个亚洲季军，8 个全国冠军，5 个全国亚军，4 个全国季军等诸多荣誉。EP 志远车队也荣获首届全国 100 个大学生“小平科技创新团队”(图 7)。

图 7　EP 志远车队部分奖杯合影

3. 将创新人才培养模式延伸至中学层面，积极履行社会科普责任

EP 志远车队成功将协同自主的多元化创新实践卓越汽车人才培养模式延伸到中学层面，先后与上海中学(上海市排名第一)、东北师大附中(吉林省排名第一)合作建立了中学生 EP 节能竞技车队，扶持中学开展创新实

践教育(图 8)。EP 志远车队于2010 年与上海中学建立合作关系,帮助上海中学组建了中国第一支中学生节能车队,紧接着于 2011 年与东北师范大学附属中学合作,帮助其建立了中国第二支中学生节能车队。上海中学龙门车队在中国节能竞技大赛中取得了每升汽油行驶 405.114 km 的优秀成绩(大学及专科组第 12 名,共有 60 余支车队参赛),2014 年第八届比赛中荣获“FUNTEC 奖”,培养了大批热衷于汽车专业、具有创新实践能力的优秀生源。

图 8　EP 志远车队协助组建并支持的上海中学龙门车队和东北师范大学附属中学车队

该模式在培养学生创新实践能力的同时帮助学生树立良好的社会责任意识,引导学生将节能环保、创新实践的理念传播到中小学和社区中去,履行大学科普教育责任。2014 年,EP 志远车队协助上海市杨浦区殷行社区建设“同济汽车—殷行街道科学商店暨科普创新屋”,开设节能环保相关的科普讲座,切实将大学的科普责任融入社区,扎根大众。

4. 成为节能环保的宣传先行者,受到了媒体和企业的广泛关注

同济大学 EP 志远车队致力于节能环保事业的宣传和推广,在进行汽车节能科技创新的同时,积极宣传和践行节能环保的理念,中央电视台、解放日报、中国青年报、新民周刊、中国科技、新浪网、凤凰网等许多相关的媒体都对志远车队进行近百篇报道,宣传了同济大学以 EP 志远车队为例的卓越汽车人才培养新模式,并对志远车队为环保事业所做的努力给予了高度评价。

同济大学 EP 志远车队制作的赛车多次参加了国内外的展览:2004 年上海必比登挑战赛展览、2006 年第十届中国国际汽车工业展览会(北京);2007 年第十一届中国国际汽车工业展览会(上海);2008 年德国斯图加特举行的 IdeenPark 创意展;2009 年上海科技馆举办的科技节活动;2011 年第 17

届中国国际复合材料工业技术展览会和第12届中国西部国际博览会(四川)等。尤其是在2007年同济大学百年校庆系列展示活动中,EP志远车队为时任国务院总理温家宝、人大常委会副委员长陈至立、上海市市委书记习近平、上海市市长韩正、德国总统科勒及德国Kolben Schmidt考察团等众多国内外领导、学者进行项目讲解,并获好评。2012年,EP志远车队代表同济大学受邀参加"国家高新区20周年成就展",受到了时任国家主席胡锦涛,科学技术部部长万钢及各方专业人士的共同关注。2017年5月,同济大学110周年校庆,时任全国政协副主席、科学技术部部长万钢教授再次视察EP志远车队,并对车队取得的成绩予以高度认可,对于车队的发展充满期待。

四、结论

经过二十一年的探索和实践,通过主动协同各界社会资源共同支持,已形成了可持续健康发展的工程人才个性化自主培养新模式,带动多学科交叉,形成良好创新实践文化氛围,积极履行社会责任。EP志远车队作为这一模式的先行者和优秀案例,其教学成果极好践行了培养大学生具有国际视野的创新型、实践型卓越汽车人才的目标,取得了丰硕的成绩,并且仍在积极探索,不断进步。

参考文献

[1] 戚业国.大学生创新人才培养体系改革的深层次思考[J]. 中国高等教育,2010(17):16-19.

[2] 田起宏,韩笑,雷涯邻.创新人才培养理论研究现状及未来研究方向[J].山东师范大学学报(人文社会科学版),2010,55(6):82-85.

[3] 乔连全.我国研究型大学"大学生创新性实验计划"的现状与反思[J].高等教育研究,2011,32(3):81-87.

[4] 曹静,李理光,张其荣,等.汽车科技创新人才培养基地的建设与实践[M]//同济大学教务处.大学生创新教育的研究与实践.上海:同济大学出版社,2007:78-90.

[5] 曹静,李理光,张其荣,等.大学生汽车科技创新实践基地的实践与体会[M]//李国强.同济大学理工科专业研究性学习和创新人才培养的研究与实践.上海:同济大学出版社,2008:255-262.

[6] 吴志军,李理光,曹静,等.面向卓越工程师培养的实践型创新性汽车人才培养实践平台[C]//余卓平.中国车辆工程人才培养与教育改革论坛论文集.上海:同济大学出版社,2010:7-16.

[7] 陈松，潘理，李文，等.创新基地项目驱动模式的探索与实践[J].电气电子教学学报，2010，32(5)：105-106.

[8] 曹静，端霏，吴志军，等.深入推进创新学分体制初探[C]//余卓平. 中国车辆工程人才培养与教育改革论坛论文集.上海：同济大学出版社，2010：113-116.

[9] 马廷奇.交叉学科建设与拔尖创新人才培养[J].高等教育研究，2011，32(6)：73-77.

学科竞赛和创新训练促进一流测绘人才培养的实践与研究*

刘世杰　冯永玖　童小华　程效军

同济大学测绘与地理信息学院

摘要　2017 年同济大学测绘科学与技术学科入选国家双一流建设学科，2019 年测绘工程专业入选国家一流本科专业。结合同济大学办法方针和人才培养模式，针对一流学科对人才培养的要求，考虑测绘学科的特色及测绘工程专业的人才培养目标，本文讨论了测绘学科竞赛和创新创业训练在一流测绘人才培养中的作用。结合测绘学科竞赛和创新创业训练指导的实践，研究了当前实践育人中存在的问题，并提出了针对性建议，为同济大学测绘工程一流本科专业建设提供参考。

关键词　测绘工程　一流学科　一流专业　人才培养　学科竞赛　创新训练

一、同济大学测绘学科与一流本科人才培养目标

同济大学是我国民用测绘高等教育的发祥地，自 1932 年测绘学科成立至今已近 90 年的历史，培养了大批测绘地理信息领域的杰出人才，为国家建设和社会发展作出了重要贡献。同济大学以创建综合性、研究型、国际化的知名高水平大学为目标，秉持“本科教育为立校之本，研究生教育为强校之路”办学方针，始终把培养拔尖创新人才作为其崇高的使命和责任，确立了“知识、能力、人格”三位一体的人才培养模式，孕育了以“严谨、求实、团结、创新”为校风和以“同舟共济，自强不息”为校训的同济精神。在日常教学实践中，始终坚持“通识教育与专业教育结合，理论教学与实践教学并重”，努力

* 同济大学课程思政教育教学改革项目“面向空天地海国家战略的地理信息系统（GIS）专业课程链建设”。

使每一名同济学子经过大学阶段的学习、熏陶以后，具有鲜明的“同济特色”，即具有“通识基础、专业素质、创新思维、实践能力、全球视野、社会责任”综合特质，成为引领可持续发展的专业精英与社会栋梁[1]。

同济大学测绘与地理信息学院立足于“精而强”的发展定位，形成了航天测绘遥感与深空探测、卫星导航与位置服务、全球变化与重大灾害监测三个特色优势方向，构建了国际化的本-硕-博贯通的教学、人才培养和科研平台，建立了具有国内外领先水平的实验室、大学生科技创新和实践基地，为大学生成长、测绘一流人才培养提供了广阔的天地。同济大学测绘学科2017年入选国家双一流学科建设计划，2019年测绘工程专业入选国家级一流本科专业。

测绘工程专业是面向前沿地理信息技术与服务、航天测绘遥感与深空探测等国家重大需求以及现代测绘发展趋势，以卓越测绘工程师和注册测绘师后备人才为培养目标，强化培养学生的工程能力和创新能力，培养具有扎实的测绘工程理论基础，掌握全面的测绘技术，熟悉测绘管理与法律法规，具备卓越的解决测绘工程实际问题的综合能力，具有较强的创新能力、继续学习能力和国际视野的高级测绘人才。

二、测绘学科竞赛和创新创业训练计划在一流本科人才培养中的作用

当代测绘科学技术已从传统测绘学向近代的地理空间信息学演变，在其学科发展中呈现出知识创新和技术带动能力，已成为一门利用航天、航空、近地、地面和海洋平台获取地球及其外层空间目标物的形状、大小、空间位置、属性及其相互关联的学科[2]。创新性和实践性是该专业的两大突出特征[3]。培养大学生的实践综合技能和创新思维是同济大学学生培养目标中的核心内容。大学生综合技能培养符合社会经济发展对人才的需求，在高校开展大学生综合技能竞赛具有重要价值和现实意义[4, 5]。目前的全国大学生测绘技能大赛、全国大学生测绘科技论文创新大赛、全国高校GIS大赛等，是面向全国测绘专业大学生的综合技能竞赛活动，以培养大学生的实践能力、创新意识和团队协作精神，对测绘教育教学改革具有重要的推动作用[5, 6]。

大学生创新创业训练计划，以学生为中心，遵循“兴趣驱动、自主实践、重在过程”的原则，通过资助大学生参加项目式训练，推动高校创新创业教

育教学改革；通过改革人才培养模式、强化学生创新创业实践，培养大学生独立思考、善于质疑、勇于创新的探索精神和敢闯会创的意志品格，提升大学生的创新能力和在创新基础上的创业能力，培养适应创新型国家建设需要的高水平创新创业人才[7]。本科生通过参加大学生创新创业训练计划项目，创新思维与科研能力得到了很大的提升。

三、测绘学科竞赛和创新创业训练指导实践和存在的问题

近三年，测绘与地理信息学院学生共参加了校级、省市级、国家级等22项比赛(包括GIS技能大赛、测绘技能大赛、测绘论文大赛等)，组队数量21支，获奖人数79人，参赛学生人次占学生总数的37.8%；参加比赛的绝对人数相对于全院学生比例尚不高，但是获得国际级一等奖1项、国家级特等奖3项、一等奖2项，参赛队伍具有非常高的质量，测绘类学科论文大赛主要有“南方测绘杯”全国高等学校大学生测绘科技论文大赛和全国高等学校测绘学科大学生科技创新论文大赛，测绘与地理信息学院学生在这两个大赛中多次斩获佳绩，累计获得特等奖3次，展现了同济测绘教育的优秀实力。地理信息是具有商业价值的测绘类技术，与“互联网+”密切关联。测绘与地理信息学院学生在此类创新创业大赛中积极参与、表现突出，曾获得上海赛区银奖，产出具有产业化情景的成果。因此，测绘与地理信息学院学生不仅在科学论文的理论竞赛方面具有较强的实力，在创新创业方面也有所收获，形成了“科学+创新”双重推进的局面。

全国高等学校大学生测绘技能大赛是由教育部高等学校测绘学科教学指导委员会、国家测绘地理信息局职业鉴定指导中心、中国测绘学会测绘教育委员会主办的大学生测绘技能竞赛，迄今为止已经举办五届。第五届大赛于2018年7月22日至25日在东北大学举行，包括二等水准测量、1∶500数字地形图测绘和测量程序设计等三个项目。刘世杰副教授指导了第五届大赛，同济大学参赛团队获得了水准测量二等奖和数字测图二等奖，并获得团体总成绩二等奖，是同济大学参赛以来获得的最佳成绩。

在培养大学生创新思维和创新能力方面，同济大学在本科生培养计划中设置了专门的创新学分，学生可以通过参加校级大学生创新训练项目(SITP)、上海市大学生创新训练项目(上创)、国家级大学生创新训练项目(国创)、互联网+、挑战杯、科研实验等方式获得学分。学校要求学生全员参与创新创业训练，建立了“校级-上海市级-国家级”三级大学生创新创业训

练项目体系。刘世杰副教授指导了 2 个国创和 1 个上创项目，以及若干 SITP 项目；冯永玖和童小华教授指导的“济护 · 智能返校系统”获得中国国际“互联网＋”大学生创新创业大赛同济大学校内晋级赛金奖；程效军教授多次指导学生参加全国高等学校大学生测绘科技论文大赛，并多次获得特等奖和一等奖。

通过全国大学生测绘技能大赛等全国性赛事，检验了学生的基础理论知识和操作技能水平，锻炼了学生外业数据采集和内业数据处理等方面的动手能力和实践能力，进一步深化了专业基础知识的学习。同时在竞赛过程中，团队学生需要默契配合，有序完成观测、记录和计算等任务，培养了学生的临场应变能力、人际沟通能力和团队协作能力。通过立足于测绘学科与专业基础的项目创新，锻炼了学生将专业知识运用于分析和解决实际问题的能力，进一步夯实了学生的专业基础，拓宽了科研视野，学生的创新意识和科研能力得到了很大提升，为研究生进一步的学习科研奠定了良好的基础。参与全国大学生测绘技能竞赛和国创、上创的学生大都获得了研究生推免资格。

同时，通过测绘技能竞赛和创新创业训练项目，也显露了当前存在的一些问题，包括以下几个方面。

(1) 我院学生对全国大学生测绘技能大赛，特别是其中水准测量和数字测图等仪器操作类比赛科目的参与兴趣不足、积极性不够。竞赛通知后报名人数少，备赛训练积极性不高，不愿意多投入时间进行练习，甚至有学生因训练比较辛苦和时间等原因在备赛中途退出，因而同济大学每次参赛成绩并不突出。究其原因，同济大学学生的专业知识本身是很扎实的，但学生认为仪器操作技能对其将来学业或职业发展帮助并不大，特别是学校和学院对测绘技能竞赛在学生评奖和研究生升学中的作用没有明确的界定，同时学生课业任务较重，学生更愿意花时间在课业学习上以争取更好的学业成绩来提高评奖或保研的分值。

(2) 专业指导教师教学科研任务繁重，指导竞赛的时间和精力有限。专业教师的教学和科研压力大，而综合性学科竞赛涉及的内容较多，与专业教师的科研方向也可能并不一致，加上本科生科研基础薄弱，指导学生参与这些竞赛需要占用较多的时间和精力，因此很多专业教师不愿意参与指导与其教学科研不相关的本科生学科竞赛。专业教师完成教学科研任务与指导学生参与竞赛的矛盾较大，指导学生的时间和精力有限，也很大程度上影响了此类学科竞赛的成绩。

(3) 学生创新创业训练项目“重报名、轻实施”,结题考核不够严格。由于必须要获得创新学分,学生在创新创业项目申报时的积极性很高,主动找专业老师申请项目。但项目获批后,学生花在项目研究上的时间很少,也很少会主动汇报项目研究进展,到检查节点时才草草提交一份进展报告给老师审核,学生的目标只是项目结题后拿到创新学分,对项目成果质量并不在意,使得大多创新创业训练项目“虎头蛇尾”。

四、测绘学科竞赛和创新训练促进一流测绘本科人才培养的建议

结合测绘学科竞赛和创新创业训练项目指导实践和发现的问题,提出以下主要建议。

(1) 建立测绘学科技能竞赛参与学生的激励机制。学院结合学校相关政策,对测绘技能竞赛在学生评奖和研究生升学中的作用进行认定,制定相关的鼓励和奖励措施,以提高学生对测绘技能竞赛的兴趣和参与度。

(2) 建立测绘学科技能竞赛指导教师的激励机制。学院结合学校相关政策,对测绘技能竞赛专业教师指导工作的业绩进行认定,制定相适应的鼓励与奖励措施,减少专业教师教学科研与竞赛指导的矛盾,激发专业教师对测绘技能竞赛指导的热情。

(3) 完善创新创业训练项目过程和结题验收管理。建立并完善创新创业训练项目过程管理,加强项目结题验收管理和项目完成质量的等级鉴定,并制定相适应的奖惩措施,避免项目申报和实施出现“虎头蛇尾”的现象。

五、结论

一流大学和一流学科建设离不开一流本科人才的培养。学科竞赛和创新创业训练对本科人才培养具有重要的促进作用,有助于锻炼大学生的动手实践能力以及运用专业知识分析和解决实际问题的能力,培养学生的团队协作精神,提升大学生的创新思维和科研能力,同时进一步夯实了学生的专业基础,拓宽了科研视野。通过测绘学科竞赛和创新创业训练指导的实践,发现当前还存在一些问题,包括我校测绘专业本科生对全国大学生测绘技能大赛等的参与兴趣和积极性不高、专业指导教师指导竞赛的时间和精力有限、学生创新创业训练项目“重报名、轻实施”等。提出了相应思考建

议，包括建立针对测绘学科技能竞赛参与学生和指导教师的激励机制，以提高学生对测绘技能竞赛的兴趣和参与度以及专业教师对测绘技能竞赛指导的热情；完善创新创业训练项目过程和结题验收管理，避免项目申报和实施出现“虎头蛇尾”的现象。本文实践和研究可为同济大学测绘一流学科建设提供有益参考。

参考文献

[1] 同济大学.同济大学一流大学建设方案[EB/OL]. [2020-7-22]. https://news.tongji.edu.cn/info/1002/6184.htm.

[2] 宁津生，王正涛.从测绘学向地理空间信息学演变历程[J].测绘学报，2017，46(10)：1213-1218.

[3] 许才军，秦咏梅. 测绘工程本科专业创新人才培养方案解析[J].测绘通报，2014(6)：124-127.

[4] 宁津生，翟翊，宋伟东，等.深化教学改革，加强实践教学环节[J].测绘通报，2009(10)：1-4.

[5] 焦明连.测绘工程专业大学生综合技能竞赛的实践与创新[J].测绘工程，2013，22(6)：92-94.

[6] 汪志明，花向红，许才军，等.加强实验实践教学环节培养测绘工程专业创新人才[J].测绘工程，2014，13(1)：57-59.

[7] 中华人民共和国教育部.国家级大学生创新创业训练计划管理办法[EB/OL].[2020-07-22]. http://www.gov.cn/xinwen/2019-07/37/content_5417440.htm.

竞赛、社团、项目、课堂深度融合的实践与思考

钱志坚
同济大学数学科学学院

摘要 大数据时代,全面提升本科生的数据分析能力是数学科学学院的核心任务之一。通过多年的研究与探索,摸索出一系列卓有成效的方法,主要是通过全国大学生 Sas 数据分析大赛吸引学生的参与;通过社团——数据分析学会,辅助学生的能力提升;通过交叉课程,帮助学生打下扎实理论基础和参加竞赛的应用能力;通过科研项目,引领学生参与创新创业项目和参与教师的科研工作,从而全方位地提升学生的分析能力和应用能力。这些组合拳带来了丰硕的成果,社团积极分子基本都是各大名校的直博生,不仅学生在竞赛中取得了优异的成绩,而且学生在参与创新创业项目及参与教师科研工作中也获得了长足的进步。
关键词 Sas 数据分析大赛　学生社团　竞教结合　深度融合

当今社会已全面进入大数据时代,各行各业都需要有专人分析每天大量涌现的数据,提炼其中隐含的各种信息,这样的工作基本都由经过专业训练的数据分析师来完成。

同济大学数学科学学院有数学和统计两个专业。毕业的学生除了部分进入教学和科研岗位外,大部分都是到各单位从事数据分析和处理工作。如何培养和提升他们的数据分析能力,跟上社会的发展、时代的进步,便成了当务之急。

高校 Sas 数据分析大赛是 2013 年开始推出的面向全国高校本科生和研究生的一个数据分析比赛,旨在为中国高校的数据分析人才提供一个展示专业能力和就业推荐的平台。由于比赛的高起点和与时代的契合性,该比赛已获得全国几乎所有著名高校的青睐和参与,尤其是有统计专业的名校,悉数参加。2019 年,参与比赛的队数已经达到 1 300 多支,超 4 000 名学生

参加比赛。对于一个比较专业而又具有相当难度的赛事，有这样的发展规模实在难得。2018 年，学院一个学生团队在强手如云的赛场上脱颖而出，战胜各高校强队，荣获当年全国比赛第一名，学院的其余几支队伍也都获得了不俗的战绩。

一、深度融合的成果

同济大学学生从 2016 年开始参加比赛。来自数学科学学院、土木和电信的各专业学生，开始是各自为战，虽然也取得一些成绩，但整体而言，与兄弟院校相比还是有一定差距。

基于此，学校和学院给予了高度重视和大力扶植，从 2017 年下半年开始，我主要负责该竞赛工作，希望通过组织学生参赛，提高学生成绩，提升学生能力，从而起到以赛促学、以赛促练的作用，为学生综合素质的提升发挥作用。

指导教师原来就负责数院“统计学”“统计计算与软件”两门课程的讲授，已有十多年的授课经验积累。“统计学”主要讲授统计学的基础理论，“统计计算与软件”则讲授如何通过 Sas 这个统计的顶级软件，进行数据分析。一个是理论课，一个是应用课，二者的结合，正好契合了大赛的需要。

通过竞赛、社团、项目、课堂的深度融合，学院学生的综合能力有了巨大提升：2018 年，同济大学除了获得高校 Sas 数据分析大赛的第一名以外，参加决赛的其他四支队伍也全部进入全国前五十名。2019 年，同济大学除获得高校 Sas 数据分析大赛的第七名外，还有五支队伍进入全国前六十名。

同济学生不仅在高校 Sas 数据分析大赛中屡获佳绩，在各名校中也可以看到他们深造的身影。比如，学生社团——“数据分析学会”的各任会长和核心团成员，都成为名校深造的研究生。其中某任会长成绩尤其突出，获得了“2018 同济大学追求卓越奖励基金”。

总之，通过竞赛的引力，吸引学生将精力放到学习中来，同时通过多项举措，学生的能力获得了全面提高。

二、实践与思考

组织竞赛的过程，积累了很多经验，也有了一些心得。

1. 以竞赛为导引，提升学生分析能力

高校 Sas 数据分析大赛已经成为数据分析业界中公认的翘楚比赛，成为

各大企业争抢人才的一个制高点。基于此，学生普遍对参加比赛有着浓厚的兴趣，都希望能够参加这样的比赛。但由于高校 Sas 数据分析大赛所要解决的问题很多都超出课堂的教学范围，因而参加这样的比赛，不仅要学生在课堂上打好基础，而且需要他们学习更多课上没教过而现在又很流行的统计模型。因此，以赛促学、以赛促练、以赛促提高就成了顺理成章的事[1]。

通过组织教师辅导、学生社团辅导，学生的数据分析能力有了一定的提高。比如在 IBM 和学院组织的“大数据时代下的高校教育发展——数据科学和机器学习”全国大会中，参会的高校教师对同济学生的数据分析能力给予了高度赞赏。

2. 以社团为辅助，带动学生自我提升

为了配合竞赛的组织和培训，我指导学生成立了学生社团——“数据分析学会”。学会成立的宗旨就是提升学生的数据分析能力。

该社团建立了自己的公众号，积极配合指导教师开展平时的学习推送和竞赛的组织、培训。学会组织了多个讨论班，请资深教授到讨论班开讲座，请高年级学生带领会员共同讨论和学习。社团系统进行了统计方法、统计模型和机器学习各专题的培训。

“数据分析学会”成了数据分析人才的摇篮。参与的学生获得了非常大的进步，成为各名校抢手的研究生，社团的很多骨干都成了各名校的直博生。上文提到的获同济大学卓越奖及获 2018 年度高校 Sas 数据分析大赛第一名的参赛选手都是社团的各任会长和骨干。学会的骨干基本都参加了历年的高校 Sas 数据分析大赛，并且获得了优异成绩。

3. 以课堂为基础，帮助学生修炼“内功”

参加竞赛，需要学生有扎实的统计学理论、丰富的统计模型知识和强大的 Sas 编程能力。如何将学生的理论和实践能力相结合，其中最重要的举措，就是在学校的帮助下，将原来的两门课程“统计学”“统计计算与软件”交叉融合为“统计学原理与计算”。通过这两门课程的深度融合，将统计的理论与应用完美结合，使学生可以用更少的课时，获得更综合的知识。在学习“统计学”理论的同时，还学会了对应用问题的处理。[2]

同时，这样的安排，也有助于本科三年级学生能有充足的准备去参加高校 Sas 数据分析大赛的预赛和决赛。具体来说，就是把 Sas 的部分内容安排在第一学期讲授，让学生通过一学期的课程学习，具备 Sas 软件的编程能力和掌握基础统计知识。由于预赛主要考查学生对于 Sas 软件的掌握程度，所以，经过一学期学习的学生很容易就能通过预赛。学院学生通过预赛进决赛的比例在全国名列第一。

而第二学期的课程，则主要讲授统计学的理论和统计的各种模型，这正好因应了第二阶段比赛——决赛阶段要求学生掌握统计理论和模型的需要。

采取了一系列有利于提高学生水平的举措，具体来讲，主要有以下四点：

一是通过大量难易搭配的课外习题，让学生快速入门 Sas；

二是通过“统计软件实习”这门课程，让学生在规定时间内完成各种有难度的实习习题。这种快速反应的训练和半测验性质的当堂练习，强化了学生对于 Sas 的熟练程度，提高了学生的使用能力；

三是在实习中鼓励学生互相交流，从而有利于学生水平的共同提高；

四是允许学生通过提交最佳参考答案而直接获得好成绩，鼓励学有余力的优秀学生对于习题的尽善处理。

这些举措为学生整体水平的提升起到了关键性的作用，也是后面各次比赛学生整体取得佳绩的一个至关重要的原因。

4. 以项目为目标，引领学生参与探索

竞赛不是最终目标，只是激发学生学习兴趣的一个手段。所以，根据学生的能力，选择部分学生一起参与科研工作。学生非常喜欢这样的方式，因为能在本科阶段就能获得参与研究的机会，学习如何分析问题、解决问题[3]。

学院组织学生参与研究的项目产生了一定的社会效用。

（1）为高校后勤中心进行政策研究的“上海高校学生食堂成本指数研究（高校食堂补贴）”，对高校食堂补贴的启动时间和补贴比例进行了详细分析。

（2）为创冰科技公司进行的“中超赛事数据分析”，对中国足球超级联赛的技战术进行了详细的数据分析，对创冰产品在各俱乐部的应用起到很大帮助。

（3）为上市公司潍柴股份做的“重型汽车工况的建立和评判”项目，为公司建立了三辆重型卡车的工况模型。建立的实验室工况和实际的行路工况几乎完全一致，可以用实验室工况来模拟实际道路运行情况，从而大大加快节能减耗所需的研发过程。

（4）为同济大学宝石研究室建立的“宝石矿场分布”项目，通过数据分析，对宝石的来源和产地进行了精准分析，准确度达95%以上。

在这些项目中，可以看到学院学生活跃的身影。这些项目都对学生科研能力的提升产生相当大的作用。

同时，学院还组织学生参与各种创新创业项目。近三年三个学生团队获得了全国创新创业项目，一个学生团队获上海市创新创业项目，多个团队获同济大学SITP项目。

通过这些项目，学生获得了更多的实践机会，提升了理论联系实际的能力，也为他们今后的工作和深造打下了扎实的基础。

参考文献

[1] 张爱华.浅谈学科竞赛和日常教学相结合的方法及作用[J].科教导刊，2013(16)：182-183.

[2] 王冠军，江海峰，林果园，等.卓越计划与学科竞赛平台相结合的嵌入式方向人才培养创新实践[J].实验室研究与探索，2017，36(8)：187-190.

[3] 王宝珠，李文娟.竞教结合+项目驱动下嵌入式系统教学改革[J].电脑知识与技术，2019，15(32)：160-164.

微积分方法在数学建模案例中的应用

张华隆　周朝晖　陈雄达
同济大学数学科学学院

摘要　本文在简要叙述一些微积分基本概念的基础上，提出若干个小的实际问题，并逐一用微积分原理建立数学模型进行讨论分析，最后将这些小问题对应的数学模型应用于制定捕鱼策略的实际问题中，形成该问题完整的数学模型结构。

关键词　导数　定积分　微分方程　捕捞强度　可持续捕捞　最大捕捞总重量

微积分方法起源于研究物理学、几何学、力学中的实际问题。同样地，我们在针对各类实际应用问题进行讨论时，也常常可以应用一些基本的微积分方法，对实际问题进行分析和建模讨论，通过计算，最终得到解决实际问题的思路和途径。

一、运用导数方法与微分方程原理建立实际问题数学模型案例

1. 变化率与导数

设函数 $f(x)$ 在点 x_0 的某邻域内有定义，若极限

$$\lim_{h \to 0} \frac{f(x_0+h)-f(x_0)}{h}$$

存在，则称此极限为函数 $f(x)$ 在点 x_0 处的导数，用 $f'(x_0)$，$\left.\frac{\mathrm{d}y}{\mathrm{d}x}\right|_{x=x_0}$ 等符号表示。

牵涉到变化率的实际问题，通常可应用导数进行描述，建立相应数学关系式。

2. 微分方程及可分离变量微分方程

表示未知函数、未知函数导数以及自变量之间关系的方程称为微分方程，如

$$x(y')^2-2yy'+x=0,\ \frac{\mathrm{d}u(t)}{\mathrm{d}t}+u(t)=\sin^2 t$$

如果一个一阶微分方程能够写成如下形式，则称为可分离变量微分方程

$$g(y)\mathrm{d}y=f(x)\mathrm{d}x$$

可分离变量微分方程，通常通过简单的不定积分计算即可得到其通解，即

$$\int g(y)\mathrm{d}y=\int f(x)\mathrm{d}x \Longrightarrow \text{通解 } G(y)=F(x)+C$$

微分方程模型中包含导数，所以牵涉数量变化(变化率)的实际问题，通常可以借助导数方法建立相应的微分方程模型进行描述。

3. 微积分方法建立人口数量变化规律的数学模型

问题：设 $N(t)$ 表示时刻 t 的人口数量，N_0 是某一初始时刻的人口数量，试应用导数和微分方程原理建立人口总数 $N(t)$ 随时间 t 变化的数学模型。

分析：某一时间段内增加的人口数量，应该与当初的人口总数“正相关”，一段时间内增加的人口数，可由单位时间段内的人口增加数量来描述。

假设：单位时间内人口增长量与当时的人口总数成正比，比例系数 k 称为人口增长率，不同环境、不同时间段内的系数 k 应该是不一样的。

建模：分 k 为常数、k 不为常数两种情况建立人口增长模型。

以人口增长率 k 为常数为例。

时刻 t 到时刻 $t+\Delta t$ 之间人口增加的数量为 $N(t+\Delta t)-N(t)$，按照人口增长率的定义，有如下表达式：

$$\frac{N(t+\Delta t)-N(t)}{\Delta t}=k\cdot N(t)$$

上式中令 $\Delta t\rightarrow 0$ 取极限，k 为常数，由导数定义可得含初始条件的微分方程：

$$\frac{\mathrm{d}N}{\mathrm{d}t}=kN(t),\quad N\Big|_{t=0}=N_0$$

这是可分离变量的微分方程，不难求得其解为 $N(t)=N_0\mathrm{e}^{kt}$ 。

人口数量随时间变化的数学模型 $N(t)=N_0\mathrm{e}^{kt}$ 称为指数增长模型，它于1798年由英国经济学家、社会学家马尔萨斯提出。该模型能够较好地吻合马尔萨斯那个时代人口的数量变化数据，也适用于类似美国那样自然资源丰富充足、没有外侵战争、生活无忧无虑社会的人口发展规律；但马尔萨斯模型的计算结果与现代社会的人口资料有较大的差异。原因何在呢？另外，根据指数增长模型，如果时间不断延伸 $(t\to\infty)$，人口数量将无限增大，这显然是不合实际的。

分析：上述马尔萨斯模型与近、现代人口数据的吻合越来越差，问题出在假设人口增长率 k 为常数。通常，一定区域内的资源总是有限的，随着人口数 $N(t)$ 逐渐增加，每个个体获得的资源量将减少，自然因素对人口增长的限制作用越来越明显，人口增长率 k 随之下降。那么，人口增长率 k 将以怎样的方式变化？

假设：常数 N_m 表示自然环境条件下某区域能承载的最大人口数，人口增长率 k 将随人口总数 $N(t)$ 的增加而逐渐减少，并且当 $N(t)\to N_m$ 时，人口增长率将趋近于零。

简便方法，假设 $k=k_0\left[1-\frac{N(t)}{N_m}\right]$，其中 N_m、k_0 为常数。显然，这样假设的人口增长率 k 满足上述要求。

按照人口增长率的定义，人口总数 $N(t)$ 的变化过程应满足下列关系式：

$$\frac{N(t+\Delta t)-N(t)}{\Delta t}=kN(t)=k_0\left[1-\frac{N(t)}{N_m}\right]\cdot N(t)$$

上式中令 $\Delta t\to 0$ 取极限，注意到 k_0 为常数，得到微分方程

$$\frac{\mathrm{d}N}{\mathrm{d}t}=k_0N(t)\left[1-\frac{N(t)}{N_m}\right],\quad N\Big|_{t=0}=N_0$$

这是可分离变量的微分方程，不难求得其解为

$$N(t)=\frac{N_m}{1+\left(\frac{N_m}{N_0}-1\right)\mathrm{e}^{-kt}}$$

人口数随时间变化的数学模型 $N(t)=\dfrac{N_m}{1+\left(\dfrac{N_m}{N_0}-1\right)e^{-kt}}$ 称为阻滞增长模型，也称为 Logistic 模型，由比利时数学家韦尔侯斯特于 1838 年建立，该模型能较好吻合并预测人口变化规律，同时在处理诸多有关数量变化的实际问题中也有广泛的应用。

4. 微积分方法建立鱼群因捕捞引起数量变化的数学模型

问题：某水域因捕捞原因，鱼群数量将逐渐减少，试对捕捞过程作数学描述，并在初始时刻鱼量为 S_0 的条件下建立鱼群条数随时间变化的数学模型关系式 $S(t)$。

分析：大批量捕捞作业，捕捞鱼的数量与渔船数、下网次数、鱼群总数等诸多因素密切相关。一种简单的处理办法是：每年投入的捕捞能力（如捕鱼渔船数、捕捞用网、每船下网次数等）固定不变，渔业上称这种方式为固定努力量捕捞，这时候，某一时间段内捕捞鱼的数量将与该水域中的鱼群总数"正相关"。

假设：按照固定努力量捕捞方式的"正相关"原理，某一时间段内捕捞鱼的数量将由单位时间内捕捞鱼的数量来衡量。为此，假设单位时间内捕捞鱼的数量与水域中鱼群总条数呈正比，比例系数 k（捕捞强度系数）为常数，即

单位时间捕捞条数 $=k\times$ 鱼群总条数，k 为常数

捕捞强度系数 k 的大小决定了单位时间内捕鱼量的大小，同时也就确定了整个捕鱼周期内捕鱼总量的大小。

建模：假设时刻 t 时鱼群条数为 $S(t)$，在仅考虑捕捞原因引起鱼群数量变化的情况下，时刻 t 到时刻 $t+\Delta t$ 之间鱼群数量的减少量 $S(t)-S(t+\Delta t)$ 就是这段时间内捕捞鱼群的总数量，由假设可得到下列数学表达式

$$\frac{S(t)-s(t+\Delta t)}{\Delta t}=k\cdot S(t)$$

令 $\Delta t\to 0$ 对上式取极限，注意到 k 为常数，得到微分方程模型

$$\frac{\mathrm{d}S}{\mathrm{d}t}=-kS(t),\quad S\Big|_{t=0}=S_0$$

这是可分离变量微分方程，不难求得其解为

$$S(t)=S_0\cdot e^{-kt}$$

这就是鱼群因捕捞引起数量变化的数学模型,其中捕捞强度系数 k 为常数。

5. 微积分方法建立鱼群因自然死亡引起数量变化的数学模型

问题:某水域初始时刻鱼量为 S_0,鱼群数量因鱼群的自然死亡而逐渐减少。试对鱼群的自然死亡做数学描述,建立鱼群条数因鱼群自然死亡随时间变化的数量关系式 $S(t)$。

分析:捕捞、自然死亡均引起鱼群数量的减少,参照捕捞强度系数以及人口增长率的概念,引入鱼的"自然死亡率",自然死亡率体现某段时间内水域中鱼群数量变化的情况。鱼群在一段时间内死亡的数量与当时鱼群的数量"正相关",一段时间内的死亡数量又由单位时间内的死亡数量确定。

假设:单位时间内死亡鱼的数量与鱼群总数成正比,比例系数 α(自然死亡率)为常数。

建模:根据鱼群自然死亡率 α 的定义,得到如下表达式:

$$\alpha = \frac{\text{单位时间死亡鱼数量}}{\text{鱼群总数量}} = \frac{\dfrac{S(t) - S(t+\Delta t)}{\Delta t}}{S(t)}$$

令 $\Delta t \to 0$ 对上式取极限,注意到 α 为常数,得到含初始条件的微分方程

$$\frac{\mathrm{d}S}{\mathrm{d}t} = -\alpha S(t), \quad S\Big|_{t=0} = S_0$$

这是可分离变量的微分方程,不难求得其解为

$$S(t) = S_0 \cdot \mathrm{e}^{-\alpha t}$$

这就是鱼群因自然死亡引起数量变化的数学模型,其中自然死亡率 α 为常数。

以上几个实际问题的尽管背景完全不同,但都依据变化率原理及导数概念,建立相应的微分方程模型,通过模型求解即可得到问题所需的模型。微积分课程相关导数、微分方程内容的教学过程中,老师应引导学生灵活应用导数、微分方程的工具处理与变化率有关的实际问题。

二、运用定积分中值定理的原理对实际问题建立数学模型的案例

1. 定积分中值定理

设函数 $f(x)$ 在区间 $[a,b]$ 上连续,则存在 $\xi \in [a,b]$,使得

$$\frac{1}{b-a}\int_a^b f(x)\mathrm{d}x = f(\xi)$$

通常，$\bar{f}=\frac{1}{b-a}\int_a^b f(x)\mathrm{d}x$ 称为函数 $f(x)$ 在区间 $[a, b]$ 上的平均值。

定积分中值定理，就是将有限个量求的平均值的概念，推广到函数在某个区间上取值无穷多个函数值求平均值的方法。

2. 鱼群条数随时间变化的情况下计算鱼群产卵总数的方法

问题：捕捞、自然死亡等因素将引起某水域鱼群数量随时间不断变化。$S(t)$ 表示时刻 t 的鱼群条数，如果时间段 $[T_1, T_2]$ 内每条鱼仅产卵一次，每条鱼的平均产卵量为 β（β 是常数）已知，但鱼群的产卵时间不确定，试在对鱼群产卵过程作一定描述的基础上，确定时间段 $[T_1, T_2]$ 内该水域鱼群产卵总量 n 的计算模型。

分析：每条鱼的产卵量 β 已知，但鱼群的产卵时间未作规定，不同时刻 t 的鱼群条数 $S(t)$ 不一样，如果时间段 $[T_1, T_2]$ 都是可能产卵期，可借助定积分中值定理求函数平均值的方法，首先确定时间段 $[T_1, T_2]$ 内鱼群数量的平均值 $\bar{S}$，利用每条鱼的平均产卵量 β，不难得到时间段 $[T_1, T_2]$ 内鱼群产卵总量 n。

建模：时刻 t 鱼群条数为 $S(t)$，根据积分中值定理，鱼群数量在时间段 $[T_1, T_2]$ 内的平均条数为

$$\bar{S}=\frac{1}{T_2-T_1}\int_{T_1}^{T_2} S(t)\mathrm{d}t$$

每条鱼的平均产卵量为常数 β，所以时间段 $[T_1, T_2]$ 内鱼群产卵总量为

$$n=\beta\bar{S}=\frac{\beta}{T_2-T_1}\int_{T_1}^{T_2} S(t)\mathrm{d}t$$

除了上述通过求函数平均值计算鱼群产卵总量的方法，也可通过增加补充假设的方式，建立计算时间段 $[T_1, T_2]$ 内鱼群产卵总量 n 的不同数学模型。比如，也可用下面两种常用的方法。

(1) 鱼群在某个特定时刻集中产卵

假设：鱼群在某个特定的时间点 t_0 集中产卵（$t_0 \in [T_1, T_2]$），则可得到时间段 $[T_1, T_2]$ 内鱼群产卵总量计算的数学模型为

$$n=\beta \cdot S(t_0)$$

(2) 鱼群在时间段 $[T_1, T_2]$ 内随机产卵

假设:鱼群在时间段 $[T_1, T_2]$ 内随机产卵,则可得到时间段 $[T_1, T_2]$ 内鱼群产卵总量的计算数学模型为

$$n=\frac{\beta}{m}\sum_{j=1}^{m}S(t_j)$$

其中 $t_j\in[T_1, T_2]$ 是时间段 $[T_1, T_2]$ 内任取的 m 个不同时间点。

如果建模过程中对问题做不同假设,则建立的模型以及由模型确定的结果也不尽相同。所以说,数学建模过程是一个创造性的思维过程。微积分课程《积分中值定理》内容的教学过程中,老师在讲授数学意义下积分中值定理的基础上,若能增加积分中值定理应用的案例,将会提高学生学习数学的热情。

三、运用定积分近似求和的思想建立实际应用问题数学模型的案例

1. 定积分核心

函数 $f(x)$ 在区间 $[a, b]$ 上定积分,记作 $\int_a^b f(x)\mathrm{d}x$,即:$\int_a^b f(x)\mathrm{d}x=\lim\limits_{\lambda\to 0}\sum_{i=1}^{n}f(\xi_i)\Delta x_i$。

如果忽略极限运算,则有 $\sum_{i=1}^{n}f(\xi_i)\Delta x_i\approx\int_a^b f(x)\mathrm{d}x$。

定积分定义过程比较繁琐,其核心就是特殊和式的极限。借助定积分元素法,很多特定量如面积、体积、做功、水压力等都可以通过定积分来计算。下面的问题的处理方法与微积分元素法的处理方法不同,但最终仍是通过近似求和的原理,归结成定积分的计算。通过这个问题的处理,学生可以更好理解定积分的含义。

2. 捕捞强度系数 k 已知的前提下计算年捕捞总重量的数学模型

问题:在采用固定努力量捕捞方式的前提下,如果捕捞强度系数 k 已知,水域中鱼群条数为 $S(t)$,如果已知每条鱼的平均重量,试确定时间段 $[T_1, T_2]$ 内捕捞鱼的总重量 G。

分析:采用定积分近似求和的思想,将捕捞时间段 $[T_1, T_2]$ 分割成若干小的时间段,首先计算各个小时间段内的捕捞鱼的条数,求和后就可得到

整个捕捞时间段 $[T_1, T_2]$ 内捕捞鱼的总条数 P，根据每条鱼的平均重量，就不难得到整个捕捞时间段 $[T_1, T_2]$ 内捕捞鱼的总重量 G。

假设：捕捞强度系数 k 为常数，每条鱼的平均重量为 m。

建模：根据捕捞强度系数的假设可得：

$$\frac{|\Delta S|}{\Delta t}=\frac{|S(t+\Delta t)-S(t)|}{\Delta t}=kS(t),$$

时间间隔 Δt 内的捕鱼条数 $|\Delta S|$ 为：

$$|\Delta S|=|S(t+\Delta t)-S(t)|=kS(t)\cdot\Delta t$$

时间段 $[T_1, T_2]$ 内的捕捞鱼的总条数 P 为：

$$P=\sum|\Delta S|=\sum kS(t)\cdot\Delta t\approx\int_{T_1}^{T_2}kS(t)\mathrm{d}t=k\int_{T_1}^{T_2}S(t)\mathrm{d}t$$

每条鱼的平均重量为 m，则时间段 $[T_1, T_2]$ 内的捕捞总重量为 $G=mP$。

四、综合应用案例：可持续收获条件下最大捕鱼总重量的数学模型

前面的讨论，我们通过回顾微积分的一些基本原理，建立了一些简单问题的数学模型案例，求解后即可得到相关实际问题的解决方法。但在实际中，人们需要处理的实际问题往往比较复杂，解决一个问题常常需要使用多种数学原理和方法。微积分课程教学过程中适当引入与微积分原理相关的数学模型案例，对提高学生学习微积分的热情不无裨益。综合多种微积分原理和其他数学方法去分析处理一个更加复杂的实际问题并建立一个更加复杂的数学建模案例，对培养学生的创造性思维、提高学生综合运用数学知识解决实际问题的能力，起到积极的作用。下面，我们提出一个大规模的捕鱼策略问题，需要综合前面的多种原理和方法进行建模分析。

问题：为保护人类赖以生存的自然环境，可再生资源（如渔业、林业等）的开发利用必须适度，一种合理简化策略是：在实现可持续收获的前提下，如何追求最大产量或最佳效益。

具体到对某种特定鱼的最优捕捞策略：

这种鱼分成 4 个年龄组，分别称为 1，2，3，4 龄鱼。各年龄组每条鱼平

均重量(克)分别为：$m_1=5.07$，$m_2=11.55$，$m_3=17.86$，$m_4=22.99$；这种鱼的产卵和孵化期为每年的最后4个月，卵孵化后成活为1龄鱼，成活率(新生的1龄鱼条数与产卵总量 n 之比)为 $\delta=\dfrac{1.22\times10^{11}}{1.22\times10^{11}+n}$；平均每条4龄鱼的产卵量(个)为 $\beta=1.109\times10^5$，3龄鱼的产卵量为这个数的一半，1，2龄鱼不产卵；鱼的自然死亡率均为 $\alpha=0.8$ (1/年)。

渔业部门规定：产卵孵化期内不允许捕捞，每年只允许在产卵孵化期前的8个月内进行捕捞作业，捕捞采用固定努力量捕捞方式，即每年投入的捕捞能力(如渔船数，每船下网次数等)固定不变，这时单位时间捕捞量将与各年龄组鱼群条数呈正比，比例系数称为捕捞强度系数。通常使用的捕捞用网只能捕捞3，4龄鱼，其两个捕捞强度系数之比为0.42∶1。

建立数学模型描述如何实现可持续捕捞，并在此前提下得到最高的年捕捞总重量。

1. 问题分析

(1) 鱼群数量变化因素：自然死亡、捕捞、产卵孵化；

(2) 周期变化：各年龄组的鱼群以年为周期循环变化；

(3) 生长规律：1，2，3，4龄鱼，今年的 i 龄鱼，明年长成 $(i+1)$ 龄鱼；

(4) 持续捕捞：每年年初各年龄组的鱼群数量基本保持一致；

(5) 控制变量：捕捞强度 k 改变，鱼群数量也改变，自然死亡与卵的孵化常量；

(6) 捕捞总量：每条鱼重量已知，可先讨论鱼群条数变化规律及捕捞条数；

(7) 分组讨论：分开讨论1龄鱼、2龄鱼、3龄鱼、4龄鱼的鱼群数量变化；

(8) 分段讨论：每年前8个月是捕捞期、后4个月产卵孵化期无捕捞。

2. 建模思路

(1) 自然死亡、捕捞均造成鱼群数量的减少，考虑将二者相统一；

(2) 无捕捞时鱼群数量变化规律 → 有捕捞时鱼群数量的变化规律；

(3) 实现可持续捕捞，保持每年年初鱼群数量平衡；

(4) 以年为周期循环变化，时间变量 $0\leqslant t\leqslant1$；

(5) 下年初：1龄鱼由上年的鱼产卵孵化生长而成，

其余各龄鱼由上年末各龄鱼生长一岁突变而来；

(6) 每年前 8 个月是捕捞期,含自然死亡、人工捕捞,$0 \leqslant t \leqslant \frac{2}{3}$,

后 4 个月是产卵孵化期,无捕捞,仅含自然死亡,$\frac{2}{3} \leqslant t \leqslant 1$。

鱼群数量变化示意图:

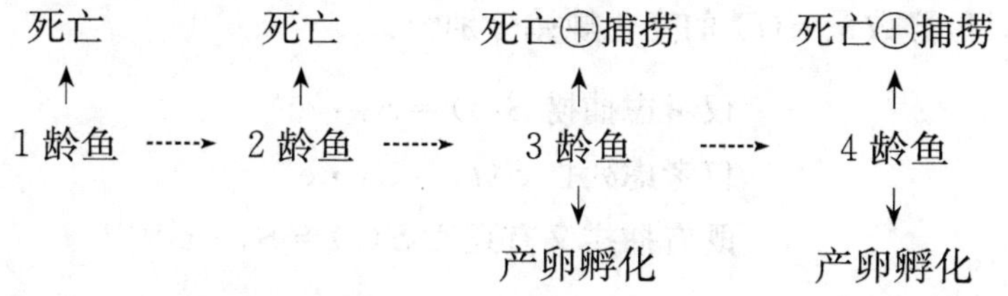

鱼群生长示意图:

年初		8 月末		年末		下年初
1 龄鱼	⟶	1 龄鱼	⟶	1 龄鱼	⟶	2 龄鱼
2 龄鱼	⟶	2 龄鱼	⟶	2 龄鱼	⟶	3 龄鱼
3 龄鱼	⟶	3 龄鱼	⟶	3 龄鱼	⟶	4 龄鱼
4 龄鱼	⟶	4 龄鱼	⟶	4 龄鱼	⟶	4 龄鱼

3. 模型假设

(1) 当年产的卵,下年初集中孵化生长为 1 龄鱼;

(2) 当年末的 i 龄鱼,下年初突变成 $(i+1)$ 龄鱼($i=1, 2, 3$);

(3) 当年末的 4 龄鱼,下年初留在 4 龄鱼(假设全部死掉,得到不同模型);

(4) 捕捞过程不会引起死亡率的变化;

(5) 不考虑外水域鱼群对本水域鱼群数量变化的影响;

(6) 可持续捕捞:每年初各龄鱼条数与上年初各龄鱼条数保持一致。

4. 模型建立

(1) 一般性模型

捕捞强度与自然死亡率的统一

$$k = \frac{\text{单位时间捕捞鱼数量}}{\text{鱼群总数量}}$$,量纲为“1/ 时间”

$$\alpha = \frac{\text{单位时间死亡鱼数量}}{\text{鱼群总数量}}$$

α、k 都造成鱼群数量的减少，$\alpha = 0.8$ 是已知量、k 是待优化的控制变量。

设 S_0 为初始时刻鱼的数量，仅考虑捕捞、仅考虑自然死亡、既有捕捞又有死亡时鱼群数量 $S(t)$ 的变化规律分别为：

$$\text{仅考虑捕捞 } S(t) = S_0 \cdot e^{-kt}$$

$$\text{仅考虑死亡 } S(t) = S_0 \cdot e^{-\alpha t}$$

$$\text{既有捕捞又有死亡 } S(t) = S_0 \cdot e^{-(\alpha+k)t}$$

(2) 各年龄组鱼群数量在一年内的变化规律：

设 S_{10}，S_{20}，S_{30}，S_{40} 分别表示 1，2，3，4 龄鱼在当年初的数量，

设 S_{11}，S_{21}，S_{31}，S_{41} 分别表示 1，2，3，4 龄鱼在当年 8 月末的数量，

设 S_{12}，S_{22}，S_{32}，S_{42} 分别表示 1，2，3，4 龄鱼在当年 12 月末的数量，

8 月末各龄鱼数量 S_{11}，S_{21}，S_{31}，S_{41}（捕捞期）的计算：

$$S_{11} = S_{10} \cdot e^{\frac{-2}{3}\alpha} \left(1 \sim 8 \text{ 月，时间 } t = \frac{2}{3}\right)$$

$$S_{21} = S_{20} \cdot e^{\frac{-2}{3}\alpha} (1,\ 2 \text{ 龄鱼无捕捞})$$

$$S_{31} = S_{30} \cdot e^{\frac{-2}{3}(\alpha+0.42k)} (3,\ 4 \text{ 龄鱼有捕捞})$$

$$S_{41} = S_{40} \cdot e^{\frac{-2}{3}(\alpha+k)} (3,\ 4 \text{ 龄鱼的捕捞强度系数之比为 } 0.42:1)$$

9～12 月产卵孵化期无捕捞，到 12 月末各龄鱼数量 S_{12}，S_{22}，S_{32}，S_{42} 为

$$S_{12} = S_{11} \cdot e^{\frac{-1}{3}\alpha} = S_{10} \cdot e^{-\alpha} \quad \left(9 \sim 12 \text{ 月，时间 } t = \frac{1}{3}\right)$$

$$S_{22} = S_{21} \cdot e^{\frac{-1}{3}\alpha} = S_{20} \cdot e^{-\alpha}$$

$$S_{32} = S_{31} \cdot e^{\frac{-1}{3}\alpha} = S_{30} \cdot e^{-\alpha - \frac{0.84k}{3}}$$

$$S_{42} = S_{41} \cdot e^{\frac{-1}{3}\alpha} = S_{40} \cdot e^{-\alpha - \frac{2k}{3}}$$

(3) 当年鱼群产卵总量 n 的计算

产卵孵化期内，3，4 龄鱼的数量 $S_{32}(t)$、$S_{42}(t)$ 变化规律为

$$S_{32}(t)=S_{31}\cdot e^{-\alpha t},\quad 0\leqslant t\leqslant\frac{1}{3}$$

$$S_{42}(t)=S_{41}\cdot e^{-\alpha t},\quad 0\leqslant t\leqslant\frac{1}{3}$$

由函数平均值方法，3，4 龄鱼在产卵孵化期内的平均数量为

$$\overline{S}_{32}=\frac{1}{\frac{1}{3}-0}\int_0^{\frac{1}{3}}S_{32}(t)\mathrm{d}t=\frac{3}{\alpha}S_{31}(1-e^{\frac{-\alpha}{3}})$$

$$\overline{S}_{42}=\frac{1}{\frac{1}{3}-0}\int_0^{\frac{1}{3}}S_{42}(t)\mathrm{d}t=\frac{3}{\alpha}S_{41}(1-e^{\frac{-\alpha}{3}})$$

平均每条 3，4 龄鱼产卵量分别为 $\frac{\beta}{2}$、β，其中 $\beta=1.109\times10^5$，则

$$\begin{aligned}n&=\frac{\beta}{2}\cdot\overline{S}_{32}+\beta\cdot\overline{S}_{42}=\frac{3\beta}{2\alpha}(S_{31}+2S_{41})(1-e^{\frac{-\alpha}{3}})\\&=\frac{3\beta}{2\alpha}[S_{30}\cdot e^{\frac{-2}{3}(\alpha+0.42k)}+2S_{40}\cdot e^{\frac{-2}{3}(\alpha+k)}](1-e^{\frac{-\alpha}{3}})\end{aligned}$$

(4) 可持续捕捞前提下建立各年龄组鱼群数量的动态平衡

下年初 1，2，3，4 龄鱼数量 S_{13}，S_{23}，S_{33}，S_{43} 的计算：

1 龄鱼数量 S_{13}：由上一年 3，4 龄鱼产卵孵化成活而来，即

$$S_{13}=n\times\delta,\ n\text{ 是 3，4 龄鱼产卵总量},\ \delta=\frac{1.22\times10^{11}}{1.22\times10^{11}+n}$$

2 龄鱼数量 S_{23}：由上年末的 1 龄鱼数量 S_{12} 全部突变而来，即

$$S_{23}=S_{12}$$

3 龄鱼数量 S_{33}：由上年末的 2 龄鱼数量 S_{22} 全部突变而来，即

$$S_{33}=S_{22}$$

4 龄鱼数量 S_{43}：由上年末的 3，4 龄鱼数量 S_{32}、S_{42} 合并变化而来，即

$$S_{43}=S_{32}+S_{42}$$

即下年初各龄鱼的数量计算关系式：

$$\begin{cases} S_{13}=n\times\delta=n\times\dfrac{1.22\times10^{11}}{1.22\times10^{11}+n} \\ \quad =\dfrac{3\beta(1-e^{\frac{-\alpha}{3}})\left[S_{30}\cdot e^{\frac{-2(\alpha+0.42k)}{3}}+2S_{40}\cdot e^{\frac{-2(\alpha+k)}{3}}\right]\times1.22\times10^{11}}{2\alpha\times1.22\times10^{11}+3\beta(1-e^{\frac{-\alpha}{3}})\cdot\left[S_{30}\cdot e^{\frac{-2(\alpha+0.42k)}{3}}+2S_{40}\cdot e^{\frac{-2(\alpha+k)}{3}}\right]} \\ S_{23}=S_{12}=S_{10}\cdot e^{-\alpha} \\ S_{33}=S_{22}=S_{20}\cdot e^{-\alpha} \\ S_{43}=S_{32}+S_{42}=S_{30}\cdot e^{-\alpha-\frac{0.84k}{3}}+S_{40}\cdot e^{-\alpha-\frac{2k}{3}} \end{cases}$$

若用矩阵形式表示上式，则有

$$\boldsymbol{S}_1=\boldsymbol{A}\cdot\boldsymbol{S}_0,$$

其中：

下年初鱼群数量 $\boldsymbol{S}_1=\begin{pmatrix}S_{13}\\S_{23}\\S_{33}\\S_{43}\end{pmatrix}$，今年初鱼群数量 $\boldsymbol{S}_0=\begin{pmatrix}S_{10}\\S_{20}\\S_{30}\\S_{40}\end{pmatrix}$，

鱼群生长矩阵 $\boldsymbol{A}=\begin{pmatrix}0&0&F_3&F_4\\e^{-\alpha}&0&0&0\\0&e^{-\alpha}&0&0\\0&0&e^{-\alpha-\frac{0.84k}{3}}&e^{-\alpha-\frac{2k}{3}}\end{pmatrix}$

$$F_3=\frac{3\beta(1-e^{\frac{-\alpha}{3}})\cdot e^{\frac{-2(\alpha+0.42k)}{3}}\times1.22\times10^{11}}{2\alpha\times1.22\times10^{11}+3\beta(1-e^{\frac{-\alpha}{3}})\cdot\left[S_{30}\cdot e^{\frac{-2(\alpha+0.42k)}{3}}+2S_{40}\cdot e^{\frac{-2(\alpha+k)}{3}}\right]}$$

$$F_4=\frac{6\beta(1-e^{\frac{-\alpha}{3}})\cdot e^{\frac{-2(\alpha+k)}{3}}\times1.22\times10^{11}}{2\alpha\times1.22\times10^{11}+3\beta(1-e^{\frac{-\alpha}{3}})\cdot\left[S_{30}\cdot e^{\frac{-2(\alpha+0.42k)}{3}}+2S_{40}\cdot e^{\frac{-2(\alpha+k)}{3}}\right]}$$

(5) 年捕鱼总重量 G 的确定

一般性模型：假设鱼群条数变化规律为 $S(t)=S_0\cdot e^{-\varepsilon t}$，$k$ 为捕捞强度系数，则利用定积分求和方法，一年内（事实上是前 8 个月，$0\leqslant t\leqslant\frac{2}{3}$）的捕鱼总条数为：

$$P=k\int_0^{\frac{2}{3}} S_0 e^{-\varepsilon t} dt=\frac{kS_0}{\varepsilon}(1-e^{\frac{-2\varepsilon}{3}}).$$

一年内 3 龄鱼捕捞总条数 P_3 的计算(捕捞强度为 $0.42k$):

$$S_{31}(t)=S_{30}\cdot e^{-(\alpha+0.42k)t},\ 0\leqslant t\leqslant\frac{2}{3}$$

$$P_3=0.42k\int_0^{\frac{2}{3}} S_{31}(t)dt=\frac{0.42kS_{30}}{\alpha+0.42k}[1-e^{\frac{-2(\alpha+0.42k)}{3}}]$$

一年内 4 龄鱼捕捞总条数 P_4 的计算(捕捞强度系数为 k):

$$S_{41}(t)=S_{40}\cdot e^{-(\alpha+k)t},\ 0\leqslant t\leqslant\frac{2}{3}$$

$$P_4=k\int_0^{\frac{2}{3}} S_{41}(t)dt=\frac{kS_{40}}{\alpha+k}[1-e^{\frac{-2(\alpha+k)}{3}}]$$

每条 3、4 龄鱼的平均重量分别为 m_3,m_4,则年捕捞总重量 G 为

$$G=m_3P_3+m_4P_4=m_3\frac{0.42kS_{30}}{\alpha+0.42k}[1-e^{\frac{-2(\alpha+0.42k)}{3}}]+m_4\frac{kS_{40}}{\alpha+k}[1-e^{\frac{-2(\alpha+k)}{3}}]$$

(6) 可持续捕捞条件下实现最高年捕捞总重量的捕鱼策略数学模型的总体结构

可持续捕捞,即下年初各年龄组鱼群条数与上年初各年龄组鱼群条数对应相等,即 $S_1\approx S_0$,由此可得可持续捕捞前提下,实现年捕捞总重量最大的捕鱼策略的数学模型总体结构

$$\begin{cases}\max G=m_3P_3+m_4P_4\\ \text{s.t}\ \boldsymbol{S}_1=\boldsymbol{AS}_0\approx\boldsymbol{S}_0\end{cases}$$

或者

$$\begin{cases}\max G=m_3\dfrac{0.42kS_{30}}{\alpha+0.42k}[1-e^{\frac{-2(\alpha+0.42k)}{3}}]+m_4\dfrac{kS_{40}}{\alpha+k}[1-e^{\frac{-2(\alpha+k)}{3}}]\\ \text{s.t}\begin{pmatrix}S_{13}\\S_{23}\\S_{33}\\S_{43}\end{pmatrix}=\begin{pmatrix}0&0&F_3&F_4\\e^{-\alpha}&0&0&0\\0&e^{-\alpha}&0&0\\0&0&e^{-\alpha-\frac{0.84k}{3}}&e^{-\alpha-\frac{2k}{3}}\end{pmatrix}\begin{pmatrix}S_{10}\\S_{20}\\S_{30}\\S_{40}\end{pmatrix}\approx\begin{pmatrix}S_{10}\\S_{20}\\S_{30}\\S_{40}\end{pmatrix}\end{cases}$$

$$\begin{cases} F_3 = \dfrac{3\alpha \times (1 - e^{-\frac{0.8}{3}}) \times e^{-90.8(\alpha+0.42k)\times\frac{2}{3}} \times 1.22 \times 10^{11}}{1.6 \times 1.22 \times 10^{11} + \dfrac{3\alpha}{1.6}(1 - e^{\frac{-0.8}{3}}) \times [e^{\frac{-0.84k}{3}} \times S_{30} + 2e^{\frac{-2k}{3}} \times S_{40}] \times e^{-0.8\times\frac{2}{3}}} \\ F_4 = \dfrac{3\alpha (1 - e^{\frac{-0.8}{3}}) \times e^{-(0.8+k)\times\frac{2}{3}} \times 2 \times 1.22 \times 10^{11}}{1.6 \times 1.22 \times 10^{11} + \dfrac{3\alpha}{1.6}(1 - e^{\frac{-0.8}{3}}) \times [e^{\frac{-0.84k}{3}} \times S_{30} + 2e^{\frac{-2k}{3}} \times S_{40}] \times e^{-0.8\times\frac{2}{3}}} \end{cases}$$

各类微积分(高等数学)教材中有许多经典的应用问题案例,对培养大学生运用数学知识解决实际问题的能力起到了良好的作用;每年举办的全国大学生数学建模竞赛是目前影响最为广泛的大学生学科竞赛。通过该赛事,学生们体验了数学的创造与发现的过程,对培养大学生创新精神、创新意识和创新能力也有积极的作用。竞赛过程运用的数学知识大多超出微积分的范畴,如果让大学生从进入校园开始学习微积分时就逐步接触微积分在数学建模案例的应用的训练,对他们今后参加全国大学生数学建模竞赛或者从事实际问题研究的工作,都将起到非常重要的帮助。

参考文献

[1] 同济大学数学系.高等数学[M].7 版.北京:高等教育出版社,2014.

[2] 梁进,陈雄达,钱志坚,等.数学建模[M].北京:人民邮电出版社,2019.

构建学生为中心的数学实践教学体系和竞赛组织

郁　霞　张华隆　陈雄达

同济大学数学科学学院

摘要　同济大学是国内最早开展数学建模活动的高校之一。历经三十年，目前同济大学学生参加的数学建模竞赛活动主要有校数学建模竞赛，全国大学生数学建模竞赛和美国大学生数学建模竞赛。本文总结了同济大学本科生数学建模相关的教学和竞赛组织的经验，同时也提出了日后加强教学体系和竞赛组织建设的一些设想。

关键词　数学建模　实践教学　学科竞赛

一、引言

数学建模指以数学的语言表述实际问题，以数学逻辑推理等构建模型，辅以计算机等手段，最终解决实际问题的过程[1]。数学建模竞赛一般要求参赛者以论文为载体，描述一个可能有一定简化的实际问题的解决过程。这个实际问题通常来源于工程技术、管理科学或社会热点问题，要求参赛者提交包含解决方案的论文，论文中应包括模型假设、建立、求解和得到的结果的分析及检验。该竞赛是开放性竞赛，参赛者可以任意查阅文献资料、使用软件和网络，但不能和参赛队之外的任何人讨论与赛题有关的内容。

数学建模的能力，也就是数学应用的能力，综合了参赛者(一般三人一组)的各方面的能力，包括文献综合能力、发散思维、数学和逻辑推理能力、计算机应用和编程能力、论文写作能力，当然也包括团队协作能力。这诸多能力和培养卓越工科人才的目标是高度契合的。不论参赛成绩如何，参赛学生都能从数学建模竞赛中获益丰硕。2018 年，全国大学生数学建模竞赛被纳入了高校竞赛评估排行榜。今年也将举行全国性的庆祝该赛事举办三十周年的活动。国内各高校为了提高学生数学建模能力,纷纷举办各自的校内数学建模竞赛。

二、同济大学的数学建模教学体系

同济大学是国内最早开展数学建模教学和科技创新活动的高校之一。同济大学数学建模团队在开设数学建模课程、开展创新活动、建立数模创新团队、建设数学建模多层次全方位的教学体系方面,立足创新,注重实践,进行了积极的探索,形成了一套与同济大学专业特色相适应的数学建模教学与实践模式,提升了学生的综合素质和创新能力。

数学科学学院成立了数学建模团队,团队的核心成员有六名教师,负责一线的数学建模教学,并编写了两本数学建模教材[2,3]。数学建模团队约有20人,负责数学建模的相关工作,包括宣传、培训、讲座、辅导、竞赛组织等工作,以及竞赛期间的后勤保障和校内赛的论文评审等。数学科学学院和学校本科生院对数学建模团队大力支持,团队定期地在内部组织各种规模不等的教研讨论活动。

依托同济大学的工科背景,学校同意并立项建设数学建模工科团队,目前已初具规模。数学建模工科团队是一个相对松散的组织,由数学科学学院的数学建模团队负责联系,并通过他们在广大的工科学院中宣传数学建模思想。依托数学科学学院,数学建模团队成员增加了与业界的互动,在学院之间和校企之间建立桥梁,成立多个课题组,提升了数学建模团队多位教师自身的综合能力,也增加了学生们接触实际课题的机会。

数学科学学院为全校学生开设有数学建模系列课程,包括数学建模必修课和选修课。为配合大类招生,目前数学建模团队还申请了数学建模荣誉课程。在这些课程的教学中,我们采用数学建模课程教学常用的案例教学方式。越来越多地,我们将一些实际课题带入课堂中,教学过程引导学生参加一些实际课题的研究。有不少参加课程学习的学生组建团队申请了大学生科技创新项目。

除了数学建模课程,数学建模团队还开设了系列数学软件等实践类课程,例如:MATLAB科学工程计算、数学实验、数学软件、统计计算等。为了更好地利用资源,数学建模团队的教师也向选修课程的学生积极推荐数学建模相关的网络课程,包括校内其他学院教师开设的相关课程,如学术论文写作、文献检索等。由于学校的竞赛组织更多地是由学生自发进行的，数学建模团队并没有深入参与，所以每逢校数学建模协会招新或者各级数学建模竞赛报名时，数学建模团队都强调这些课程，要求每个参加数模协会或者参加竞赛的学生要有这方面的经验，使得自发进行的学生竞赛组织不致无序。

三、同济大学的数学建模竞赛组织

同济大学的各类数学建模竞赛活动主要由学生组成的数学建模协会负责。同济大学的数学建模协会是一个以学生为主，由学生自己管理的学生社团。该社团在数学建模团队和学校团学联的双重领导下工作，同时，该社团的部分活动获得学校团学联和学校本科生院的资助。

数学建模协会的主要活动有：日常的数学建模活动宣传，微信公众号运营，每年春季协会的招新，定期的数学建模讲座、大赛前邀请数学建模团队教师或者往届获奖学生举办讲座、竞赛结束后组织学生进行答辩活动、组织获奖学生交流心得等。

数学建模协会还全程参与校级和全国数学建模竞赛的赛前组织、赛时的后勤保障以及竞赛结束的论文收集整理等工作。部分数学建模协会的学生甚至参与数学建模竞赛后的竞赛数据分析，帮助数学建模团队教师整理出当次竞赛的学生的学院和年级分布，并对学生组队和以后各工科学院开展宣传及讲座安排等工作给出调整意见。这个实际上也属数学建模的一种实际应用。

数学建模协会的学生除了负责协会的日常工作，也注重自身素质的提升——他们邀请数学建模团队的教师参加活动，并对讲座的内容和讲座的形式等提出指导意见。

四、结论

数学建模能力的培养是一个较长的过程。我们经常看到，有很多参赛获奖学生并没有修习数学建模课程，数学建模的竞赛成绩并不只和某一门数学实践课程的成绩相关而体现的是学生的综合能力。具体到教学上，一方面，我们力图将更多的大学数学基础课程中引入具有数学建模思想的案例；另一方面，我们将在数学建模的教学，尤其是以后的数学建模荣誉课程中，引导学生更多地参与实际课题的研究，真实地提升学生的能力。

参考文献

[1] 姜启源,谢金星,叶俊编.数学模型[M].上海:高等教育出版社,2011.
[2] 梁进,陈雄达,钱志坚,等.数学建模[M].北京:人民邮电出版社,2019.
[3] 梁进,陈雄达,张华隆,等.数学建模讲义[M].上海:上海科学技术出版社,2019.

竞教融合的交通科技创新创业能力培养探索与实践

张桁嘉　杜豫川　施卫国

同济大学交通运输工程学院

摘要　近年来，国家和社会对培育高水平交通科技人才和建设高素质专业化交通干部队伍的需求日益迫切。传统的交通运输类学科人才培养目标和模式受到挑战，亟须创新和改革。同济大学交通运输工程学院坚持问题导向，紧紧围绕一条主线，提出理念领先、体系完善、独具特色的四层级人才培养解决方案，凝练三大创新点，在创新创业与实践育人方面取得了一系列显著成果。

关键词　竞教融合　交通科技　创新创业　教学改革　人才培养

随着“一带一路”倡议，“交通强国”等国家重大战略的实施，国家和社会对培育高水平交通科技人才和建设高素质专业化交通干部队伍的需求日益迫切[1]。传统的交通运输类学科人才培养目标和模式受到挑战，亟须创新和改革。如何培养专业精良，创新奉献，既能扎根中国大地解决中国问题，又能走向世界深度参与国际合作的高素质人才，成为摆在交通运输类学科面前的重要问题。

为适应新型交通领域高素质人才的培养，同济大学交通运输工程学院将培养目标从熟练掌握专业知识提高到具备创造性解决实际工程问题的能力，着重解决以下问题：

(1) 如何转变教学理念和方法，搭建竞教融合创新创业能力培养的教学体系，真正实现理论学习和实践训练的融合，科学研究、工程实践和课题教学协同育人，适应行业发展新形式和挑战。

(2) 如何建立“三全育人”理念下的人才培养新模式，全员、全方位、全过程服务竞教融合的交通专业学生创新创业能力培养。

(3) 如何建立竞教融合创新创业能力培养的支撑体系，以学生创新创业能力培养为中心，实现学科竞赛、专业教育、实验平台、实训基地协同发展。

(4) 如何引领全国交通工程大学生创新创业能力培养,推广同济交通竞教融合教育理念,推动交通领域人才培养改革。

作为拥有106年系科历史的院系,学院始终坚持以发展的眼光和全球的视角来审视人才培养所面临的挑战,坚持问题导向,紧紧围绕一条主线,提出理念领先、体系完善、独具特色的四层级人才培养解决方案,凝练三大创新点,在创新创业与实践育人方面取得了一系列显著成果。

一、一条主线:以大学生交通科技大赛竞赛过程为主线

近年来,着眼当前形势下工程实践、行业需求和社会发展,基于重新认知学科特点,提出了竞教融合的交通科技创新创业能力培养方案,以大学生交通科技大赛竞赛过程为主线,将课程教学、创新创业能力培养、团队合作、理想信念教育串联起来,实现了高素质人才培养、教学要素不断完善、国内影响力进一步扩大等多层次目标。

"同路人"交通科技大赛校级赛事最早由同济大学交通运输工程学院于2001年创办,每年举办一次,之后该赛事扩展到全国,并发起"全国大学生交通科技大赛",该赛事现由教育部高校交通运输类教学指导委员会主管,同济大学交通运输工程学院担任大赛网络秘书处参与管理[2]。"同路人"交通科技大赛竞赛课题来源于实际工程背景与学科前沿,竞赛成果既可用于解决实际问题,也可撰写高水平论文。该模式化被动课程教学为主动学习,有利于学科交叉,全面提高学生的创新创业能力,具有一定的示范和引领作用。目前该赛事已经成为国内高校交通专业具有影响力和权威性的赛事之一,同样也是交通学院科技创新育人成效最突出、最具特色的创新实践平台。

二、四层级解决方案:"三全育人"理念下的交通科技创新创业能力培养新方案

近年来学院积极探索实践,围绕着交通科技大赛这条主线,不断完善教学、竞赛、科研体系,高度重视三者之间的共同融合、相互促进发展[3]。基于大量的实践经验,形成了竞赛与教学相融合、竞赛与创新能力共提升、科研环境优势向人才培养优势转化、竞赛教学研究成果从校内至全国推广的双创人才培养的四层级解决方案。

1. 将竞赛融入教学,搭建竞教融合创新创业能力培养的教学体系

学院紧紧围绕交通科技大赛赛事的影响力和赛事成果,编写交通科技

大赛案例教材，开设本科生“交通科技创新竞赛”课程。通过竞赛课题将横向专业课程串联起来，运用实践案例教学，化被动的按教学培养计划课程学习为主动地解决问题学习，注重学生的创新思维训练，注重团队分工合作，开展学科前沿领域创新领域探讨，全面提升学生创新创业能力。

2. 在竞赛过程中促进创新能力提升，完善创新创业能力训练四级平台

依据大学生成长成才规律，根据其知识结构特点和成才需求，学院完善“基础—训练—交流—竞技”四级大学生创新平台。“同路人”交通科技大赛、全国大学生交通科技大赛作为核心竞赛，竞赛范围涉及公路、铁路、航空、水运、运输和物流等交通领域各学科范围，每年还制定特定竞赛主题，如第十五届全国交科主题为交通大数据，“同路人”交通科技大赛还设置特定命题，如慢行交通设计、铺面结构大赛设计。

四级平台通过在本科生一、二年级中举办科技创新培训讲座，交流创新经验；引导本科二、三年级参加“国家大学生创新创业计划”“上海学生创新活动计划”、同济“大学大学生创新实践活动计划”等创新训练项目；指导本科三、四年级学生参加全国大学生物流设计大赛等比赛，激发学生主动学习的兴趣，使其能运用所学知识创造性地分析问题、解决问题。同时，依托“同路人”交通科技大赛选优培育，精心指导优秀项目在国家级、省部级参加各类创新创业竞赛。

3. 将科研环境优势转化为教学环境优势，促进创新创业能力培养支撑环境建设

依托学院雄厚的科研实力和良好的科研氛围，引导科研平台向本科生开放、倾斜，开发新型的创新创业实验教学系统，将优势科研环境转化为优势教学支撑环境。加强专业实验室、虚拟仿真实验室、创业实验室和训练中心建设，促进实验教学平台共享，科技创新资源原则上向全体在校学生开放。依托大型校外基地，构建多元化创新创业联合教学体系。以“同济大学—上海城建(集团)公司工程实践教育中心”等国家级工程实践教学基地为例，聘请校外企业的教授级高工作为同济大学卓越人才培养兼职教授、一线高级工程师为兼职教师，指导学生参加科技创新比赛，解决工程实践问题，实现校内外双创师资整合。

4. 将建设成果形成全国示范效应，引领全国交通工程的大学生创新创业能力培养变革

学院以全国大学生交通科技大赛为支点，在创新创业人才培养方面取得了显著成果，在全国范围内形成了一定的影响力，我们正在积极将这些实践成果、先进理念形成全国示范效应，引领全国交通工程的大学生创新创业能力培养变革。

全国大学生交通科技大赛由教育部高等学校交通运输类教学指导委员会主管，交通工程教学指导分委员会主办，是中国高等教育学会最早纳入学科竞赛评估名单的重要赛事。交通工程教学指导分委员会主任，秘书长均为同济大学交通学院教授，同时同济大学交通运输工程学院担任大赛秘书单位负责具体事宜。在大赛筹办过程中，交通学院提出的竞教融合的理念，推动了全国交通工程专业教育的改革和发展，通过组织赛事成立专家组，定期召开赛事评审会议、专业研讨会议，起到了办赛促教育的作用。通过赛事服务全国，带动中国交通工程专业教育改革。

三、三大创新点：从试点先行到示范引领

1. 具有学科特色的大学生创新创业能力培养模式

近年来，学院建立一支由国内外知名学者、企业骨干、政府管理人员的专家团队，参与学科竞赛人才培养，包括开展命题、担任导师以及针对实际项目进行专题授课，担任公开答辩评委，开展专业讲座等活动。同时，根据“基础—训练—交流—竞技”四级平台培养模式，对本科生四年学习生涯进行全过程培养，按照学生成长特点，分阶段重点引导和培育。在全过程培养过程中，结合专业知识、团队合作、课程思政等全方位提升创新创业能力，增强学生接触工程实际、应用专业知识解决工程问题的本领，坚定学生扎根中国大地的理想信念。

2. 基于核心竞赛项目成果的深度挖掘与二次创新

每年全国大学生交通科技大赛等重要赛事的举办，为学院创新人才的培养起到重要推动作用。但学院并没有止步于大赛的举办，而是在每次赛事结束后，对于竞赛举办经验、项目成果等进行深度挖掘，通过项目落地应用、创业成果转化、高水平论文发表、出版系列丛书等方式进行二次创新，全方位提升学生的个人素质，让学院的创新创业培养体系更加完善。

近年来，学院出版“同路人大学生交通科技创新作品集”系列丛书，作品集包括规划管理、基础设施、信息控制和综合交叉四本，收录了“同路人”交通科技大赛中的获奖代表作品。系列丛书记录了学生系统应用所学知识来尝试解决各种实际问题和挑战的过程，也表明了学院在人才创新创业能力

培养重要环节中取得阶段性成果。通过对教材的学习研读，进一步鼓励学生去研究社会和技术发展过程中交通领域新课题，通过交通科技大赛的形式，深入认识和理解实际问题，锻炼学生综合应用所学知识的能力和创新创业的能力。

3. 依托学科优势与先进模式，带动全国交通工程人才培养

同济大学交通运输学科是上海市高峰高原学科，作为全国交通科技大赛发起单位之一，交通学院担任全国交通科技大赛的秘书单位。利用学院学科本身优势科研资源，以竞赛形式融入学生创新创业能力培养，起到了很好的带头示范作用。这一竞教融合平台是同济大学交通学院获得2019年交通运输部创新人才培养示范基地的重要支撑。该模式被大量兄弟院校学习，多地形成了校级—省市级—全国交科三级赛事体系，推动了全国交通工程人才培养。

四、三大推广应用效果

1. 学生培养效果显著

随着双创培养体系的不断落地实践，学生培养效果显著。学生在本科生挑战杯、数学建模、全国大学生交通科技大赛、“互联网＋”创新创业大赛等国内外大赛方面表现突出，综合素质高。学院每年推选多支优秀学生团队参与全国大学生交通科技大赛，四年来获得一等奖7项、二等奖6项；参与全国高校智能交通创新与创业大赛，获得一等奖1项、二等奖3项、三等奖3项；2019年获得全国大学生物流设计大赛一等奖1项。每年有多个学生团队参加“挑战杯”“创青春”“互联网＋”等大学生创新创业计划大赛等创新实践活动，2015年获挑战杯全国赛银奖，2016年获“互联网＋”全国银奖、“创青春”全国铜奖。同时，学生在国际创新创业竞赛中也屡创佳绩，先后获得“美国土木工程师协会太平洋赛区学生土木工程竞赛”交通组一等奖、美国数学建模竞赛国际一等奖等。

2. 教学要素进一步完善

培养模式实施四年以来，学院创新基地归纳总结发表相关论文8篇，作为成果一部分的实践教学管理模式创新获得学校教学成果奖二等奖，同时出版了《同路人大学生交通科技创新作品集——规划管理》等成果集4册，开发了虚实结合的开放型创新创业实验教学系统。开设“交通科技创新竞赛”课程，完善课程内容，特别是针对低年级学生对于创新项目的申报、研究方法和论文撰写等提供了切实有效的指导和帮助，进一步提升了低年级学生报名参加“同路人”交通科技大赛等创新创业竞赛的热情。2019 年参加同路人交通科技大赛的人数近 500 人，基本实现了本科二、三年级的全覆盖。打造竞赛导师指导团队，全院教师共同参与，年轻教师热情极高，特别是刚入职、刚回国的教师，一方面可以增加与本科生的交流，更好地融入新的工作环境，另一方面也可起步自己的科学研究。

3. 全国示范效果明显

由于学院在人才培养和交通学科竞赛方面的突出表现，竞教融合的创新创业人才培养模式得到越来越多的关注。教育部高等院校交通运输类教指委指定同济大学交通运输工程学院担任全国交通科技大赛赛事网络秘书处，参与赛事管理和指导，各交通运输类院系多次与同济交通学院交流竞教结合人才培养模式。未来学院将进一步完善创新人才培养体系，进一步将科研环境优势转化为教学环境优势，紧紧依托学科优势，进一步增进国内国际交流，增强示范效应，为我国交通领域培养更多高素质人才不断努力。

参考文献

[1] 汪光焘，王婷.贯彻《交通强国建设纲要》，推进城市交通高质量发展[J].城市规划，2020(3)：31-42.

[2] 邹兰林，周兴林.交通科技大赛对我校交通工程专业品牌效应影响[J].教育教学论坛，2015，236(50)：10-11.

[3] 贾弦.与国家工程教育专业认证相适应的质量保证机制研究——以交通运输工程专业的实践教学为例[J].教育教学论坛，2016(29)：8-10.

构建大学生物理竞赛平台 促进教学改革和创新人才培养

宋志怀　刘海兰　吴天刚　倪忠强　顾　牡
同济大学物理科学与工程学院

摘要　本文重点介绍了同济大学物理竞赛的目的，方法，特色和实施过程。通过案例介绍了物理竞赛在体现“以学生为主体”“两性一度”的教学理念，提高教学质量，培养学生科学素养和创新能力等方面所发挥的积极作用。
关键词　物理竞赛　教学质量　科学素养　实践能力　创新能力

物理是理工科院校的基础性学科，其教学目的是培养和提高学生的科学素质、创新能力、科学研究能力和理论联系实际的能力[1]。在教学过程中，组织各种形式的物理竞赛，可以最大限度地激发学生学习物理的兴趣，培养学生主动学习的能力，增强学生的团队协作精神和创新意识。利用物理竞赛这个平台，可以提供给学生更大的空间进行探索实践和科学研究，让学生在接受课堂教育的同时，提高独立思考问题和解决问题的综合能力。此举对充分体现“以学生为主体”“两性一度”的教学理念，进一步提高大学物理教学质量，促进物理教学模式的改革有着非常重要的意义[2]。

一、大学生物理竞赛的目的

科学素质和创新能力的培养是一项长期的、持续的、不断加以深入的过程。在教学中我们发现，大学新生还习惯于高中阶段的被动式学习，对大学阶段的自主式学习不适应。如何引导学生改进学习方法，提高学习能力，形成创新意识显得尤为重要，而物理竞赛的引入很好地解决了这一问题。

明确竞赛目的，端正参赛思想。物理竞赛活动的目的是激发学生的学习兴趣，拓展学生的视野，提高学生应用物理知识解决问题的能力，培养全面发展又学有特长的优秀生。对于参加物理竞赛的学生树立“重在参与”的理念，每一名参赛学生都要力争上游争取获奖，但不能仅仅为了获奖而参加竞赛。最重要的是通过竞赛掌握良好的学习方法，养成高效率的学习习惯。竞赛结果仅是一时的，而在参与过程中，拓宽知识领域，深化对知识的理解，提高分析问题解决问题的能力，培养独立思考和创新精神，这才是最重要的，它将使学生终身受益[3]。

二、大学生物理竞赛的模式和特色

同济大学大学生参与的物理竞赛有两项：一项是学校主办的大学生物理竞赛，另一项是全国部分地区大学生物理竞赛。

1. 依托校级竞赛，积极开展多种竞赛形式

同济大学物理竞赛从 2003 年开始举办至今已有 17 届，影响面越来越大，参赛人数越来越多，2019 年为 1 455 人，2020 年医学院的学生加入后，参赛人数还会增加。

学校物理竞赛分为初赛和复赛两个阶段，初赛为基础知识竞赛，重点考核物理基本概念、基本理论、基本技能及其综合运用。既有理论试题也有实验试题，以线下或线上笔试的方式进行。初赛获奖学生进入复赛，同时也获得参加本年度全国部分地区大学生物理竞赛的资格。复赛为应用与创新能力竞赛，重点考核科学研究能力、创新思维和创新能力，竞赛题目由学生自选，教师审核。复赛内容形式多样，可以是论文、多媒体课件（动画）、实验设计和改进等。作品可以一个学生独立完成，也可以学生自由组队一起完成，最终通过学生答辩由专家组评出获奖者。

通常在开学初，学院对物理初赛就进行广泛动员，让更多的低年级学生加入进来，形成良好的学习氛围，让他们尽早接触学科竞赛。对于进入复赛的学生，通过赛前辅导，介绍物理研究的基本方法和途径，展示历届竞赛获奖作品，邀请获奖学生介绍参赛经历和作品，使学生尽量少走弯路，选择高质量的选题。在整个竞赛过程中，为每一组参赛学生安排教师进行跟踪和督促，引导学生建立合理的模型，查阅文献以及论文写作；或提供仪器设备，优化实验方案，重点培养学生解决实际问题的能力和科研素养。最终由专家组成答辩评审小组，评出获奖者。学生除了获得竞赛奖状外，我们还在物理竞赛网站、本科生院网站和学校新闻中张榜公布获奖名单，起到示范作用，学校也将其计入学生的创新学分以此作为对获奖学生的奖励。如何把物理竞赛的成果进行延续与拓展，也是需要探索的一项艰巨的任务。对于在竞赛过程中取得一些成果的项目，通过指导学生撰写论文来固化研究成果。

对于竞赛阶段研究得不够透彻的问题，鼓励学生继续深入，逐步实现向科研论文和创新项目形式的过渡。有些竞赛题目本身就是比较好的研究课题，这时可鼓励学生结合学校各种级别的科技创新活动，通过立项培养学生利用物理知识进行科技创新。

校级竞赛重在提高兴趣、培养能力，扩大竞赛影响面和人才培养覆盖面，使更多的学生了解物理竞赛并参与进来，引导学生从被动学习变为主动学习，从"被动竞赛"变为"主动竞赛"，使更多学生得到实践能力和创新能力的培养和锻炼，同时也为全国部分地区物理竞赛选拔人才。

2. 依托全国大学生物理竞赛，注重拔尖人才培养

对于进入全国大学生物理竞赛的参赛学生，为他们开设竞赛辅导课进行系统的竞赛辅导和培训。我们把物理竞赛内容划分为五个板块，五名教师每人分别负责一个板块，每名教师的教授风格和方法不同，学生也能受到全方位的训练。在物理竞赛辅导中，拓展知识的深度和广度，讲思想，讲方法，讲规律，讲重点，深化学生对所学知识的理解和认识，启发学生应用所学知识解决竞赛中的问题，注重培养独立思考问题和解决问题的综合能力。近几年同济大学在全国部分地区大学生物理竞赛中获奖比例逐年增加，2019 年 12 月同济大学非物理 A 共有 180 人参加全国物理竞赛，共有 64 人获得了奖项，其中一等奖4 人，二等奖 24 人，三等奖 36 人，获奖率为 35.6%。此外，多名学生在不同期刊上发表了论文，如通信工程 2002 级雷静同学 2004 年 8 月发表了期刊文章《线圈整体与局部自感系数的关系》[4]。

三、大学生物理竞赛的作用——以赛促学 以赛促教 以赛促建

1. 大学生物理竞赛促进了学生学习能力和创新能力的培养

(1) 竞赛提高了学生学习兴趣

竞赛试题和竞赛项目有一定的难度，需要一定技巧和方法，学生通过努力最终完成竞赛，就会增加其自信心和成就感，激发其学习物理的兴趣。

(2) 竞赛培养了学生自主学习能力

对在竞赛过程中遇到的新问题、新知识和新技能，学生必须自主进行学习，探究新方法，解决新问题。特别是一些开放性课题，更需要学生运用所学的知识，从理论到实验，综合地分析出解决问题的方法。具有自主学习能力的学生往往能灵活运用的知识点较多，针对困难与问题的解决能力较强，而这就是学生创新性能力培养的强劲动力。在自主学习过程中，引导学生

把“学习”和“思考”有机结合起来，启发学生发现问题、提出问题、思考问题，不断提高自主学习能力。例如，有一名学生在乘地铁时发现地铁高速行驶时能透过车窗看到隧道壁上的灯箱广告画，她感到很好奇。她把“北京地铁快速运行其车体外广告的成像原理分析与模拟”作为物理竞赛项目，和另外两名同学一起自购电机，制作控制电路，设计测量方法，从理论分析到实验模拟，再到扩展应用，很好地完成了项目。她在获奖感言中讲道：“这次竞赛让我懂得，想法要付诸实践，理论要联系实际，只有这样，才能体会其中的收获，能力才能真正提高。”

(3) 竞赛培养学生团队合作能力

在共同完成一个竞赛项目的过程中，每个组员都独立思考，发挥自己的特长，提出自己的见解与思路。同时注重相互协作，一起讨论，集思广益，充分发挥集体的力量。通过竞赛每一名学生都意识到团队的力量肯定大于一个人的力量，对团队合作精神建设起到了显著作用。

(4) 竞赛提高了学生的综合素质和创新能力

物理竞赛着重培养和考查学生理论联系实际、分析和解决实际问题的能力，提升并锻炼学生在理论、实践、表达、竞争、交流、团队合作和创新等多方面的综合素质，是培养高素质创新型人才的重要途径。参加竞赛学生将研究中遇到的问题，通过物理思想和方法的合理运用，进行解决和拓展研究，并能够独立自主地完成论文，将自己的思想完整、科学地表达出来。在这个探索过程中，科研素养得到提高，思维能力得到扩展，独立思考能力和研究热情也得到激发。竞赛鼓励学生追求成功，唤醒学生的竞争意识，培养学生不怕失败、意志顽强、信心坚定和积极进取等品质，这对于学生优秀人格的形成具有重要意义。

2. 大学生物理竞赛促进了大学物理教学质量提高

竞赛只是一种激励机制，它的基础在于平时的教学。把竞赛和教学有机的融合在一起，这是我们组织竞赛所秉承的教学理念[5]。

(1) 在教学内容上抓基础、宽拓展、重应用

注重物理基础知识讲解，拓展相关的科学前沿，紧密结合实际生活、现代科学技术的实例。我们通过对竞赛内容的分析，挑选物理思想清晰、综合性高、应用性强的问题引入课程教学中。鼓励学生思考探究，甚至敢于质疑挑战。对一些有难度的题目，布置给学生课后思考，课堂讨论，把教学活动与竞赛活动紧密结合起来，实现课内与课外的教学互动。学生学习物理的

积极性、主动性大大提高，自主学习能力和实际应用能力得到了培养，撰写了许多优秀论文，如 2009 级电子信息工程专业的胡怡格同学撰写的《带电粒子在磁瓶中的运动》论文收录在 2011 年全国高等学校物理基础课程教学学术研讨会论文集中，达到了创新人才培养的目的。另外，为了更好地给物理竞赛提供平台，我们还开放了物理演示实验室，学生可自主选择课余时间做实验，目前已成为学生进行物理探索和创新实践的基地。

(2) 竞赛促进了教师自身素质的提高

物理教师在物理竞赛的组织过程中，通过发现学生在学习大学物理时存在的共性问题，反馈到教学的过程中予以改进，达到教学相长，促进了教师的知识更新和自身素质的提高。

(3) 竞赛促进教师对学生的世界观、人生观和价值观的培养

物理竞赛是教学活动的一种形式，是课堂教学的延伸。因此，在组织竞赛的过程中，我们始终注意把立德树人的理念贯穿到竞赛工作的各个方面。竞赛过程，培养了学生实事求是，一切从实际出发，理论联系实际的物理精神；培养了学生不断探索，勇攀高峰，持之以恒，勇于创新的科学精神；培养了学生为实现中国梦不断奋斗的理想和信念[6]。

3. 大学生物理竞赛促进了物理学科建设

(1) 建设了一支高质量的教师队伍

在组织物理竞赛的过程中，要求教师要不断地通过对新知识、新方法、新理念的学习，努力钻研，自我完善，来提升自己的业务水平。通过参与物理竞赛的组织和指导，我们建设了一支高质量的大学物理竞赛教学团队，团队成员不论是知识水平还是教学方法、科研能力都有了大幅度的提高。教学团队指导学生完成多项大学生创新项目，如“声波制冷机”“气体比热比的实时测量”“从单摆到孤子波的演示”“环绕立体声”“基于 Matlab 的单摆周期研究”等一批理论联系实际很有创意的优秀作品。这些作品在国内大学物理教学中是首创。很多作品参加全国大学生“挑战杯”的角逐。教学团队主持完成多项国家级和上海市级教改项目，荣获两项国家级教学成果二等奖和三项上海市教学成果一等奖。

(2) 建设了一套完整的竞赛培训课程体系

由于竞赛内容不仅限于普通物理教学的大纲要求，所以我们通过分析和研究竞赛知识点，编写出了符合关于物理竞赛内容的电子教案，用于竞赛培训，并放在物理竞赛网站上以便于学生自学和复习。去年应用学校的智

慧教室实现了两个校区的网上物理竞赛直播培训和答疑,取得了很好的效果。

(3) 建设和完善了一套物理竞赛题库

大学物理竞赛试题题库建设是竞赛必不可少的一部分。我们以物理竞赛内容为基础,将物理知识分成若干板块,组织教师编写竞赛试题。秉承试题内容要新,具有原创性,体现实用性、趣味性,理论联系实际,贴近前沿科学技术和工程实际现象。题型灵活多样,有选择题、填空题、计算题,简答题、实验设计题、案例分析题等。试题要能够考查学生对物理知识的掌握和灵活运用能力,成绩要能够反映学生的物理水平及物理素养。目前题库的题目数量达到3 000多个。

(4) 搭建了一个物理竞赛网站

在网上(http://cai.tongji.edu.cn/NewsDetail.aspx? ID=67)发布竞赛通知,网上竞赛报名,网上竞赛课程培训,网上竞赛考试系统等。

四、结语

近年来,我们在组织参与的物理竞赛中取得了丰硕的成果。参加竞赛的学生人数逐年增加,获奖学生也越来越多。物理竞赛为学生后续的创新创业类竞赛打下了良好基础。

大学生物理竞赛是培养学生应用能力和创新精神的有效载体,通过大学物理竞赛,激活了学生学习物理的积极性,拓宽和加深了物理知识面,培养了学生的团队合作精神,提高了学生的解决实际问题的能力和创新能力,促进了学生知识、能力和素质的协调发展,并探索出一条培养创新型人才的有效途径。同时,提高了教师的教学水平,促进了大学物理的课程建设和教学改革。

参考文献

[1] 王祖源,顾牡.基础物理课程在学生科学素质培养中的作用[J].物理与工程,2014(6):9-12.

[2] 张占新,王凤鸣,王汝政.通过物理竞赛推动工科大学物理教学的体会[J].物理通报,2011,17(5):23-25.

[3] 汤佳乐,程放,黄春辉,等.素质教育模式下大学生实践能力与创新能力培养[J].实验室研究与探索,2013(1): 88-89.

[4] 雷静.线圈整体与局部自感系数的关系[J].物理与工程,2004,14(4):54-55.

[5] 孙秋华，姜海丽，赵言诚，等.基于大学物理竞赛的教学模式的探讨[J].高教学刊，2017(6)：62-63.
[6] 王文文.充分发挥大学物理公共课程的育人功能[J].中国高等教育，2019(06)：48-50.

竞教结合在物理实验线上教学中的实践与探索

倪　晨　李渔迎　方　恺
同济大学物理科学与工程学院

摘要　信息技术的高速发展以及数字教育资源的不断丰富，为高校在疫情防控期间开展线上授课和线上学习，实现“停课不停教、停课不停学”提供了有力的支撑和保障。本文介绍了在物理实验课程的线上教学过程中，以培养学生研究能力和实践能力为目标，自主开发了竞赛平台开展创新物理实验设计竞赛活动，实现了线上教学与线下实践的有效衔接。教学实践证明该教学模式增强了课程的挑战性，促进了学科理论与实验实践的融合，有益于创新人才培养。

关键词　在线教学　学科竞赛　主动学习　创新能力

一、引言

人工智能、大数据、工业互联网等技术迅猛发展，深刻改变人才需求和教育形态。教育部于 2018 年印发《教育信息化 2.0 行动计划》明确指出要积极促进信息技术与教育的融合创新发展，努力构建网络化、数字化、个性化、终身化的教育体系。伴随着教育信息化建设的不断投入，线上课程资源、教学平台和数字化教学工具日趋丰富，为线上教学提供了有力的支撑和保障。面对 2020 年突发的新冠肺炎疫情，在线教学发挥了重要作用，不仅保障了疫情防控期间高校教学工作的正常进行，也推动了信息化与教育的深度融合，完善了基于学科教学特色的在线教学体系。

“大学物理实验”是理工科学生的必修基础课程，是培养学生科学实验能力、提高科学素质、科学思维方法和科学研究能力的重要基础，在培养学生严谨的治学态度、提高学生理论联系实际的能力、具备积极主动的探索精神等方面具有独特的优势和地位。2020 年突发新冠肺炎疫情严重影响了人们正常的工作、学习和生活。针对新冠肺炎疫情对高校正常开学和课堂教学造成的影响，教育部发布了《关于在疫情防控期间做好普通高等学校在线教学组织与管理工作的指导意见》，要求各方采取政府主导、高校主体、社会参与的方式，共同保障疫情防控期间高等学校在线教学的顺利实施，实现“停课不停教、停课不停学”[1]。但在疫情影响下，脱离了精密的实验装置及实验室环境，如何通过线上教学方式来达到实验教学目的，满足人才培养的需要，对物理实验教学是个极大的挑战。这一问题引发了国内外物理实验教学研究领域的广泛关注和讨论[2]。面对新的机遇和挑战，同济大学物理实验中心快速响应教育部与学校“停课不停学”的要求，组织力量优化和补充线上教学资源设计与制作，开发在线物理实验竞赛平台和成绩统计数据库，形成以学生为本，多个教学平台优势互补、线上与线下融合、竞教结合的线上实验教学方案。

二、线上教学方案

相较于课堂教学，在线教学可以随时随地进行，不受时间、空间及学习人数的限制，丰富的多媒体资源以及灵活的交互方式，更宜进行以学生为中心的个性化教学，但网络环境、学习工具、通信方式的差异也给教学活动的组织和实施带来了复杂性和不确定性。因此，物理实验中心在教学方案设计时，以符合物理实验教学大纲的教学目标为前提，采用灵活多样的学习内容与方式，教学内容涵盖力学、光学、电磁学以及近代物理实验内容。物理实验在线教学方案，如图1所示。

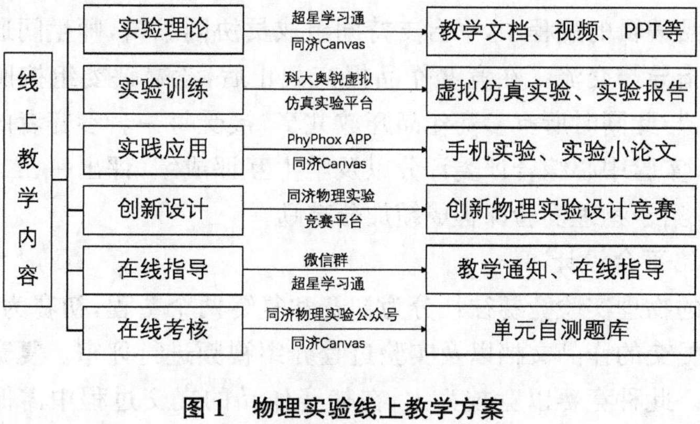

图1　物理理实验线上教学方案

课程在给学生提供丰富的线上教学内容同时，为有效培养学生的创新精神和团队协作意识，激发学生对物理实验教学的学习兴趣和学习潜能，倡导学生开展居家实验探究教学活动。以生活中的物理实验研究为主题，举办创新物理实验设计竞赛，并通过网络平台进行竞赛设计项目征集和展示交流。

三、竞赛活动实施及效果

创新物理实验竞赛以“生活中物理实验创新设计”为主题，倡导学生利用智能手机、单片机或者自主设计的实验装置，用实验方法对生活中的物理现象进行分析。竞赛共分生活中的物理实验研究、生活中的物理实验装置开发、生活中的物理现象实验分析三个开放竞赛命题。学生从选题调研开始，自主进行资料搜集、实验方案设计、理论计算与模拟、仪器设计与制作、数据处理与误差分析、科学评价以及在线撰写报告。竞赛活动促进学生主动学习和积极思考，加深学生对大学物理基础理论的理解和运用，强化物理基础理论与实践的结合，培养学生的综合实验能力、实践能力和创新精神。进而，从竞赛活动设计、网络平台设计以及竞赛效果三个方面对本次课程竞赛活动展开介绍。

1. 竞赛活动设计

竞赛面向物理实验课程的全体学生开设，以小组形式组织，鼓励跨专业组队，每组人数不超过三人。任课教师把握整个赛事的流程，包括赛事的发布、参赛资格的审核、项目的评审以及结果的公布。参赛学生在线编辑并提交完整的实验内容与过程，具体包括实验简述、3 分钟以内的实验视频、实验装置、实验方案、实验数据与图表、实验误差分析、实验结论以及参考文献。在竞赛作品编辑的过程中，平台支持同组成员协同编辑，师生间通过微信群进行在线指导与交流。在竞赛作品提交截止后，竞赛评委组按照评分标准进行评分，与此同时所有参赛作品开放共享，接受每一名参赛者的查阅与互评。最终，实验中心综合评委评分以及学生互评成绩，评出一、二、三等奖及鼓励奖，并给予物理实验课程成绩加分鼓励。

2. 网络平台设计

常见的物理实验竞赛往往分为初赛和复赛两个赛程，初赛为网络评审，根据学生提交的作品文档以及实验过程介绍视频进行评审。复赛为现场展示和答辩。此种竞赛以竞技为主，在初赛作品的提交过程中需保证作品的隐秘性。但是基于课程的竞赛以学习提高为主，鼓励参赛作品之间的交流与分享，大大激发了学生主动学习积极性。因此，根据竞教结合教学活动的特点和要求，设计了基于互联网开放的竞赛活动平台。如图2所示，系统基于B/S架构，集中部署、分布使用，支持身在全国各地的同学同时使用。系统设计遵从MVC设计思想，采用分层结构设计，既易于维护，又具有良好的扩展性。系统开发采用兼有开放性和稳定性特点的SpringBoot和Vue框架的开发模式，具有易部署和维护、成本低、数据安全、实时同步等优点。

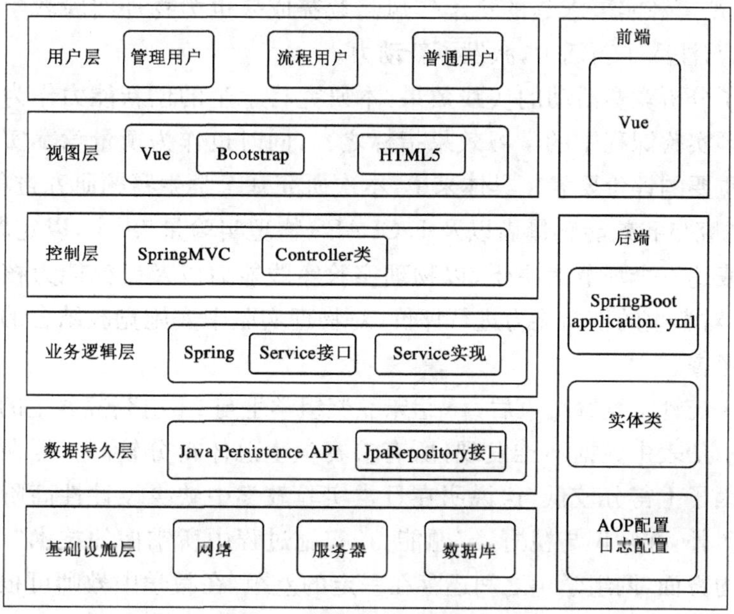

图2　竞赛平台系统架构

平台的赛事管理功能如图3所示，赛事管理是对整个赛事开展流程的设计与控制，涉及赛事内容的设置、流程的设定，以及参赛结果的发布等。基于在线平台进行赛事相关细节的把控，有利于参赛内容的及时保存与交流共享，满足教学需求。除此之外，平台具有良好的用户界面和良好的用户交互体验，设计中

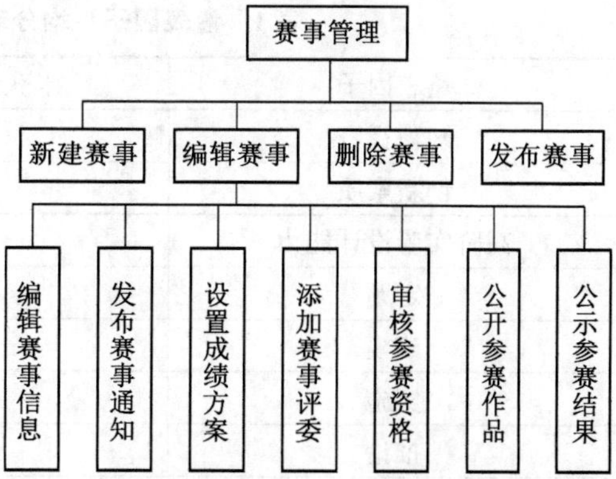

图3　竞赛平台功能模块

引入 JMEditor 与 Mathquill 组件，能较好地满足学生在线编辑以及录入数学公式等需求。在使用过程中，竞赛平台的各项功能符合竞赛要求，能有效提高参赛及评审的效率，利于扩大竞赛成果共享与交流。

3. 竞赛活动效果

各参赛作品呈现了各种生活场景中学生自主设计的理论与实际相结合的研究成果，以及精彩有趣的实验探究过程，充分展现了学生的团结协作精神，认真严谨和实事求是的科学作风。竞赛成果也为物理实验教学丰富了教学内容，注入了新活力，激发了新动力。

为了分析竞赛活动的实践效果，本研究将学生的创新能力作为分析学生在物理实验课程中的学习效果指标之一，同时也作为衡量竞赛实施效果的一个重要的评价要素。具体来说，本次研究基于学生赛题研究过程，采用 RSES 研究自我效能感量表以及 E-CLASS 物理实验量表[3,4]，以定题、实施和结果表达三个环节为主干，以物理实验实践能力以及研究能力核心素养为基础，对学生的创新能力进行评价，对物理实验中实施竞教结合的教学效果进行考查。

表 1 统计了竞赛结束后，15 组未获奖组学生与 21 组获奖学生的量表得分情况。从表中数据不难发现，所有参赛学生总体得分较高。但在高阶实验设计因子上得分较低，这说明在日常实验教学中缺少设计性高阶思维的锻炼。另外，在知识与视野、定题能力、实施过程中所掌握的技术以及逻辑论证能力方面，两组学生之间还存在一定的差距，在教学中教师可根据学生实际情况有针对性地进行指导。

表 1　量表因子平均分对比(满分 5 分)

量表因子	未获奖组平均分	获奖组平均分
知识视野	3.89	4.13
创新素质	4.08	3.98
高阶实验设计能力	3.30	3.14
定题	4.21	4.50
建模	4.00	4.10
实施	3.98	4.25
推论	4.01	4.33
结果的表达	3.93	4.10

除了量表数据外，还对学生的课题来源、作品反思以及活动收获进行了较深入的调查。总结调查反馈后，可以发现以下几个主要观点：首先，将竞赛活动融于课堂教学中，为学有余力的学生自主进行课内知识的拓展和迁移提供了机会。其次，自主参与课程内的实验竞赛，是主动学习的过程。在主动学习的过程中，学生不再被动接收信息，而会在讨论、写作和活动中积极使用课程信息[5]。自主的实验设计从兴趣出发，潜移默化地培养学生不屈不挠、精益求精的工匠精神。最后，基于生活主题的物理竞赛能够促使学生主动发现并思考生活中的物理现象，赋予物理实验以应用情境，逐渐消除与抽象理论的距离感。除了在物理实验研究能力上的提高，学生的创新素质也得到了锻炼，譬如团队合作以及问题解决的技巧等。

四、结语

在物理实验课程中融入竞赛活动，为学生提供了自主探究、锻炼和提高的机会，无论在课本知识的掌握上，研究能力的提高上还是在创新能力的培养上都有一定的优势。同时，课程竞赛所营造的积极向上、不断探究的创新氛围，也在潜移默化中带动基础较弱学生进步和成长。每一次参赛成果成为教学案例积累下来，不仅可供所有学生学习，还可作为实验教学中的生动案例，在课程教学和竞赛培训中长期发挥积极作用，实现以赛促教。但是在此次教学实践中，也发现学生的竞赛项目存在一些不足，譬如学生在实验设计中不够严谨、不确定度与误差分析考虑不够、实验结果的分析不够深入等，这也反映了实际教学中需要改进的问题。这些问题都为日后更有针对性地改进物理实验教学，促进高层次人才培养提供方向。

参考文献

[1] 教育部应对新型冠状病毒感染肺炎疫情工作领导小组办公室.关于在疫情防控期间做好普通高等学校在线教学组织与管理工作的指导意见(教高厅〔2020〕2号)[Z/OL]. [2020-01-15]. http://www.moe.gov.cn/srcsite/A08/s7056/202002/t20200205_418138.html.

[2] 乐永康.新冠肺炎疫情下美国物理实验教学及中美情况对比[J].物理与工程，2019，30(2):11-12.

[3] FORESTER M, KAHN J H, HESSON-MCLNNIS M S. Factor structures of three measures of research self-efficacy[J]. Journal of Career Assessment, 2004, 12(1): 3-16.

[4] ZWICKL B M, HIROKAWA T, FINKELSTEIN N, et al. Epistemology and expectations survey about experimental physics: Development and initial results[J]. Physical Review Special Topics-Physics Education Research, 2014, 10(1): 010120.
[5] PRINCE M. Does active learning work? A review of the research[J]. Journal of engineering education, 2004, 93(3): 223-231.

百“化”“竞”放济园秋

——化学知识竞赛在普通化学课程教学中的应用研究

陈　云　朱仲良

同济大学化学科学与工程学院

摘要　学科竞赛作为高等学校培养学生综合能力的载体之一，将学科竞赛有效地融入课程教学中，将会促进学生综合能力的培养。本文以同济大学化学知识竞赛在普通化学课程教学中的应用为例，探讨了学科竞赛在公共基础课教学改革中的作用，以期通过学科竞赛与课程教学的相互融合，提高工科学生的科学思维和综合素养。

关键词　化学竞赛　普通化学　教学改革

同济大学普通化学课程是面向非化学化工类理工科专业开设的一门重要的公共基础课。该课程在每学年的秋季学期开设，授课对象涉及11个学院，20多个专业的本科一年级学生，修课学生数量多，涉及的专业面广。同济大学化学知识竞赛自从2011年开赛以来，已经走到了第十个年头。将化学知识竞赛融入普通化学课程教学中，促进了课程教学的发展，课程教学质量的提高又提升了学生在化学知识竞赛中的表现。竞赛与课程相互支撑，起到了良性发展的作用。

一、同济大学化学知识竞赛简介

同济大学一年一度的化学知识竞赛在每年11月份举行，参赛对象包括所有本科一年级的学生。竞赛的内容包括高中化学、大学普通化学、生活化学、趣味化学、前沿化学以及和化学相关的热点社会问题，如诺贝尔奖相关的研究工作、三聚氰胺毒奶粉事件等。重点考查学生的知识面，综合运用化学知识的能力，分析和解决问题的能力，科学素养及综合素质。

每年约有1 400名学生参加竞赛，一等奖的获奖比例在5‰左右，二等奖的获奖比例约为1%，三等奖的获奖比例约为1.5%。由此可见，要获得奖项是非常不容易的。这就要求学生在平时的课程学习中，注重化学知识的积累，拓宽自己的知识面，同时拓展自己的视野。

二、学科竞赛促进了课程教学的改革

1. 课程教学模式改革

将学科竞赛与课程融合，要求教师改革教学方法，创新教学内容[1]。将学科竞赛的内容融入教学活动中，激发学生的学习兴趣，引导学生在课堂教学过程中勤思考、多讨论，从“浸入式”教学向“启发式”教学过渡，理论与实际问题相结合，将化学知识转移到能力培养中。通过改革教学模式和教学方法，培养学生的批判质疑能力，知识应用能力，语言表达能力以及团队协作能力。

例如，在原电池部分的学习过程中，讲解原电池的基础理论知识后，要求学生查阅文献资料，了解不同种类的电池，并分析资料总结各种电池的优缺点，发现目前新型电池存在的问题，提出可能的解决思路，并且与同学们进行分享。在这个过程中，除了要求学生掌握基础的理论知识，还要具备查阅文献的技能，分析数据、总结问题的能力，运用知识解决实际问题的能力，创新能力以及表达能力。此外，还要求学生了解电池中的有害物质对环境以及人体的危害，废旧电池的回收处理方法，树立绿色环保的理念。

要达到更好的教学效果，有限的课堂教学是远远不够的，充分发挥延伸课堂的作用显得尤为重要。现代化的教学手段为课堂的有效延伸提供了良好的解决方案。课程先后利用普通化学国家精品课程网站、国家级精品资源共享课的学习平台和普通化学中国大学 MOOC 平台实现了课堂的有效延伸。在延伸课堂上，教师除了可以解答学生在学习过程中遇到的困惑，还能够分享化学学科的研究进展、热点事件、拓展内容等；学生也可以通过平台在线提交论文，讨论所有与化学相关的内容。

化学知识竞赛与课程融合，促进了课程教学模式的改革，提升了课堂教学的质量；课程教学的改革又进一步反作用于竞赛，为学生在竞赛中获得更好的成绩提供了支撑。

2. 考核评价体系改革

考核评价体系必须与教学模式相适应[2]，为此普通化学课程的考核方式由“一考定乾坤”向“多模式”转变[3]，对学生的知识掌握、课堂表现、化学知识竞赛成绩、延伸课堂参与情况、演讲展示等多方位展开考核，全过程考查学生的学习表现，以期能够对学生“知识、能力和人格（素质）”的综合表现进行评定，力求更加全面地反映学生的综合素质。

以 2012 年度化学知识竞赛为例，对于在竞赛中表现优异的学生制定了如下的奖励办法：

一等奖：创新学分 1.5 学分；“普通化学”课程免考得优（竞赛学期正在上该门课程的学生）；奖金人民币 500 元。二等奖：创新学分 1.0 学分；“普通化学”课程免考得优（竞赛学期正在上该门课程的学生）；奖金人民币 300 元。三等奖：“普通化学”课程总评成绩提升一档（竞赛学期正在上该门课程的学生）；奖金人民币 100 元。参与奖：参与化学知识竞赛考试的学生，记平时成绩一次（注：必须完成普通化学课程的所有课堂学习和任课教师要求的学习任务，方可免考得优）。随着竞赛工作的不断改进，奖励办法也在不断地完善。

评价方式的改革进一步提高了学生参与化学知识竞赛的积极性，形成了良性循环。

三、学科竞赛有利于学生的培养

1. 扩大学生的知识面，激发学生的学习兴趣

化学知识竞赛命题范围广，内容涉及生产、生活、化学研究前沿、社会热点、多学科交叉等与化学学科相关的诸多方面，因此对于学生在化学方面的知识积累要求颇高，这就需要学生通过多种方式拓宽知识面。而每个秋季学期开设的普通化学讲座就是其中一个渠道。

普通化学讲座的开设一直是课程的亮点之一。近二十年来，普通化学的任课教师一直坚持在课余时间为学生开设科普讲座。近年来，除了课程任课教师外，还邀请了诸多知名教授、青年引进人才等加入讲座教师的队伍，丰富了讲座的内容，经典领域与前沿研究相结合，科学性与趣味性相补充，系列讲座受到学生的广泛好评。自从将化学知识竞赛融入普通化学课程教学体系后，学生参加化学讲座的热情非常高涨，每次学生都会提前两个小时就到教室占座，讲座结束后更是围着老师不肯走，为的就是通过各个精彩的化学讲座，了解化学的研究前沿、学科进展、化学与生活的方方面面，拓宽自己的科学视野的同时，还能近距离感受化学的学科魅力以及化学工作者的人格魅力。

在拓宽了化学的知识面，加深了对学科的了解之后，学生学习普通化学

课程的兴趣也得到了提高。无论是在课堂教学环节，还是在延伸课堂上，学生的课堂参与度都有了很大的提升。

2. 提升学生的综合素质

学科竞赛要求学生综合运用基础知识分析和解决问题，进而在创新思维的引导下培养创新能力[4]。此外，有研究表明，参与学科竞赛的学生的综合素质相较于未参与竞赛的学生有较大的提升[5]。

以第三届化学知识竞赛为例，竞赛题结合了中国台湾发生的食品中检出塑化剂热点事件，要求学生列出生活中可能添加了塑化剂的用品或食品，并提出检测塑化剂的方法，分析生产商在饮料中添加塑化剂的原因以及由此带来的后果及危害。这不但考查了学生的化学专业知识，还引导学生关注热点时事，运用所学的知识分析实际问题，同时树立正确的价值观。

因此，将化学知识竞赛融入普通化学课程教学，有利于提升学生的综合素质。

四、结论

将化学知识竞赛融入普通化学课程，不仅促进了普通化学课程的改革，而且提升了学生的综合能力和科学素养。课程的改革不仅提高了学生参加竞赛的积极性，还提高了学生的竞赛成绩。因此，化学知识竞赛与普通化学课程教学相互支撑，相互促进，在本科生的培养过程中发挥了积极的作用。

参考文献

[1] 冯晓彤，陈晓洪，吴晓晖.基于学科竞赛的土木工程专业实践教学改革研究[J].实验实践教学，2013(34)：141-142.

[2] 佘远富，王庆仁. 高校研究性教学评价体系的构建[J]. 高等工程教育研究，2011(6)：111-115.

[3] 陈云，吴庆生. 土木工程类专业普通化学教学改革的研究与实践[J]. 大学化学，2013(6)：6-8.

[4] 张贤才，周基，严思甜.以学科竞赛为载体，创新土木工程专业实践教学模式[J]. 教育现代化，2017(42)：101-102.

[5] 韩炯炯，杨长娓，江伟.学科竞赛对大学生综合素质评价的影响因素分析[J]. 科教导刊，2020(5)：57-58.

以化学实验竞赛为例谈学科竞赛对实验教学改革的促进作用

王晓岗　范丽岩　许新华　柴晓兰　马　楠　石　硕　刘亚菲
同济大学化学科学与工程学院

摘要　本文介绍了大学生化学实验竞赛的特点，阐述了实验竞赛与实验教学的关系，结合同济大学化学科学与工程学院参加各类大学生化学实验竞赛过程，分析了学科竞赛对于促进校际交流、推动化学实验教学改革、提高本科实验教学质量所取得的效果。

关键词　化学实验竞赛　实验教学　促进作用

一、大学生化学实验竞赛简介

众多学科竞赛中的大学生化学实验竞赛别具一格[1]，其独特性主要体现在下面两点。

1. 选手产生方式特别

国内绝大多数竞赛采用选拔、推荐及自愿报名方式，参赛的选手通常是班级排名靠前或在某一方面具有特长的优秀学生，比赛也称为“精英竞赛”。大学生化学实验竞赛则不同，选手是随机抽取的，赛前一周学校提供一份化学（化工）专业本科三年级学生的名单，组委会从中随机抽取 3 人代表各校参赛，名单一旦确定就不得更改，假如某学生因突发事件不能参赛，替补选手则需重新抽签，因此，竞赛和“精英”二字不沾边，更像是一个大众比赛。

2. 竞赛形式特别

比赛包含两个考核环节，一是理论笔试，2 小时 30 分钟，考核化学实验理论及化学基础知识；二是现场操作，8 个小时，做 1～2 个完整的实验，考核实验基本操作技术及技术的应用能力。竞赛的成绩由两个环节成绩相加得到，其中理论占比 30%，操作占比 70%。由于参赛选手是随机抽出的，准备周期非常短，因此，竞赛较为真实地反映了学生的学习状况[2, 3]，是检验实验教学效果的试金石和晴雨表。竞赛中暴露的问题实际上就是平时教学中存在的问题。

本文结合同济大学化学科学与工程学院(以下简称化学院)参加化学学科竞赛的经历,阐述实验竞赛对推动化学实验教学改革所起的作用。

二、竞赛促进化学实验教学的改革

1. 竞赛暴露薄弱环节,"对症下药"解决问题

化学院学生参加的第一个学科竞赛是"上海大学生化学实验竞赛",该项比赛由上海市教委举办,是国内少见的由官方组织的赛事,虽然冠以"上海"二字,但实际参赛的除了复旦大学、上海交通大学、同济大学、华东师范大学等沪上15所高校外,还包括华东地区的中国科技大学、南京大学和浙江大学。竞赛每年一次,迄今为止已举办了十三届。

在最初的几届比赛中,化学院学生的表现差强人意,名次一直在中游徘徊,没能体现出同济学子应有的实力。为此,学院领导和老师多次与参赛学生进行交流,探讨并分析问题的症结。大家认为,除了对比赛的重视程度不够、不太适应竞赛的内容形式外,我们的学生存在两个较突出的问题:一是实验基础理论知识不全面,在现代仪器分析理论上面存在短板。学生接触大型仪器的机会少,对大型仪器原理、技术、应用等不熟悉,更缺乏该方面的拓展性知识。二是实验操作基本功不扎实。比如一名学生做完实验后自我感觉良好,实验结果与标准值很接近,但第二天公布的成绩却不理想,询问监考老师后得知,这名学生实验做得挺快但完成质量不高,大错没有却小错不断,实验操作规范性差,许多分都扣在实验细节上。

针对选手在赛场上暴露出的问题,老师从平时教学着手,对教学内容和教学方式做相应改进。现代仪器分析的底子薄弱,课堂上就强化这方面的教学,实验中心也积极配合,将部分大型仪器向本科生开放,开展课外拓展性教学,通过不断接触和使用大型仪器,让学生熟悉并掌握现代分析技术。实验操作基本功欠缺,一个很重要的原因就是平时教学中多人一组,学生独立操作训练强度不够。限于设备条件,实验安排2人一组,实验由2人配合共同完成。由于是分工协作,学生往往只关注自己负责的那部分内容,自己使用过的仪器比较熟悉,而对方的实验细节则较为陌生。或者,操作中一名学生积极主动,忙前忙后,另一名学生只是当一下帮手、记一下数据。久而久之,学生的动手能力下降,操作规范性差。找到问题的症结,学院加大教

学硬件设施的投入，增加教学仪器的复套数，在物理化学、分析化学基础实验教学中达到一人一套仪器要求，每个人均有足够的动手机会。

教学中突出对实验过程的考核要求，强调实验细节，注重操作的规范性程度。几年实践下来收效明显，学生的动手能力得以加强，基本功变扎实了，竞赛的成绩也随之节节上升，其中2012年的比赛中来自应用化学专业的宁超同学获得全场第一名。同济学生在近年上海大学生化学实验竞赛的成绩一直名列前茅。

2. 开设综合实验课程，培养学生自主实验能力

积累了一定的竞赛经验后，化学院的学生开始参加“全国大学生化学实验邀请赛”和“卓越联盟杯大学生化学实验竞赛”。前者由教育部高校化学教育研究中心主办，得到教育部和国家自然科学基金委员会支持，是国内化学学科面向本科生举办的最高级别比赛，称之为“国赛”。后者有同济大学、哈尔滨工业大学、天津大学、北京理工大学等9所国内高校参与，是联盟高校组织的第一个正式的学科竞赛。2012年，国家提出了“创新人才拔尖人才培养”的战略目标，围绕这一目标高等教育实施了系列改革，化学实验竞赛的形式和内容也发生了变化，最明显的是操作部分由原先的规定命题改为设计性题目。规定命题有完整的实验讲义，学生按讲义要求一步步操作，监考教师依据选手操作的规范性及实验完成质量进行评分。设计型题目则不同，仅给出实验提纲及参考资料，学生根据资料自行设计方案并独立完成实验。此时，考核的重点由实验技术本身转移到对实验技术及化学原理的综合应用能力，即自主实验能力。

学生对题型的转变一时难以适应，在比赛中慌乱紧张，手足无措，实验中有返工、效率低、时间不够用等问题。鉴于此，我们对本科三年级学生的实验教学进行针对性改革，将无机合成实验、有机合成实验、中级物理化学实验等课程进行整合，淘汰了一批陈旧过时的实验项目，从学科前沿选取素材，引入新的教学内容，在此基础上新开设一门“综合化学实验”课程，课程含18个实验项目，涉及无机、有机、分析、物理化学4大化学及部分材料学的内容，每个实验8学时。教学中吸纳了竞赛的一些元素，比如给学生提供的讲义包括实验原理、实验要求、注意事项、仪器说明等，没有详细实验步骤，老师也不做详尽的讲解，学生一人一组，拿到讲义后先浏览实验内容，然后根据要求设计实验路线，弄清楚先做什么，后做什么，关键步骤是什么，如何统筹安排，时间怎样分配，哪些操作可以穿插进行以提高实验效率等。实验过程中学生独立操作，老师不做过多的干涉，仅接受个别讨论和释疑。实验数据需当场处理，用 Origin 软件作图，并作简要误差分析，结束后老师对学生的实验过程进行单独点评，指出不合理的操作及应该改进的地方，探讨误差的来源。经过数轮综合化学实验课程的教学，学生的自信心、应变能力及自主性实验能力得到加强。竞赛中碰到不太熟悉的内容，或者比较陌生的仪器就不会那么慌张，而是能仔细阅读说明书，结合老师的简要提问，最终能较完整地完成实验内容。学生在随后的“全国大学生化学实验邀请赛”和“卓越联盟杯大学生化学实验竞赛”中的成绩逐年提高，尤其在 2018 年第十二届“全国大学生化学实验邀请赛”中，来自应用化学专业的时哓科同学获得比赛的一等奖。

3. 积极参与研讨交流，推动实验教学和实验室管理改革

竞赛不仅给各校学生搭建了一个走出校门展示才华的舞台，也为广大教师提供了相互学习交流的机会。以上海大学生化学实验竞赛为例，组委会在举办竞赛的同时还举办实验教学研讨会，化学院的教师积极参与，每次都有 3～4 篇论文入选研讨会论文集。通过研讨交流，我们学到了许多兄弟院校的先进教学理念和管理经验，如复旦大学根据人才需求不同实施的分类实验教学法，浙江大学注重“实验预习”和“实验总结”的“抓两头”实验教学方法，南京大学“仿真实训＋现场实习＋科研素养训练”培养模式，华东理工大学虚拟仿真实验室建设等。特别需要提到的是，中国科技大学的老师在会上介绍了“基于校园卡的仪器管理系统”，他们将实验中心的大中型仪器管理系统与校园卡对接，在每台仪器前面接上一个电源控制器，学生只需刷一刷校园卡，就可打开电源启动仪器，电脑会自动记录仪器的使用情况，实现了仪器的自动计时收费和智能化管理。这套系统引起我们极大的兴趣，竞赛结束后化学院老师专门到中科大参观学习，及时引进了这套管理系统，用于大型仪器的预约及计时收费，显著地提高了仪器的管理效率。

此外，研讨会上我们也介绍了自己在大型仪器教学功能开发、本科生开放实验教学、创新实验项目研究等方面的特色工作，引起了同行的极大关注，浙江大学的一些老师多次来同济大学进行交流，并达成多个合作研究意向。近年来，合作的教师在教材编写、创新项目申报、学生交流等方面取得系列研究成果[4-6]。

三、结语

实验竞赛是一把尺子，度量出学生的学习状况及老师的教学水平，更是一面镜子，反映出实验教学过程中存在的问题，为教学改革提供明确的目标和方向。因此，竞赛和实验教学是一种相辅相成、相互促进的关系。目前“双一流”高校建设对人才培养提出了新的要求，学科竞赛在人才培养体系中将发挥更为重要的作用。

参考文献

[1] 曾秀琼，赵华绒，谭桂娥，等.我国大学生化学实验竞赛模式的评析与思考[J]，实验技术与管理，2015，32(4)：179-181.

[2] 卞欢，徐彦芹，陈家状，等.化学竞赛对本科生实验创新能力的影响—参加首届“卓越杯”大学生化学新实验设计竞赛有感[J]，大学教育，2015(12)：122-123.

[3] 王晓岗，虞大红，许新华，等.以学科竞赛为抓手，推动化学实验教学改革[J]，实验室研究与探索，2018，37(10)：201-204.

[4] 许新华，王晓岗，王国平.物理化学实验[M]，北京：化学工业出版社，2017.

[5] 王晓岗，郝志显，许新华，等.以大型仪器为依托的化学基础实验课程改革与创新[J]，中国大学教学，2016(4)：81-84.

[6] Xu X H，Wu M F，Wang X G，et al. Experimenting with a Visible Copper Aluminum Displacement Reaction in Agar Gel and Observing Copper Crystal Growth Patterns To Engage Student Interest and Inquiry [J]. Journal of Chemical Education，2016，93(9)：1612-1615.

基于模拟仿真竞赛的企业经营管理课程创新建设

蓝 峻 唐 伟 宋晓满
同济大学经济与管理学院

摘要 本文根据已有教改实践，提出将模拟仿真竞赛引入企业经营管理教学创新，建设高度浓缩综合多门学科知识和技能，并将学科竞赛性质竞争模拟贯穿学习过程始终的教学改革课程。本文从专业学习需求导向和实践应用导向两方面探讨了该创新建设的必要性，从教学师资、竞争仿真模拟系统课件、学科竞赛组织条件、学生态度和效果四个方面分析了其可行性，归纳提炼出相关教改创新主要内容与具体实施项目，最后对成功关键和评价标准进行了总结。

关键词 模拟仿真 竞赛 企业经营管理 竞争 教学改革

一、将模拟仿真竞赛引入企业经营管理课程创新建设的必要性

在绝大部分行业和市场里，国内外企业的经营管理者都会所面临竞争性的商业环境：他们通常需要以团队的形式同时处理现代企业制度、公司治理、企业财务、金融、市场营销、人力资源管理、生产研发、知识产权保护等多种专业领域的经营管理问题，并且面临高度动态的市场竞争的挑战。

目前在高校经济管理专业的本科教学中所开设的一系列同企业经营管理决策相关的课程，大多数仍然着重在相应的管理与决策的理论介绍以及相应书面案例的介绍和探讨上。身处在平静的学术性课堂，学生较难仅仅通过听讲和讨论就能真切感受到企业经营与管理实务过程所具有的相当大的时间敏感性、市场竞争挑战激烈性和由此带来的一系列风险不确定性。尤其是高年级本科生，在其基本已经学习过了各门基础专业课程（例如“管理学”“市场营销学”“财务管理”“会计学”“战略管理”“组织行为学”“生产运

作管理”“人力资源管理”“信息管理”等）和掌握了相关领域的书面知识与方法之后，迫切需要能够以高度贴近现实的形式使其习得的知识与技能得到有针对性的、综合的检验与反馈。这些在一般性的课堂讲授与讨论中较难获得体验，从而使得学习过程中的感知和经验获得停留在相对较浅层次。

为了在学生踏入市场实践之前就能够为他们提供尽可能仿真的企业经营管理竞争的经验和教训，总结验证、概括提炼有效的管理理论和方法，建设与打造基于先进模拟仿真竞赛的企业经营与管理本科生课程，将能够较为有效解决理论与实践脱离的困惑，从而在专业知识复习掌握和实践能力增强两方面都取得提升效果。

特别是缘于我国创新创业的热潮和中国特色市场经济可持续发展，对于经济管理领域的本科生来说，能够参加基于模拟仿真竞赛的企业经营与管理课程，并置身于合理而严谨的课程设置之下，将会极大激发个人及学习团队浓厚的学习兴趣和激情。以往教学经验也证明此种教学改革已经受到具备相当专业知识与技能的本科生高度欢迎。

通过对已经学习和具备了绝大多数必修学科专业知识的高年级经管专业本科生进行企业经营管理仿真竞争模拟课程的建设，从而将模拟仿真竞赛引入企业经营与管理课程教学改革，可以期望达到以下的教学目标：

一方面，采用模拟仿真技术、基于有效构建的模拟仿真系统，通过在课程中科学高效地组织和设置高度逼真的情景模拟和各类企业经营管理、市场竞争变量因素，为本科生提供相关专业知识和方法的综合实训，使对于企业管理和竞争具有浓厚兴趣的学生将理论学习与实践紧密结合，从而以高度浓缩集中的形式检验他们对知识的理解，测试和反映其综合掌握和应用的程度。

另一方面，通过为学生提供一个相对贴近真实的竞争环境，展开多方面、多层次、多阶段的虚拟企业经营与管理，从而进一步培养、锻炼、反馈、提升学生贴近实际的企业经营管理能力加深对所学市场亟需知识与技能的认识和掌握，迎接国际化、现代化竞争的挑战，以便在未来作为人才投身于企业经营管理实践中时能够展现出全新的面貌和更为合理高效的行为与决策。

二、创新建设基于模拟仿真竞赛的企业经营管理课程的可行性

首先，作为一门被设计为高度浓缩综合多门学科知识和技能、将竞赛性

质的竞争模拟贯穿始终的实践性很强的课程，企业经营管理仿真竞争模拟需要课程改革的主持者和实施者在企业管理、市场营销、创新创业等经济管理专业领域都能有丰富的教学、研究和企业咨询经验，从而积累丰富的理论和实践成果，才能够有效指导学生开展课程教学。以同济大学经济与管理学院为例，当前相关教学改革团队已经具备了多门课程教学经验和多家公司企业咨询指导经验，为教改的开展打下了坚实基础。

其次，目前关于企业经营管理竞争的模拟教学系统课件这方面已有较为成熟的产品供应。国际上这方面的开发最早从20世纪70年代起就在一些著名商学院展开探索[1]，从起初局限于商业谈判、战略博弈、管理信息系统、财务会计、物流等单一学科领域的方针模拟和竞赛逐步发展为整合了企业经营管理竞争全方位知识和能力的高度集成，并经历了从单机版、联网服务器版到网页版的多代软件和硬件技术迭代更新。目前，主要的几家供应方在模拟仿真的系统稳定性和仿真模拟有效性等方面都已经达到了较为可靠的程度，在国际国内各大高校的经济管理专业里也越来越得到重视和推广，并用于各自的专业学位研究生乃至本科生的教学[2]。

再次，近年来有关企业经营管理竞争的校内外仿真模拟学科竞赛已有多项开展，从校内自办到本地区各校间举办到国际间举办的不同规模各类层次竞赛选项已经较为丰富，使得学生在这方面的教学创新学习体验可以从课堂一直延伸到课外，具备了较多的参与机会与选择。

最后，也是最重要的，在教育的能动主角，即经济管理专业本科学生方面，已有的教学改革尝试已经初步显现出将模拟仿真竞赛引入企业经营管理课程教学是受到广泛欢迎和好评的，通过学校学院教务部门正式的调查反馈程序收集上来的意见普遍正面和令人鼓舞——“生动形象激烈，互动性很强”“希望多开类似课程，有启发意义”；甚至有学生在课程结束后意犹未尽，建议增加教学课时。同济大学及其经管学院在这方面已取得的教改实践和成果证明，通过开设企业经营管理竞争模拟课程，具体在人才培养方面的作用成效有以下几方面。

（1）通过基于模拟仿真竞赛的企业经营与管理模拟教学，能够帮助本科学生把课堂上所学的知识用于实践，把较枯燥的理论变为生动有趣的实践过程。还可以发现课堂学习中在理解与理论联系实际方面的欠缺，对具体策略的运用有更深刻的认识。例如，对不同管理团队组织架构和模式的情境设置导致模拟经营和竞争效率与效果的显著不同，通过反差明显的情况对比，使学生充分体会到践行组织行为学理论和方法的重要性，对实际商业经营管理情况的复杂性也将会有更深刻的认识。

同时，学生将能够减少因常见的陌生心理、风险心理而导致的对于高强度国际化企业竞争与管理实务的疏离与畏惧感，有助于培养学生主动学习的兴趣，并有助于学生更有信心面对以后的工作实践。

（2）通过基于模拟仿真竞赛的企业经营与管理各个顺序环节的模拟教学，学生将能够进一步熟悉和了解不同类型企业经营管理和谈判的各个实际阶段，对于综合能力的锻炼与提高有很大的益处，也更好地体现了素质教育的实质。在高度贴近现实，甚至节奏比现实更快的竞争模拟中，学生不仅各自的观察能力、表达能力、沟通能力可以得到相当仿真的且符合自身当前水平的较充分体现，而且其组织和协作能力也将得到检验与提高。学生从模拟教学中所得到的经验、教训和体会，不仅来自自己，还来自分析评估系统平台中其他同学的表现，从而得到更充分的能力锻炼与培养。

（3）通过精心设置的基于模拟仿真竞赛的企业经营与管理模拟教学各个分析和评估环节，课程的考核方式改变了一张考卷评定成绩的简单做法，而是用竞赛排名，即模拟竞争的业绩优胜顺序来突出反映考核目的，能够将学生在各项模拟中的努力程度和结果表现有机地结合到课程的成绩评估中，更好地体现出以学习和实践能力培养为重要导向的现代化教学改革方向。当然，除了竞赛排名之外，课堂教学仍然应该将学生的其他方面的个人与团队学习表现给予适当权重，计入课程的总成绩。

（4）通过在基于模拟仿真竞赛的企业经营与管理模拟教学中运用多种器材、手段和方法，综合运用结构化、系统化的多媒体信息平台，能够显著地提高教学效率和效果，更为生动、具体地体现当代基于模拟仿真竞赛的企业经营管理竞争的高度组织性、互动性、紧凑性的特点，与国际上先进的高等院校专业教学方法和实践接轨，应教育部推动提高本科生教育教学质量的政策措施，打造国际国内领先的本科生实验实践类核心专业课程模拟仿真“金课”。

三、主要教改创新内容与具体实施项目

从主导企业经营管理课程建设出发，主要的教学改革创新内容与具体实施项目应当包括相应竞争仿真模拟教学的竞赛作业活动全过程设计、竞争模拟仿真竞赛的物理环境布置和竞争竞赛情境设置、竞争模拟教学系统

建设、上课参赛学生的组织和竞争仿真模拟赛前培训等。

第一，应当对于企业经营与管理竞争仿真模拟教学的竞赛作业活动全过程进行模块化设计，具体包括：基于模拟仿真竞赛的企业经营与管理模拟教学大纲，针对分阶段的教学目的，设计有针对性的各阶段项目的目标、类型、组织形式、真实案例情境和模拟内容。

第二，基于模拟仿真竞赛的企业经营与管理模拟的物理环境（室内）布置和多模拟情境（multi-scenario）设置，具体包括：各种不同企业经营与管理预设条件下的系统配置与布局；多种组织形态和企业文化的具体设置；多种不同行业和市场类型的模拟情境具体设置，包括 B2C、B2B、便利品、选购品、奢侈品等，以及单一轮次和多个轮次设置等。

第三，基于模拟仿真学科竞赛的企业经营与管理决策主系统与辅助系统建设，具体包括：采购或者自己组织力量开发制作进行基于模拟仿真竞赛的企业经营与管理模拟所必需的专用教学软件决策主系统，包括网络决策软硬件模块、纸质材料模块、教师/学生用操作手册等；采购或者自己组织力量开发制作辅助系统，包括辅助信息情报模块、辅助团队管理模块、国内—中文环境/国际—英语环境的说明模块、经营管理与市场竞争绩效辅助评估模块等；采购摄录处理与回放设备，主要用于实现模拟全过程音像的现场采集、处理、即时回放与模拟试验结果分析评价。

第四，对上课参赛学生要进行竞争仿真模拟的赛前组织和培训：一方面，考虑到本科学生比较缺乏组织参与甚至领导企业竞争决策的经验，需要事先给予一定的准备与熟悉系统的时间和机会；另一方面，参赛学生的分组、团队角色分工和成员间的交流互动也恰恰是以高度仿真的形式体验和反映人力资源、组织行为学、管理心理学、领导力等相关专业课程学习内容的很好机会。

四、理课程创新建设的成功关键和评价标准

在企业经营与管理专业课程教学领域，传统教学模式由于受到客观因素的限制，教学基本上沿袭讲解式授课方法，学生缺乏切身体会和参与，授课效果比较差。而对于学生将所掌握知识和方法应用到实践中的能力养成的测试和评估，也缺乏完整有效的体系。开展企业经营管理仿真竞争模拟课程的教学改革建设，将在教学中解决理论与应用脱节的常见困惑，突出综合实践能力的培养。

当前我国社会处于稳速发展的新常态，社会就业竞争要求高校毕业生具有很强的实践能力和适应能力，这就对相关的专业课教学提出了更高的要求，必须改进教学方式，创造出学生能实际体验、模拟、操作课堂上所学到的理论、知识和方法的教学环境。在企业经营管理仿真竞争模拟课程中建设一套基于模拟仿真竞赛的企业经营与管理模拟教学方法、手段和模式是实现这一目标的有效途径。

当然，如同前文分析的那样，课程的创新建设有赖于一系列条件的支持。教学改革是否能取得成功，主要取决于在教师和学生的沟通努力下完成预期的各项基本任务情况，包括：能否完成基于模拟仿真竞赛的企业经营与管理教学各模块建设；能否把国际上本学科有关企业经营管理和市场竞争的各方面最前沿研究成果结合到课程教学中去；能否通过各项有步骤、有目的的模拟仿真竞赛，使学生从个体和群体两个方面较为全面地体验企业经营管理竞争，基本掌握最新的企业经营管理竞争的问题、战略、方法与手段；能否使学生具备和加强将所掌握知识和方法应用到企业研究和管理实践中的能力和信心。

在对教改成果进行评价时，除了检验有无完成相应教改创新清单上的一系列主要任务之外，尤其要值得重视的是：学科竞赛的主体始终是学生自身；教改的目标始终是通过突破传统的模式，以学生为主体、以实践能力养成为目标，展开系列化的基于高度逼近真实情境的企业竞争模拟。而教师作为课堂和学科竞赛的主持者和组织者，其作用应该是通过教师引导、师生互动、学生互动等多形式、有步骤地基于模拟仿真竞赛组织学生进行企业经营管理竞争模拟，激发学生的学习热情和兴趣，使学生能够主动进行体验式学习，并能得到及时、生动和系统的评估与反馈。

总之，将模拟仿真竞赛引入企业经营管理课程创新建设，组织学生进行企业经营管理仿真竞争模拟课程的学习，将有助于建立理论与实践紧密结合的高度实效型课程。基于模拟仿真竞赛的企业经营管理竞争教学具有很强的实践性、互动性和技巧性，为多种专业学科的实践教学环节建立了一个浓缩、综合、高效而直观的企业管理与市场竞争环境，可使学生根据教学计划和目的进行高度仿真的市场活动。通过亲身实践体验多种多样的丰富企业与市场过程，加深理解课堂中所讲解学习的专业理论与方法，体验和掌握企业经营管理竞争的策略和实际业务技能，培养企业经营与管理情境下个人实践能力和团队协作能力。

参考文献

[1] 玛佐,迈尔斯.对话营销大师[M].北京:企业管理出版社,2008.
[2] 王方华,李乃和.在玩中学——商学院的新教学方式[J].商学院,2007(9):76.

PBL 教学法在飞行器设计与制造软件实践教学中的应用研究*

朱延娟　袁国青　李　军　范　武
同济大学航空航天与力学学院

摘要　PBL 教学法是以问题为导向、以学习者为中心的教学方法，这一教学方法有助于调动学生学习的主观能动性，以及培养学生协作能力。本文阐述 PBL 教学法的基本内涵，探讨了在飞行器设计与制造软件实践教学中，PBL 教学法的具体运用。针对软件实践课程中不同教学内容，提出了 PBL 教学法和传统教学方法的结合方法，以期为航空航天制造类软件实践的教学改革，提供一个新的探索借鉴。

关键词　PBL 教学法　传统教学法　飞行器设计与制造软件实践

随着社会的发展和计算机技术的应用，特别是飞行器设计与制造软件的不断推出，飞行器设计制造软件实践和课堂教学的有机结合，是社会发展的迫切需求。飞机设计与制造的过程包括概念设计、详细设计、毛坯制造、零件加工、装配安装和试验等。大部分飞机零部件设计、制造流程复杂，难以开展真实的实践教学。所以，需要利用信息化技术带来的有利条件，进行飞行器设计与制造软件的教学实践。这一环节的学习，使学生掌握了飞行器设计和制造中有关的数字化结构设计、性能分析和机械加工等方面的基础知识和基本技能。

20 世纪 60 年代末，美国的神经病学教授巴罗斯(Barrows)在加拿大的麦克玛斯特大学医学院试行了以问题为导向的学习方式[1]，现称之为 PBL (Problem-Based Learning)教学法[2]。PBL 教学法为学习者设置具体的问题情境，在教师引导下，以学生为主体，通过查阅文献、共同讨论来解决问

* 同济大学 2019—2020 年教学改革研究与建设项目资助，已发表于《机电一体化》，2019(5)：55-57。

题,进而系统学习问题当中所包含的理论知识。

该教学模式已成为国际上有着广泛认可度的教学方法,在20世纪80年代引入我国。随着时代对创新型人才的需求,PBL教学法已引起高等工程教育界的重视,尤其是“飞行器制造类软件实践”这一理论和实践相结合的课程,更需要PBL教学法。

一、PBL教学法与飞行器制造类软件实践教学的结合

飞行器设计与制造软件实践是使学生掌握产品设计和制造中有关的数字化结构设计、性能分析和机械加工[3]等方面的理论知识和相应的技能。从原理上理解数字化设计中自顶向下和自下向上的计算机辅助设计方法[4],掌握三维CAD软件的建模方法,并运用相关软件对机械设计方案进行分析和优化[5]。

1. 以问题为导向

PBL教学法是以问题为核心的教学方法。在与飞行器设计与制造软件实践课程相结合的时候,问题就转化为如何设计一个飞机的零部件并进行制造。以机翼为例,机翼对飞机的飞行性能有着至关重要的影响,与机体的结构和飞机的总体布置关系密切[6],机翼的参数选择需要全面考虑。在机翼外形设计阶段,主要任务包括选择合适的翼型、确定机翼平面形状几何参数、确定增升装置和副翼的几何参数等,设计完成后可进行加工制造。

2. 分析问题和解决问题相结合

PBL是基于问题的教学方法。学生在教师的指导下,以问题为基础,以小组为单位,通过讨论、合作和自主学习的形式,培养学生分析问题、解决问题、自主学习的能力。所以教师在为学生讲解了机翼设计的具体要求后,对班级学生进行分组,每组学生以4～5人为宜。每组学生以机翼设计及制造问题为核心,进行任务的进一步分解。

以翼型选择为例,通常情况下翼型选择应满足以下主要条件[7,8]:

(1) 最大升力系数点应尽可能大;

(2) 在设计升力系数点的阻力系数应该尽量小;

(3) 在设计升力系数附近,具有一段尽量平直的底阻区,防止飞行速度变化时阻力产生较大的波动;

(4) 可用迎角范围尽可能大,以防失速,且巡航状态下的迎角应尽量远离失速迎角。

在上述的主要要求指导下，每组学生在软件平台上进行讨论、交流。如某组学生选择了图 1 所示 CLARK Y 翼型，在飞行雷诺数即 $Re=2.7\times10^5$ 时，进行 CLARK Y 翼型的升力系数、阻力系数计算。

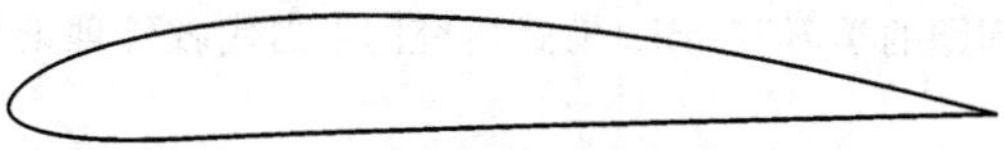

图 1　CLARK Y 翼型平面

这样将软件实践教学过程中较为抽象的软件模块命令、功能等使用方法转化为以学生来解决具体问题的主动学习、认知过程，通过学习者的自主探究和合作来实现对飞行器设计及制造软件的理解和掌握。

二、PBL 教学法与传统教学法的结合

传统的课堂教学方法是以老师为中心，以书本为中心和以课堂为中心的教学模式，这种教学模式有利于学科知识的系统传授。在飞行器设计与制造软件实践教学中，基本理论、基本概念、基本技能的讲解，仍然以传统的教学方法为主，在教与学的过程中，教师与学生互动交流，思想互相碰撞，学习效率高。在软件实践功能具体运用的时候，引入 PBL 教学法，有利于充分调动学生学习的主观能动性，从而能够更好地理解并掌握相关的知识点。

另外，PBL 教学法构建的以问题为导向，其实质类似于传统教学法中的“大作业”体系。在设计“大作业”时，要能够培养学生对课程的全局内容综合应用的能力，这也是以问题为导向的具体体现。

三、结语

伴随着计算机软硬件技术的快速发展，以及物体建模方法的不断改进和坐标测量设备性能的提高，能够更加快捷、方便地获取结构复杂、形状任意的物体几何模型，并完成相应的后续处理工作。这对飞行器设计与制造软件实践的课程教学也提出了更多、更高的要求。PBL 教学法以问题为中心，以学习者为中心，以协作学习为中心，更利于调动学生的积极性和主动性。在软件实践课程中，将传统教学方法和 PBL 教学法相结合，增强学生对课程内容的理解和掌握，进一步提高教学效果。

参考文献

[1] O'Neill P A. The role of basic sciences in a problem-based learning clinical curriculum[J]. Med Education, 2000(34):608-613.

[2] 王济华."基于问题的学习"(PBL)模式研究[J].当代教育理论与实践,2010,2(3):98-100.

[3] 杜平安.廖伟智.黄洁.现代CAD方法与技术[M].北京:清华大学出版社,2008.

[4] 范玉清.现代飞机制造技术[M].北京:北京航空航天大学出版社,2001.

[5] 宁汝新.CAD/CAM技术[M].北京:机械工业出版社,2011.6.

[6] 史治宇,丁锡洪.飞行器结构力学[M].北京:科学出版社,2018.10.

[7] 钱翼稷.空气动力学[M].北京:北京航空航天大学出版社,2004.

[8] 顾诵芬.飞机总体设计[M].北京:北京航空航天大学出版社,2001.

关于全国周培源力学竞赛团体赛的思考与实践*

——以航空航天与力学学院力学实践教学为例

刘五祥

同济大学航空航天与力学学院

摘要 以全国周培源大学生力学竞赛团体赛为契机，针对同济大学基础力学实践教学的现状，以及竞教结合体现出的积极效果提出了一些需要加强改革的方面，同时也针对同济大学周培源力学竞赛团体赛的组队选拔和培训辅导提出了建议。

关键词 力学竞赛 教学改革 创新思维 能力培养

一、引言

力学作为应用性比较强的基础学科，在推动我国科学技术现代化发展过程中起到了至关重要的作用。全国周培源大学生力学竞赛团体赛的举办恰好检验了全国高校基础力学实践教学水平和成果。因此，该竞赛不仅受到周培源基金会的支持，而且还受到教育部的支持。全国周培源力学竞赛自第六届(2007年)开始，为了将实践创新能力的培养提高到与理论创新能力同样的高度，竞赛组委会决定进行基础力学(含理论力学和材料力学)的团体实验竞赛，以促进实验动手创新能力和团队合作精神的培养。团体赛规模和参赛队伍也在不断扩大，从第六届20支队伍参赛到如今有43支队伍参加。随着团体赛参赛题目实用性、趣味性、灵活性、创新性的不断提高，其影响力也在不断扩大。越来越多的高校将周培源大学生力学竞赛团体赛作为培养优秀力学人才的目标，越来越多的用人单位也将该项竞赛的奖项列

* 同济大学第十四期实验教改项目。

入了招聘时考察的条件[1]。作者连续参加了三届(2015,2017,2019)周培源力学竞赛团体赛的指导工作,本研究基于该赛事理论性与实践性并存的特点,阐述了对同济大学基础力学实践教学方法的思考。

二、竞教结合的思考

1. 学生理论联系实际的能力有待加强

团体赛不同于个人赛,个人赛是闭卷笔试,主要考查学生对"理论力学"和"材料力学"两门课程理论知识的掌握能力,而团体赛主要考查学生对力学知识的灵活应用能力和实践操作能力。对于团体赛中的物件制作,良好的力学基础对于审题和制订力学设计方案是非常重要的,而良好的力学基础恰恰建立在对力学基本概念和基本原理的深刻理解之上。为了备战力学竞赛团体赛,我们为参赛学生安排了为期半个月的集训。集训期间,训练的主要内容是精心挑选以前考试过的各种类型的竞赛真题,例如纸桥过车、木条承重结构、重心可调的塔吊结构、纸桥过车、自锁装置等。在制作这些装置的过程中,学生将所学的力学理论知识与实践紧密结合,极大地锻炼了他们的动手能力、团队协作能力以及理论联系实际的能力。刚开始用筷子做承重结构的时候,他们以为用课堂上学到的知识解决这些问题是很轻松的事,可是真正开始着手制作的时候,他们才意识到自己犯了一个很大的错误——忽视了课本上的知识和实际工程应用之间的差别。课本上的知识只是对实际应用中的理论及其计算模型做了简化假设,而实际制作中要考虑的问题则远远比这些理论模型复杂具体得多,比如方案的截面形式、各种制作工艺的选择等,都成了他们需要考虑的重点[2]。在半个月的时间里,指导教师和学生一起在实验室里探讨问题,研究选材及制作方案。在学生遇到困难、意见出现分歧的时候,指导教师帮助学生分析问题,理清思路,解决分歧,排除困难,让他们团结在一起,拧成一股绳。通过集训,学生理论联系实际的能力、动手能力以及团队协作能力都得到了加强,学生的现有知识结构也得到了很大的拓宽,同时也大大提高了指导教师的教学水平和内容,促使不同知识结构相互融合,真正达到了竞赛活动与实践教学相结合所期望的良好效果。

2. 实践教学改革势在必行

传统的实践教学处于教辅地位,学校管理者、教师和学生对其重视程度不够,造成重理论、轻实践的现象[3]。然而周培源力学竞赛团体赛以探索式、研讨式的方式将理论教学和实践教学的内容应用于实际的操作中。这样既改变了传统的演示实验和验证实验教学模式，拓展了综合性实验的内容，提高了设计性实验的难度，又发挥了学生的主观能动性、积极性，同时也对教师的实践教学和辅导提出了更高的要求。教师也要不断探索新的实验方案，适应探索式、研讨式、案例分析式的教学方法和手段，并进一步探索课题式的教学模式，促进实验教学方法和手段与学科前沿的实际应用紧密结合，促进教学手段、方法和教学内容的改革。在该团体赛中，学生团队在教师的指导下，将方案或创新思维通过不同的手段来实现，在实践中发现问题，探索解决问题的途径，最终达到解决问题的目的。通过这种力学竞赛团体赛的方式，可以促进力学实践教学的改革，从而提高实践教学内容的趣味性、创新性以及可操作性。只有这样，才有可能实现把力学专业学生培养成未来卓越工程师的目标。

3. 是否可以开设有课号的实践操作选修课

周培源力学竞赛团体赛是一个连续性的全国赛事，每两年举办一次。而我们参赛的学生是从每次周培源力学竞赛个人赛中选择成绩优秀的学生，理论成绩优秀，并不代表其动手操作能力强。培训也是集中在两周左右的时间完成。两周的时间，要全面地培训团体赛的各个知识点，培训强度高，学生很容易疲劳，效率很低。这样也似乎有为了竞赛，临时找几个学生培训一下的嫌疑，这样的操作也不具有可持续性。因此，是否可以开设专门针对团体赛的具有课号的实践操作选修课值得思考。如果开设上述选修课可以招到对力学实验操作感兴趣的学生，学生最好是来自不同的专业(团体赛是个综合性很强的比赛)，然后对他们进行系统、长期的训练。这样，学生既获得了综合能力的提升，又获得了选修课的学分，是个两全其美的事情。需要参加比赛时，再从其中选择几名比较优秀的学生即可参加，这样也免除了临时抱佛脚的尴尬。把竞赛工作与平常的实践教学过程紧密的结合在一起，做到真正的竞教融合。

三、组队培训的建议

(1) 竞赛学生选拔时间应尽量提前，否则在期末考试期间选拔队员，容易造成有的学生来不及考虑或者已经做好暑期安排的尴尬局面，不容易召集到热爱竞赛的学生。

(2) 竞赛学生选拔方式应改进，竞赛学生应从参加周培源大学生力学竞赛个人赛以及其他相应实物操作创新比赛的优胜学生中进行挑选。理应进行选拔考试与面试,适宜的紧张感和压力才会激发出更高的积极性与认真的态度。

(3) 竞赛学生所学专业应更加分散,因为一道题目涉及的知识点可能会很多,甚至会涉及不同的专业。这就要求参赛学生必须是多元化的,最好来自不同的专业。此次我们的五名成员分别来自土木和航力两个学院,缺乏广泛而全面的基础专业知识。土木注重静力学分析和结构设计,机械侧重于动力学分析与机械传动,航力则更多地重视四大力学的理论基础,因此各个专业各有所长,各有所短,更广泛的专业学生的搭配才能够取长补短,高效地完成目的。

(4) 竞赛辅导时间应适当放长,参考 2019 年团体赛特等奖获得队伍(南京航空航天大学队)的经验可知,他们竞赛集训持续了将近 30 天,是同济大学培训时间的两倍,按照此次集训的情况,同济大学 15 天的集中培训是远远不够的。如有可能,希望可以开设具有课号的实践操作选修课,让有兴趣的学生选修该课程。同时竞赛集训的安排应更加合理,虽然竞赛集训做到了全天工作,但是学生的效率并不高,并且长期通过教师的指导制作,学生自主思考的能力没有得到很好的锻炼,最终面对新的题目还是表现得会十分依赖教师的指导。

(5) 竞赛集训中一定要保证限时训练与全真模拟实验。对于这种不确定性因素极高的竞赛,合理的时间安排是非常必要的,当然这种安排会非常容易被比赛中突发的问题和变数所影响,所以通过限时训练找寻其中的关键问题与突破口是至关重要的。这样在正式比赛中,学生就会感觉和平时的训练没有太大差别,也不会怯场。

四、结束语

创新是一个民族进步的灵魂,是一个国家兴旺发达的不竭动力。创新人才的培养不是课堂教学就能完成的,必须有实践教学的配合,实践教学在新的人才培养模式下,不应再处于教辅地位,而是应进一步强化[4]。周培源力学竞赛从多方面有效地推动了同济大学力学实践教学改革、创新基地建设和学生科技创新活动开展。这些可为学生提供施展才华的平台与空间,激发和调动学生学习与参与实践的积极性,充分发挥学生在教育教学过程中的主体作用,同时也为实践教学教师提供了锻炼的机会,提升了教学水平，提供了更好的实践教学内容和方法。

参考文献

[1] 刘俊丽，李俊峰.全国周培源大学生力学竞赛发展历程[J].力学与实践，2019，41(3)：357-365.

[2] 赵丽霞，刘丹丹.基于周培源力学竞赛的基础力学教学方法的思考[J].高等教育，2015(8)：109-132.

[3] 李金昌，林家莲.实践教学与学科竞赛相结合促进创新人才培养[J].实验技术与管理，2011，28(11)：1-3.

[4] 李道奎，李东，黄海兵，等.以力学竞赛促进基础力学教改的创新与实践[J].力学与实践，2011，33(3)：80-81.

从国际工程力学竞赛思考理论力学教学改革*

王华宁　郑红浩　蒋　丰　方明霞　汤可可　朱立明

同济大学航空航天与力学学院

摘要　国际大学生工程力学竞赛在国内外力学界有广泛深远的影响力。与国内周培源大学生力学竞赛相比,该赛事更注重考查学生基础理论掌握的深度、熟练度和灵活性。本文分析了国际竞赛的特点,对如何夯实大学生基础力学功底提出建设性意见和操作途径,为理论力学、工程力学等基础力学教学提供参考。

关键词　国际大学生工程力学竞赛　理论力学　教学

一、引言

国际大学生工程力学竞赛由俄联邦多所高校于2005年共同发起,每年4月在白俄罗斯戈梅尔的白俄罗斯国立交通大学举行,至今已经连续举办16届,在国内外力学界有着广泛深远的影响力。赛题内容为理论力学相关内容,个人赛题目充满创新,具有一定的挑战性,而团队赛更讲究概念清晰度、解题速度和快速反应能力。与国内周培源大学生力学竞赛相比,该赛事更注重考察基础理论的掌握程度。对国内学生来讲,该竞赛与课程基本要求贴近度较好,可以很好地检验学生基础力学理论掌握深度、熟练度和灵活性,同时也可以检验力学教学是否扎实。2019年12月,同济大学首次组队参加了在河海大学举行的国际大学生工程力学竞赛第二届亚洲赛并取得佳绩,获得了团体特等奖、团队第一名、3个个人特等奖等,并获得国际赛参赛资格。在2020年4月举行的线上国际赛中,分别获一、二、三等奖各2个,其中工程力学专业的姜健同学获得第四名的好成绩。国际赛从新的视角展示

* 同济大学2019—2020年教学改革研究与建设项目资助。

了国外力学教学特点和要求，有些方面值得思考和借鉴。

本文从分析国际工程力学竞赛题目特点入手，对如何夯实大学生基础力学功底提出建设性意见和操作途径，可为理论力学、工程力学等基础力学教学提供参考。

二、国际工程力学竞赛及特点

1. 竞赛内容

国际工程力学竞赛分个人赛和团队赛。个人赛题目设置比较灵活，主要考察理论功底和灵活性；团队赛题目难度较小，主要考查概念以及分析速度和准确性。以下主要针对个人赛进行分析。个人赛共六道题目，均为理论力学内容，需要参赛者在四小时内用英文完成。题目直接给出已知条件和力学模型，需区分不同情况寻求合适的方法进行解答，有一定的灵活性、复杂性，不仅需要丰富的理论力学知识也需要一定的数学功底和技巧。其中两道静力学题目，涉及摩擦、复杂刚体系平衡问题、重心等，需要学生对存在多处摩擦的平衡等问题有清晰的求解思路和多种情况的完整分析；两道运动学题目，涉及复杂刚体系平面运动和合成运动内容，除了概念要特别清楚，还有一定的技巧性；四道动力学题目，涉及质点动力学和刚体动力学，需要灵活运用牛顿矢量力学或分析力学进行数学建模和方程求解。

2. 赛题特点

国际工程力学竞赛的主要特点：

(1) 力学问题多针对过程中一般位置，需要列写关于物理量的方程(或直接函数关系)，并利用数学方法求解方程得到与研究变量的函数关系，并进一步求极值或进行其他分析。这与平时教学多关注的特定位置问题有很大不同。例如，2019 年亚洲赛 D-4 题，判断自由度后，需要用拉格朗日方程或其他动力学定理建立一般位置关于广义坐标的微分方程，求解后可以对位移进行讨论。该题需要学生具备一般问题的建模能力。

(2) 需要一定的高等数学基础进行方程求解。涉及常见微分方程求解、曲率半径求解、变力做功、解析法求运动学问题等数学知识的应用。例如，2019 年亚洲赛 D-2 题，涉及利用曲线方程求解曲率、切向角度，以及圆盘质心轨迹曲率和地面曲率之间的关系。

(3) 需要考虑多种可能情况，体现在摩擦问题(多处摩擦何时平衡，翻倒的讨论)、动力学问题(点的动力学部分，区分运动时段)中，需要学生具有灵活、全面的逻辑思维能力。

(4) 题目的综合性强，需要具备完备的知识体系。除了涉及理论力学知识，部分问题涉及流体力学等知识，对学生综合知识要求较高。

(5) 阅卷中俄方要求注重步骤和理论书写的规范性、严密性，没有依据的结论，即使正确也要扣分，显示了竞赛更注重理论和逻辑性。

以上特点可见，国际工程力学竞赛需要参赛者具有很好的力学基础，严密的力学概念，清晰的求解思路，快速分析处各种情况和极值对应的情况；可以正确分析受力和运动，根据定理得到数学方程。同时具备坚实的数学基础，对常见微分方程求解、导数求解、不等式求解很熟悉，还要有严密的思维、较强的计算能力。

笔者有幸受邀参与 2019 年亚洲赛阅卷，发现部分学生基本概念的掌握程度欠佳，跳步骤的情况相当多，数学工具的使用不熟练，显示了从高中开始在力学教学中存在的重应用，轻推导的弊端。当然，也有相当一部分学生分析问题的条理性、全面性和准确性较高。线上国际赛中国学生的成绩大大好于国外学生，可能与高中教学特别是物理竞赛的技巧性培训有一定关系。

第一题(2019，D-4)

Problem D-4

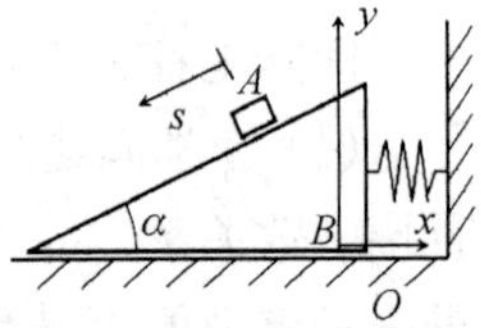

A rectangular prism B of mass m_1 and angle α at a horizontal base pushes against the motionless wall by a spring with a stiffness coefficient c. A load of mass m_2 lies on the inclined surface and it has small dimensions compared with the prism ones. At the initial moment the spring is not deformed, the load is at a height h and it starts moving with no initial velocity.

1. Determine the maximal possible force of the spring pressure on the wall when the load moves along the prism if the weight of the spring and the friction are neglected.

2. Find the minimal value of h at which this maximal possible pressure force is realized.

答案：

以 $t=0$ 时刻斜面和物块位置建立坐标系，以 s 和 x 为广义坐标，由拉格朗日方程：$\frac{\mathrm{d}}{\mathrm{d}t}\left(\frac{\partial L}{\partial \dot{q}_j}\right)-\frac{\partial L}{\partial q_j}=0,\ q_j=x,\ s$ (1)

其中，$L=T-V=[m_1\dot{x}^2]+m_1(\dot{x}^2+\dot{s}^2-2\dot{x}\dot{s}\cos\alpha)]/2$
$+m_2 g\sin\alpha-(cx^2)/2$

得：$(m_1+m_2)\ddot{x}-m_2\ddot{s}\cos\alpha=-cs;$ (2)

$$m_2(\ddot{s}-\ddot{x}\cos\alpha)=m_2 g\cos\alpha \tag{3}$$

可得 $$\ddot{x}+a^2x=b, \tag{4}$$

其中
$$a=c/(m_1+m_2\sin^2\alpha),$$
$$b=(m_2 g\sin 2\alpha)/2(m_1+m_2\sin^2\alpha), \tag{5}$$
$$\ddot{s}=\ddot{x}\cos\alpha+g\sin\alpha$$

且 $$x(0)=s(0)=0,\quad \dot{x}(0)=\dot{s}(0)=0, \tag{6}$$

由式(4)和式(6)可求得：$x=b(1-\cos at)/a^2$ (7)

当 $t=\pi/a$ 时，$x_{\max}=2b/a^2$，则最大弹力 $T_{\max}=cx_{\max}$.
由式(5)、式(6)、式(7)可得：

$$s=gt^2\sin\alpha/2+b\cos\alpha(1-\cos kt)/a^2$$

当 $t=\pi/a$ 时，$s=g(\pi/a)^2\sin\alpha/2+2b\cos\alpha/a^2\leqslant h/\sin\alpha$

得：$h\geqslant g[(m_1+m_2\sin^2\alpha)\pi^2\sin^2\alpha+m_2\sin^2 2\alpha]/2c$

第二题(2019，D-2)

Problem D-2

A homogeneous disc of mass m and radius $r=\sqrt{2}/4$ rolls without sliding in a vertical plane on a fixed surface defined by the equation: $y=\sqrt{2}x^2/2$.

Find the normal pressure of the disk on the surface in its lowest position, if at the initial moment it rested and touched the surface at a point with a coordinate $x=2$.

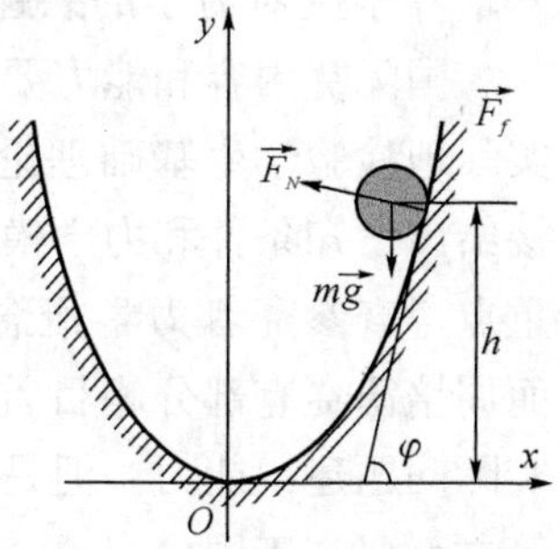

答案：

由质心运动定理知，

$$x_c=0, \quad ma_{cy}=F_N-mg \tag{1}$$

其中 $a_{cy}=v_c^2/\rho_c$. 由地面的曲线方程计算得到 $x=0$ 处曲率 $\rho=[1+(\mathrm{d}y/\mathrm{d}x)^2]^{(3/2)}/|(\mathrm{d}^2y)/(\mathrm{d}x^2)|\Big|_{x=0}=\sqrt{2}/2>r$，则圆心轨迹在 $x_c=0$ 处曲率 $\rho_c=\rho-r=\sqrt{2}/4$ (2). 由动能定理：$mv_c^2/2+mr^2\omega^2/4=mgh$，其中 $\omega=v_c/r$，$h=y+r\cos\varphi-r$ 得，$v_c^2=4g(y+r\cos\varphi-r)/3$.

当 $x=2$ 时，$y=2\sqrt{2}$，$\cos\varphi=1/\sqrt{1+2x^2}=1/3$，则 $x=0$ 处，$v_c^2=22\sqrt{2}g/9$ (3)

将式(2)(3) 带入式(1) 得：$F_N=m(g+a_{cy})=97mg/9$.

---

3. 与周培源大学生力学竞赛的区别

周培源大学生力学竞赛（以下简称周培源赛）是国内举办多年、颇有影响力的力学竞赛，涵盖理论力学和材料力学的内容。近年来周培源赛兼顾基础性、创造性、灵活性和趣味性[1, 2]，理论赛中融合了实际问题力学模型简化和综合知识的运用，总体难度和要求要超过国际工程力学竞赛（以下简称国际赛），得分也比较低。很多学生在距离考试结束一两个小时就已答完会的题目。而国际赛满分 80 分（2019 亚洲赛），第一名是 74 分。周培源赛的特点与我国国情相关。经过高中的训练，优秀大学生在解题技巧方面已经足够高，周培源赛更注重引导学生实际应用知识的能力和综合技巧，并培养学生对力学的兴趣。

国际赛内容和能力要求更接近对一般大学生的力学基础要求，可以更实际地检验学生基础理论掌握程度。国际赛没有实际模型简化的内容，直接给出已知条件和力学模型，只需区分不同情况寻求合适的方法进行解答，重点考查参赛者力学概念、理论的综合掌握程度和使用数学工具的能力。而周培源赛有部分题目首先需要对实际问题进行建模，需要学生有一定的实际问题建模能力。但是国际赛中对概念要求的细致程度、准确度、逻辑性等方面要高于国内赛。

从以上区别可以看出，两个比赛考查的重点有所不同。国际赛更能突出学生在力学理论的理解和数学工具的应用能力；周培源赛突出顶尖学生在建模、解决问题和综合应用方面的能力。

三、理论力学教学的思考与对策

1. 教学思考

理论力学研究质点系机械运动一般规律，揭示力学中最普遍的基本规律，是解决机械和结构动力问题的理论基础。工科专业的其他专业基础课，如材料力学、结构力学、弹塑性力学、流体力学、振动理论、机械原理、机械设计等，都以理论力学为基础。同济大学以工科专业为主，每年理论力学教学人次在 2 500 人左右，涵盖土木、汽车、机械、力学、航空、交通等多个专业。同济大学理论力学教学一直以“结合专业，强化理论”为宗旨，教学中注重力学概念、思维方式和工程应用培养，具有独特的教学特色。

理论力学既是基础课程又是应用课程。培养扎实的理论基础和一定的实际应用能力是课程教学两个不可或缺的目标。从国际赛特点来看，国外特别是俄罗斯的著名大学更注重理论基础的培养。面对学时压缩、计算手段飞速发展的新形势，力学教学还应不应该坚持理论深度，是一个值得思考的问题。中国的力学教学体系源于苏联，但由于理论力学学时数相比 20 世纪八九十年代减少了相当多，致使工科理论教学内容压缩，教学中多关注定理的应用，弱化了定理推导和数学理论的深层次应用，对知识学习带来了某种程度的负面影响[3]。例如虚位移原理已经在高中学过，但实际上学生对定理的由来几乎一无所知，只会求解题目，力学概念不清楚。目前的力学教学中尚存在如下问题：

(1) 学生传承中学物理的学习，只会用方法，对概念不求甚解，甚至理解错误；

(2) 教学中不强调先进数学方法，涉及最多的是线性方程组求解、矩阵或行列式知识或直接积分或有特征根微分方程求解；

(3) 很少关注过程问题、极值问题；

(4) 解析法等可以用于一般问题的解法不够强调，特殊位置问题的分析居多，失去一般性。

2. 教学对策

大学阶段的力学课程应该建立一套完整的针对一般问题的知识体系。理论力学除了教给学生公式和应用，更重要的是让学生在学习中获得力学基本思维方式的训练（建模、推导等）和数学工具的渗透，使学生在今后工作和研究中有坚实的力学基础。笔者在研究生面试中也发现，工科专业的本科学生对专业知识的理解较为全面，却几乎完全忘记了一些基本力学原理。但实际上，最基本的理论有可能对一些问题做出大概的估计，可以抓住问题的本质[4]。因此，在基础力学教学中应该注重有深度的基本理论的讲授，让学生从本质上理解理论的由来，从而建立更扎实的理论功底。这种训练专业课程中不会再有，需要基础力学课程中进行训练。笔者认为理论力学乃至所有基础力学教学中，扎实理论的培养应该先于理论应用和实际问题的模型简化能力的培养。但目前的教学内容和侧重点很难培养这些特点。

从同济大学学生素质来看，加深理论和数学在力学教学中的比重对学生并无困难，但学时有限，需要调整知识布局、采用多种教学和学习方式才能实现。这次疫情，被动地改变了教与学的方式，给本问题的解决提供了思路。经过一学期的在线授课，理论力学在线课程进行了改进和优化，对提高网上课程质量很有帮助；同时学生对基于在线课程的学习更加熟悉，期末考试也证明学习效果不错，为理论力学的高效在线学习提供可能。因此，可以采用在线课程学习简单章节，课堂教学中加强重点章节理论推导，同时在约三分之一例题中加入数学工具的使用，提高理论力学整体要求，加强学生理论功底。

可由学生自学的内容包括：力的基本概念和原理（1 学时），汇交力系与力偶系的简化（1 学时），重心的概念（1 学时），质点运动描述的矢量法与直角坐标法（1.5 学时），刚体的基本运动（2 学时），质点动力学（2 学时），势力场与势能、机械能守恒（1.5 学时），共 10 学时内容。结合线下、线上的教学，可以保证基本内容讲授和理论加深的要求。后续将在大飞机班理论力学教学中进行试点。

当然，为了提高学生兴趣、拓展知识面、培养学生综合应用能力，在保证理论教学的基础上，加入若干讨论课进行具体问题的力学分析和应用是必要的。但笔者认为如果没有扎实的理论为基础，所有的要求都是空中楼阁。

四、结论

本文分析了国际大学生工程力学竞赛内容、特点，并与周培源力学竞赛进行对比，提出应该在基础力学教学中着重培养学生扎实的力学功底和数学应用能力，给出线上教学加线下自学的方式进行理论教学加强的教学方案。

参考文献

[1] 刘安中,张速.几种逻辑方法在力学竞赛辅导中的应用[J].力学与实践,2012,34(3):68-70.

[2] 刘俊丽,李俊峰.全国周培源大学生力学竞赛发展历程[J].力学与实践,2019,41(3):357-365.

[3] 梅凤祥.第五届全国周培源大学生力学竞赛总结[J].力学与实践,2005,30(1):83.

[4] 高云峰,李俊峰,宝音贺西,等.从国际深空探测大赛看理论力学教学及力学竞赛[J].力学与实践,2007,29(2):93-94.

机翼模态测试线上教学方法研究

朱金龙　茹东恒　刘五祥　吴　昊　鲁书浓

同济大学航空航天与力学学院

摘要　模态是机械结构的固有特性，工业模态测试对安全生产实践有着重要的意义。本文针对机翼振动测试进行研究，提出一种基于动态测试系统的线上教学方法。文中结合振动测试理论采用MATLAB软件将模态采集数据进行处理，得到机翼一阶频率为10.28 Hz、二阶频率为23.44 Hz，绘制了对应阶数振型图，并通过有限元仿真进行了验证。对比有限元和实验结果发现：一阶频率误差在10%以内，二阶误差在20%以内，振型形状基本一致。本文通过实验、分析、编程计算和数值模拟的方法验证了模态测试系统的准确性，该方法可以拓展学生思维，提升学生工程实践和竞赛能力。

关键词　机翼　模态分析　MATLAB　有限元分析　线上教学

一、引言

飞机在飞行中受力复杂，大多数飞行事故由机翼震颤失稳所导致，因此振动测试是飞机结构设计中必不可少的环节[1]。模态是机械结构所固有的振动特性，机翼每阶模态都有其对应的频率和振型。在机翼结构设计时，需对机翼各阶模态综合考虑，实现机翼的结构优化。在动态分析测试过程中，模态分析测试法是最基本的测试方法，常用的模态测试方法一般分为实验方法和数值方法。对于复杂结构和较难测量的结构，主要使用以线性振动理论为基础的有限元进行分析，研究激励、机构、响应之间的关系[2]；在实践生产过程中，实验方法最为常见，一般包括：激励-传感器法[3]、多普勒法[4]、全息干涉法[5]和电子散斑干涉法[6]等。其中激励-传感器法实验原理简单，应用广泛，其测试过程一般采用激励信号和结构响应信号来建立传递函数，分析结构的模态参数。

在“工程测试技术”教学过程中，实验的设计是很重要的一部分。特别针对当下的疫情状态，线上实践教学环节需考虑到学生的学习环境和学习积极性。为了使学生了解工程测试中常用的方法，本实验教学以机翼模型作为研究对象，对动态测试技术进行充分讲述，让学生根据振动测试理论编写程序，运用实验原始数据提取模态和机翼振型形状，最后通过有限元仿真作为对比，来验证测试的正确性。此次实验教学的设计可提高学生在全国大学生数学建模、挑战杯、机器人等竞赛中的编程能力，也可增强学生在力学学科专业竞赛中的仿真能力。

二、模态理论

实验模态分析采用的方法有主模态法、频响函数法等。主模态法实验要求较高，采用多点激励使结构模态振动，根据结构振动形态求得模态参数。频响函数法一般先将结构划分不同区域，对区域布置测点，利用单点激振，获得结构的频响函数，再由频响函数来确定模态参数。模态参数主要包括固有频率 ω_r，固有振型 $\{\phi\}_r$，模态质量 m_r，模态刚度 k_r 和模态阻尼 c_r。其中固有频率和固有振型能直接反映系统的振动特性，在工程应用中尤为重要[7]。

对于一个结构系统，其动态特性可用系统的固有频率、阻尼和振型来描述。求取模态参数，可以通过两个方法：一是运用有限元软件进行模态分析；二是通过实验数据求取模态参数。对于实验频响函数法[8]，一般需在测量对象上某一点施加激振力 F_i，测量对象各点的振动响应 x_i，从而求得任意两点之间复频域响应函数 h_{ij}，关系式如下所示：

$$\begin{bmatrix} x_1 \\ x_2 \\ \cdots \\ x_n \end{bmatrix} = \begin{bmatrix} h_{11} & h_{12} & \cdots & h_{1n} \\ h_{21} & h_{22} & \cdots & h_{2n} \\ \cdots & \cdots & & \cdots \\ h_{n1} & h_{n2} & \cdots & h_{nn} \end{bmatrix} \cdot \begin{bmatrix} 0 \\ \cdots \\ F_j \\ \cdots \\ 0 \end{bmatrix} \tag{2.1}$$

由上式可以看出对应测点的复频响函数为：

$$h_{ij}(w) = \frac{x_i(w)}{F_j(w)} \tag{2.2}$$

式中，$h_{ij}(\omega)$为频域下 i 测点在 j 处激励下的频响函数；$x_i(\omega)$为频域下参考点 i 处的振动响应；$F_j(\omega)$为频域下 j 处的激励信号。

三、模态实验及仿真

1. 机翼模态实验

本实验在室温条件下对机翼结构模型(图 1)进行动态测试,采用商业动态测试仪进行数据采集。机翼采用铝合金 6082 制成,其材料参数和结构形状见表 1 及表 2。

表 1　Al6082 铝合金化学成分

成分	Si	Mg	Mn	Fe	Cr	Zn	Cu	Ti	Al
Al6082 T6	0.7%	0.6%	0.4%	0.5%	0.25%	0.2%	0.1%	0.1%	均值

表 2　Al6082 力学参数

力学参数	σ_y(MPa)	σ_u(MPa)	E(GPa)	ν	ρ(kg/m^3)
Al6082	280	327	73	0.3	2 800

为了便于测试机翼的动态响应,将机翼划分为 42 个点进行锤击测试,并通过动态测试仪进行数据采集。机翼的测点按位置如图 2 所示。

其中图 2 的 21 和 23 号测点为机翼固定端,不发生位移。在测试时以 18 号测点为参考,通过对其余 40 个测点锤击来得到机翼的响应数据,最终导出 40 个测点的锤击和响应信号。

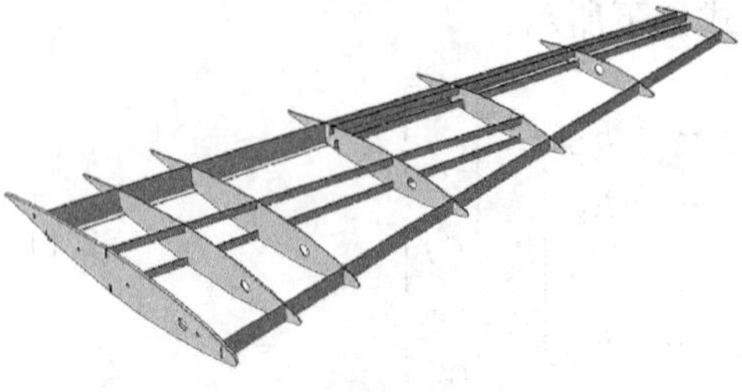

图 1　机翼结构模型

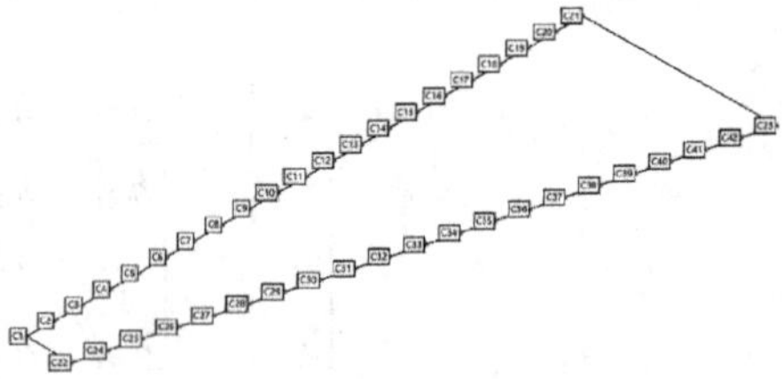

图 2　机翼动态测试点分布

2. 机翼模态仿真

为了进一步提高实验的准确性,本课程使用 ABAQUS 对机翼的静态测试和动态测试进行有限元仿真,通过实验数据进行对比分析,给学生详细讲解实验力学在工程测试技术中的应用,提高学生竞赛能力。将机翼部件导入有限元，设置材料参数和模态分析步，提交计算，得到机翼的一阶频率为 11.18 Hz、二阶频率为 27.66 Hz，其振型如图 3 所示。

(a) 一阶　　(b) 二阶

图 3　机翼有限元振型

四、模态算法实现

1. 计算流程

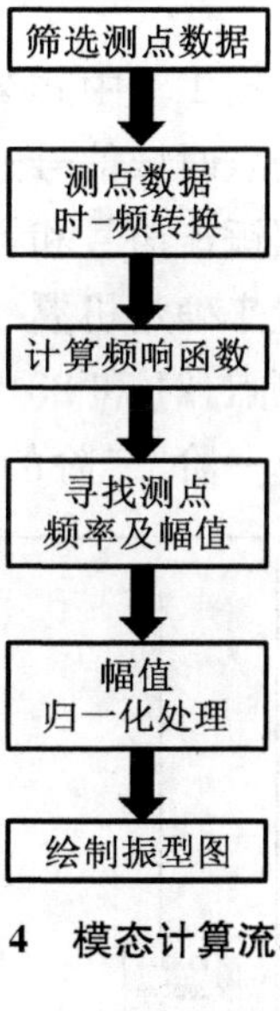

图 4　模态计算流程

“工程测试技术”在以往教学模式种采用课堂实践操作来获得机翼动态测量数据，结合模态分析软件实现机翼的模态分析，获得模态参数。考虑到疫情影响，以往教学模式无法进行，对于实验教学，线上教学无法提升学生的实践操作技能。为了进一步提高线上教学质量，加强专业课建设，本课程实验设计部分以模态分析理论为指导，根据动态分析仪器采集到的原始锤击和机翼响应信号，使用 MATLAB 对机翼模态算法进行编写，根据计算结果提取机翼模态参数。此课程实验设计可以培养学生专业技能，提高学生竞赛能力。结合第 1 节模态理论中的阐述，对动态应变仪采集到的原始数据进行分析得到对应测点的频响函数，其流程如图 4 所示。

2. 算法实现

在实际测试时，对于每个测点都进行了 8 次锤击采集，采样频率为 2 000 Hz。在处理实验数据时，由于采样数据过多，需对原始采集数据进行筛选，来确保计算的简便性。本算法将采集数据信号进行滤波操作，考虑到噪声的影响，需要对滤波信号进行峰值过滤，设置幅值为 0.1 作为信号门槛值，大于 0.1 则认为锤击信号已经开始采集，选取 8192 组锤击和响应信号进行分析计算。以 1 号测点为例，图 5 给出了在时域下筛选后的激励和响应图。

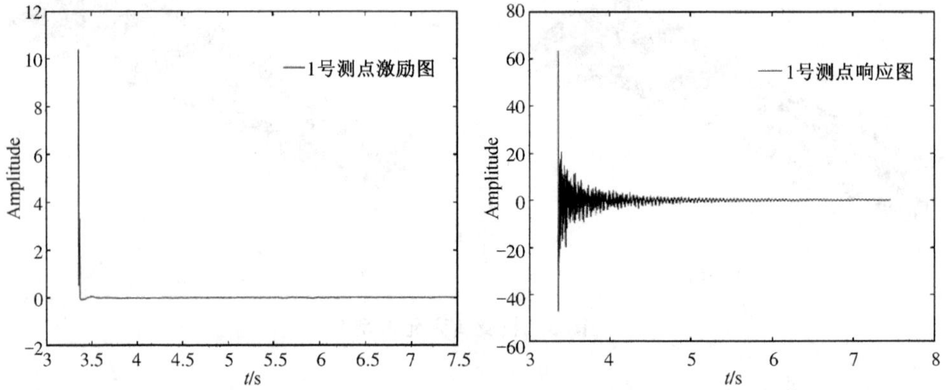

图 5　1 号测点时域下筛选后激励和响应信号

据 1 节中式 2.2 可知，模态参数需要在频域状态下进行处理，因此需要对测点时域信号进行快速傅里叶变换 FFT，从而实现时域向频域的变换。根据锤击信号和机翼响应信号的变换结果，寻找第一个波峰和第二个波峰位置来确定机翼一、二阶振型的频率、振幅，并记录该位置的相位。根据 40 组测点（21 和 23 号点在机翼固定端，没有位移）的采集数据，分别可以得到机翼一阶、二阶的模态参数。由于傅里叶变换后，测点数和采样频率相同时，频域值相同，但测点振幅不相同，因此可以采用“定位法”寻找一阶、二阶波峰的位置：先通过频响函数图像找出一、二阶频率对应大概位置，然后通过在该位置附近区间内寻找幅值最大值的位置来确定对应阶模态的振幅、频率和相位。图 6 为 1 号测点部分数据的频响函数及一阶、二阶频率分布。

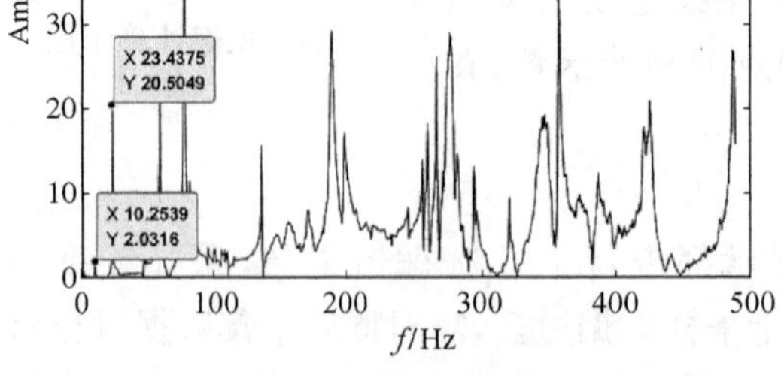

图 6　1 号测点频响函数

从图 6 中可以看出，机翼的一阶频率为 10.253 9 Hz，振幅为 2.031 6;二阶频率为23.437 5 Hz,振幅为 20.504 9。考虑到采集信号的实验误差,取 40 个测点频率的众数作为其一阶、二阶频率的值,最终得到机翼一阶频率为 10.28 Hz,二阶频率为 23.44 Hz。对于机翼在对应阶数下幅值的计算,考虑到幅值计算的便捷性和振型图的美观性,本实验设计将对一、二阶模态幅值进行归一化处理:将 40 个测点振幅幅值除以其对应阶幅值的最大值,从而实现在机翼幅值最大处为 1。结果见表 3,其中相位是为了反映测点振幅的位置,根据相位的正负可以判定该测点的振动方向。从表 3 中可以看出:对于一阶模态,机翼端部的振幅最大,其他测点沿机翼轴向依次减小,各测点相位符号一致,即机翼各测点振动方向相同;对于二阶模态,机翼两侧测点相位符号相反,即振动方向相反,同样在机翼端部振动幅值最大,沿着机翼轴向依次减小。将其对应测点的振幅位置绘图可以得到机翼一阶、二阶模态振型图。

表 3　机翼一阶和二阶模态幅值归一化后结果

一阶						二阶					
测点号	幅值	相位(°)	测点号	幅值	相位(°)	测点号	幅值	相位(°)	测点号	幅值	相位(°)
1	1	−66.67	22	0.998	−95.066	1	0.995	−75.488	22	−1	78.311
2	0.997	−73.535	24	0.997	−93.199	2	0.988	−79.737	24	−0.813	76.927
3	0.988	−78.976	25	0.988	−95.661	3	0.936	−80.304	25	−0.73	73.983
4	0.972	−83.883	26	0.972	−56.564	4	0.928	−83.107	26	−0.631	112.73
5	0.951	−87.031	27	0.951	−57.089	5	0.912	−82.979	27	−0.63	115.21
6	0.924	−92.244	28	0.924	−60.679	6	0.883	−85.553	28	−0.615	112.48
7	0.891	−100.08	29	0.891	−63.156	7	0.88	−90.82	29	−0.61	110.27
8	0.853	−97.876	30	0.853	−65.584	8	0.829	−87.049	30	−0.579	109.10
9	0.809	−120.87	31	0.809	−65.17	9	0.792	−108.60	31	−0.567	108.38
10	0.76	−116.77	32	0.76	−69.136	10	0.761	−111.55	32	−0.492	107.73
11	0.707	−112.16	33	0.707	−69.489	11	0.689	−114.32	33	−0.433	107.25
12	0.649	−90.307	34	0.649	−91.376	12	0.611	−111.53	34	−0.364	91.862
13	0.588	−79.405	35	0.588	−87.556	13	0.52	−111.26	35	−0.347	91.347
14	0.522	−64.186	36	0.522	−102.89	14	0.444	−95.254	36	−0.314	93.233
15	0.454	−58.5	37	0.454	−111.67	15	0.375	−92.211	37	−0.265	91.155
16	0.383	−56.791	38	0.383	−108.82	16	0.304	−103.36	38	−0.214	86.829
17	0.309	−51.374	39	0.309	−110.82	17	0.223	−104.75	39	−0.166	88.274
18	0.233	−58.374	40	0.233	−92.273	18	0.144	−109.12	40	−0.145	87.116
19	0.156	−49.17	41	0.156	−129.21	19	0.084	−111.38	41	−0.092	88.371
20	0.078	−56.231	42	0.078	−74.941	20	0.044	−115.95	42	−0.064	84.735

五、实验结果对比

振动模态实验测试和有限元计算结果对比如图 7 所示，图中一阶频率误差在 10%以内，二阶扭转频率在 20%以内，数值仿真结果与实验结果拟合较为接近。

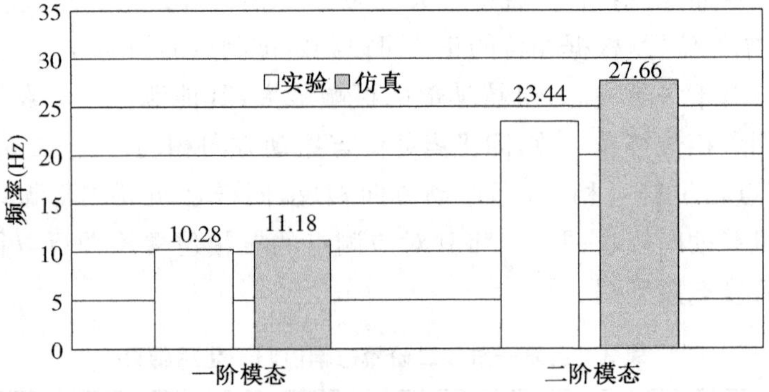

图 7　实验与仿真模态结果对比

根据表 3 中的结果和机翼模型构建的初始坐标系，绘制机翼一阶模态和二阶模态振型图，如图 8 所示。

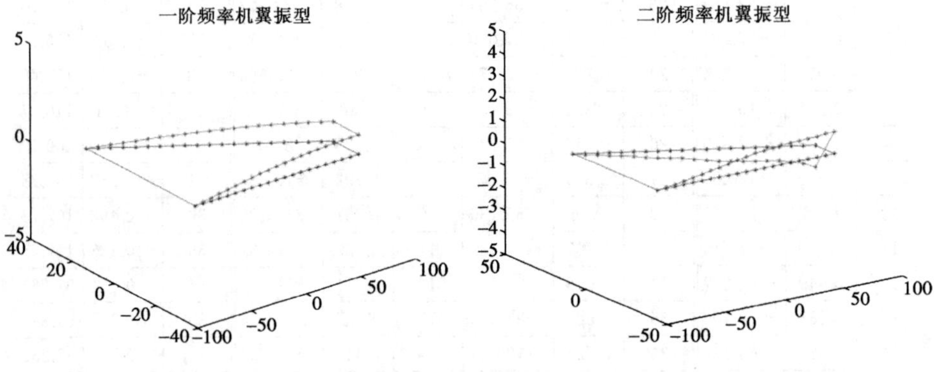

(a) 一阶　　(b) 二阶

图 8　机翼结构振型

其中图 8 中为机翼原始位置及其对应模态的振动形状，从图中可以看出机翼一阶振型发生竖向位移，二阶振型则出现扭转形状，同时实验结果与有限元结果较为吻合。

六、结论

本文通过模态实验和有限元方法对机翼进行了模态测试分析，通过实验课程设计拓展学生专业技能，提高教学质量。具体结论如下：

(1) 以实验模态分析理论为基础，采用动态测试系统采集锤击和响应数据，编写 MATLAB 算法提取机翼模态参数，得到一阶模态频率为 10.28 Hz，二阶模态频率为23.44 Hz，并绘制了一阶、二阶机翼振型图。

(2) 使用有限元软件对机翼模态测试进行仿真，提取前两阶振型和频率，其中一阶为 11.18 Hz、二阶为 27.66 Hz，对应的振型图与实验结果也较为吻合。

(3) 对有限元结果和 MATLAB 算法进行分析对比，得到一阶频率误差在 10%以内，二阶频率误差在 20%以内，很好的验证了实验的准确性。

(4) 本课程以线上教学的方式，培养了学生的数值仿真和编程能力，增强了学生对实验原理的理解和感知能力，在教学中得到了学生的良好评价。

参考文献

[1] 廉伟.民机复材机翼主结构优化设计及减重分析[J].纤维复合材料，2018，35(3)：3-9.

[2] Kuntjoro, WAHYU. An Introduction to the Finite Element Method[M]. McGraw-Hill Education, 2013.

[3] YANG Z B, CHEN X F, YU J, et al. A damage identification approach for plate structures based on frequency measurements [J]. Nondestructive Testing and Evaluation, 2013,28(4):321-341.

[4] MANNUR J S, ANINDYA G, Jia Li, et al. Experimental Damage Detection on a Wing Panel Using Vibration Deflection Shapes[J]. Structural Health Monitoring, 2003,2(3):243-256.

[5] MARUYAMA K, ICHINOMIYA O. Experimental study of free vibration of clamped rectangular plates with straight narrow slits. [J]. Jsme International Journal.ser Vibration Control Engineering Engineering for Industry, 2008, 32(2): 187-193.

[6] 季业.电子散斑干涉测量技术在薄板结构模态分析中的研究[D].天津：天津大学.2012.

[7] 宋健伟，徐燕申，于德介，等.用频响函数总体逐阶模态拟合法识别结构模态参数[J].天津大学学报，1990(S1)：52-60.

[8] 纪国宜，赵淳生.振动测试和分析技术综述[J].机械制造与自动化，2010，40(3)：1-5.

浅析力学实验中心创新基地竞教结合实践模式*

吴　昊　郑红浩　鲁书浓　顾　蔚　茹东恒　朱金龙　曾伟明
同济大学航空航天与力学学院，国家级力学实验教学示范中心

摘要　力学实验教学示范中心在创新型人才培养中发挥了重要的支撑作用，鼓励教师探讨"理论力学""材料力学""工程力学""流体力学"等课程竞教结合教学方法和教学模式，从而突出教学过程的探究性、创造性、启发性和灵活性。目前力学实验教学示范中心的创新竞赛工作内容包括：承办校级应用力学创新竞赛、承办或组织参与上海市力学竞赛、组织参与全国周培源大学生力学竞赛、组织参与国际大学生工程力学竞赛。本文以压杆稳定实验为例，介绍材料力学实验课竞教结合的实践情况。
关键词　材料力学　理论力学　力学竞赛　压杆稳定实验

同济大学航空航天与力学学院国家级力学实验教学示范中心认真贯彻落实学校"三全育人"教学方针，培养学生学习能力、团队协作能力，积极鼓励并指导学生参加比赛。在创新型人才培养中，鼓励教师探讨新的教学方法和教学模式，突出教学过程的探究性、创造性、启发性和灵活性。

目前力学实验教学示范中心工作涉及理论力学、材料力学、工程力学、结构力学、流体力学等科目及相关实验课程，以及研究生的科研实验项目。力学实验教学示范中心涉及的创新竞赛工作内容包括：承办同济大学应用力学创新竞赛、组织参与或承办上海市力学竞赛、组织参与全国周培源大学生力学竞赛、组织参与国际大学生工程力学竞赛。航空航天与力学学院以力学实验教学示范中心为平台，理论结合实践，教学结合竞赛，建立了本硕博一体化的培养路线。

---

* 同济大学第十二期精品实验项目"压杆稳定实验"。

一、完善的竞赛组织体系

1. 同济大学应用力学创新竞赛

在学校大力支持下，由航空航天与力学学院发起，国家级力学实验教学示范中心承办，同济大学应用力学创新竞赛每年举办一次，至今已成功举办9届比赛，参赛人数累计4 000 人左右。竞赛活动全部由航力学院的创新俱乐部与团学联学生组织，通过学生自己组织竞赛，自己参与竞赛，自己评判竞赛来提高全校学生对力学知识的兴趣与热情。竞赛旨在培养大学生的创新意识，提高大学生创新设计能力及动手实践能力，同时加强院系间学生的交流与合作[1,2]。

2014 年第四届同济大学应用力学创新竞赛的竞赛题目为“轻质柔性板凳的设计制作”，竞赛共吸引了 281 支队伍参赛，共计 754 名本科生参与。2015 年 4 月 21 日，第五届同济大学应用力学创新竞赛以生活中常见的塔吊的力学应用为背景，最终确定了“桁架式塔吊设计制作”的竞赛题目。竞赛共吸引了 182 支参赛队伍，502 名学生的参与，他们来自建筑与城规、土木、航力、交运、环境、测绘、机械等 16 个学院。2016 年 4 月 12 日，第六届同济大学应用力学创新竞赛题目为“抗拉伸缩架设计制作”。本次参赛队有 253 组，共计 693 名学生。2017 年 4 月 18 日，第七届同济大学应用力学创新竞赛题目为手工锯的设计与制作，本次参赛队有 132 组，共计 339 名学生。2018 年 4 月 24 日，同济大学力学实验中心举办了校级竞赛第八届同济大学应用力学创新竞赛暨“玩转 2018”木质水车设计制作大赛。本次报名 92 组，共 255 名学生。2019 年 4 月 16 日，第九届同济大学应用力学创新竞赛，题目为木拱结构设计与制作，本次报名 175 组，共 453 名学生。

2. 上海市大学生力学竞赛团体赛

2014 年 12 月 13 日，首届上海市大学生力学竞赛在上海应用技术学院徐汇校区进行决赛。决赛采用团队课题研究方式进行，着重考核学生的创新动手能力和团队协作能力。团体赛以理论设计与操作形式展开，以学校为单位，选派三人组成参赛队伍，完成“设计纸桥承重”与“小球碰撞”两大题目，着重考核灵活运用基础知识、分析和解决问题的能力。力学实验中心选拔了三名学生参加了团体赛。

2016 年 10 月 22 日，第二届上海市大学生力学竞赛在同济大学举行。力学实验中心承办团体赛，赛题 1 为“设计制作魔性轴向抗压柱”，赛题 2 为

"随心物流的设计、实测",两赛题考查学生运用力学基本概念与基本理论方法,结合生活中的经验,简单工具的使用,以解决实际问题,培养学生的创新能力。

3. 全国周培源大学生力学竞赛团体赛

全国周培源大学生力学竞赛由教育部高等学校力学教学指导委员会力学基础课程教学指导分委员会、中国力学学会和周培源基金会主办,力学竞赛的基础知识覆盖理论力学与材料力学两门课程的理论和实验,着重考查学生灵活运用基础知识、分析和解决问题的能力。竞赛包括个人赛和团体赛,个人赛采用闭卷笔试方式,理论力学和材料力学(含实验)综合为一套试卷;团体赛分为"理论设计与操作"和"基础力学实验"两部分,采取团体课题研究(实验测试)的方式。

力学实验中心组织选拔学生参与"理论设计与操作"和"基础力学实验"两项团体赛。

4. 国际大学生工程力学竞赛

国际工程力学竞赛由俄联邦多所高校共同发起,至今已经连续举办 15 届。有来自中国、俄罗斯、白俄罗斯、波兰、乌克兰等国家的 40 多所知名大学参加,每年 4 月在白俄罗斯戈梅尔的白俄罗斯国立交通大学举行,在力学界有着广泛深远的影响力。

首届亚洲赛于 2019 年 1 月在南京举办,全国 48 所高校(10 所"985"高校)共 308 名学生参赛。第二届国际大学生工程力学竞赛亚洲赛于 2019 年 12 月 27 日—30 日在南京河海大学举行。

学科和专业竞赛在高校人才培养、教学改革、学生综合素质提升等方面具有积极引导作用,参赛教师和学生可以通过此次大赛与国内外高校进行了深入的交流,对于提升力学专业本科教育面向国际化和"双一流"学科建设也具有重要意义。

根据比赛规程,竞赛分为个人赛和团队赛,每校参赛学生不超过 9 人,指导教师不超过 3 人。个人赛要求所有参赛学生都参加;团队赛由 3 名参赛学生组队参加。国家级力学实验教学示范中心组织培训工作,2019 年选拔培训航空航天与力学学院、土木工程学院、机械与能源动力工程学院 9 名学生参加竞赛。比赛取得了团体赛特等奖 2 项(第 1 名和并列第 4 名),个人赛特等奖 3 人、一等奖 3 人、二等奖 2 人等丰硕的成绩,并成功获得国际赛资格。

第十六届国际大学生工程力学竞赛于 2020 年 4 月 21 日采用远程作答

方式进行,有来自中国、白俄罗斯、俄罗斯、阿塞拜疆、亚美尼亚、土库曼斯坦、乌兹别克斯坦和乌克兰等国家的 50 所一流大学的 294 名学生参加。航空航天与力学学院姜健同学获得了一等奖的优秀成绩(第 4 名),机械与能源工程学院陈默同学获得了一等奖的优秀成绩(第 12 名)。

二、竞赛与实验教学相结合案例介绍

第五届同济大学应用力学创新竞赛以生活中常见的塔吊的力学应用为背景,确定了"桁架式塔吊设计制作"的竞赛题目。该竞赛题目涉及知识点较多,例如理论力学课程的力系合成、桁架,材料力学课程的压杆稳定性和梁弯曲等知识点,同时可以锻炼学生动手能力,竞赛作品如图 1 所示[3]。

第九届应用力学创新竞赛题目为"木拱结构设计与制作",涉及的知识点有理论力学课程的力系合成、桁架、材料力学课程的梁弯曲等知识点,同时可以锻炼学生动手能力,竞赛作品如图 2 所示[4]。

图 1　第五届应用力学竞赛作品

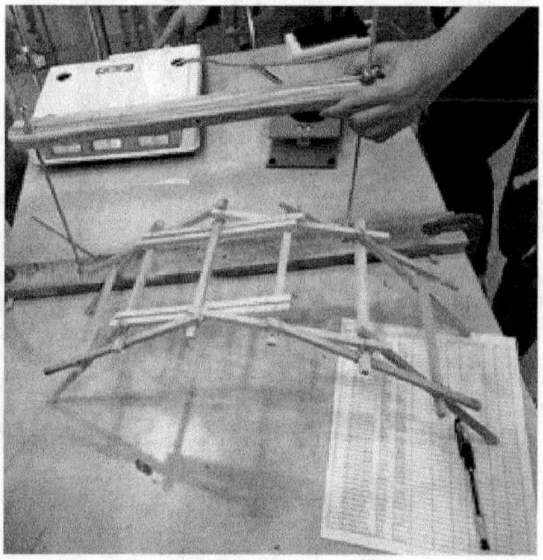

图 2　第九届应用力学竞赛作品

第十二届全国周培源大学生力学团体赛,基础力学团体赛题目为"测量方孔和圆孔的应力集中系数",材料力学课程中介绍应力集中概念但不涉及定量的参数,力学专业课弹性力学课程中介绍了应力集中定量的参数,周培源大学生力学团体赛对此进行了拓展延伸,让学生进行定量的实验测量。

这些对实验教学的组织是具有指导意义的,为了提高学生的动手能力、创新意识,可以更多地为学生组织探索性实验项目。本文以压杆稳定性实验为例,来说明学院在竞教结合中的探索与实践。

材料力学课程介绍了压杆的稳定性问题,推导出了细长压杆的临界力计算公式-欧拉公式。细长杆在受压时表现出与强度完全不同的性质就是稳定性问题。

压杆稳定性实验目的:观察和了解细长中心受压杆件失稳时的现象。用实验方法测定两端铰支压杆的临界力 P_{cr},实验装置如图 3(a)所示。

$$P_{cr}=\frac{\pi^2 EI_{min}}{(\mu_3 L)^2}$$

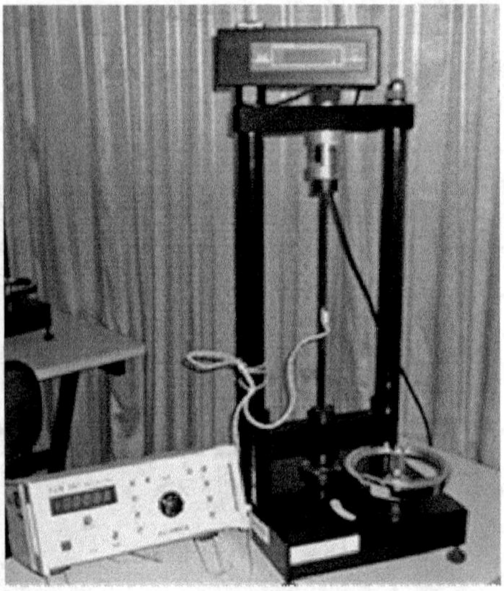

(a) 实验装置

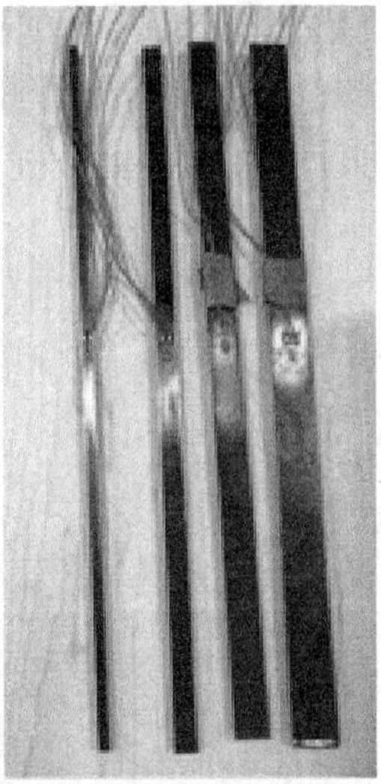

(b) 试样

图 3 压杆稳定实验装置及试样

以往的压杆稳定实验,由学生进行细长压杆的稳定性验证实验,采用半桥接法进行细长杆应变测量,试样的安装方式包括两端铰接、一端铰接一端固定、两端固定等三种方式。为了增强学生对知识的理解,提高学生动手能力和探索精神,本实验为学生提供了多种改变参数的试样,如图 3(b)所示。同时,学生可以采用其他应变测量方式进行实验。如图 4 所示,对于两端铰接压杆稳定实验,以往采用半桥接法测量,记录两个应变数据相减的差值,不能很好的反映压杆的应变变化,学生也可以采用 1/4 桥接法,分别记录两

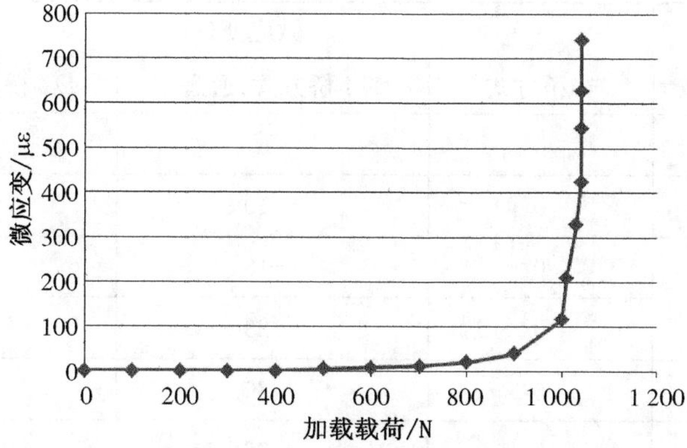

图4　半桥接法应变曲线

个数据，通过查阅相关知识，来处理实验数据，提高学生的兴趣。一般的教科书在介绍压杆稳定时往往认为压杆的失稳是突然发生的。如图5所示，学生可以通过实验，采用应变电测技术对压杆失稳前的过程进行探索，通过1/4桥接方式，通道1数据可以看到，压杆从两侧受压（微应变为负值）到一侧受压一侧应变为0，再到一侧受压一侧受拉（微应变为正值）的过程，测量数据见表1[5, 6]。

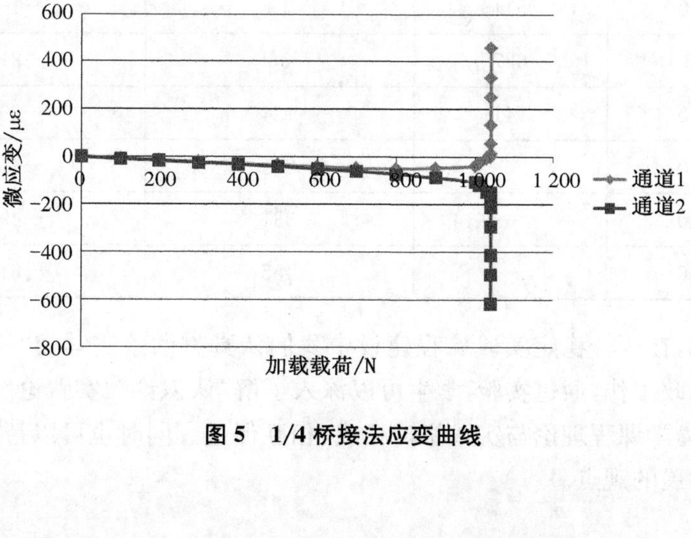

图5　1/4桥接法应变曲线

表 1 压杆稳定实验数据

载荷 P(N)	微应变($\mu\varepsilon$)		
	半桥方式	1/4 桥方式,通道 1	1/4 桥方式,通道 2
0	0	0	0
100	0	−10	−8
200	0	−16	−16
300	0	−23	−24
400	0	−30	−32
500	5	−36	−41
600	8	−42	−51
700	12	−48	−60
800	21	−50	−73
900	40	−47	−88
1 000	115	−39	−105
1 010	209	−30	−118
1 030	328	−5	−148
1 030	424	0	−150
1 040	544	13	−169
1 040	627	56	−214
1 040	741	134	−294
1 040	—	251	−412
1 040	—	331	−494
1 040	—	455	−618

同时,在压杆稳定实验课程建设中我们认真贯彻落实学校“三全育人”和课程思政工作,通过实验,学生可以深入了解“认识论”“实践论”的理论知识,材料力学课程理论与实践相辅相成,相互促进。同时也可以帮助学生形成认识发展的观点。

三、力学创新竞赛组活动特点

同济大学的力学课程门类齐全，在全国处于领先地位，每年的力学基础课量大面广，在本科生的授课比例中占有很大的比重。为了提高学生对力学课程中理论知识的应用，力学实验中心创新基地积极组织全校的本科生参与大学生力学竞赛活动，通过组织全校学生参与来带动全校本科生对力学知识学习和运用的积极性，在整个参与过程中我们通过以点带面、分层参与、逐层选拔的方式让全校学生尽可能参与竞赛活动。

参考文献

[1] 同济大学航空航天与力学学院基础力学教学研究部.材料力学[M].上海：同济大学出版社，2011.

[2] 同济大学航空航天与力学学院力学实验中心.材料力学教学实验[M].上海：同济大学出版社，2012.

[3] 邓宗白.材料力学实验与训练[M].北京：高等教育出版社，2014.

[4] 刘鸿文.材料力学Ⅰ[M].北京：高等教育出版社，2011.

[5] 付朝华，胡德贵，蒋小林.材料力学实验[M].北京：清华大学出版社，2010.

[6] 杜云海.材料力学实验[M].郑州：郑州大学出版社，2012.

周培源力学竞赛与材料力学工程案例教学法探索

程　军

同济大学航空航天与力学学院

摘要　本文分析了周培源力学竞赛开赛32年以来竞赛题中工程案例相关试题的特点，介绍了同济大学工程力学专业材料力学课程中的工程案例教学思路，给出了与不同知识点相关的工程案例分析要点。教学实践表明：工程案例教学法对学生能力培养起到了有益的促进作用。

关键词　周培源力学竞赛　工程案例教学法　材料力学

一、引言

1988年，首届全国青年力学竞赛（第三届开始更名为全国周培源大学生力学竞赛）开赛至今，全国周培源大学生力学竞赛已经举办了12届。在过去的三十二年间，竞赛试题不断发生变化，其中显著的特点是加强了工程案例的分析，更加注重考查学生从工程实际到力学模型的分析过程，因此，近年来在讲授同济大学工程力学专业学生材料力学课程的过程中，尝试引入工程案例教学法，旨在提高学生工程实际问题的分析能力。

本文分析了历届周培源力学竞赛试题中的工程案例特点，同时介绍了材料力学工程案例教学法的教学思路，给出了针对材料力学知识点的工程案例分析的教学设计方案。

二、历届周培源力学竞赛试题中的工程案例分析

在最初的几届竞赛试题中，工程案例问题不多，试题基本已直接提供了力学模型，只考查学生的力学计算求解能力。但在为数不多的工程问题案例考题中，力学模型建立中的受力状况分析也比较明显可见。

第一届第7题，梁的变形问题，通过该题考查学生理解梁理论的适用范

围。其背后的工程事故的实例可为一座从两岸开建的大桥无法合龙，发生此事故的原因恰是经典梁理论对某些工况的计算精度不够。

第二届第2题，有关体育器材双杠的设计问题，考查工程强度设计原则。

第五届第1题，刚性平台上的钢筋问题，对钢筋的约束要抽象成活动铰链或悬臂端或固定端等[1]。

但总体上来说，直接给出工程案例，由学生进行力学建模再求解的试题并不多，由此，也可以看出最初的竞赛，对力学建模的能力的考查并不是重点，重点相对集中在力学的求解与计算分析上。

从第六届竞赛开始，试题逐渐注重工程案例的分析能力考查，个人赛试题发生了很大的变化，试题突出了趣味性、灵活性、发散性等特点。试题都是给出一个有趣的工程案例，需要进行力学建模，然后再进行分析计算。

第六届第2题，骄傲自满的大力士，通过大力士拉倒球门的工程案例对受力分析进行力学建模。第3题，顾此失彼的挑战者，考查了梁的分布力和集中力作用下的弯曲变形。

第七届第3题，趣味单杠，考查了超静定问题。第4题，跳板跳水，讨论了冲击载荷问题。

第八届第5题，中国传统文化中的对称破缺的太极图问题，考查惯性矩的概念。

第九届第2题，杂技演员推动演出道具，考查压杆稳定问题。

第十届第3题，传送带装置，考查应力状态问题[1]。

从对第六届之后的竞赛试题的分析中可见，竞赛题较课本习题更注重发散性思维训练，平时的习题多属于集中性思维，考查的知识点非常明确，学生很快能找出明确的思路。而给出工程案例的竞赛题，需要学生对发散而繁杂的工程背景进行识别、分类、组合、简化、抽象等思维过程，最后组建出符合工程案例的最佳力学模型。而这一思维能力的培养，需要教师在日常的教学中，通过大量工程案例，对学生每个知识点进行训练。为此，在日常教学中，引入工程案例教学法有一定的必要性。

三、材料力学工程案例教学法的教学实践

案例教学法也称为实例或事例教学法，是以工程案例为背景的教学方法。教师提出需要决策的工程问题，训练学生如何从工程问题的繁杂矛盾中，抓取主要矛盾进行力学建模，然后再进行计算分析[2]。要在教学实践中

运用好工程案例教学法，需要掌握好以下几个关键点。

1. 精选与知识点相关的工程实例

如何在教学过程中，围绕教材知识点，选取合适的工程案例是案例教学法最关键的第一步，文献提供了许多有特色的案例[1-3]，可穿插在日常的授课教学中，在每堂课的基本知识点讲解完成后，作为发散性的思考题提出，让学生开展课上课下的讨论，激发学生的学习热情。

例如，在材料力学的强度问题研究中，可采用文献[2]中的一些案例：

(1) 卷笔刀为什么不好用；

(2) 舷窗玻璃为何难打碎；

(3) 九江大桥事故引发的争论；

(4) 碰蛋的博弈。

在刚度问题研究中，可采用文献[2]中的一些案例：

(1) 吊车为何总跑偏；

(2) 刚柔相济的芭蕉扇；

(3) 蹦极意外谁之过。

在稳定性问题研究中，可采用文献[2]中的案例：

(1) 线塔倒塌的力学思考；

(2) 厂房晃动的隐患；

(3) 脚手架因何坍塌。

2. 引导学生对工程案例进行讨论

当工程问题提出后，引导学生分析其中的主要矛盾。对于材料力学问题，分析破坏的原因，强度问题，刚度问题，稳定性问题三者哪一个是主要问题。

确定好问题的类型后，再针对该问题的主要受力问题进行提取，例如强度问题中，分清是拉压、弯、扭、剪中的哪一类问题，或是哪几类问题的组合。

在这一步骤中，主要可以锻炼学生对问题的全局判断和主次关系的掌握能力。

3. 对不同的力学模型进行比较分析

在理清了问题的主要受力状况后，可以引导学生运用课堂上所学知识进行力学建模。

在这一步骤中，可以发挥学生的创新思维能力，提出不同的力学模型方案，在不同的方案比较中，加深学生对知识点的深入理解。

4. 对已经建好的力学模型进行计算分析

通过上一步骤已得到了较好的力学模型,然后指导学生对这一力学模型进行分析计算,同时,结合工程案例实际,对计算结果进行分析,从而可以发现模型当中所存在的问题,对模型进行进一步的优化分析。

在这一步骤中,可以充分提高学生的计算分析和优化分析能力。

5. 鼓励学生对身边每日出现的新的工程案例进行分析

理论联系实际,是学习材料力学的重要方法。鼓励学生结合身边的力学现象,例如最新发生的工程事故等,提出自己感兴趣的问题,追踪分析该工程问题的力学原因,进行力学建模和计算,使学生能确实体会到学有所用,所学知识能及时地理解和解决身边的力学问题,达到激发学生的专业学习热情的目的。

四、工程案例教学法的课程设计思想

本节以梁的弯曲和动载荷两个知识点为例,具体介绍工程案例教学法的课程设计思想。

在梁的弯曲问题知识点的教学中,工程案例法有效地训练了课程上的梁的强度、刚度和超静定知识,具体教学设计思路如下:

(1) 在课堂上讲授弯曲的内力、应力、位移变形等强度和刚度的基本概念;

(2) 以建筑工程中钢筋混凝土结构桥梁上列车通过时,桥梁跨中出现的险情为案例巩固弯曲的受力分析问题(案例参见文献[3]第10章);

(3) 引导学生分析分析该问题的主要受力,其中包含了弯曲变形、弯矩、超静定等问题;

(4) 对该问题进行力学建模,提出避免险情出现的方案;

(5) 对诸如在桥梁中间部位再加一个桥墩等方案,进行计算分析,判断方案的可行性;

(6) 得出在桥墩与桥底留一段间隙的方案,并对该方案进行计算。

在动载荷问题知识点的教学中,工程案例法加深了学生对动载荷知识点的理解和运用,具体的教学设计思路如下:

(1) 在课堂上讲授动载荷的基本概念和构件抵抗冲击的基本措施;

(2) 以装满货物的两轮车在颠簸的路上行走的案例,说明行走速度对车轴的影响(案例参见文献[3]第10章);

(3) 分析车轴断裂的原因,其中包含动载荷,梁的弯曲和极限强度问题;

(4) 对该问题进行力学模型简化;

(5) 分析慢行和快行情况下,车轴的不同受力情况;

(6) 对建立好的力学模型进行计算,得到在保证一定速度的情况下,使两轮车能平安正常运行的判据;

(7) 提出诸如把货物绑紧、在车轴上附加缓冲弹簧、用弹性模量较小的材料作垫片、增加车轴的柔度、减小车轴的刚性系数等改进方法。

五、总结

工程力学专业材料力学课程特点的工程案例教学法,对学生能力培养起到了有益的促进作用,学生的力学分析和建模能力得到训练和提高。近年来力学竞赛取得了较好的成绩,表明了工程案例教学法在材料力学教学中的重要性。

参考文献

[1] 中国力学会.全国周培源大学生力学竞赛赛题详解及点评[M].北京:机械工业出版社,2017.

[2] 李锋.材料力学案例教学与学习参考[M].北京:科学出版社,2018.

[3] 刘章军,熊敏,叶永.大学生力学竞赛与建模[M].北京:中国水利水电出版社,2012.

[4] 同济大学航空航天与力学学院基础力学教学研究部.材料力学[M].上海:同济大学出版社,2011.

以竞赛为驱动推进基础力学实验教学改革*

赵红晓

同济大学航空航天与力学学院

摘要 优化力学实验教学模式，给学生提供自由实验训练时空。以力学竞赛为驱动，推进线上线下实验教学资源重构，推动基础力学实验教学的改革与创新，提升实验教师的教学能力，培养学生自我创新能力和力学竞赛水平，推进力学实验教学的拓展和提升。

关键词 力学竞赛 实验教学改革 资源重构 创新实践育人

学科竞赛作为一种教学活动，是课堂实验教学的有效补充和延伸[1]，是学生应用能力提升、综合素质提高、实践能力增强的重要途径。通过学科竞赛可以培养学生综合应用能力与团队协作精神，激发学生的学习兴趣，提高教育教学质量和学生的创新意识。很多高校将力学竞赛和力学课程及实验教学相结合，进行教学改革[2-4]，为学生搭建各种实验平台，使学生尽早接受科研训练、掌握基本的科学研究方法和手段，培养学生严谨的科学态度、创新意识和团队合作精神，造就大批具有创新精神和实践能力的人才[5]。

同济大学国家级力学实验教学示范中心（以下简称中心）主要承担全校本科力学、航空航天、土木、交通、机械等专业学生的“理论力学”“材料力学”“流体力学”“实验力学”“复合材料与结构轻量化”等课程的实验教学工作。实验教学中，注重将力学竞赛与实验教学改革相结合，为更好地发挥实验教学对理论教学与实践能力培养的作用，从多方面进行改革和优化，探索培养具有实践能力和创新意识的有效途径。

一、整合实验教学资源，构筑力学实验教学及竞赛基地

中心经过多年的建设和运行，已具有优质的力学实验教学实验室、在线

* 同济大学实验教改项目，同济大学 2019—2020 教改项目（项目编号：1330104500/011）。

虚拟仿真教学资源、力学实验教学管理云平台等实验课程教学资源。对实验教学资源进行整合和重构，在校内外实现了优质教学资源共享，为推动力学实验教学和竞赛创造了条件。

1. 改善实验教学条件，创建一流实验教学平台

将现有理论力学实验室、材料力学实验室、流体力学实验室、光弹实验室、复合材料实验室等进行重新布局和环境装修，购置新的高精尖实验仪器和相关软件，以满足实验教学和各种力学创新项目及竞赛的需要。比如，2019 年，为提高实验教学测试结果的精度，中心进行实验环境和设备更新，购置 11 台进口新型电子万能材料试验机，为学生掌握目前最新实验测试方式提供支撑。优化和提升力学虚拟实验教学平台，给学生提供在线虚拟实验空间，提高实验教学效率。

2. 开辟大学生创新实验室，提升学生创新技能

力学实验中心开辟有大学生创新实验室，对全校本科生全天候开放，学生可以在实验室管理员允许的情况下，利用校园一卡通经由门禁系统刷卡进入实验室，自行进行实验设计、实验操作和训练。指导教师可以对学生实验、项目研究和竞赛训练进行远程监控和指导，高效地利用和拓展了实验教学的时间和空间。

3. 构建基于虚拟仿真项目的在线实验训练平台，促进实验教学有机拓展

中心建立了力学虚拟仿真实验训练平台，设立了虚拟仿真实验项目共 36 项，其中包括三维流体力学虚拟仿真实验 5 项、基础力学虚拟仿真实验 12 项和综合虚拟仿真实验 19 项。另外，还配备有实验教学微视频和创新实验案例库等辅助实验教学资源，为力学竞赛前训练、线上线下结合的基础力学实验教学模式提供了有力支撑。力学虚拟仿真实验训练平台链接地址见表 1。

表 1　力学虚拟仿真实验教学资源链接

一级链接网址	二级链接/备注
力学虚拟仿真实验训练平台 https://lx-lab.tongji.edu.cn	三维流体力学仿真实验： http://www.truetable.com/tongji/Src/index.html 基础虚拟实验： https://lxlab. tongji. edu. cn/web/subject2/second.html 综合虚拟实验： https://lxlab.tongji.edu.cn/vlab/index.oms? id=12

二、基于力学竞赛的多元化实验教学模式

力学竞赛的开展促使基础力学实验教学的改革和创新，中心团队共同协作，努力建设吴岩司长提出的“两性一度”的实验金课[6]，即开设具有“高阶性、创新性、挑战度”的实验项目，培养学生解决复杂问题的综合能力和高级思维。

团队不断探索多元化的实验教学模式，提升实验教学的深度和广度。采用“基础力学实验训练与创新意识培养结合＋实验教学与科研项目相结合＋实验教学与工程实践相结合＋线上线下实验教学相融合”的“四个结合”的混合式实验教学体系，有效拓展了力学课程的实验教学环节，激发了学生对力学实验的兴趣，提高了学生的创新实践的能力。

1. 基础力学实验训练与创新意识培养结合

坚持“以学生为本”的理念，把学生实践、创新能力的培养作为实验教学改革的核心。基于创新人才培养的特点，强调力学基础实验训练的同时，注意学生创新意识的培养。既有基础性的验证型实验内容，又有创新性、综合性的设计型实验内容，设计难度适当又可以提高学生创新能力的综合性实验项目。鼓励学生参与“复合材料加筋壁板剖面参数选型方法”“悬臂复合材料工字梁根部结合面法向应力产生机制”“飞机结构静力实验方法”等实验项目，实验结束后，将其中教学效果好、学生满意度高、获得知识有效度高的创新项目作为典型教学案例存放于实验中心平台，作为在线教学资源案例。

2. 实验教学与科研项目相结合

鼓励力学学科的资深教授和研究型教师积极参与指导学生创新实验和力学竞赛。引导学生参与教师的科研项目，早日参加科研训练和力学竞赛，有助于学生创新能力的培养。比如学生参加了“振动倾斜平板上的液滴棘齿运动探究”“自主追踪主动捕获式无人机系统”等资深教授的科研项目，学生学习后收获满满。将“复合材料加筋壁板剖面参数选型方法”“悬臂复合材料工字梁根部结合面法向应力产生机制”“飞机结构静力实验方法”等5个科研项目成果转化的实验教学案例，实现科教结合，协同育人。学生通过参与科研转化的实验项目，提升了自身学术探究的能力，激发了自身对力学学科的专业兴趣。

3. 实验教学与工程实践相结合

实验教学是实践育人的重要手段，比如启发学生去思考，在车辆经过

桥梁时,桥梁所承受荷载如何,从而进行“在机动荷载条件下桁架桥梁结构的静、动应力测试实验”及“桥梁结构动、静测试的创新实验”等工程实际机密相关实验项目设计。学生通过做实验了解和掌握简单工程实际应用或者验证性实验内容,进一步提高分析工程问题、解决工程问题的能力。二者相结合激发了学生参与实验的积极性,从而实现了实验教学与工程实践深度融合。

4. 线上线下实验教学相融合

充分利用现代电子信息技术改进实验教学手段,线上或线下观看教学微视频,“基础力学实验”MOOC 或 PPT,以及实验操作视频,进行虚拟实验训练,使学生初步掌握实验原理和操作步骤等。实验室现场实验时注重实验项目的创新和设计,提高了学生参与实验的积极性和成就感。

5. 采用综合评价的考核办法

传统的实验成绩基本是依靠实验报告定成绩,不可避免的出现部分学生抄袭报告的情况发生,使得成绩评定不合理,也很难准确了解学生对实验操作的掌握情况。改革后的实验教学成绩评价采用综合评价方式,注重学生的创新思维与严谨学风培养,加大自主设计实验和创新实验的分数权重,即包含学生线上学习记录、讨论量,在线实验训练、实验报告和线下实验操作、创新实验设计等。这种多元化的评价方式得到学生的一致好评。

三、以竞赛为驱动的实验教学改革成效

一流实验课程及教学体系需要一流的实验教师。实验教学团队通过参加力学竞赛指导,自主研制教学仪器及开发新的实验教学项目,参加教改、科研、社会服务项目以及参加国内外实验教学研讨会,学习先进的实验开发和应用的经验,并将其应用在中心的实验教学中,提升了自身能力和实验教学的整体水平。

经过学院指导教师、实验教学团队和学生的共同努力,2019 年力学实验中心指导学生参加各类力学竞赛,取得优异成绩。在国际大学生工程力学竞赛、周培源全国大学生力学竞赛、国际 SAMPE 桥梁机翼比赛等国际级和国家级学科竞赛中共计斩获 55 个奖项,详情见表 2。2019 年,中心指导学生开展大学生创新实践训练项目 21 项,其中国家级和上海市级大学生创新训练项目 9 项,校级大学生创新训练项目 12 项,本科生以第一作者发表学术论文 5 篇,其中 1 篇发表在 JCR 1 区期刊上。

表 2　2019 年度力学实验中心指导学生在力学竞赛方面取得成绩

竞赛名称	竞赛级别	获奖情况
SAMPE CHINA 第十一届超轻复合材料制造机翼及桥梁学生竞赛	国际级	1 个一等奖，2 个二等奖
第二届国际大学生工程力学竞赛亚洲赛区	国际级	3 个个人特等奖，3 个一等奖，2 个二等奖，1 个团队特等奖，1 个二等奖
第十二届全国周培源大学生力学竞赛(个人赛)	国家级	9 个一等奖，10 个二等奖，18 个三等奖
第十二届全国周培源大学生力学竞赛(团体赛)	国家级	2 个优秀奖
“上纬杯”全国大学生复合材料设计制作大赛	国家级	1 个一等奖，2 个三等奖
同济大学第九届应用力学创新竞赛	校级	5 个一等奖，7 个二等奖，7 个三等奖

四、结语

力学竞赛和实验教学相互促进，相互成就，是培养创新拔尖人才的需要和实践育人的发展趋势。中心采用“四个结合”的创新实验教学模式，在教学中新开设多个综合性、创新性的开放性实验项目，提升了实验教学课程中综合性、设计性、创新性实验所占的比例。多元化的实验教学评价方式激发了学生参与实验的兴趣，实验教学效果良好，获得师生一致好评，实现了力学竞赛、实验教学、科研、工程实践和社会应用等深度融合。

参考文献

[1] 刘琼，何洁凝，张韦深，等.学科技能竞赛对实验教学改革影响的思考[J].高校医学教学研究(电子版)，2016(1)：48-51.

[2] 程兆刚，张淑琴，闫石，等.依托力学实验竞赛，对材料力学实验课程改革的研究[C]//第十五届北方七省市区力学学术会议论文集，2014：352-354.

[3] 陈艳霞，张伟伟，李兴莉，等.以力学竞赛促进基础力学课程的教改与创新[J].高教学刊，2018(20)：43-44，47.

[4] 姚利花，郭刚，张占东，等.学科竞赛和实践教学相融合培养新工科人才的研究[J].大学教育，2020(6)：38-40，53.
[5] 同济大学本科生学科竞赛成果展示(2017—2019 年度)[DB/OL][2020-06-12]. https://jwc.tongji.edu.cn/index.php? classid=6886&newsid=19704&t=show
[6] 吴岩.建设中国“金课”[J].中国大学教学，2018(12)：4-9.

以力学竞赛为依托的竞教结合课程教学探索

温建明　范　武

同济大学航空航天与力学学院

摘要　以全国周培源大学生力学竞赛为依托，同济大学开设了竞教结合课程——“固体力学基础”。该门课程的主旨在于借力学竞赛，提升学生的力学功底，培养学生分析问题、解决问题的综合能力，鼓励学生积极参加力学竞赛并取得好成绩。在教学的过程中，结合同济大学学生历年参赛的情况，分析学生在竞赛中暴露出来的问题，并针对这些问题在教学过程中进行积极探索，寻求改善问题和提升能力的教学方法。

关键词　全国周培源大学生力学竞赛　竞教结合　教学探索

一、引言

全国周培源大学生力学竞赛(以下简称为力学竞赛)至今已经举办了12届，竞赛的宗旨是服务于教学和育人。它是一项为促进高等学校力学基础课程的改革、提高学生学习基础力学的兴趣的科技活动；也是一项为加强对理工科高校学生的素质教育和培养他们的动手能力、创新能力和团队协作精神的赛事；更是一项考验广大青年学生能不能灵活运用课堂力学知识，发现和选拔后继创新人才的课外活动[1]。多年来，基于力学竞赛，基础力学的教学改革从教学内容、教学方法和教学手段都进行了一系列的创新探索[2-4]，也从竞赛结果的分析看到了基础力学教与学的质量提升[5]，力学竞赛对高校基础力学教学的促进作用是毋庸置疑的。本文从力学竞赛的历程出发，结合同济大学学生的参赛情况，分析力学竞赛呈现的教学问题，通过这些问题分析同济大学竞教结合课程——“固体力学基础”在教学方面所做的主要探索。

二、全国周培源大学生力学竞赛发展历程回顾

全国周培源大学生力学竞赛发展大致可以分为三个阶段。第一阶段为创建阶段，《力学与实践》期刊编委工作会议提出，1988 年举办第一届力学竞赛，初赛采取的是开卷答题，考试内容包含理论力学、材料力学、流体力学和弹性力学。初赛参加人数仅为 62 人，评选出 31 人参加复赛，复赛是笔试和口试形式，内容包含理论力学和材料力学。首届力学竞赛的成功举办和取得的反响，使力学竞赛得以持续开展，初步确定每隔四年举办一次。第二阶段为发展阶段，主要是第二届到第五届，为了让更多的非力学专业的本科科学生参加，初赛内容仅包含“理论力学”和“材料力学”两门基础力学课程相关知识。同时，力学竞赛正式更名为“全国周培源大学生力学竞赛”，参赛人数也急剧增加，力学竞赛在高校中产生了重要的影响。第三阶段为壮大阶段，从第六届开始，力学竞赛将赛制改为两年一次，面向所有本科生，竞赛的颁奖环节放在全国力学大会上，鼓励学生从本科阶段就开始了解和接触高水平的力学前沿研究。从这个阶段开始，灵活性、创造性和趣味性融入竞赛试题中，初赛为个人赛，复赛为团体赛，团体赛是实验和理论设计操作。从力学竞赛的整个赛事中可以发现，参赛人数每届都在增加，而获奖比例逐渐降低，其广泛性在扩大，影响力在增加，含金量在提升，具体参赛人数和获奖比例见表 1。

表 1　历届全国周培源大学生力学竞赛参赛人数及获奖情况

届数	年份	参赛人数	获奖前三等奖人数	所占比例	获优秀奖人数	所占比例	备注
第一届	1988	62	17	27.42%	13	20.97%	第一至五届前三等奖为一、二、三等奖
第二届	1992	1 389	23	1.66%	12	0.86%	
第三届	1996	1 711	25	1.46%	14	0.82%	
第四届	2000	2 752	30	1.09%	33	1.20%	
第五届	2004	7 617	33	0.43%	68	0.89%	
第六届	2007	9 736	43	0.44%	487	5.00%	第六至十二届前三等奖为特、一、二等奖，优秀奖为三等奖
第七届	2009	12 089	53	0.44%	625	5.17%	
第八届	2011	17 028	55	0.32%	644	3.78%	
第九届	2013	17 338	94	0.54%	941	5.43%	
第十届	2015	21 350	170	0.80%	1 159	5.43%	
第十一届	2017	23 646	125	0.53%	1 247	5.27%	
第十二届	2019	26 752	237	0.89%	分省区定人数		

从表1中可以看出，力学竞赛中前三等奖的比例从第五届开始都没有超过1%，获奖难度很大。为了鼓励更多的参赛者，优秀奖的人数放宽，比例提升，尤其是到第十二届周培源力学竞赛，优秀奖的设置分省区定人数，覆盖了更多的参赛者，鼓励学生重在参与。

三、从同济大学学生参加力学竞赛的结果回看学生学习的薄弱环节

同济大学学生参与力学竞赛是从第三届开始的，从参赛取得的成绩来看，在初赛也即理论笔试个人赛中取得的成绩比较突出，特别在第五届和第九届力学竞赛中取得个人赛全国第一名的好成绩，但是在复赛即团体赛中就逊色很多，最好成绩是第七届团体赛取得二等奖。综合学生的参赛情况可以看出主要存在以下几个问题。

1. 基本概念和基本定理理解不透彻

基础力学中涉及的概念多，而且比较抽象，理论性比较强。对于基本概念的理解，需要在老师讲解的基础上，学生通过自己耐心细致地阅读、分析、思考以及内化才能够透彻掌握。对于低年级大学生来说，很多情况下，他们还习惯于中学时代的重视解题，把时间花在做题目上这种通过大量题目的练习达到知识点的掌握的方法，但在大学学习的过程中显得捉襟见肘，往往赶不上学习的进度，以至于在整个学习的过程中总是一知半解，达不到对基本概念的透彻理解，从而导致解决具体问题的时候常常出现概念上的错误。

基础力学课程中的基本定理都可以通过数学演算进行严密的演绎推理得到，而且定理在推导的过程中都会有一些前提条件，这些条件在解决实际问题，进行模型简化建模的过程中都是需要注意的。同时，熟悉基本定理的演绎过程，为掌握基本定理以及更好地应用定理奠定了基础。但是学生往往不愿意在基本定理的演绎过程中花费时间，总是跟着老师听过以后，就迫不及待地应用定理去解决问题。由于当下所学内容直指能解决对应的问题，因此课堂学习后的习题似乎做起来还比较容易。但是一旦离开课本，真正面对实际问题时，却不知用哪个定理。据调查，在全国周培源大学生力学竞赛中的基本知识题有25%的学生得分低于5分(满分60分)，直接源于对概念理解不透彻和对基本定理掌握不到位。

2. 综合问题分析思路的探索能力有待提高

力学竞赛中的赛题属于原创型赛题，具有原创性，但知识点不会超纲，

不超过教育部基础力学课程教学指导委员会所颁布的理论力学和材料力学的教学大纲(A类),但会进行适当包装,增加趣味性[6]。原创赛题的解答需要具备综合问题分析的能力,能够透过一个场景观察到力学问题的本质,利用力学知识进行建模分析。这要依靠学生对力学基础知识的融会贯通和灵活运用,依靠学生对工程和生活问题的敏锐观察和力学联想。而这些能力,在基础力学教学的过程中,如果没有教师和学生的进一步钻研和提升的话,是无法达到的。目前,基础力学教学的学时数一再减少,完成大纲规定的基本内容都是非常紧张的,拓展更是没有时间。另外,大部分学生在学习的过程中关注的并不是真正能力的提升,而是如何取得比较高的绩点,追求功利性在力学竞赛中暴露无遗。

3. 创新实践和团体协作能力需要提升

力学竞赛从第六届开始将团体赛调整为"理论设计与操作"竞赛,要求根据提供的材料制作能实现指定功能的装置,涉及的问题不再仅仅局限于课堂上所学的知识点,需要对基础力学有深入的理解,更需要有较强的动手、团队协作和创新能力[7]。团体赛不仅考核理论知识而且考核方案设计和动手操作能力,需要理论和实践的相辅相成才能取得满意的效果。当前,对于基础力学的教学来说,理论教学时数所占的比例要远远大于实验操作,而且实验操作课堂上的内容又是以验证性实验为主,对于具有开放性、开创性的实验涉及很少。因此仅仅按照课内基础力学的教学要求,学生是很难应对团体赛的挑战,学生的动手能力、创新实践能力和协作能力需要通过额外的训练加以提升。

四、"固体力学基础"课程竞教结合的实践与探索

为了进一步鼓励更多学生参与力学竞赛,并能取得好成绩,同济大学从第七届开始专门开设了竞教结合课程——"固体力学基础",由教学经验丰富的老教师任课,从综合的角度帮助学生梳理基本概念和基本定理,同时通过科学的方法论提升学生对综合问题进行分析问题寻求解决问题的思路的能力。另外,还特别在暑期开设了针对力学竞赛复赛的基础力学实验操作和理论设计的基本技能培训,提升了学生创新实践和团队协作的能力。

1. 注重联系实践,提升对基本概念和基本原理的深度理解

随着力学竞赛的不断开展,竞赛问题呈现出实用性、灵活性、趣味性和

创新性等特点，这就要求学生不仅能够联系实际，更要具备扎实的力学理论基础，而良好的力学基础恰恰建立在对力学基本概念和基本原理的深度理解之上。因此，“固体力学基础”课程，不再一味地解决经过简化以后的理论问题，而是从一个具体的事件出发，透过事件本身，挖掘内在的力学问题，通过力学问题解读潜在的基本概念和基本原理，达到对概念和原理的深度理解。例如，轮船靠近码头将码头撞坏的事件，存在碰撞的动力学力学问题。通过轮船撞击码头，引出碰撞的概念，分析碰撞的特点，然后经过一些假设将实际问题上升到理论高度，发展出求解碰撞问题的动力学方程。在这个层层解读碰撞问题的过程中，对碰撞中的基本概念和基本原理进行了阐述，同时将一个实际问题进行了力学建模，也发现了理论与实际之间存在的差距。因此，在理论联系实际解决具体问题的过程中，注重对力学基本概念和基本原理的深度理解是提升力学理论的重要方法。

2. 采用科学的方法，提升分析和解决综合问题的能力

力学竞赛无论是初赛还是团体赛，赛题基本都是综合性问题，特别是团体赛，通常是理论力学和材料力学内容的融合。比如第十一届团体赛的第四题属于理论力学的碰撞问题，同时综合了材料力学中的结构变形问题。对于类似综合问题，没有采用科学的方法分析问题，解决问题的能力，是很难处理的。因此在课程中学会针对综合问题解决思路的探寻是非常必要的。首先对于一个问题要进行定性分析，是静问题还是动问题，然后分析问题中涉及什么样的力学问题，需要根据什么定理进行求解，具体求解的方案如何确定。学生有了一个大致的方向以后，就可以结合已知条件进行演绎，演绎的过程中不断进行归纳，从一般到特殊，理论与实际相互结合，全面提升自身分析综合问题和解决综合问题的能力。除了从理论的角度进行综合分析以外，实验是理论的验证和拓展，通过对实验中出现的现象进行理论的合理解释，培养理论与实验相结合求解综合问题的能力。

3. 增加实操训练，提升创新能力培养

力学竞赛团体赛的难度远远高于个人赛，理论的综合应用，实验的操作能力，根据要求进行装置的设计能力以及团队的协作能力，对团体赛的影响都是不可忽视的。个人赛结果公布以后，我们根据组委会要求组建团体赛团队，并在暑期安排为期半个月的集训。集训期间，训练的主要内容是精心挑选以前考试过的各种类型的竞赛真题，例如纸桥过车、木条承重结构、制作重心可调的塔吊结构、纸桥过车、自锁装置等进行实操训练。在实操训练的过程中，需要将所学的力学理论知识与实践紧密结合，同时还要发挥主观能动性，在训练的过程中不断创新。刚开始的时候，学生还是非常依赖教师的指导，也常常会犯一些脱离实际的低级错误。竞赛真题的思路非常灵活，解决问题的方案也不是唯一的，课本上的知识只是对实际应用中的理论及其计算模型做了简化假设，而实际制作中要考虑的问题则远远比这些理论模型复杂具体的多，比如方案的截面形式，各种制作工艺的选择等，都成了需要考虑的重点。实操训练是参加团体赛必要的环节，在这个环节中，理论联系实际得到了真正的应用和拓展。在实操中提升综合能力，创新能力和协作能力，为团体赛做好充分的准备。

五、结论

从同济大学历届参加力学竞赛的成果来看，个人赛成绩方面比较突出，团体赛的成绩要逊色一些。学生的力学基础在竞教结合课程——固体力学基础的系统教学过程中得到了进一步的提升，综合分析问题的理论方法掌握得较好。但是，团体赛是临时组队，选拔也比较仓促，集训时间只有两周，相比其他参赛学校时间要短很多。另外，由于学生在集训之前没有动手操作和设计的基础，都是从零开始，一些非常简单的日常手工制作方法都要进行实践。两周的训练，一直都是在教师指导下的协作，有创新但是依赖教师指导，独立自主思考和协作能力没有得到锻炼，以至于学生参加竞赛时发挥不出自己的潜力。这种为了力学竞赛，临时组队进行短期培训的操作效果不尽如人意。所以以后可以将竞教结合课程分成两部分，一部分是理论知识，另一部分是操作技能实践课，两部分齐头并进，系统深化学习，在提升学生力学基础和实践创新能力的基础上，取得团体赛的好成绩。

参考文献

[1] 刘俊丽，李俊峰.全国周培源大学生力学竞赛发展历程[J].力学与实践，2019，41(3)：357-365.

[2] 王敏容，钟志恒.以力学竞赛促进力学课程教学改革探讨[J].黑龙江教育(高教研究与评估)，2018，6：22-23.

[3] 陈艳霞，张伟伟，李兴莉，等.以力学竞赛促进基础力学课程的教改与创新[J].高教学刊，2018(20)：43-44，47.

[4] 贾杰."周培源大学生力学竞赛"对力学教学的创新[J].实验室研究与探索，2014，33(11)：209-212.

[5] 叶志明，黄兴.从竞赛看基础力学教与学的质量提升——全国基础力学青年教师讲课比赛和全国周培源大学生力学竞赛相关分析与思考[J].力学与实践，2018，40(2)：202-206.
[6] 秦世伦.全国周培源大学生力学竞赛命题工作的体会[J].力学与实践，2016，38(6)：695-697.
[7] 任毅如，方棋洪，肖万伸，等.第十一届全国周培源大学生力学竞赛“理论设计与操作”团体赛命题和竞赛总结[J].力学与实践，2018，40(5)：599-608.

以竞促教在基础医学教育阶段的探索与实践

——以同济大学医学院为例

高芙蓉　任灏文　曹金凤　杨文卓　吕立夏
同济大学医学院

摘要　卓越医生培养计划中，培养学生的创新能力是一个重要目标。学科竞赛已被证实对于学生创新能力的培养有重要的促进作用。本文对以竞促教在临床医学专业基础医学教育阶段的作用进行了初步的探索和实践，包括本科导师制的实施以及基础医学课程的教改，为卓越医生的创新培养模式提供借鉴。

关键词　以竞促教　本科导师制　基础医学

在科技飞速发展的今天，科技创新已成为我国的国家战略。2018 年，教育部、国家卫生健康委员会、国家中医药管理局联合印发《关于加强医教协同实施卓越医生教育培养计划 2.0 的意见》，指出卓越医生的培养就是培养全面发展的、具有自主学习、创新思维能力和临床思维能力的高层次医学创新人才。健康中国战略的实施离不开具有创新意识的高水平医学人才的培养。因此，如何激发和培养学生的创新意识和创新能力是我们一直思考的问题。

高校学科竞赛是面向高校大学生的科技活动，以竞赛的方式考查学生基本理论知识和综合运用所学知识解决实际问题的能力。通过学科竞赛能够促进学生将理论知识应用于实践，提升学生的创新思维、实践技能及团队协作精神，为实战化训练、诚信培养、合作教育、人生历练提供了重要手段和平台。学科竞赛成为各大高校培养创新人才的重要载体。经过三十多年的发展，学科竞赛已成为大学生创新能力培养的有效途径[1]。此外，学科竞赛也可倒逼教学内容、教学模式的改革，激发学生学习热情和探索意识，促进学风改善，提高教学效果，以竞促教的理念已潜移默化应用于教学实践。

在同济大学本科生院的领导下，结合医学院的实际情况，我们坚持以学生为中心，对以竞促教的理念在临床医学专业基础医学教育阶段进行了有益的探索。“教”包括教师和教学两方面，学科竞赛既促进本科导师制的内涵建设，也为基础医学教改提供新的思路。我们以教师为引导，探索融入基于“项目”的科研训练的全程导师制，改革基础医学阶段的课程体系，全覆盖实施医学生的创新能力的训练，将创新教育、创新实践融于培养计划，推动医学教育高质量发展，助力卓越医师的培养。

一、学科竞赛促进本科生导师制的内涵建设

本科生导师制是服务于大学生健康成长的育人模式，最早起源于英国牛津大学，历史悠久，是创新型人才培养的途径之一[2]。同济大学医学院根据医学发展规律和医学人才培养目标，自 2017 级新生起实施全程导师制工作，进一步深化转化医学理念，将科研创新能力的培养与本科导师制相结合，将基础与临床导师相结合，探索新时代具有同济转化医学特色的思想教育与专业教育、创新能力培养相统一的本科导师制的新模式。建设一流的本科导师库是有效实施本科导师制的基本保证。在医学院本科导师制实施过程中，导师不仅可以协助学生顺利完成高中生活到大学生活的过渡，了解自己的专业，设立学习目标和职业愿景，做到有的放矢的学习；同时可以结合导师自身的专业知识，通过日常的交流潜移默化地培养学生的思政和创新素养。明确导师的考核机制和激励机制，对本科导师的指导工作进行认定，最大限度调动导师的积极性。

首先，在本科一年级，学生在导师的指导下进行导师研究领域相关文献的阅读，并进行 PPT 汇报，充分了解导师的研究方向和当前科研前沿及研究热点，并锻炼表达能力和批判性思维能力。在这一阶段，主要是激发学生对科学研究的兴趣，引导学生学习他人的科研思路，解读数据，发现目前研究中尚未解决的问题，并思考问题解决的途径。

其次，学生也可以进入导师的实验室学习实验操作，并适当参与导师的部分研究项目，在实践中加深对理论知识的理解，体会科学探索的乐趣。鉴于医学生课程较多，学生在工作日基本没时间参与实验操作，可以让具备一定科研能力的研究生辅助导师在实验技能等环节给予本科生帮助，增加本科生的学习机会。同时，导师和学生可利用现代通信技术，如微信，加强日常沟通，定期线下见面讨论科研过程中的难题。在本科导师制的实施过程

中，很多学生已经在导师的指导下成功申请立项同济大学的SITP、上创或国创项目，开展相对独立地科研工作。经过前期的项目实践，学生可自行组建跨专业团队，在导师的指导下，进一步修改打磨完善获得的研究成果，参加各级学科竞赛。学院把指导学生立项的各类创新项目作为评选优质本科导师的条件之一。

二、学科竞赛为教学改革提供创新的模式

以竞促教倒逼基础医学课程围绕学生的能力培养和创新意识培养进行改革。

1. 理论课改革

面向所有的临床医学专业的学生开设“早期科研训练”，教学内容聚焦科研创新思维、科研方法和科研工具，包括学术诚信、批判性思维、科研选题与设计、生物信息学、文献检索和研究热点分析和计算机R语言、医学数据和实验动物学等；课程正确引导学生如何开展科研，培养学生的科学精神。该课程已在2018级临床医学专业开设，受到学生的一致认可和好评，学生收获很大，被学生认为是最硬核的课程之一。

2. 实验课改革

大学生创新性实验计划项目以项目为载体，由本科学生组建团队，在导师的指导下，自主完成项目选题、实验方案设计、项目实施、结果分析、研究报告撰写和成果交流等一系列工作[3]。通过该项目的训练过程，能够有效培养学生的科研和创新思维。学科竞赛以创新项目为导向，是团队与团队之间的比赛，通常需要跨专业团队进项跨专业知识的综合应用。每个参赛团队只有拿出更有创意的作品才能获胜，这对于提高学生的创新能力非常重要，能够进一步提高学生实践创新能力、团队合作和沟通表达能力等综合素质[4]。

对于实验教改，我们以“学生为中心，以能力培养为导向”，顶层设计“生命科学综合实验”，秉承“将一流的科研成果转化为优质的教学资源”的教学理念，将具有创新精神与能力的医学专门人才作为核心培养目标。我们对生命科学实验的内容进行整合和更新，减少验证性实验，增加综合性实验和探究性实验，实验以科研项目的形式进行教学，目前的综合性实验包括肿瘤生物学实验（包括检测肿瘤细胞的活力、增殖、划痕实验和transwell的侵袭实验等）、骨髓间充质干细胞的成脂分化和链脲霉素-诱导大鼠糖尿病模型

及激素对血糖血脂的影响等。

对于实验课的最高层次，我们设计了一个“microRNA-X 的克隆与功能分析”的探究性实验，融入生物信息、细胞生物学、分子生物学的技术的综合应用(包括克隆、转化、转染、MTT、qRT-PCR 和 Western Blot 等)，做到干湿实验的结合[5]。

探究性设计性实验贯穿一个学期。从科研的热点领域“表观遗传学”出发，选择微小 RNA 为探究对象，学生首先从 mirbase 获得特定 microRNA 的信息，借助 PicTar 和 TargetScanS 两个 miRNA 靶基因预测软件的预测结果，并进行交集。根据 microRNA 对基因表达的调控机制，自主选定其中一个感兴趣的目标基因，完成一个模拟的科研课题，实验中涉及的 microRNA 命名 X，可由学生自主选择，灵活性更强，着重培养学生从兴趣出发，提出问题、分析问题和解决问题的能力，锻炼学生的科研思维。学生将利用已获得的 microRNA 克隆和已有的靶基因的预实验结果，进一步申请同济大学、上海市、国家等不同层面的大学生创新课题，2014 级学生崔莲(目前直博)在本科实验的基础上，进一步在同济大学 SITP 和上海大学生创新项目的支持下，完成该课题，论文发表在 ATM 杂志上[6]，先后在同济大学医学创新论坛、第五届全国大学生基础医学暨实验设计大赛中获奖。

三、总结

在高等医学教育领域，通过学科竞赛提升学生创新创业能力已成为共识，而创新创业能力又是卓越医生必备的特质之一。我们将以竞促教的理念融入医学教育的改革，从师资队伍到课程体系，紧紧围绕“以学生为中心、以创新能力培养为目标”，进行探索和实践，持续改进，为卓越医生的创新培养模式提供借鉴。

参考文献

[1] 刘秋菊，罗清海，邹祝英，等.学科竞赛对大学生创新能力促进作用分析[J].高教学刊，2020(19):34-37.

[2] 谭玲玲，衣艳君，郭立忠.关于完善本科生全程导师制机制的对策建议[J].高教学刊，2020(9):10-11.

[3] 邹维艳，严海芹，孙美群，等.“大创项目”是“卓越医生”在基础医学阶段培养创新能力的有效载体——指导“卓越医生”项目心得体会[J].牡丹江医学院学报，2019，40(5):166-168.

[4] 杨奇星,杜晓凤,曾育新.基于学科竞赛的创新创业教育模式探索[J].现代商贸工业,2020(11):86-88.
[5] 吕立夏,李姣,邵志华,等.生命科学整合实验课程建设与实践[J].中华医学教育探索杂志,2013,12(9):879-881.
[6] CUI L, LYU Y, JIN X, et al. MiR-194 Suppresses Epithelial-mesenchymal Transition of Retinal Pigment Epithelial Cells by Directly Targeting ZEB1[J]. Annals of translational Medicine, 2019, 7(23):751.

以赛促学，创新实践育人新模式

——基于全国大学生基础医学创新论坛暨实验设计大赛

苏 娜 任灏文 曹金凤 吕立夏 曾 盈 杨文卓

同济大学医学院

摘要 全国大学生基础医学创新论坛暨实验设计大赛是医学院校加强大学生创新训练的重要抓手。以赛促学作为创新实践育人的有效途径，不仅能够增强医学生参与创新活动的积极性，还能培养创新意识，提高创新能力和科研实践能力。项目孵化体系的建立和多元化指导教师队伍的组建是实现以赛促学的重要保障。

关键词 以赛促学 创新 实践育人 医学生

习近平总书记在全国高校思想政治工作会议上指出，要坚持把立德树人作为中心环节，把思想政治工作贯穿教育教学全过程，实现全员育人、全过程育人、全方位育人，努力开创我国高等教育事业发展新局面。同济大学作为全国首批“三全育人”综合改革试点高校，多方联动，凝聚各类群体育人力量，推进“一区五品七中心”建设，其中“形成同济特色实践育人模式，建成创新创业实践育人支撑人才培养的良性机制则”是重要内容。而学科竞赛正是培养德才兼备人才，进行专业高级思维能力训练、实战化训练、诚信培养、合作教育、人生历练的重要手段和平台。

在新医科背景下，深入推进“卓越医生教育培养计划 2.0”非常重要。培养医学人才不仅要有深厚的医学知识，还必须具备掌握现代科技成果和不断更新自身知识结构的能力以及创新性思维意识。因此，医学生科研创新能力的培养不仅是医学生素质培养目标的重要内容，也是基础医学实验教学改革的目标[1]。医学院校参与的各类国家级创新竞赛中，全国大学生基础医学创新论坛暨实验设计大赛(以下简称大赛)无疑是其中一个重要的赛事。大赛由国家级实验教学示范中心联席会、中国高等医学教育学会基础医学教育分会、教育部高等学校医药学科基础医学专业与课程教学指导委员会主办，是一项通过大学生汇报在本科学习期间的科研成果、探讨实验设计思路来考查大学生创新思维、比拼大学生实验设计能力的比赛，旨在加强大学生的创新性实验技能，培养学生的科研思维，是各医学院校基础医学阶段加强大学生创新训练的重要抓手[2]。大赛始于 2010 年，每两年一次，迄今为止已成功举办五届。学院于 2014 年开始参赛，先后参加了三届大赛，在参赛的过程中逐渐总结出一些经验和心得。

一、以赛促学，创新实践育人模式的有效保障

1. 构建合理的育人体系

在大赛的引导下，学院在本科一年级新生一入学即为其配备了本科生导师，在与导师的接触和学习中建立早期的科研思维，从本科二年级开始学生可以参与到校级、市级或国家级大学生创新实践训练项目中，通过加入团队，参与具体的项目研究，创新思维和实践能力可以得到充分的培养和提高。通过一到两年的训练，学生基本上具备了独立思考、发现问题、解决问题的能力。学院积极推荐本科四年级、本科五年级的学生参与各类创新竞赛中。

针对候选参赛项目，学院也设计了完备的备赛路径，包括项目孵化、项目完善、模拟答辩三个阶段。项目孵化阶段着重从选题、结果、结论三个方面对项目进行评估，从而筛选出更加有创新性和科研价值的项目参赛。在项目完善阶段，则侧重对项目的逻辑性、完整性等进行完善。模拟答辩阶段则对学生在答辩环节的仪容仪表、语言表达、肢体动作、PPT 美观等方面加强指导。

作为创新型人才培养的重要途径，构建合理的项目孵化体系能够让学生得到更为系统全面的指导和训练。在同济大学医学院参与的三届比赛中，每次允许参与的 4 个项目(有国家实验示范中心的学院允许参赛 6 个项目)分别获得一等奖、二等奖和三等奖。

2. 建立多元化的指导教师队伍

优秀的项目需要多学科的师资团队予以指导和帮助。学院在学生创新实践项目的孵化和备赛过程中建立了多元化的指导教师队伍，包括学院内有杰出的科研成果，并有丰富的指导学生参与科研项目经验的年轻教师团队，有丰富的担任各大赛事评委经验的专家团队，同时还有其他学院有丰富演讲表达经验的艺术相关专业的教师团队。多元化跨专业的教师团队不仅

可以对学生的项目进行指导，还能对学生的沟通表达等参赛技巧方面进行辅导。以2018年备赛为例，针对学院4名参赛学生，共有十余名教师参与到项目的指导中，学生在备赛的过程中不仅在专业方面得到了细致的指导，更在创新思维的培养、创新能力的锻炼、综合素质的提升方面得到了巨大的收获。

二、以赛促学，创新实践育人模式的成效

1. 以赛促学，增强医学生参与创新活动的积极性

“90后”学生深受网络文化的影响，乐观自信，自我意识强，热衷于展现自我才华，珍惜表现自我、锻炼自我的机会[3]。而创新竞赛正好为学生提供了这样一个平台，在竞赛中学生可以充分表达自己的观点，展示自我风采。同时还可以增强与其他医学院校优秀学生的切磋交流。以第五届大赛为例，包括清华大学、北京大学、北京协和医学院在内的113所高校参加大赛，覆盖了全国开设临床医学专业医学院校的65.3%。同时本次大赛虽然只有475件作品参赛，但由于各校参赛前都是经历了层层筛选，以及在每件参赛作品的不断完善和最后胜出过程中参加的观摩学生，最终所覆盖的学生人数数以万计[4]。参加如此规模的竞赛，不仅能与众多优秀的选手同台竞技，还能开阔眼界、拓宽思路，从而更能激发学生参与创新活动的主动性和积极性。

2. 以赛促学，提升医学生创新意识和创新能力

大赛分为大学生创新论坛和大学生实验设计大赛两种类型，其中大学生创新论坛是指用实验手段解释医学现象或解决医学问题的作品，要求由学生独立完成(或作为主要骨干完成)尚未公开发表的科学研究成果；大学生实验设计大赛是指用实验手段解释医学现象或解决医学问题的实验设计和部分预实验结果的作品，要求设计合理可行，具有创新性。学生在参与过程中，需要在所学的理论知识基础上，拓展思路，将创新的想法和方法与实践相结合，在完成相应的实验设计的过程中，逐渐培养了创新意识和创新思维，在实践中提升了创新能力。来自参与大赛学生的反馈都非常积极正面，认为自身的创新意识和创新能力得到极大提升。

3. 以赛促学，培养医学生的科研实践能力

2008年，教育部和国家卫计委联合颁布的本科医学教育标准也要求医学院校必须将科学研究活动作为培养学生科学素养和创新思维的重要途

径，构建医学生创新能力培养体系，大力开展医学生科技创新活动，是医学院校构建适应时代要求的全新人才培养模式的重要手段。科研能力对于医学生来讲是一项不可或缺的重要能力。在参加实验设计大赛的过程中，学生需要以团队的形式共同完成一项实验设计。从选题、查阅文献到实验方案的确定、实验准备、实验开展，再到实验数据的收集、分析、处理，最后进行论文撰写、结题答辩，学生全程参与其中。在备赛、参赛的过程中，学生不仅体验了科学研究的全过程，培养了严谨的科研思维和解决问题的能力，还增强了动手能力和团队协作能力，激发了创新意识，科研能力得到了全面的培养。以赛促学也是落实"新时代全国高等学校本科教育工作会议"精神，创新人才培养，让学生尽早参与和融入科研，早进课题、早进实验室、早进团队，提高学生科研实践能力和创新创业能力的有效途径。

三、反思

同济大学医学院学生已参加三届大赛，虽然项目经过层层遴选，教师对项目进行全方位指导，但获奖等级仍呈下降趋势。最初参加的第三届大赛有一等奖项，而在第五届则获得 4 个三等奖，一方面可能与其他学院对该赛事的重视程度提高、投入增大、整体参赛项目水平增高有关；另一方面，一流人才的培养需要一流的师资队伍，学院引进了大量的顶级人才，如何把这些人才吸收到指导大学生的科创队伍中，提高学生科创成果的含金量是我们一直思考的问题。从激励机制上着手，更好调动顶级人才的积极性，参与对医学生科创活动的指导。

四、结语

以赛促学，不仅可以培养学生的创新意识、创新思维和创新能力，还能提高科研实践能力，为培养新时代创新型医学人才提供了有效途径。希望在以赛促学的基础上，能够推进以赛促教，以赛促改，推动医学教育走上一个新的台阶。创新意识培养和创新实践能力提升是一项系统而长期的工程，需要全员参与、全程跟踪，全方位培育。我们将继续完善人才培养机制和体系，为我校"三全育人"综合改革试点工作提供有力支撑。

参考文献

[1] 何晓凡，秦晓群，汉建忠，等.大学生基础医学创新论坛暨实验设计大赛的回顾与展

望[J].创新创业理论研究与实践，2020，3(2)：4-6.
[2] 肖娜，李君，唐一通，等.基础医学创新论坛暨实验设计大赛背景下学生科研能力培养的探索与实践[J].教育教学论坛，2018，(42)：140-141.
[3] 樊泽民."网络一代"："90后"大学生的思想行为特点与教育策略选择[J].当代教育理论与实践，2013，5(8)：29-32.
[4] 罗自强，秦晓群，何晓凡，等.第五届全国大学生基础医学创新论坛暨实验设计大赛的组织与思考[J].中华医学教育杂志，2019，39(7)：486-490.

生命科学大学生学科竞赛教学实践体系建设研究与探索*

冷　晔　张　敬

同济大学生命科学与技术学院

摘要　大学生学科竞赛已成为高校人才培养的重要环节。同济大学生命科学与技术学院依托国家级科研大平台及各级国家重大科研项目，以赛促教，以教助赛，将竞赛融入专业教学，强化学科竞赛与相关课程建设的结合，围绕学科竞赛引导学生参加课题辅助研究，不断推动教学内容与方法的改革。通过构建领导组织机构、出台相关制度及管理办法、搭建创新实践大平台、构建合理的教学与课程体系、建设高水平的竞赛师资团队、打造大学生创新开放实验室、营造良好的竞赛环境与氛围等阐述了学科竞赛驱动人才培养的实践与探索，介绍了学科竞赛对教学的作用以及对人才培养的成果体现。本研究对于本校及其他相关院校后续学科竞赛的高效开展以及创新型人才培养具有一定的借鉴意义。

关键词　生命科学　大学生　学科竞赛

在高等教育教学改革中，培养具有创新精神和实践能力的高素质创新型人才是高校人才培养工作的重要任务。党的十八大以来，我国不断深化高等学校创新创业教育改革，修订人才培养标准、改革教学育人机制、加强师资队伍建设、强化创业实践训练、构建创业帮扶体系，把创新创业教育融入人才培养，为建设创新型国家提供源源不断的人才智力支撑[1]。学科竞赛以赛促学，以学强赛，激发学生的兴趣和潜能，培养学生的科研能力与创新精神，是检验教学成果、锻炼提高学生创新能力的重要环节和有力抓手。早在2007年的《教育部、财政部关于实施高等学校本科教学质量与教学改革

* 同济大学2019—2020年教学改革与研究建设项目（同济本〔2019〕45号），同济大学第十三期实验教学改革专项基金项目（同济资〔2018〕5号）。

工程的意见》就明确把加强学科竞赛工作纳入"实践教学与人才培养模式改革创新"的重要建设内容[2]。学科竞赛已成为高校人才培养的重要环节。

生命科学作为21世纪最有竞争力的一门学科,实践与创新是其保持飞速发展的源动力。同济大学生命科学与技术学院设置有生物技术和生物信息学两个本科专业,是"国家生命科学与人才培养基地",国家"强基计划"招生试点专业,同时也是同济大学"基础学科拔尖创新人才培养基地"。学院鼓励师生积极参与各类学科竞赛活动,依托国家级科研大平台及各级国家重大科研项目,以赛促教,以教助赛,将竞赛融入专业教学,强化学科竞赛与相关课程建设的结合,围绕学科竞赛引导学生参加课题辅助研究,不断推动教学内容与方法的改革。

一、基于学科竞赛的生命科学学科教学改革

目前学院每年组织学生参加的学科竞赛主要有"国际遗传工程机器设计大赛(International Genetically Engineered Machine Competition, iGEM)""全国大学生生命科学创新创业大赛"和"全国大学生生命科学竞赛(省市赛和全国赛)"。近三年学生参加学科竞赛和各级同济大学大学生创新实践训练计划(Students Innovation Training Program,SITP)的热情逐年高涨,从最初每年级大概二分之一同学积极参与,到目前2018级90%以上学生每人都有竞赛项目参加。学生的参赛热情逐年提升,与学校和学院对于学科竞赛的重视以及相应教学改革政策的出台密不可分。

1. 构建了强有力的领导组织机构

为确保学科竞赛及各项创新创业教育项目扎实有效地推进,项目实施过程中建立了由分管副院长直接领导的生命学院学科竞赛暨大学生创新基地协调工作领导小组,统筹规划协调管理。成员包括:工作小组秘书(实验教学中心主任兼任)1名,各个班级班主任,学院教学管理秘书,学院学工口老师,学院创新俱乐部负责人,竞赛辅导老师团队等。建立并完善了国家、上海市、同济大学和生命学院创新创业四级体系,帮助学生组织团队,聘请相关指导老师,申报各级SITP项目,并做好中期考核、结题答辩等组织管理工作。建立了规范系统的国际国内学科竞赛参赛体系,学生通过参与创新创业活动取得了多项成果。建立健全了校内及校外学科竞赛及创新创业教育专兼职师资队伍,建有学生自主管理的竞赛及创新社团组织。从各方面多层次全力保障学科竞赛卓有成效地顺利开展。

2. 建立健全了相关制度、管理办法，鼓励教师、学生积极参与学科竞赛等各类创新创业活动

参加各级学科竞赛的创新能力拓展环节在学院本科人才培养方案中得以落实。进一步完善了学科建设考核奖惩制度，工作领导小组对竞赛活动的全过程进行监督，从选拔学生、设计参赛项目、培训内容、培训时间安排、培训态度、其他部门支持、竞赛结果、赛后总结等各环节进行全面的质量控制。对于优秀指导教师给予表彰和奖励，并且将其作为教师聘任、职称晋级的重要指标，有效调动了指导教师的工作积极性。对于像国际遗传工程机器设计大赛等难度高，参赛周期长，参赛队员多的团队比赛，制定了严格的参赛选拔标准，选拔出那些具有扎实的专业知识背景，具有创新性思维和缜密的逻辑思维能力，热爱科学研究，真正对学科竞赛感兴趣，能够吃苦耐劳的优秀学生参赛。同时，充分考虑学科的交叉创新特点，从相关其他专业中选拔优秀学生加入竞赛团队，激励不同专业背景的学生在共同的创新项目中碰撞出创新思维的火花。真正做到"以赛促学、以赛促研、以赛促教、以赛促改"。同时学院的创新实验室及各团队实验平台都向竞赛团队开放，学院及学校从经费上全力保障学科竞赛及创新活动的开展。

3. 积极组织承办、参与多项学科竞赛及创新创业展示活动，搭建创新实践大舞台

除充分挖掘院内资源保障学科竞赛取得好成绩外，学院不断探索创新教育方式，拓宽创新教育途径，丰富创新教育资源，提升创新活动质量。学院积极组织承办、参与多项学科竞赛及创新创业展示活动，给学生搭建创新实践的大舞台。生命科学与技术学院本科生创新创业论坛已连续多年举办，先后邀请了多个生命科学领域优秀创业先锋走进校园，分享创业经历，提供创业咨询。此外，学院还与教务处、土木工程学院、机械与能源工程学院、艺术与传媒学院联合承办第一届同济大学大学生创新创业论坛展示活动，旨在进一步激发和提升大学生的创新创业意识和能力，展示大学生创新创业教育的最新成果，展现当代大学生的开拓创造精神和人文社会关怀。

4. 构建合理的教学与课程体系，助力学科竞赛顺利开展

积极探索和实践学科竞赛融入相关专业课程的教学方法，竞赛案例既可作为课程知识点示例，又可作为课程实验项目作业。从"微生物学""生理学""生物统计学"等基础课程到"基因工程"等专业课程都充分融入相关学科竞赛内容和典型实例，进行针对性的重点案例分析和应用讲解，使更多学生感受到理论与实践的联系，激发学生参与竞赛的兴趣和信心，从而达到教学与竞赛、科研相互促进、相互提高的效果。“现代生物学综合实验”是一门跨越3个学期的综合性大实验课程，在生物技术专业本科实验教学中模拟科研情景，开展研究型现代分子生物学实验教学，使学生不仅学习到系统的分子生物学基本知识和实验操作技能，掌握一整套从实验整体设计、基因克隆构建、基因表达检测到功能验证的常规思路和最新方法，同时参与教授的科研项目和课题研究，使本科生经历一次相对完整的现代生命科学研究全过程。从分子生物学实验技能培训、综合实验选题、实验方案设计到科研工作的实战演练，全面培养学生开展科研工作的思维、系统组合各种实验技术来实现科研目标、申报SITP项目并参与发表SCI论文的能力。

同时，为了使备赛更有针对性，学院开设了“生命科学前沿与实践”竞教结合课程。课程分为竞赛基本技能培训、生命科学相关伦理培训、常用生命科学竞赛基本操作技能培训、创新创业论坛、社会调研、竞赛专题讨论与培训等板块开展，适合生命及相关交叉学科有志于学科竞赛的学生修读。

5. 建设高水平的竞赛师资团队

学科竞赛的高效开展，离不开一支专业化、高水平的师资队伍。多年来，学院的教学工作规范高质量地开展，为确保竞赛质量，学院充分挖掘院内师资力量，聘请了一批集长江学者、“973”和国家重点研发计划首席科学家、“杰青”“优青”等在内的科研成果丰硕、教学经验丰富的一线教师担纲课程建设与教学改革，组成竞赛指导团队。经过多年的建设，逐步形成了一支结构合理，年富力强的高素质师资队伍，他们对竞赛学科基础知识有准确的掌握，具有创新精神和审时度势的眼光，对学科前沿的发展情况有清晰的把握，并且不断将先进的科研成果转化到教学过程中，深入开展教学改革研究，因而从立意高度上保证了竞赛项目的顺利开展，为各类竞赛的开展提供了有力支撑。

6. 全力打造大学生创新开放实验室

在创新性人才培养的过程中，学院实验教学中心优化配置实验教学资源，加强共享开放机制，建立学科竞赛及创新创业开放实验室，购买调配了所必需的生命科学实验设备，支持学生科创活动和各级专业竞赛，并向全校学生开放，同时根据竞赛教学理念和培养目标，形成了一套开放式学科竞赛实验室的管理运行体系。学生可带课题进行申请，通过安全培训考核，仪器设备操作培训后进入实验室，进行自主实验，通过院创、校创、国创和学科竞赛项目孵化，为今后创新创业提供了专业技术平台。

7. 营造良好的竞赛环境与氛围

学院秉承“关爱学生、以学生为本”的宗旨，加大力度为学生参加各级各类学科竞赛创造良好的学习与生活环境，让学生能心情愉悦的投入学习与研究之中。学院鼓励学生从本科一年级开始就进入导师实验室，进入项目团队，参与课题研究，让学生从入学便开始感受科研创新的氛围，激发他们创新的思维和灵感。同时，学院大力加强科研创新的学风建设，通过学校、学院网页、微信等各类平台大力宣传学科竞赛，邀请专家开办学术讲座等，学院建有“同济生科创新俱乐部”微信公众号，积极营造全员“你追我赶”，积极创新研究的良好校园氛围。

二、学科竞赛对教学的推进，对人才培养的成果体现

1. 基于学科竞赛的创新教育教学模式取得了丰硕的教学成果

在基于学科竞赛的创新教育教学模式的推动下，学院近三年发表了 30 余篇教改论文，参赛学生也公开发表了多篇 SCI 论文，促进了教育教学质量的全面提高，同时也进一步提升了学科竞赛的成绩。在一系列改革的推动下，学院从 2014 年起每年派出团队参加国际基因工程机器设计大赛，凭借优异的团队水平，富有创意的参赛项目，稳定的现场发挥，最终在全球总决赛中获得全球金奖 4 项，全球银奖 3 项，铜奖 1 项。近三年在全国大学生生命科学创新创业大赛、全国大学生生命科学竞赛中获得一等奖 3 项，二等奖 1 项，三等奖 3 项。此外还共获得了 60 项大学生创新项目，其中国家级 13 项，上海市级 12 项，校级 35 项。

学科竞赛也大力推动了学院的教学改革，近三年来，学院共承担校级实验教改项目9 项，校级精品实验项目 5 项，主编参编教材 10 余部，其中获得上海市优秀教材 1 本，发表教改论文 30 余篇，建设了上海市全英语课程 1 门，上海市重点建设课程 2 门，校级精品课程 8 门，校级卓越课程 4 门，校级全英语课程 2 门，校级双语课程 8 门。同时，学院获得了上海市教学成果一等奖 1 项，二等奖 1 项；校级教学成果特等奖 2 项，校级教学成果一等奖 4 项，校级教学成果二等奖 5 项；获校级青年教师讲课竞赛（团体）一等奖一次，二等奖一次，另有多人获得校级青年教师讲课竞赛个人一、二、三等奖。3 位教师获上海市育才奖，多位教师获校级各类奖教金。教师指导本科生发表多篇科研论文和发明专利。

2. 增强自信，培养学生的合作精神，有效培养创新思维和实践能力

生命科学领域的学科竞赛往往都是以团队的形式参赛，学生在团队中都有自己明确的工作定位。在运转良好的团队中，学生强烈的自主学习动机往往会被激发，自信心也得以相应的增强，最终转化为学习动力，良好的氛围可以带动更多的学生参与其中。学院在组织学生参加国际基因工程机器设计大赛(iGEM)时，通常需要以小组为单位进行分工合作。小组中的各个成员都可以提出自己的想法和意见，结合导师团队的指导意见，在讨论、推翻和再讨论的过程中不断修正，参赛的过程有效促进了学生创新思维的培养以及实践能力的快速提升。在对近年来学院 iGEM 参赛学生毕业去向的追踪调查可以发现，学生全部选择了国内外知名院校继续深造，其中不乏普林斯顿、贝勒医学院、清华大学、北京大学、中科院等国内外顶级名校。学科竞赛的参赛经历以及在参赛过程中学习能力、思维能力、实践技能的培养以及团队合作意识、表达能力的提高都帮助他们在激烈的竞争中脱颖而出。

3. 浓厚的创新氛围吸引了更多的学生，激发了学生的创新热情

学院 2020 年申报 SITP 创新创业项目 38 项，达到历年之最。2018 级本科生学科竞赛或 SITP 参与率达到 90%以上。不断鼓励更多的学生加入各级各类创新创业项目中来，近年来参与校级及以上学科竞赛和创新创业项目和的学生比例达到本学院的 80%以上，创新基地的学生受益面达到 80%以上。

三、结语

在今后开展学科竞赛的工作中，学院将充分依托同济大学“细胞干性与命运编辑前沿科学中心”“国家干细胞转化资源库”“上海市信号转导与疾病研究重点实验室”等优质科研资源，秉承同济大学的办学理念，始终把培养生命科学拔尖创新人才作为崇高使命和责任，确立“知识、能力、人格”三位一体的人才培养模式，努力使每一名学生具备“扎实基础、实践能力、创新思维、国际视野、社会责任”五方面综合特质，成为引领可持续发展的专业精英与社会栋梁。

参考文献

[1] 胡浩，徐祖华.培养创新创业的有生力量——党的十八大以来创新创业教育改革综述[EB/OL].(2017-09-12)[2020-07-30] http://www.xinhuanet.com/2017-09/

12/c_1121650705.htm.
[2] 中华人民共和国教育部,中华人民共和国财政部.教育部财政部关于实施高等学校本科教学质量与教学改革工程的意见:(教高〔2007〕1号)[EB/OL].(2007-01-22)[2020-07-30]http://www.moe.gov.cn/s78/A08/moe_734/201001/t20100129_20038.html.

竞赛模块中以学生为学习主体的课程设计

——以“高级日语拓展(下)”课程为例

张　颖

同济大学外国语学院

摘　要　本研究以“高级日语拓展(下)”课程为例,在以学为主的视阈下,设置一个竞赛模块,其中包括“日语能力”“交流技巧”“知识储备”“思辨训练”和“技能展示”五个维度,通过逐步实施竞赛模块各维度的内容,引导和激发学生自主、自觉、系统地积累知识、磨炼技能,然后对课程设计实施成效进行分析和整理,进而构建以学生为主体的新教学场域,力求强化学生的口语和书面核心技能,培养在竞赛中取得优异成绩和卓越表现的实力。不仅如此,从长期来看,这个模块对于全面提升学生的语言和学术综合能力大有裨益。

关键词　竞赛　学习主体　高级日语拓展　课程设计

2018年和2019年,笔者曾带两名学生分别参加了第1届和第2届“笹川杯日本研究论文大赛”,2019年与其他教师共同指导一名学生参加“第32届上海市大学生日语演讲比赛”。学生取得了二等奖、特等奖和第三名的优异成绩。

在指导学生和观摩比赛的过程中,指导教师感到选派优秀选手和短期集中训练固然有效,但是,日积月累、循序渐进的教与学,才是取得优异竞赛成绩这个短期目标以及所有学生夯实日语综合能力这个长期目标的基石。在课程中引入一个紧凑的竞赛模块,学生在教师引导下自主地培养各项核心技能,能够助力于上述短期目标和长期目标的成功实现。

一、竞赛的综合能力要求

同济大学学生参加的日语界重大赛事有“上海市大学生日语演讲比赛”“中华杯全国日语演讲大赛(华东地区)”“海峡两岸大学生日语演讲比赛”和“笹川杯日本研究论文大赛”。其中“上海市大学生日语演讲比赛”历史最为悠久,已举办 32 届。"笹川杯日本研究论文大赛"虽然迄今只举行过两届,但因其学术性和开放性而影响广泛。以上几个竞赛的赛制改革和比赛规定自 2018 年以来都有显著变化(图 1)。

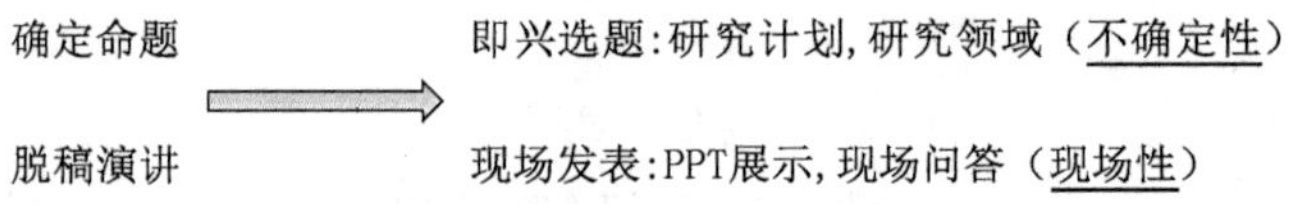

图 1　竞赛内容和形式的变化

传统的命题演讲是演讲题目规定好后,选择合适的参赛选手。在指导教师的辅导帮助下,演讲稿内容和日语表达已经充分修饰润色;在外籍和中方教师密集有效的集训下,选手的语音、语调、日语表达,包括身体语言和现场发挥都会有质的飞跃。而新赛制下的即兴演讲、研究计划、学术论文及现场展示和回答专家提问等环节对学生的要求除了传统的语言综合能力和展示技能外,还要求学生平时就能主动学习、拓宽深究兴趣点、搜集阅读学术文献,要求教师平时就注意培养学生的思辨能力、交际能力和解决问题能力。这也与新国标提出的"日语专业学生应具备日语运用能力、文学鉴赏能力、跨文化交际能力、思辨和创新能力、一定的研究能力、自主学习能力和实践能力"相一致。

二、学生特点和课程目标

修读"高级日语拓展(下)"的本科三年级第二学期学生已经选修"基础日语""基础日语拓展""中级日语""中级日语拓展""高级日语(上)""高级日语拓展(上)""日语视听说""日语会话""日语写作与阅读"等专业课程,计 1 054课时。学生具备基本的听、说、读、写、译能力,识读日语词汇近万,能阅读原文报纸、简单的学术性文章和文学作品。

日语界竞赛多集中在每年的 6 月、10 月和 11 月,由即将完成本科三年级学习的本科三年级学生和新本科四年级学生代表日语系参加比赛。本科三年级第二学期是全面提升学生日语综合运用能力的重要阶段。综合以上因素,将短期的竞赛目标和提升学生综合实力的长期教学目标相结合,确定从以下几个维度尝试课程设计(表 1)。

表 1　竞赛模块的课程设计

竞赛模块的维度	具体内容
语言能力	语音环节——语音、语调 语言的力量——词汇、修辞
交际能力	听解、撰文、表达
知识储备	关注社会、问题意识、文献阅读、解决问题
思辨训练	思维拓展、论证逻辑、批判性思维
技能展示	发声训练、仪态控制、心理建设

三、竞赛模块的课程设计与实施

具体教学过程根据学生特点和课程内容构成，通常可以分成各有侧重的三个阶段(图 2)。最终目标是引导学生成长为自主学习的个体。

图 2　竞赛模块课程教学三阶段

就日语学习而言，日语系学生属于零起点。但是，到了本科三年级第二学期，学生已经过了“以教师和教材为中心的教师主体教学阶段”和“以教师‘教’教材、学生‘学’教材的教—学并重教学阶段”，进入“教师引导、以学生为学习主体”的新教学阶段。在这一阶段，以学生为中心，更能激发学生作为学习主体的内驱力，教师鼓励和帮助学生发现问题、阅读整理文献、探寻解决问题的突破口、撰写演讲稿或论文并展示自己的调研成果。

结合学生的具体特点、课程学时和课程目标，尝试在“高级日语拓展(下)”课程中利用 18 学时(课程共 34 学时)，即每周 1～2 课时，作为竞赛模块课程。竞赛模块课程设计的核心是上述五个维度的提升。

1. 课程设置

课程设置以学生为主体，以学生主动学习为动力进行尝试。《高级日语》[①]教材中的文章多是介绍日语语言、日本文学、文化和社会的文本和作

① 吴侃，村木新次郎.高级日语.2 版[M].上海外语教育出版社，2018.

品，但因篇幅关系，深度和广度都比较有限。本研究以此为据，设计了5个课程设计案例（表2），尝试改变传统的以教为主模式，形成从单向目标到多重目标、以学生为主体的教学场域。

表2 课程设计案例

序号	维度	具体任务	教师引导与学生学习（输入内容）	输出内容
1	知识储备，语言能力	阅读文献，拓宽视野，制作单词表（词调），朗读时的语调问题	8 500字的“お盆、お正月、お土産”（“盂兰盆节、正月、礼品”）方面的文献	提交标注有词调和日文解释的单词表、朗读文献的音频
2	知识储备，语言能力，思辨训练	配音练习，掌握句子的语音语调，台词的力量，了解京都历史文化	独立观看日本文化影视作品《ちょこっと京都に住んでみたい》①（74T）《京都人の密やかな楽しみ-1》②（30T），分别按照时间轴选取最受触动的台词10句，共计20句	提交的20句台词文字稿（记录台词时间点），为20句台词配音
3	语言能力，思辨训练，展示技能	新闻听解能力，体会现场发言的语音语调及用词，如何阐述自己的观点，回答提问	16分钟NHK专业性较强的新闻采访视频（无字幕）。分两个组整理采访，记录文字稿、校对	提交完整的采访文字稿，模仿视频分组采访
4	知识储备，展示技能，交际能力，语言能力	寻找恰当素材，制作PPT，撰写发表文稿，培养发表和回答问题能力	独立确定喜欢的文本和影视作品作为素材，介绍书籍和影视作品的大致内容，陈述选择他们的理由以及自己最喜欢的台词和人物	提交PPT文档、用日语做30分钟左右的发言和15分钟左右的回答问题
5	思辨训练，展示技能，交际能力，语言能力	确定恰当辩题和自我立场，掌握辩论所需的语言表达	选择辩题、确认主持人、组织正反两个辩论组、场外嘉宾；确定自己的角色，准备自我立场的主张和辩词	呈现50分钟左右，由12人组成的辩论；提交辩论记录电子稿

2. 课程实施、成果及存在问题

学期初始，按照周次公开每周课程的具体内容、教学素材、成果要求。鼓励学生按照教学素材、发表时间、承担角色来安排自己的课后学习。经过课后自主学习，在18课时的拓展课堂上完成最后一个环节，即学习成果呈现

①《ちょこっと京都に住んでみたい》：中文名《京都小住》，时长74分钟，2019年.
②《京都人の密やかな楽しみ-1》：中文名《京都人秘密的欢愉》，时长30分钟，2015年.

和教师点评。5 个案例的具体实施情况和成果汇总见表 3。

表 3　课程案例实施情况和成果

序号	周/学时	实施情况和成果
1	第 1 周/1 学时	单词表制作展示和朗读音频。 每名学生根据自己的单词掌握情况，自主制作。提交的单词表中，最多的列举了 64 个单词，详细地标注词性、词调和中日文解释；最少的列举了 15 个单词。42%的同学列举的单词在 30 个以上。朗读情况良好，基本根据所标注的声调进行朗读
2	第 2 周/2 学时	《ちょこっと京都に住んでみたい》 其中 100%的学生选择的最后一句台词在最后 3 分钟。选取的 10 句台词中，最多的文字容量为 1 140 字。67%的同学的 10 句单词的文字容量超过 650 个文字。其中最长的台词为 100 字。简洁的台词也有，多是颇具哲学含义"水が合わん""人生には三つの坂がある、上り坂、下り坂、まさか…なんつって"。配音效果非常好
		《京都人の密やかな楽しみ-1》 1/3 的学生选取的台词超过 10 句，最多文字容量为 1 315 字。其中最长台词达 189 个文字。除了对京都人、京都独有的文化感兴趣外，好几名学生选择了 10 世纪末，生活在京都宫廷女作家清少纳言的名句。其中有学生选择了第 11 集，约 1/4 学生表现出对和歌的兴趣，选取了和歌"花は根に鳥は古巣に帰るなり春のとまりを知る人ぞなき"、"たち別れいなばの山の峰に生える まつとし聞かばいま帰り込む"。配音逼真
3	第 3 周/1.5 学时	分组完成，三方完成校对后，最终文字稿字数是 A 组 4 779 字，B 组 4 725 字(教师文字稿：4 270 字)。文字稿完成得非常好，学生甚至记录了英文发言和嘈杂环境下的原声。在初稿和完成稿之间，两个组都对语音语调和用词进行了认真确认，再次确认了有准备的提问和现场应答的问题。采访安排合理，完成度高
4	第 4～15 周/每周 1 学时	制作完成 12 个 PPT，完成 12 个 30 分钟的日语发表和共计 180 分钟的与学生、教师互动。每名学生完成 1 部文本、1 部影视作品的欣赏，同时了解了其他学生推荐的 11 部文本和影视作品。内容涉及日本文化(禅学、茶道、相扑、日本的文具、镰仓)、日本文学(芥川龙之介、谷崎润一郎、大江健三郎、石黑一雄、东野圭吾及作品)、鲁迅、社会教育及自我成长(谈论话题："普通也好，用平常心生活""生活中的温暖与温柔""自信就是幸福""生活中的矛盾""女性的生存现状""社会与人性""教育是什么？""人的无限的可能""目标的重要性"和"美食的温度")
5	第 16 周/1.5 学时	自主确定 12 个选题。最终辩题：是否要融入集体；角色：2 名主持，正反方各 4 名辩手(8 名)、2 名嘉宾点评；角色分配：自行选择；50 分钟的日语辩论。辩论会议文字记录：13 860 字；在辩论过程中，主持和辩手平均每人发言 8 次，主辩手陈述自己观点时文字容量分别达 920 字和 957 字，都是长达 3 分钟的小演讲。二辩手在辩论时的文字容量更是达 1 057 字和 1 026 字。场外嘉宾的评论文字量分别达 1 385 字和 881 字。基本上可以说是一个小演讲，完成度高

从上述实施情况和学生的学习成果统计、整理结果来看，我们发现在教师的有效引导、学生课后主动学习下，如下方面有明显改变和提升。

(1) 通过模仿、配音和采访练习，语音语调有了明显改善。

(2) 通过对影视作品台词的欣赏、甄选、记录及模仿，体会到了语言的魅力和日语表达的特点。

(3) 通过主动阅读文本和观赏影视作品，学生开启了对和歌、《枕草子》、芥川龙之介、谷崎润一郎、大江健三郎、石黑一雄等作家作品的兴趣，显示出对女性学、社会学、人类学、教育学等领域的关注。有的学生开始搜集文献，整理应用在自己的发言中。

(4) 演讲和辩论，让学生开启思考，关注不同领域的问题，并学会批判性思维和表达自己。学生表现出对教育相关课题、个人成长话题和社会话题的热情，在文章构成、辩论技巧和沟通方面有了显著提升。

(5) 独立选择素材，完成非标准化作业并组建辩论组，让学生"看见"同伴，学生体会了"班友间相互学习"的效果。

在这个尝试过程中，指导教师发现还有一些问题需要教师自己进一步探讨，研究同行和英语或德语等语种的教学经验。

(1) 学生个体主动学习的差异性。例如提交 64 个单词和 15 个单词的学生之间的差异所在；在辩论中，主动担任 1 辩的学生与主动选择 4 辩的学生的立场和心理差异。

(2) 教师素材选择的科学性和学生素材选择的合理性。

(3) 课堂环节的有效利用、记录和课后反省。课前大量的准备、课程的现场性都需要教师和学生的有效沟通和课后反省。

(4) 班级规模。本学期这个班级共有 12 名学生，所有学生都有机会和时间参与 5 个案例的展示，学生和教师、学生和学生都能做到充分交流。但如果班级增容，如何设计课程则面临新的挑战。

四、结语

在"中国文化走出去"的大趋势下，演讲、辩论、撰写学术论文作为有效的交流手段，是高校日语专业对学生的新要求。对竞赛类课程模块设计的具体探讨和尝试可帮助我们通过以学生为主体的课程设置实现对学生语言能力、思辨能力、交际能力、知识储备等综合能力的全面提升。

作为一门课程的教学模式和内容设置的尝试，在教学方法、教学素材、考察评估等诸多方面还存在着需要探讨与解决的课题，尚需进行进一步的细化分析与充实。

参考文献

[1] 杜勇婷.大学日语教学中交际能力培养方法的探索与运用——以《日语演讲与辩论》课程为例[J].课程教育研究,2016(30):60-61.
[2] 廖丽琴.英语演讲与辩论中批判性思维能力的培养研究[J].才智,2018(36):194-194.
[3] 待鸟幸代,段笑晔.新“国标”框架下《日语演讲与辩论》课程的定位与实践[J].教育现代化,2019(65):161-163.
[4] 王宇新.跨文化交际视阈下的“日语演讲”课程设计初探[J].高等日语教育.2020(1):38-48,159.

学科竞赛与德语专业本科教学改革融合的探索与经验

陈　宇
同济大学外国语学院

摘　要　学科竞赛与专业教学改革之间呈现互为促进、互为支撑的关系，二者的深度融合可以达到以赛促学，以学助赛的效果。德语系本科教研室积极探索“教-学-研-赛”一体化模式，在人才培养方面取得了显著成效，积累了宝贵经验。

关键词　学科竞赛　德语专业　教学改革

一、引言

学科竞赛历来是创新人才培养的重要途径，能够激发学生理论联系实际，提高自身实践创新能力，通过发现问题、解决问题，培养学生的学习兴趣和创新意识，增强学习自信心[1]。在“双一流”建设背景下，学科竞赛工作更是高校实践育人的重要一环，也是高校竞争力评估体系的重要指标之一[2]。近年来，德语类的学科竞赛有了长足的发展，教育部教学指导委员会、各大外语出版社、驻华德语国家语言推广机构、新兴网络媒体举办了形式多样的竞赛活动，为提升学生的语言技能和综合素质提供了诸多机会。

但是，大学本科阶段小语种专业有其特殊性，绝大部分学生都是零基础，需要花费大量精力学习语言基本技能，而竞赛对外语技能的要求往往高于教学大纲，学生需要有针对性的强化训练才能取得好的成绩。日常教学内容与竞赛项目的脱节，难度水平的落差，使得竞赛参与仅局限于小部分成绩优异的学生，备赛过程就演化成教师针对个别学生的赛前强化辅导。这种做法虽然短期内有可能提高竞赛成绩，但是从长远角度看，学科竞赛成果受益面窄，未能真正起到提升总体人才培养水平的抓手作用。

鉴于此，如何将学科竞赛与专业教学改革相融合，使日常教学摆脱纯语言知识学习和技能训练，致力培养学生综合能力，从而反哺学科竞赛，显得尤为重要。作为国家级一流本科专业建设点的同济大学德语系，近五年来在这一方面积极探索，积累了一定的经验。

二、德语专业竞教结合的探索路径

人才培养需要点与面结合，既要培养拔尖人才，又要顾及不同基础和水平的学生。只有调动广大学生的学习热情，形成积极向上、勤奋好学的班风学风，才能为培育拔尖型人才提供丰沃土壤，而优秀学员也能真正发挥榜样带头作用，这是一个互为促进的良性发展过程。学科竞赛和教学改革创新之间，也存在这种辩证关系。将学科竞赛引进课程，借鉴竞赛中先进的学习模式和教育理念，不仅可以丰富课程内容和授课形式，还可以促进学生自主学习能力和实践创新能力的培养；在教学中融合竞赛内容，可以拉近教学与实践的距离，使得学生尽早熟悉学科竞赛模式，有利于创建竞赛人才梯队，实现可持续性发展。

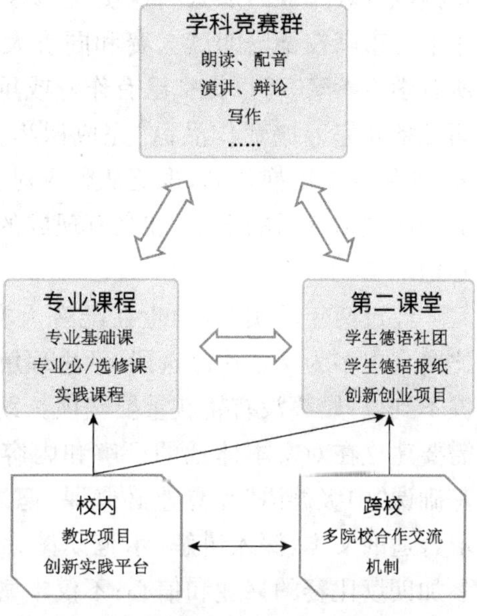

图1　德语专业“教-学-研-赛”一体融合模式

同济大学外国语学院德语系本科教研室利用校内教改项目和创新平台，积极打造跨校交流机制，逐步形成了专业课程、第二课堂和学科竞赛群之间互为促进和支撑的“教-学-研-赛”一体化模式（图1）。

图1中的学科竞赛、专业课程和第二课堂三者相辅相成，教师和学生共同参与教、学、研、赛各个环节，通过循环往复的分析、实践和评估，不断改进教学、提高竞赛成绩。具体进行了以下尝试。

1. 引入学科竞赛项目的专业课程教学

要解决竞赛项目与专业课程内容脱节的问题，就必须将竞赛内容引入日常教学环节。这一融合同时也给专业课程增加了实践环节，使学生能有更多的机会运用所学的语言知识，促进知识的内化和技能的提升。德语系本科教学团队梳理了现有主要学科竞赛，将各个竞赛侧重的语言技能和难度同德语系现有课程体系进行比对，找出融合可能性。

比如最近几年朗读和配音比赛方兴未艾，在故事情境中练习语音语调、扩充词汇可谓事半功倍，即便是低年级学生也可以通过反复的模仿练习，达到良好的效果。因此，德语系首先在本科二年级实践类课程“德语口语”中设置了朗读和配音环节，每名学生可以自选文本和影片，独立或组队完成。每周安排学生课堂现场朗读或配音，教师加以点评，学生给予反馈，学生以音频或视频作业的形式再次提交修改版，得分计入总评成绩。教师参照每年上海市高校德语朗读大赛和同济大学德语电影配音大赛时间节点，鼓励所有学生参赛，可以提交已有作业或重新录制作品。如此，学生有充足的时间准备和完善比赛作品；在完成课程作业的同时，也经历了完整的备赛过程，即便赛前更换作品，也能从容应对。集体参赛的氛围也调动了一些相对被动或成绩落后的学生，加之有现成的作品，大大消减了他们的犹豫或惧怕心理。

经过两年的实践，学生在配音大赛取得瞩目成绩，但是在朗读比赛中，比赛文本多为文学作品选段，学生理解上的欠缺导致断句不够准确、情绪把握不到位，始终没有斩获重要奖项。朗读不能仅仅停留在音准和语调上，还需要建立在对文本体裁的了解和内容的透彻理解之上。于是，我们在专业基础课“中级德语”和专业必修课“德语文学选读”中增设朗读环节，教师选取合适的文本，深入讲解，示范朗读。通过这一系列举措，大大激发了学生参加朗读比赛的兴趣和信心；不仅丰富了课堂教学内容，还提高了学生对文学作品的解读和鉴赏能力。

2. 对标重点学科竞赛的课程建设

除了在已有专业课程中加入学科竞赛元素，对于重点学科竞赛则需要配套的课程开发与建设。德语专业本科阶段最高级别的学科竞赛是由歌德学院（中国）和教育部高等学校外国语言文学类专业教学指导委员会德语分委员会共同发起的“全国高校德语专业大学生德语辩论赛”，用德语进行辩论需要学生具有极高的语言听说能力、严密的逻辑思维能力、全面的知识储备、快速的反应能力和过硬的心理素质，不经专项训练无法胜任。而国内德语专业的培养计划中，口语课程一般在基础阶段开设，旨在训练口头基本交际能力；德语演讲与辩论课程在教材和教学实践方面都有待开发。为此，德语系于2020年秋季增开全新的专业选修课“德语演讲与辩论”，并依托学校教改项目，结合近几年的参赛实战经验，积极开展课程建设。

“德语演讲与辩论”这门课程填补了多年来高年级德语口语训练的空白，使得本科专业课程体系更为完善。课程建设中积极尝试传统课堂教学与网络教学相结合，探索融合语言学习、思维锤炼、人格塑造的人才培养新方法和新途径。同时，课程对接重要学科竞赛，学以致用，提高学生参赛积极性，为竞赛输送选拔优秀选手，提升同济德语在全国的声誉和品牌含金量。

3. 助力学科竞赛的第二课堂创新

外语学习仅仅依靠有限的课堂学习远远不够，需要在课外投入大量的时间自学和实践。为了引导学生有效利用课余时间，拓展知识，提升能力，德语系积极开展第二课堂建设。第二课堂本着以学生为主体的宗旨，调动学生的积极性和创造性，让学生策划、组织集趣味性和专业性于一体的多种文化学术活动，面向全系、全校乃至更大范围的德语学习者进行推广。在活动创意方面，教师引导学生对接学科竞赛，并以评委或指导的角色保证活动的专业水准；在活动管理方面，核心指导团队统筹规划，打通第二课堂各个环节，形成协同创新模式。

德语系以学生社团“德语社”为主体平台，对标重要学科竞赛，组织诗歌创作、翻译、朗读等各种中小型赛事，为学生提供实践机会、积累实战经验，同时也为高级别的学科竞赛发掘和输送选手。各类写作翻译比赛中的获奖作品，分主题精选后刊登在学生主创的德语报纸“指针报”；此外还组织对获奖学生、评委的专访，撰写访谈专稿一并刊发。这样的设计突破了学生报纸单一的习作发表功能，集合了竞赛创作、反思、点评等流程，成为一份既有文学创作性又有初步学术分析性质的特色刊物。

目前，国内诸多研究型高校已把学生科研训练、学生自主研究计划等学术创新活动列为第二课堂的重要组成部分[3]。第二课堂助力学科竞赛的实践活动也为学生的科研提供了第一手素材，指导教师团队借助学校创新创业平台，鼓励学生积极申报各级创新项目，对德语学科竞赛的现状、推广和创新进行深入的分析研究，各个学生研究团队均以优秀的研究报告顺利结项。

4. 教研并重的竞赛辅导教师团队建设

学科竞赛和活动除了学生的参与，也离不开教师团队的组织和辅导。

在学校和外国语学院的大力支持下，德语系本科教研室成立了由系领导统筹、教研室主任带队、中外专业教师主导和学科专家咨询的梯队形指导教师队伍。其中，负责专业基础课程的中方教师为核心团队，人员稳定，教学经验丰富，多次独立或合作指导学科竞赛。核心团队在人员配置上也十分重视教师个人的科研能力和方向，成员的个人专业领域涵盖文学、语言学、翻译学等重要学科方向，并在校级和院级多个科研中心任研究员；教师不仅自身科研能力突出，也能直接邀请相关专家前来提供咨询指导。

值得一提的是，辅导教师团队的建设始终强调以中国教师为主导，外籍教师为辅助的原则，旨在培养思想明确、立场坚定、中国视角、全球视阈的有用人才。外语专业的学生在学习和思考问题时，也要坚定本国立场，明确用外语讲好中国故事、传播中国文化的使命。

5. 校内教研创新平台与跨校交流平台的联动

为了实现竞赛、教学、科研的融合和良性循环，德语系指导教师积极申报学校的教改项目，利用学校协同创新平台，使得专业课程建设和第二课堂活动得到了政策、经费、设施上的保障。学生参加学科竞赛的次数和成绩计入相关课程总评成绩，创新项目结项可获得创新学分，这些政策使学生切实感受到学科竞赛与学业的关联。

在教改项目的框架内，德语系还创建了多校合作交流机制，在日常的学生社团活动联合推广之外，首次尝试了学科竞赛前的交流模拟比赛。辩论强调实战，和熟悉的辅导教师与同学对战，难以体验临场的氛围和压力。因此，在参加全国德语辩论赛之前，课题组邀请复旦大学和上海理工大学的辩论队及辅导老师前来同济，交流心得并进行了多轮模拟辩论，由中德双方专家点评指导。通过这一模拟比赛，学生在思维、表达、心理等辩论技巧上切实找到了自身有待改进之处，获益匪浅。

三、融合实践的成效

经过五年的实践，德语系在学科竞赛中取得重大突破。在全国高校德语专业大学生德语辩论赛中一届获得全国亚军，一届获得二等奖；歌德学院"Hallo Deutschland"德国语言大使德语教学大赛中，一届获得中国赛区第一名、第三名，一届获得第二名；奥地利中心全国德语写作比赛中，历年斩获全国第一、第二、第三等多个奖项；首届全国德语风采大赛获团体二等奖、个人最佳演讲之星；上海市高校德语朗诵比赛二等奖、三等奖；同济大学德语电影配音比赛，连续两届冠军，多名学生获得各级奖项。本科二年级学生参加学科竞赛比例超过 90%，近 20 名学生参加辩论队；学生围绕德语学科竞赛完成一项上海市、两项校级创新项目；辅导教师团队主持 4 项教改项目，1 人荣获校级“优秀学科竞赛指导教师”称号。

通过“教-学-研-赛”的融合，更多的学生参与了学科竞赛，专业技能和人文素养得以提高，创新实践能力和团队合作精神也逐步养成；本科教研室形成了稳定的竞赛活动指导、课程建设、教学科研团队，教师开拓了提升教学和科研能力的新途径。

四、结语

同济大学德语系将学科竞赛引入日常课堂教学和第二课堂活动，利用校内教改创新平台，搭建跨校交流平台，五年的探索实践，初步形成了以赛促学、以赛促改、以学助赛的良好态势，在人才培养上实现了知识传授、能力培养和价值塑造的统一。在推进国家级一流本科专业建设过程中，德语系仍需进一步探索学科竞赛和专业教学更广泛、更深入的融合可能，并打造“分阶段、全方位、全学程”[4]的德语学科竞赛与活动体系，取得教学、科研、竞赛的共赢。

参考文献

[1] 李国锋，张世英，李彬.论基于学科竞赛的大学生创新能力培养模式[J].实验技术与管理，2013(3)：24-26.

[2] 邱均平，汤建民，赵蓉英，等.中国大学及学科专业评价报告(2020—2021)[M].北京：科学出版社，2020.

[3] 邓晶.高校第二课堂对大学生学习方式的影响研究——以“985 高校”学术科技创新活动为例[J].高教探索，2018(1)：11-15，87.

[4] 彭坚.依托学科竞赛与活动推动高校英语专业素质教育教学的实践研究——以长沙师范学院为例[J].湖南科技学院学报，2017，38(2)：126-128，134.

学科竞赛对国际中文教育人才培养的作用研究

——以同济大学国际文化交流学院为例*

陈毅立　时　玥

同济大学国际文化交流学院

摘　要　近年来，同济大学国际文化交流学院积极开展教学改革，将学科竞赛作为人才培养工作的重要抓手，形成了“以赛促教、以赛促学”的文化氛围。同时积极建构“中外融通”机制，推进文化育人工作。通过学科竞赛，学院努力培养国际学生对中文学习的兴趣，全力提升国际学生的思辨能力和专业水平，积极促进其对中华文化的认知，推动国际学生对“人类命运共同体”与“文明互鉴”的理解。

关键词　学科竞赛　国际中文教育　人才培养　国际学生

“国之交在于民相亲，民相亲在于心相通”。促进民心相通离不开教育。习近平总书记指出，战胜人类发展面临的各种挑战，需要各国人民同舟共济、携手努力。教育应该顺此大势，通过更加密切的互动交流，促进对人类各种知识和文化的认知，对各民族实现奋斗和未来愿景的体认，以促进各国学生增进相互了解、树立世界眼光、激发创新灵感，确立为人类和平与发展贡献智慧和力量的远大志向[1]。

同济大学国际文化交流学院成立于 1998 年，是学校面向国际学生进行汉语教育、中华文化国际传播的重要平台，是学校对外交流的重要窗口。近年来，伴随着国际社会对汉语的需求以及对中国期待的变化，学院的国际中文教育也经历了从点到面、从语言生到各个层次的学历生、从规模到质量的

---

* 本文系同济大学教学改革研究与建设项目“基于第二课堂的留学生‘立德树人’创新模式研究”的成果。

发展历程。当前,学院的人才培养重心已由“面向外事服务的留学生培养”转向“国际中文通识人才培养与中华文化国际传播”。学院不仅在教师、教材、教学方法上进行了积极的探索,而且将中国文化、历史、国情教育有机地、系统地、可持续地融入日常教学与实践中,力图向国际学生展现一个真实、立体、全面的中国,构建更加开放、包容、规范的现代国际中文教育体系。

为实现国际学生培养的“提质增效”,学院在紧密结合课堂教学的基础上,将学科竞赛作为教学及人才培养工作的重要抓手,以赛促教、以赛促学,不断培养国际学生对汉语学习的兴趣与热情,努力提升他们的思辨能力和专业水平,有效促进他们对中华文化的认知,全面提升他们对“人类命运共同体”与“文明互鉴”的理解。

一、学科竞赛对国际中文教育人才培养的重要作用

1. 学科竞赛有助于国际学生中文水平的提升

学科竞赛是创新培养和实践教学的结合。正如古希腊学者普罗塔戈(Plutarch)所言,“学生的头脑不是用来填充知识的容器,而是一支需要被点燃的火把”。学科竞赛显然就是点燃火把的“火种”[2]。

目前,从参赛对象而言,面向国际中文教育专业留学生的学科竞赛主要分个人赛和团体赛。参赛内容主要涉及汉语演讲、汉语配音、汉语诗歌诵读、汉语征文、汉语教学技能、中外文翻译等。学科竞赛的主办方通常分为两类。第一类是主管行政部门,如国家汉办、国家语言文字工作委员会办公室、教育部留学服务中心、上海市对外友协等;第二类是行业学会,如世界汉语教学学会、江浙沪汉硕联盟、上海市高校外国留学生教育研究会等。

由此可知,学科竞赛的内容基本集中在中文听、说、读、写的实践及运用层面。要想在竞赛中取得优异的成绩,学生必须拥有过硬的专业知识能力。这就要求学生在平时学习过程中充分地积累知识,形成一定的知识储备。同时,需要合理安排课内外时间进行语言操练,提升对中文的综合运用能力。而学科竞赛的过程,其实又一次增强了学生对课本知识、理论知识、自身优劣的再认知、再实践、再创造,从而在今后的学习中精准找到问题的解决方案,有的放矢地进行提升,形成“以赛促学、以学强赛”的良性循环。

2. 学科竞赛有利于熔铸“中外融通”的教育机制

国际学生教育既是中国教育现代化的重要组成部分,同时也是中国对外开放事业的重要组成部分。中外学生之间应当形成“互学互鉴”“内外融

合”的机制。一方面，中国的教育可以让国际学生掌握理论知识，提升专业技能，中国作为联系世界的桥梁，让他们未来能在国际舞台展示自己；另一方面，中国学生也可以将国际学生作为观察与了解世界的窗口，足不出户就能知晓世界。

学科竞赛对于人才培养的推动作用毋庸置疑，不仅提升了国际学生的个人素养，更培养了他们中外协作的团队精神，因此充分发挥好学科竞赛“融通中外”的纽带作用意义重大。2019 年，国际文化交流学院联合中国社会科学院、牛津大学举办了“城市可持续发展领导力与公共政策”国际大学生邀请赛，共有来自 33 个国家和地区的 106 名的中外大学生围绕“城市建设”“交通”“政策”等议题同台竞技，相互切磋。回溯当时的备战情况，中外选手之间并非从一开始便能合作无间，而是在导师的指导和共同备战训练的过程中，彼此磨合，逐渐形成了默契合作的团队。一个默契的团队不只是成员能力简单叠加，而是相辅相成，每个人在团队中都能比单兵作战时发挥出更大的优势及作用，这种中外团队协作、并肩作战的经历对青年学子而言将是人生中宝贵的财富和美好的回忆。

不仅如此，现阶段中外青年学子之间的“中外融通”机制一旦形成，未来中国与世界各国的协调与合作、交流与共赢都将有所保障。谓之“功在当代、利在春秋”亦言不为过。

3. 学科竞赛有益于向世界讲好中国故事，倒逼“文化育人”工作的推进

文化软实力集中体现了一个国家基于文化而具有的凝聚力和生命力，以及由此产生的吸引力和影响力[3]。我们要深刻意识到国际学生既是中文与中华文化的学习者，又是中国改革开放的见证者、参与者，更是中国特色社会主义核心价值观的体验者与感知者，学科竞赛有益于我们向世界更好地讲述中国故事。

学科竞赛不仅是学生学习成果的展示，更是学生所在的各大高校、院系、教师的教学成果汇报。学生在学科竞赛中所取得的优异成绩离不开教学团队在背后的大力支持，这实际上也倒逼了学院、教师不断地对教学方法、内容进行打磨和完善。

如上所述，国际中文教育领域的各类型、各级别的学科竞赛是以中文与中华文化为核心而开展的，不仅要求学生拥有较高的中文听说读写能力，而且期冀学生对中国文化、历史、地理、艺术、文学等内容均有涉猎。通过此类学科竞赛，可以向更多的国际学生推广中文和中华文化的特色，以此促进国际社会对中国的理解，提升中国影响力，构建中国文化软实力。当然，这就要求教师从教学计划的制订、教案的设计，到教学活动的实施，以及教学效果的反馈都必须由被动向主动转型、由粗放向精细转型，探索并思考如何在多文化、多价值共存的国际学生第一、第二课堂中发挥好文化育人的作用，同时还要体现"春风化雨润物细无声"的特点，这是一门大学问。

二、建立"以教强赛、以赛促教"的育人机制

1. 优化课程结构，建立符合新时代需求的国际中文教育课程体系

第一课堂是人才培养的主要渠道。新时代对国际中文教育人才培养提出了新要求，原有课程体系和培养方案面临着新问题和新挑战。针对部分课程教学目标定位不够明确、课程设计内容过于繁杂、评价标准不够客观、教材过于陈旧等问题，我们通过教学改革，对所有课程进行梳理，明确课程的性质和功能定位；通过在学生中进行广泛调研，深入了解学生对课程教学的要求和意见；通过建立教材遴选机制，淘汰了部分陈旧的教材，择优更换了兼具时代性、实用性、学术性的优秀教材；创新教学方法，将案例教学、个性化教学、信息化教学、智慧化教学相结合；修订了本科及研究生的培养方案，结合学科竞赛的类型与标准，对其中的相关课程进行了优化，增设了"人类命运共同体构建：中外文化比较""'一带一路'与中国文化"等与时俱进的课程，培养适合新时代需要，同时在学科竞赛中又具备竞争力的国际学生。

2. 多渠道增强国际学生对学科竞赛的关注与理解，促进学风建设

学科竞赛的内容源于课堂专业知识又高于课堂所授内容。教师在平时授课过程中主动引导国际学生树立对学科竞赛的正确认知，并有意识地将学科竞赛和课堂教学有机结合，扩宽学生的知识面，提升学生的思辨与创新能力，增强学生对中文的应用实践能力以及对中华文化的理解。

国际文化交流学院的学工办通过发布公众号、贴海报等方式大力开展宣传工作，提升不同类型竞赛的知晓度，形成良好的院校两级学术文化氛围。与此同时，良好的学术文化氛围反过来可推动创新人才的培养并激发国际学生个体的创新性行为。这种不断循环的过程就是院校国际文化形成、融合的过程。

3. 搭建优质平台，鼓励国际学生跨学科融合，提升创新、实践能力

国际文化交流学院通过邀请与本专业相关的个人、团体，每学期为学生开设讲座、做报告、宣讲，还为学生提供课外活动、企业见习、专业调研等丰富的人力、物力资源，支持并鼓励国际学生参加跨学科竞赛。通过跨学科融合的各类学科竞赛，激发国际学生对本学科、本专业的自信，同时也为其自身能力的发展创设更大的锻炼平台和发挥空间。

4. 组建“有实力、敢担当、甘奉献”的学科竞赛指导教师团队

构建由校内专业导师和校外行业导师联动的理论与实践并轨的双导师模式。一方面，学院拥有一支高素质、高水平的专业教师团队，这些教师具有扎实的理论功底和高超的专业素养，能为参赛的国际学生提供有效的理论支撑和专业的思路导向；另一方面，聘请既有行业经验，又了解专业前沿的专家做兼职教师，为学生提供了丰富的内容指导，帮助他们了解相关领域的最新动向和热点。专业导师及校外行业导师将根据比赛类型、学生水平在内容、技巧、声音、仪态等方面开展针对性的指导，提升学生在学科竞赛中的核心竞争力。

三、国际文化交流学院在学科竞赛中的具体实践

2017年至今，国际文化交流学院联合校内外多部门举办了“我的同济情缘”汉语言故事大赛、“我的中国故事”国际学生演讲大赛，联合全球各大高校举办“城市可持续发展领导力与公共政策”国际大学生邀请赛；深度参与了由国家留学基金管理委员会举办的留学生朗诵比赛、由上海市语言文字工作委员会办公室主办的“隽永诗文，友谊之歌——上海市2017年留学生中国诗文诵读大会”、由教育部留学服务中心举办的“来华留学生征文大赛”；积极组织并参加了喜马拉雅及上海市网信办举办的首届网络好声音——声动喜马拉雅“我的中国梦”、由上海市友协、文旅局和上海图书馆举办的“相聚上海”国际读书征文、由上海市高校外国留学生教育研究会举办的“学在中国”留学生演讲比赛以及由国家汉办举办的2019“汉语桥”全球外国人汉语大会配音比赛。

国际学生在学科专业竞赛的参与过程中逐渐具备了“语言运用能力、行业实践能力、跨文化交际能力”三位一体的综合能力，增强了对中华文化、中国历史、中国国情的认同以及对人类命运共同体理念的理解。

“十三五”期间，国际文化交流学院学生获国际级竞赛奖项1项、国家级

竞赛奖项5 项、省部级及以上竞赛奖项 10 项、校级竞赛奖项 15 项(图 1),具体获奖情况见表 1。

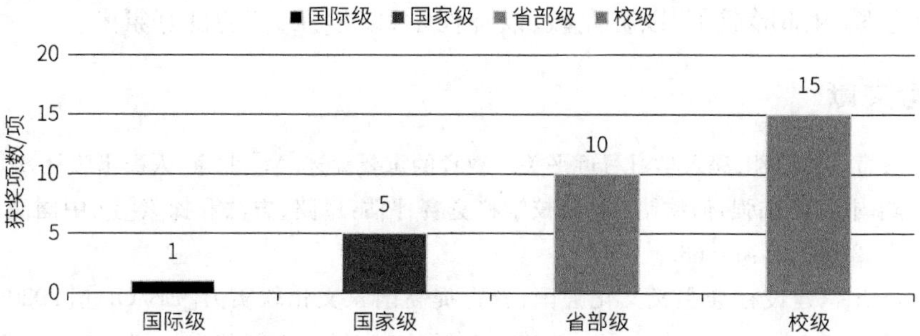

图 1　2017 年至今汉语言专业本科生学科竞赛奖项数量柱形图

表 1　2017 年至今汉语言专业本科生学科竞赛获奖详情

序号	年度	奖项名称	获奖等级	评奖组织单位	获奖情况
1	2017	“我的同济情缘”汉语言故事大赛	校级	同济大学留学生办公室、同济大学国际文化交流学院	二等奖 1 项,三等奖 3 项,优秀奖 3 项
2	2017	“隽永诗文,友谊之歌——上海市 2017 年留学生中国诗文诵读大会”	省部级	上海市语言文字工作委员会办公室	团体一等奖 1 项
3	2018	“我的中国故事”国际学生演讲大赛	校级	同济大学学工部	一等奖 1 项,二等奖 2 项,三等奖 2 项,优秀奖 3 项
4	2018	“第二届来华留学生征文大赛”	省部级	教育部留学服务中心	优秀奖 1 项
5	2018	首届网络好声音——声动喜马拉雅“我的中国梦”	省部级	喜马拉雅 FM,上海市网信办	二等奖 2 项、参与奖 3 项
6	2018	第五届“相聚上海”国际读书征文	省部级	上海市友协、文旅局和上海图书馆	四等奖 2 项
7	2018	“学在中国”留学生演讲比赛	省部级	上海市高校外国留学生教育研究会	一等奖 1 项
8	2019	“城市可持续发展领导力与公共政策”国际大学生邀请赛	国际级	同济大学、中国社科院、牛津大学	二等奖 1 项
9	2019	2019“汉语桥”全球外国人汉语大会配音比赛	国家级	国家汉办	优秀奖 5 项

随着院校两级对学科竞赛的日益重视，学生的参赛热情日益高涨。近年来竞赛成绩呈稳步上升趋势，涌现出一批专业水平高超的优秀指导教师，并在学院内部形成了“以赛促教、以赛促学、以学强赛”的良好氛围。

参考文献

[1] 教育部课题组.深入学习习近平关于教育的重要论述[M].北京：人民出版社，2019.

[2] 陆国栋，陈临强，何钦铭，等.高校学科竞赛评估：思路、方法和探索[J].中国高教研究，2018 (2)：63-68.

[3] 习近平.建设社会主义文化强国，着力提高国家文化软实力[EB/OL].[2020-01-15].http://cpc.people.com.cn/n/2014/0101/c64094-23995307.html.

新时代高校第二课堂自媒体应用研究
——以同济大学德语系学科竞赛活动为例*

庞文薇[1]　冯红红[2]

1. 同济大学外国语学院　2. 浙江大学外语语言文学与国际交流学院

摘　要　本研究基于新时代带来的机遇与要求，思考将自媒体作为教育信息化的手段促进第二课堂与第一课堂协同育全人和能人的方法。本文先通过文件解读和文献梳理，发现了第二课堂当前的浮散虚困境和新时代对教学内容、教学评价和教学环境三方面作出的调整要求。随后联系自媒体的特点，从理论层面论证了依托自媒体平台的第二课堂能够解决上述问题，完成新时代培养目标。最后从实践角度，以同济大学德语系学科竞赛活动出色的成绩证明了在第二课堂中引入自媒体的必要性，并结合本课题组于2018年所作的问卷调查，列举了自媒体在第二课堂中的应用方式。

关键词　新时代　自媒体　第二课堂　学科竞赛

一、以自媒体激活新时代第二课堂的育人潜能

2018年，党中央召开了新时代以来第一次全国教育大会。会上习近平总书记强调要培养德智体美劳全面发展的社会主义建设者和接班人。要形成这样全面的人才培养体系显然无法只依靠在规定的教学时间内进行按照教材及教学大纲所设计的教学活动的第一课堂。为了弥补第一课堂在实践和评价体系上的短板，引入第二课堂作为第一课堂在时间、空间、情景等层面上的补充和延伸，使第二课堂负责开展各种有意义的课外活动，包括知识性的、学术性的、文艺性的、健身性的、公益性的等[1]，与第一课堂协同育人，是实现新时代党中央提出的教育目标的途径之一。

---

* 本文为全国翻译专业学位研究生教育研究项目（MTIJZW201916），同济大学第十五期实验教学改革专项基金项目（1100104130）的阶段性研究成果。

第二课堂不是一个崭新的概念。早在2002年，共青团、教育部和全国学联就联合发布了《关于实施“大学生素质拓展计划”的意见》，2018年则正式实行“第二课堂成绩单”制度。然而多年的实践表明第二课堂的育人潜能还并未完全激活，全面发展的人才培养体系还尚未建立。用教育部部长陈宝生在2019年的全国教育工作会议上的话说，我国教育长期以来疏于德、弱于体和美、缺于劳。站在中国特色社会主义进入新时代的这一新历史起点，要想第二课堂在未来取得全面的育人实效，不可忽视新时代所带来的机遇和要求。

根据党的十九大精神，新时代开启了加快教育现代化、建设教育强国的新征程，提出了办好网络教育，积极推进“互联网＋教育”发展的要求。教育部在2018年提出要强化以能力为先的人才培养理念，将教育信息化作为教育系统性变革的内生变量。2020年初，突发的新冠肺炎疫情使教育部提出“停课不停学”的要求，这为在线教育排除了一切质疑和阻力，使其获得了大规模实践和技术提升的机会，而我国高校在没有试错机会的情况下，利用在线教学完成了整个2020年春季学期的教学任务，这使得原本具有“急就章”性质的线上教学赢得了人们空前的关注和重视。这一突发的疫情不仅激发了教育信息化的巨大优势，还催动了教育的被动式变革，谭维智[2]和王竹立[3]等学者从此次线上教学的临危受命背后看到了当今互联网、大数据、人工智能等新技术驱使教育在人才培养、教学形态和教育生态方面变革的必然和方向。

自媒体拥有互联网平台和信息化技术，它的迅速崛起挑战了传统媒体“一对多”（比如报纸、广播和电视等）或“一对一”（比如电话和电报等）的信息传播方式，也剧烈地变革了人们接收、传播和发布信息的模式和习惯。而当代大学生几乎可以说是在自媒体环境下成长的一代，他们深受其影响，最为广泛地活跃在其中。

鉴于此，本文认为将自媒体引入高校第二课堂不失为在新时代探索达成德智体美劳全面发展的、以能力为先的全方位人才的培养目标过程的一次有意义的尝试。为了论证这一推测的合理性，验证这一设想的可行性，本文将首先根据已有文献梳理当前第二课堂暴露出的问题和新时代对第二课堂提出的挑战，从理论层面论证依托自媒体平台的第二课堂能够克服这些问题，完成新时代培养目标；然后从实践角度，以同济大学德语系学科竞赛活动为例，说明建立依托自媒体平台的第二课堂的必要性和可行性。

二、第二课堂的困境和新时代的要求

1. 第二课堂浮散虚困局

回顾第二课堂的相关文献，本文将第二课堂建设中存在的问题归纳为活动“浮”，联系“散”和内容“虚”这三点。

所谓“浮”，是指在第二课堂框架内看似活动多、场面大，实际入脑入心不够，使得最终的育人效果一般。彭巧胤[4]认为第二课堂内进行的活动，内容随意，与人才培养目标不相吻合，质量低下。宋丹等[5]则观察到了第二课堂内的活动表面轰轰烈烈，内涵空洞乏味，为了趣味性放弃思想性。李发武[6]在开展思想政治教育活动的第二课堂中也发现了这种将活动数量等同于高质量有成效的困境。吴疆鄂等[7]还从随机发放的问卷中得出了学生对实践意义认识不足、实践目标不明确、课程体系结构不合理等问题会导致很多实践活动流于形式的结论。

所谓“散”，从教育系统内部看是指第一、第二课堂间，师生之间，学校各部门团体间的互动联合不足，从社会环境层面看，是指学校、家庭、社会各方面和政府合力不够。吴疆鄂等[7]从其课题组所做的问卷调查和实地调研中发现很多高校‘第二课堂成绩单’的执行主要还是共青团组织在一力推动，学校层面重视和统筹不够，各部门的协调合作不够，政策制度不健全，考勤考评不到位，数据对接不及时。无独有偶，彭巧胤[4]也观察到了第二课堂内政工队伍长期单打独斗。除了育人主体的单一化，第二课堂的独立性也被过分强调。当前，第一课堂由教务部分负责，第二课堂由学生工作部门负责，尚未形成良性互动，资源共享、信息互通和力量整合，甚至常出现育人效果相互抵消现象。[8]

所谓“虚”，是指内容空泛，没扣住对准学生特点。有些课堂表现为只顾单方面供给，忽视多元个性的需求，缺乏调研、依赖经验、不愿变革，一定程度上与学生的成长需求相背离[5]。李发武[6]指出当前不少高校的思想政治教育工作无论是工作理念还是方式方法都过于传统陈旧，活动品味不高，缺乏对学生的吸引力。彭巧胤[4]虽然指出了第二课堂通过长期的建设和发展在内容、功能和效果方面得到了较大的改进和完善，肯定了学生逐渐突显的主体地位，但同时也还是指出了第二课堂缺乏有效指导，并提议让专任教师协助政工队伍教书育人。刘兵[9]在其论文中也论述了稳定的专职师资队伍对于第二课堂的重要意义。

2. 新时代第二课堂面临的挑战

新时代以来，人工智能、大数据、区块链等新技术持续迅猛发展，人们普遍认为工业时代或更早的农业时代的知识教学方式已经不再完全适合我国当下智能环境对人才培养的需求，学校教育教学亟待作出相应的变革。

一要调整教学内容。智能环境下的社会日新月异。新职业种类不断涌现，传统职业界限日益模糊，以就业为最终目的的学习者的学习需求也随着社会的复杂化而越来越多元和个性。在此背景下，学校办学的出发点从为社会培养专门人才，变成为学习者个人提供自我提升的教育教学服务[2]。换言之，学校不应该再遵照工业时代大规模培养标准化专业人才的办学逻辑，注重具体的专门知识，而是要强化以能力为先的人才培养理念。在信息爆炸的互联网时代，就是指要强化学习者检索、选择、加工、运用、建构那些能解决现实问题的，却未经专家学者检验、加工、整理、改造的，不成系统和不具结构的知识的思维和能力；还指注重锻炼学生的智能和品性，发挥知识的桥梁作用，实现由识转智，转识成智，培养学生的高阶思维能力和创新创造能力[3]。第二课堂作为重智育的第一课堂的补充，自然更应该强调能力而非知识训练。

二要调整教学评价。若要彻底实现教学内容从重量到重质的转变，必须相应调整教学评价体系。传统教学评价体系主要以局限在教材和大纲中的标准化考试成绩为主要指标，反映的是对书本和课堂教学内容的掌握程度，属于学习输入评价，在衡量如检索、整合、交际等能力时就会暴露短板。在智能环境下尚且不完全适合第一课堂，更不用说注重实践和个性化的第二课堂。因此，教学评价体系在新时代应该变为以学习输出评价为主，主要考察学习者通过课程阶段的学习，能够完成什么作品、作业、论文，能够解决哪些真实问题，思维和能力方面有哪些提高等[2]。

三要调整教学环境。如今世界的知识储量即便个人终身学习也无法完全掌握，更何况智能环境下技术革新和知识创新时刻不停，因此构建泛在学习环境是必要的。另外此次新冠肺炎疫情也警醒了我们处在如今这个变化的环境中，掌握突破时空限制的教育手段的必要性。

三、自媒体的应对之法

1. 自媒体的特点

所谓自媒体源于美国知名作家丹·吉尔默(Dan Gillmor)提出的新闻媒

体 3.0(Journalism 3.0),它以博客、微博等为代表,指带有私人、平民、普泛、自主等特征的传播者,他们通过现代化、电子化的手段,向不特定的大多数人或特定的单个人传递规范及非规范性信息的自媒体的总称[10]。经过多年的发展,自媒体平台得到了极大的丰富,如今除微博外,还有微信、直播平台、短视频平台等多种方式。

由定义出发可归纳出自媒体的两个特点:

第一,传播主体的去中心化。网络的传播方式加上分享(Share)和链接(Link)两大特性,自媒体使用户在被动的新闻接受者身份之外,又拥有了新闻的制造者与传播者两重新身份。平等的信息发布权利使得大众在信息传播过程中的主体地位得到了空前的提高,每一个人都能以自己为中心形成规模各异的信息传播网络中心。又由于可以同时存在多个信息传播网络中心,所有中心的权威因此被弱化。

第二,传播交互性强和范围广。在互联网媒介环境下,用户通过自媒体平台制造并传播信息给其他用户,同时也接收或传播来自其他用户的信息。此时该用户和与其捆绑在一起的信息便称之为"节点"(Humanode)[11]。这些节点充当了用户间互动的媒介,节点本身也因为用户的互动而产生新的信息,从而具有更强大的交互性。此外根据节点在传播信息时执行的功能主要可分为三类:核心节点是指生成信息的源头用户;桥节点这类用户则负责接收、评价和扩散来自源头的信息,起中介作用;长尾节点的用户接收来自桥节点的信息[12]。由此可见,在信息的纽带作用下,由节点编织而成的信息传播网络会不断地扩大和延展。

2. 自媒体在第二课堂中的应用

自媒体不仅改变了人类信息传播获取的方式,它所提供的独特的信息渠道,还隐藏了它改变当前第二课堂现状的巨大能量。

通过文献梳理,本文得知当前第二课堂建设中存在有活动"浮"、联系"散"和内容"虚"这三个问题。活动虽多却"浮",可归结于没能在人才培养目标、课程安排和趣味性这三方面取得平衡,而这三方面又对应着学校事业负责人、各学科负责人和全部学生的诉求。联系的"散",具体表现在第一和第二课堂间、师生之间、学校各部门团体间,以及学校、家庭、社会各方面和政府间。而内容的"虚"则与活动的"浮"一样根源于学生和专任教师角色在课程设计中的缺失。以自媒体的视角看来,当前第二课堂"浮散虚"困境的破局之法就在于勾连起第二课堂各主体圈子,而建立圈内和圈际的联系正是自媒体的优势所在。

一方面所有第二课堂的主体都可被抽象为信息传播的节点，这些节点根据自己在第二课堂框架内的不同角色身份而与部分节点有着强人际关系连带，信息在由此形成的关系网中根据格拉诺沃特[13]的理论以圈子化的方式传播。凭借自媒体强交互性的特点，依托自媒体的第二课堂将具有更高的信息传播效率。另一方面又因为自媒体传播主体的去中心化，圈层之间、圈际之间和节点之间的距离感，差异感相比于其他平台更小，因此更有利于桥节点将本圈内容传播入其他异质圈层，或引入异质圈层参与核心事物的生产。这种依托自媒体平台的第二课堂在理论上就既能保证圈内的效率，也能打破学校、学科和学生的圈层壁垒，不使运行孤立化，不使沟通单向化，不使培养绝对化，从而克服“浮散虚”的不足。

新时代从互联网思维出发对第二课堂提出了调整教学内容，调整教学评价体系和教学环境的要求。而作为以互联网① Web2.0 应用技术为基础的传播媒体，自媒体既适合作为授课内容，也可充当授课媒介。围绕自媒体的讨论可以丰富课堂的纬度，发展学生的个性，锻炼学生的信息处理、创新建构和批判鉴赏等基础能力，而以在自媒体平台上发布作品，利用自媒体开展线上活动等实践则可以作为学习评价的对象。一部手机，一台电脑就可以作为自媒体的终端连接起所有人，在这个意义上网络环境就是一个泛在的学习空间。

四、同济大学德语系第二课堂自媒体应用分析

此前从理论层面论证了将自媒体引入高校第二课堂作为达成以能力为先的全方位人才培养目标的尝试的合理性，为了验证理论的可行性，接下来将以同济大学德语系学科竞赛活动为例，分析自媒体为激活第二课堂育人效果带来的价值。

1. 案例选取和描述

之所以选择学科竞赛作为同济大学德语系第二课堂活动的案例，是因为一方面学科竞赛是将专业知识应用到当下社会实践的最直接活动，它是学生观察社会人才需求市场风向的窗口；另一方面它还是创新人才培养的

---

① Web2.0 是相对 Web1.0 的新一类互联网应用的统称。Web1.0 的主要特点在于用户通过浏览器获取信息，Web2.0 则更注重用户的交互作用，用户既是网站内容的浏览者，也是网站内容的制造者。

重要途径，能为研究型大学培养拔尖创新人才提供机会，研究激发学科竞赛热情，提高学科竞赛水平的方式对学校决策者改进教育资源分配、课程设置和完善学生评估体系等都具有重要意义。

鉴于德语类竞赛对于德语学生的现实意义，同济大学德语系学生一直积极主动参与各类德语竞赛，根据本课题组的研究统计，2007—2019 年期间，德语系学生共在各大德语类竞赛（市级以上）中获奖 33 次，其中辩论类 3 次（占 9%），写作类 14 次（占 42.4%），翻译类 1 次（占 3%），其他竞赛获奖 15 次（占 45.5%）。此外在德语社举办的如德语原创小诗大赛、德语电影配音大赛等活动中德语系学生也屡获殊荣。

2. 自媒体在德语类学科竞赛中的应用

（1）在微信公众号上进行线上宣传和后续赛事报道

2018 年，本课题组曾在同济大学德语系本科生中做过一次问卷调查。调查结果显示，当时 75.76% 的学生获知德语类竞赛信息的途径是通过教师。口耳相传的信息传播模式受到时空的限制远比 Web1.0 使用户通过网页浏览器获取信息的方式要大得多，而Web1.0 所带来的参与度又无法与自媒体圈子化的信息传播模式相比。2018 年，同济德语社在德语系官方微信公众号——同济大学德语系上发布了将举办“花季德语小诗翻译比赛”的推送。据统计该活动总共吸引了来自全国 7 个省市，9 所高校，共计 50 余名学生参加。而同年歌德学院举办的第八届“Hallo Deutschland 语言大使”比赛则仍然通过官网发布消息，最终吸引了 30 多名参赛选手。由此可见，微信公众号的确是当下性价比最高的宣传手段。不过如果只在公众号上发布比赛信息，那么公众号的影响力还远没有被完全发挥。除了及时发布德语类竞赛，公众号还应该第一时间推送后续赛事报道，这样做一方面可以维持公众号的热度，另一方面也可以使没有竞赛经验的学生了解竞赛、消除疑虑。

（2）利用视频平台直播学科竞赛过程或在公众号上展示优秀作品

研究 2018 年的问卷调查数据发现，自觉能力不及竞赛要求、感觉课业压力过大没时间参加竞赛和认为竞赛过于枯燥是学生不参与德语类竞赛的最主要原因。从这些回答中可以看出大部分学生对竞赛持有负面印象和畏惧态度。竞赛的确具有一定难度，需要投入一定时间，但也不能在没有参与或观看的情况下，推测竞赛的实际情况，这样极有可能夸大竞赛的难度，降低自己对竞赛的兴趣。写作类的竞赛，比如德语写作比赛、翻译比赛等，可以将优秀作品展现在微信公众号上供大家欣赏；而竞技类比赛，如辩论赛、风采大赛等则可以通过直播或录播的形式传达给不在现场的潜在观众，激发未参赛学生兴趣。

（3）以自媒体运营合作项目丰富学科竞赛的教育意义

尽管学科竞赛的主体和焦点是参赛者，但其所涉及的主体还包括组织比赛的和支持比赛的师生。对参与者而言，一次竞赛是实践学习成果的机会，是培养团队协作意识的机会，是在过程中熟练掌握基本技能的基础上，在创新思维的引导下生成创新技能的机会；对组织者而言，他们应该思考如何设计学科竞赛的运行机制及其管理方法举办高水平和广泛影响的活动，以激发大学生的兴趣和潜能；对支持者而言，他们作为参赛者团队的辅助力量，在为参赛者提供支持和声援的过程中能锻炼团队协作意识。然而2018年的问卷调查数据显示，45%的学生认为竞赛的时间安排和评定规则不合理。在被问及如何改进德语类竞赛时，学生认为改善竞赛本身的设置，如增强竞赛的权威性和丰富奖项品类能影响其参与意愿。从约半数的不满意声音中就可以看出当前竞赛组织方与参与者的脱节与分离。参赛者不满意赛事会导致比赛热情衰退，不够出色的赛事无法获得广泛传播，吸引新的参赛选手的能力也会随之减弱，组织者又不清楚参赛者对比赛的不满，也就不会更新改善比赛，于是竞赛走向势微。以微信为平台的自媒体拥有海量的用户数据，参赛选手及其团队和组织方能够迅速建立社交联系，并且在虚拟的、去中心化的网络环境中，用户间的心理距离会缩小、交流也会相对更平等，因此不失为一个供组织和参赛方交流意见的优秀平台。而且组织方和支持方都可依托于微信自媒体的图文功能为比赛或选手造势，比如通过写通讯稿，在线评选最受欢迎的选手等。这样一个自媒体运营项目既能使组织方与参赛方取得联系，又能使双方锻炼沟通、策划和宣传等能力，并最终提升比赛水平和效果。

五、结语

第二课堂与自媒体的结合目前仍属于边缘话题。本文以个案证明了第二课堂与自媒体相结合的必要性和可行性，但缺少量化大数据，以验证本文结论的普遍性。此外当前的第二课堂未能完全发挥其育人潜能，定然还存在除了“浮散虚”之外的原因，本文尚未考虑全面，故撰写此文，欲抛砖引玉。

参考文献

[1] 冯刚.改革开放以来高校思想政治教育发展史[M]，北京：人民出版社，2018.

[2] 王竹立.后疫情时代,教育应如何转型?[J].电化教育研究,2020(4):13-20.
[3] 谭维智.在“后疫情时代”如何进行知识教学变革?[J].现代教育技术,2020(5):5-10.
[4] 彭巧胤.高校第二课堂课程建设的探索与思考[J].教育与职业,2011(5):147-148.
[5] 宋丹,崔强,陆凯.提升高校第二课堂育人实效的路径探析[J].思想教育研究,2018(5):119-122.
[6] 李发武.高校第二课堂体系的构建与创新[J].学校党建与思想教育,2019(10):94-96.
[7] 吴疆鄂,唐明毅,聂清斌.高校共青团“第二课堂成绩单”运行机制探究[J].学校党建与思想教育,2019(10):91-93.
[8] 李丽,周广,臧欣昱.创新高校第二课堂育人体系的实践探索[J].思想政治教育研究,2019(4):112-116.
[9] 刘兵.完善高校第二课堂培养模式研究[J].中国高等教育,2009(18):59-60.
[10] GILLMOR D. We the Media: Grassroots Journalism by the People, for the People [M]. New York: O' Reilly, 2006.
[11] BANISTER. J. Word of Mouse, the New Age of Networked Media[M]. Chicago: Agate Publishing, 2004.
[12] 喻国明,欧亚,张佰明,等.微博:一种新传播形态的考察——影响力模型和社会醒应用[M].北京:人民日报出版社,2011.
[13] 马克·格兰诺维特.镶嵌:社会网与经济行动[M].北京:社会科学文献出版社,2007.

地球物理专业实践教学与创新能力培养现状与对策思考

张新兵　耿建华　张罗磊　刘玉柱　刘堂宴
同济大学海洋与地球科学学院

摘　要　实践教学是地球物理专业创新能力培养的重要途径，当前的实践教学与创新能力培养中存在教学理念内容相对落后、学生主动性不足、创新锻炼不足、在校教师在创新能力培养指导重视不够、创业成功率低、考核制度不完善等缺点，希望通过优化教学内容，加大实践教学比重；拓宽实验教学内容，建立实验共享平台；拓展见习基地，采用双导师制度，搭建校外实践教学平台；完善实践评价体系等四方面内容的建设，为专业的实践教学和创新能力培养开拓新的思路，提高学生实践动手能力，着力培养创新能力，开拓创业思路。

关键词　地球物理　实践教学　创新能力　现状　对策

为了促进国家经济转型发展和充分就业，国家做出了大力推进创新创业的重大战略决策。2015年，国务院发布《关于大力推进大众创业万众创新若干政策措施的意见》的创新创业教育纲领性文件。同年，国务院办公厅发布《关于深化高等学校创新创业教育改革的实施意见》，意见指出："到2020年建立健全课堂教学、自主学习、结合实践、指导帮扶、文化引领融为一体的高校创新创业教育体系。"大学本科生和研究生是我国创新创业与创新型国家建设战略实施的重要力量，地球物理专业作为基础和能源勘探支持学科，实践性很强，在创新上的地位更加突出。

学校正常教学活动中创新创业能力的培养关键在于实践教学活动，因此如何在实践教学活动中贯彻创新创业能力的培养理念，使学生具有较强的创业创新能力和意识，是实践教学活动中需要考虑和研究的重要内容。

通过对中国地质大学、中南大学、东华理工大学等几所大学的地球物理专业课程设置情况调研，同时查阅相关文献发现，大部分高校地球物理专业本科生教学计划均设置有实践课程；部分高校研究生教学中没有专门开设地球物理实践课程，而是将研究生实践教学内容直接与毕业论文衔接，在毕业论文阶段得到锻炼；另外，大部分高校的地球物理专业研究生教学均有地球物理实践教学环节。同济大学地球物理学专业作为一级学科点，主要培养从事固体地球物理学、地球动力学、资源勘查等方面的综合型人才，理论与应用并举，尤其需要建立完善的实践教学体系，这对于提高实践动手能力和创新创业能力，培养出社会需要的多层次创新创业人才，具有重要意义。在新一轮的地球物理专业培养方案调整修订中，同济大学地球物理专业继续强化本科生和研究生实践教学环节，研究生的实践教学更是分方向开设了地球物理综合实践课程（地震和测井方向、重磁电方向），重点培养学生实践动手能力、自主解决实际问题能力，为专业创新能力打下坚实基础，拓展自主创业精神。

一、地球物理专业实践教学和创新创业能力培养现状

综合各个高校地球物理专业培养过程和质量，总的来说实践教学培养取得了良好的效果。但随着对人才培养要求的提高以及社会需求的不断发展，地球物理专业实践教学和创新创业能力依然存在诸多不足，亟待进一步提高，主要表现在以下几个方面：

(1) 实践教学理念陈旧，教学内容相对落后、课程结构不合理，理论教学偏多，实践性内容相对较少，有的学校甚至缺失部分实践教学环节，不能很好将理论和实践相结合，实践能力培养不足。

(2) 学生主动性不足，过度依赖教师、相信权威学术文章，从而导致创新意识和思维能力不够。学生主要在教师指导下完成课程学习及论文等工作，积累了一定的理论和实践知识，但是由于学科和教师要求的局限性，学习的范围非常有限，与其他学科方向及实际的结合不足。

(3) 目前同济大学等大多数学校地球物理专业都设置了创新项目，但主要是对本科生开展创新创业教育，而研究生创新创业教育没有得到充分重视。

(4) 对于研究生而言，导师在创新创业培育中所担任的角色不够完善，由于导师的主要任务集中在知识的传授、学术能力的提高等方面，很少涉及创新创业方面的教学内容，况且多数年轻导师都是学校毕业后直接走向工作岗位，缺少必要的实践经历，大量的教学和科研工作已占据了大部分时

间，很难顾及学生的创新创业问题。高等学校方面也缺乏相关的激励机制，从而导致专业导师对研究生创新创业能力培养的积极性也不高。

(5) 由于专业特点，地球物理学生创业的人少，成功率也相对较低，使得整体创新创业气氛不浓，学生兴趣较差，对各种专业竞赛、讲座以及会议交流重视不足。再加上平时以在实验室或课题组为主，参加活动少，人际交往相对单一，缺乏与外界的有效交流，更少参与创新创业活动。

(6) 考核制度不完善，现阶段地球物理学专业本科生的创新能力水平主要通过创新项目来衡量，研究生主要以发表论文来衡量，不能全面有效地反映研究生创新能力，导致多数学生无暇考虑创新创业，取而代之的是在实验室里做实验、发论文，同时也缺乏有效的创新创业教学效果评价机制，难以评价指导教师和学生的创新创业效果。

二、地球物理专业实践教学与创新能力培养对策思考

为了使学校地球物理学专业能够立足长远，更好地解决学生就业问题，针对目前实践教学体系和创新创业能力培养存在的问题与不足，建议建立一个完善的基于创新创业能力培养的实践教学培养体系，通过与实际需求紧密结合，提出新的建设内容，最大限度地提高实践教学质量，满足用人单位对人才的需求。

1. 优化理论教学内容，加大实践教学比重

创新创业能力来源于坚实丰富的基础知识和良好的科学素质，仅仅掌握单一的专业知识是很难做到的。因此，首先需要拓宽传统课程体系和教学内容，建立“学科的专业核心课程＋创新创业教育必修课”，加大实践教学的比重，增加部分创新创业选修课程，定期开展创新创业教育培训，把创新精神及创业能力的培养作为教学指标。

拓展完善传统教学手段和方法，教师在教学设计上也应注重其他学科与本学科知识的融合，介绍学科前沿动向和生产应用，主动拓展学生的知识结构，使学生在后续的毕业论文选题及论文发表中有较强的针对性，主动研究生产实际问题，更能够拓展发散性思维，激发学生创新意识。

2. 拓宽实验教学内容，建立实验共享平台

根据地球物理学专业学生知识结构特点，在传统理论教学的基础上，增加部分具有探索性、挑战性和创新性的实验科目，实现各专业实验课程的横纵向联系和贯通，共同提高理论和实践知识水平。同时整合实验资源，尤其

是国家实验室的资源，建立实验共享平台，使学生能够根据自我兴趣和创新思维选择相应的开放式实验，独立自主完成实验项目，挖掘和开发创新潜能。鼓励学生选择相近学科的实验课程，实现学科交叉。

3. 拓展见习基地，采用双导师制度，搭建校外实践教学平台

除了传统的校内实践教学外，建立校外企业的实践见习基地，改变校内单一导师制度，引入企业型指导教师，与学校导师搭班建立“双导师”教学队伍。学生在校内接受理论学习以及学术科研方面的指导，独立自主完成科研任务，参加各种会议活动，增强沟通交流表达能力和创新思维意识。在校外实践见习基地中，结合平时遇到的问题，主动向企业型老师学习知识，获得新的思想，完成应用生产任务，在撰写毕业论文过程中真实了解企业和社会需求，将所学知识用来解决实际生产过程中所遇到的地质问题，不断建立健全创新创业的实现途径。同时“双导师”在研究生教学过程中可以加强创新创业理念教育，鼓励和支持研究生自主创新创业，逐步完善地球物理学专业的创新创业支撑体系。

4. 完善实践评价体系

改变地球物理学专业以理论成绩或实践、创新项目或科研论文作为单纯的考核方式，提出新的实践教学评价体系，把创新创业支持体系纳入培养环节中。例如创新活动所完成的发明、专利、制作、论文、著作、设计、科技竞赛活动等以及后续的创业过程中所产生的一些成果都以学分的形式纳入考核，作为其完成学业不可缺少的一部分，给予学分、学时奖励。

希望通过优化教学内容，加大实践教学比重；拓宽实验教学内容，建立实验共享平台；拓展见习基地，采用双导师制度，搭建校外实践教学平台；完善实践评价体系等四方面的建设，为实践教学和创新能力培养开拓新的思路，提高学生实践动手能力、思维创新能力，开拓创业思路。

参考文献

[1] 张元中.科罗拉多矿业学院地球物理系导师培养研究生的模式及启示[J].高等教育，2011(2):67-71.

[2] 孙建国.浅论地球物理专业本科阶段的创新能力培养[J].中国大学教学，2011(10):29-31.

[3] 宋建国，李振春.浅析地球物理校内综合实践基地的构建[J].石油教育，2013(2):25-28.

[4] 陈涛，牛瑞卿，王毅.地球信息技术专业学位研究生实践能力培养研究[J].科技创新

导报,2018(31):142-143.

[5] 屈艺.工学结合视域下全日制工程硕士生实践能力培养体系的构建[J].教育与职业,2013(33):178-179.

[6] 谭正航,尹珊珊.论地方高校研究生创新创业能力校企协同培养机制的构建[J].南昌师范学院学报(社会科学),2017,38(2):71-74.

[7] 宋平,杨连茂,甄良,等.浅议全日制工程硕士生实践能力培养体系的构建[J].学位与研究生教育,2011(2):61-64.

[8] 李姗霖,熊淦,吴亭燕,等.研究生创新创业教育课程体系构建研究[J].研究生教育研究,2017(4):45-50.

[9] 艾科,林松涛.研究生创新创业教育体系的构建与实施[J].教育教学论坛,2017(21):247-248.

“三全育人”模式下的软件工程竞教结合创新人才培养模式建设和实施

朱宏明[1]　同沫宇[2]　江建慧[1]　陈　荣[1]　尹长青[1]　王彩霞[1]

1. 同济大学软件学院　2. 同济大学本科生院

摘　要　同济大学软件学院根据软件工程学科特点、地方特色和行业需求，结合学校“三全育人”的要求，通过不断总结和实践，建成了以协同创新大实践平台建设为载体，以学生俱乐部为核心，以国家需求为导向，塑造学生综合素质与能力，持续推进全过程、递进式创新人才培养体系，取得了一大批学生创新成果，受到了社会和企业的广泛好评。

关键词　三全育人　软件工程　竞教结合　创新人才培养模式

一、背景

习近平总书记在全国高校思想政治工作会议上指出，要坚持把立德树人作为中心环节，把思想政治工作贯穿教育教学全过程，实现全程育人、全方位育人，努力开创我国高等教育事业发展新局面。党的十九大以来，聚焦实现全员全过程全方位育人，教育部启动“三全育人”综合改革试点工作。

自 2018 年 10 月入选全国首批十所“三全育人”综合改革试点高校后，同济大学统筹构建“大思政”格局，校党委书记方守恩同志主持召开学校思政工作领导小组会议，各职能部门共同讨论，教代会、工代会专题研讨，最终形成《同济大学“三全育人”综合改革试点方案》，细化分解为 83 条具体任务，并在新学期工作会议上将纵深推进“三全育人”综合改革试点工作列为 2019 年重点工作之一，进行专题工作布置。学校全面落实立德树人根本任务，多方联动，凝聚校内外各类群体育人力量，营造合力育人、协同育人的良好氛围，努力开创“三全育人”综合改革试点工作新局面。

同济大学软件学院在“三全育人”模式下的软件工程竞教结合创新人才培养过程中，不断思考如何在国家、学校的指引下，将“三全育人”落到实处。

结合软件工程专业的特点，利用同济大学的办学优势，充分发挥学院的竞教结合创新人才培养积极性和创造性，形成一个以竞教结合协同创新大实践平台建设为载体，以学生俱乐部为核心，以国家需求为导向，塑造学生综合素质与能力，持续推进全过程、递进式创新人才培养体系。重点解决以下四个问题[1]：

(1) 如何营造竞教结合创新人才培养"三全育人"的教育环境，把思想道德教育、文化知识教育、社会实践教育各环节进行融合，形成教书育人、科研育人、实践育人、管理育人、服务育人、文化育人、组织育人长效机制。

(2) 如何构建符合软件工程特色的"三全育人"竞教结合创新人才培养模式，让学生能够在面对行业和国家发展中的实际问题时，做到理论联系实际，做到四年一贯制的学生创新能力培养。

(3) 如何在第一课堂中支撑"三全育人"竞教结合创新人才培养，体现课程项目和具体实践问题的关联，反映学科发展和行业痛点，体现我国行业发展"卡脖子"问题。

(4) 如何构建"三全育人"竞教结合创新人才培养支撑体系，让"三全教育"竞教结合创新人才培养成为一种常态化、可持续的工作。

二、竞教结合创新人才培养模式

在"三全育人"建设中，同济大学确立了面向未来优化学科布局，用现代信息技术、人工智能技术来丰富和提升现有的学科内涵，鼓励科学技术与人文社科融合来支撑国家发展战略；整合人才培养环节，将理论教学、实验、实践、创新创业教育全链条贯通的人才培养体系建立作为指导思想，确定了围绕"价值引领"与"知识传授"相结合的课程目标，将知识体系教育同思想政治教育相结合的人才培养理念。

同济大学软件学院在"三全育人"竞教结合创新人才培养中，创建了如图1所示的竞教结合创新人才培养模式。

学院以协同创新大实践平台建设为载体，以学生俱乐部为核心，以国家需求为导向，塑造学生综合素质与能力，持续推进全过程、递进式竞教结合创新人才培养体系。全面落实学科竞赛进课程，广泛开展科技创新实践活动，把"读万卷书"与"行万里路"辩证统一起来，让师生在亲身参与中认识国情、了解社会，受教育、长才干、做贡献。构建共生型创新教育体系，打造"一二课堂联动、校院两级互动、师生共同参与、学习实践有机结合、学校社会合

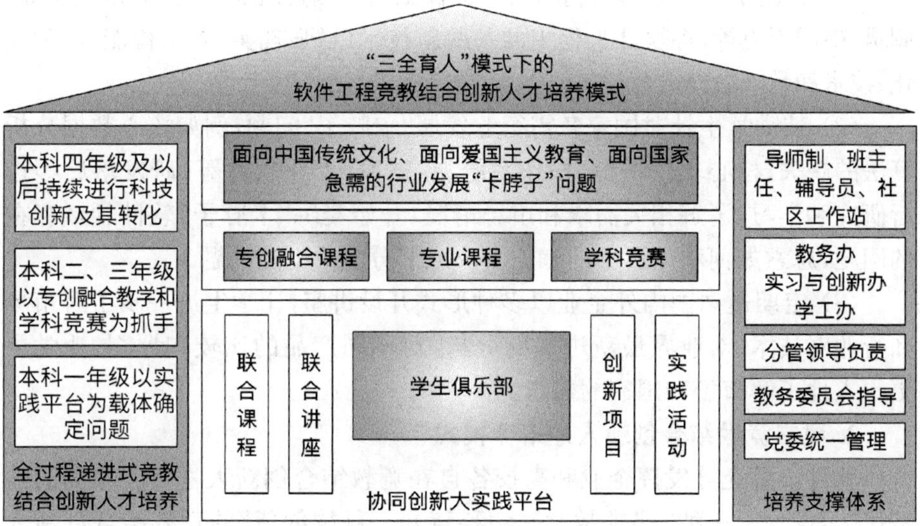

图1　软件工程竞教结合创新人才培养模式

作育人”的“三全育人” 竞教结合创新人才培养特色[2,3]。

三、竞教结合创新人才培养方法

1. 构建“三全育人”环境

在“三全育人”建设中，同济大学秉承弘扬家国情怀，突出红色基因传承，提升学生创新能力，形成同济特色理念，将课程、文化、实践、网络、体育等育人体系形成同济品牌。其中就包括形成同济特色实践育人模式，推进文化育人品牌输出，建成创新创业实践育人支撑人才培养的良性机制，探索长效机制，围绕红色基因传承、爱国主义教育等同济特色校园文化，不断输出更多有影响力的文化育人作品。

软件学院在学校的统一部署下，结合软件工程学科特色，率先在全国高校创建了面向专业教育的校企合作学生俱乐部机制，逐步形成了学生自我组织、师生相互交流、高年级帮带低年级的良好氛围，鼓励学生面向中国传统文化、面向爱国主义教育、面向国家急需的行业发展“卡脖子”问题进行科技创新探索，形成“学生是创新的主体，教师是可靠的支撑，行业发展和国家需求是创新的导向”的竞教结合创新人才教育环境，为大学生的创新活动构建一个有序的健康发展的可持续的平台[4]。

（1）鼓励学生思考如何利用软件工程弘扬中国传统文化，例如京剧昆曲、刺绣、中国历史等，将软件工程中的一些新技术（增强现实、人工智能等）和文化、技术和爱国教育结合起来。

（2）鼓励学生针对国家急需行业发展"卡脖子"问题，例如核心数据分析算法的缺失、核心软件系统（操作系统、数据库、工业软件等）研发落后等进行研究和学习，了解相关需求和市场情况，开始凝练"卡脖子"软件领域存在的问题，思索如何利用所学的知识解决或部分解决上述问题。

（3）定期邀请国内外企业以多种形式开设讲座，让学生进一步了解市场和行业对技术、对业界最新进展的分析，对不同产品的比较和评判，让学生更深入地了解市场和国家的需求。

2. 建立竞教结合创新人才培养模式

软件学院充分发挥企业和高校各自在竞教结合创新人才培养方面的独特优势，设计了一种"课堂教学—学科竞赛—科技创新"的竞教结合创新人才培养模式。以学生俱乐部等协同创新大实践平台为载体，通过课程体系塑造学生综合素质与能力，以学科竞赛作为推动力，通过科技创新，了解、思考乃至部分解决行业发展问题[5]。通过学生参加竞赛和科技创新的结果也反映了学生对所学知识的理解程度和运用能力，继而反映了教学大纲制定的是否合理，及时反映教学中存在的问题，为教学改革提供有用的借鉴，推进课程体系和教学内容的改革，最终形成在学科竞赛、科技创新载体下，以学生为主体、以教师为主导、以学校为支撑，以需求为导向的软件工程特色"三全育人"竞教结合创新人才培养模式[6]。

（1）成立同济大学-Apple学生俱乐部，同济大学-Google学生俱乐部，同济大学-IBM学生俱乐部，同济大学-Microsoft学生俱乐部，同济大学-eBay学生俱乐部，同济大学-SAP学生俱乐部和同济大学-Ericsson学生俱乐部。7个学生俱乐部满足学院绝大多数学生的创新学习和实践需求。

（2）在培养方案中设置了由企业专家独立授课或与学校老师联合授课的十余门校企联合课程，分别属于软件工程专业的专业基础课程和专业课程，其中还包括专业主干课程。建立多种创新创业活动样式，每周通过Skype或微信等固定举行一次校企合作技术研讨和创新创业研讨，培养学生的发散性思维及综合素质与能力，鼓励学生创新创业，促进工科专业学生多元化发展。

（3）对本科一年级新生，采用学院创新项目、导师制项目、专业课程项目等方式，在俱乐部中确定学生感兴趣的"三全育人"项目主题，作为后续课堂教学、学科竞赛、科技创新的起点方向。通过对本科二、三年级专业课程"移动和数据分析竞教结合课程""专业方向综合项目"等专创融合课程的设置和改造，学生在课程学习和课程项目中，基于"三全育人"项目主题，对所学专业的理论知识进行系统性的梳理，从而加强所学的专业知识，并将其应用到具体实践中，在应用中分析问题与解决问题，促进专业理论知识的进一步理解和吸收。例如，学院学生在"移动应用开发"课程中学习专业知识，在"移动和数据分析竞教结合课程"课程项目中完成一个如何利用增强现实和人工智能技术来弘扬传统京剧文化的APP。该APP作品参加中国高校计算机大赛，经过打磨和不断改进，在"专业方向综合项目"课程中将该项目最终完成为一个支持跨平台的文化传承类应用APP。学院学生在"数据仓库技术"课程中学习数据存储和实体匹配的专业知识，在"移动和数据分析竞教结合课程"项目中完成一个如何对多源异构数据源信息进行实体匹配的关键算法研究。该算法作品参加OAEI 2019全球实体匹配算法竞赛，在毕业设计中将该项目不断改进最终实现实体匹配的通用性和分布式实现，解决性能和应用中的实际问题。

(4) 建立了多个校企联合国家/上海市/SITP创新项目机制，完成了多个企业资助的创新创业项目，支持企业设立专项孵化基金，培养学生在技术创业领域评估商业机会、呈现能够吸引投资者的创业计划等能力。例如学院学生作品"手语桥"是一个面向视觉障碍人士的移动应用，该项目通过国家级创新项目孵化，"移动和数据分析竞教结合课程"的不断打磨，在"互联网+"大赛中再次通过学校、企业的多重孵化，最终团队走入创业的流程，其中一名核心成员也选择在视频生成领域进行深入研究，促进核心技术的不断研究和后续转化。

(5) 通过媒体报道、企业开放日、应邀会议报告等多种形式拓展学院创新创业教育成果的社会影响力，产生具有一定规模的创业项目。

3. 建立竞教结合创新人才培养体系

同济大学软件学院结合新工科教育和产业的发展，在培养体系中落实"三全育人"，建立一种以协同创新大实践平台建设为载体，以学生俱乐部为核心，以国家需求为导向，塑造学生综合素质与能力，持续推进全过程、递进式竞教结合创新人才培养体系，形成了构建共生型创新教育体系，打造"一二课堂联动、校院两级互动、师生共同参与、学习实践有机结合、学校社会合作育人”的“三全育人”竞教结合创新人才培养特色[7,8]。

4. 规范形成“三全育人”竞教结合创新人才培养支撑体系

在“三全育人”建设中，同济大学以新内涵加快了教师育人能力提升中心、“一站式”学生社区协同育人中心等支撑体系的建设。

软件学院也建立了与之相适应的组织管理机构。在学院党委的统一管理下，由学院教务委员会进行指导，学院分管领导负责，教务管理办公室、实习与创新管理办公室、学生工作管理办公室等教学、思政管理部门组织实施，通过全员覆盖的本科生导师制导师、班主任、辅导员、学生社区教师工作站教师等形式，形成融合思想政治教育、专业知识教育、日常事务管理和生活服务的“一站式”学生三全育人工作模式，并制定了完整的实施与管理措施和政策，规范和形成了“三全育人”竞教结合创新人才培养支撑体系。

四、建设成果

在进行“三全育人”创新人才培养模式的研究过程中，学院逐步形成了在学院党委的统一管理下的“一站式”学生三全育人工作模式，制定了包括《同济大学软件学院创新能力与拓展学分认定管理办法》《软件学院重点资助竞赛名单》《同济大学软件学院教师课程试讲管理办法》《软件学院外聘教师聘用流程》《同济大学软件学院教师教学研究与管理贡献奖励办法》等一系列政策和制度，规范了学院“三全育人” 竞教结合创新人才培养过程。

同济大学软件学院借助同济大学的良好社会声誉和上海的地域优势，和各大主要 IT 公司均有相应的合作，建立了与企业实训模式相匹配的本科生阶段“参观实习—专业实习—毕业实习”时间延伸和空间递增实习架构，覆盖了本科四个学年，从参观、体验开始，逐步融入企业的生产活动当中。合作企业分成了国家级、市级、校级和院级等四个层次，形成了 3 个国家级工程实践教育中心[国际商业机器(中国)有限公司(IBM)、亿贝软件工程(中国)有限公司(eBay)、德国独立软件(SAP)中国有限公司]、1 个上海市专业学位研究生实践基地(同济大学软件工程领域亿贝研究生实践基地)、17 个同济大学校企合作基地(微软亚太区全球技术支持中心等)和 100 余个学院校企合作基地，成立了 7 个学生俱乐部，覆盖学院绝大多数学生的创新学习和实践需求。

学院形成了以协同创新大实践平台建设为载体，以学生俱乐部为核心，以国家需求为导向，塑造学生综合素质与能力，持续推进全过程、递进式竞教结合的创新人才培养体系，初步形成了移动互联网和大数据分析两大创新创业特色方向。与苹果(Apple)、谷歌(Google)、微软(Microsoft)等企业合作成立移动互联网学生俱乐部群，与IBM、SAP、eBay、爱立信(Ericsson)等企业合作成立大数据分析学生俱乐部群。这些俱乐部与企业均有超过五年以上的合作历史，部分俱乐部合作超过十年(如Apple俱乐部是Apple公司在中国设立的首家俱乐部)，成为学院竞教结合创新人才培养的核心组织、学生创新的催化剂和动力来源。

目前学院每年均获得30余个国家/上海市/SITP创新项目，10余个企业资助的创新项目。在苹果商店上架60多个移动应用APP，下载量超过500万次，APP作品获得国际级和国家级竞赛一等奖10项、二等奖21项，共计89名学生连续十年获邀参加Apple全球开发者大会。2019年，学院共有49项，142人次获得各类国家级/上海市/学校级别的竞赛奖项，获批教育部2018年“产学合作协同育人项目优秀案例”，体现了学院校企合作的创新创业人才培养体系运作的良好效果和较高的社会关注度、认可度。结合软件工程专业特色，学院在近年连续多个弘扬中国传统文化类APP上架，其中京剧文化类作品《晬颜》于2017年完成在苹果公司的移动操作系统(iOS)开发上架，当年获得中国高校计算机大赛移动应用创新赛全国唯一特等奖，多次获得苹果APP Store官方推荐。2018年该作品安卓(Android)版本上线，目前总计下载量超过5万。同时多个核心算法类作品也屡次获得国内外大奖，在OAEI 2019年实体匹配算法竞赛中，学生在综合指标上获得全球第一。学生作品《手语桥》，Grandpas等均关注于医疗和特殊人群帮助领域，获得第十二届全国大学生软件创新大赛和汇创青春等各类竞赛一等奖。

五、总结

多年来，同济大学软件学院根据软件工程学科特点、地方特色和行业需求，结合学校“三全育人”的要求，通过不断总结和实践，建成了以协同创新大实践平台建设为载体，以学生俱乐部为核心，以国家需求为导向，塑造学生综合素质与能力，持续推进全过程、递进式竞教结合创新人才培养体系。

通过项目建设，学院建立了一种面向中国传统文化、面向爱国主义教育、面向国家急需的行业发展“卡脖子”问题进行三全育人的环境，为大学生的创新活动构建了一个有序的健康发展的可持续的平台；建立了一种“俱乐部—课堂教学—学科竞赛—科技创新”的竞教结合创新人才培养模式，使学生做到理论联系实际，突出了创新能力的培养和学生个性发展，提高学生自主探究和合作解决问题的能力；形成了一个以协同创新大实践平台建设为载体，以学生俱乐部为核心，以国家需求为导向，塑造学生综合素质与能力，持续推进全过程、递进式竞教结合创新人才培养体系；形成了构建共生型创新教育体系，打造"一二课堂联动、校院两级互动、师生共同参与、学习实践有机结合、学校社会合作育人"的"三全育人"竞教结合创新人才培养特色；规范和形成了"三全育人"竞教结合创新人才培养支撑体系，形成了相应学院政策。取得的一大批学生创新成果，受到了社会和企业的广泛好评。

参考文献

[1] 吴玉程.本科教育在"双一流"建设高校的地位与作用[J].中国高等教育，2018(20)：6-8.

[2] 梁叔全，胡小清，蔡圳阳，等.基于创新人才培养目标导向的理工类学院文化多维建构策略——以中南大学材料科学与工程学院为例[J].现代大学教育，2019(6)：100-108.

[3] 赵长禄.面向世界一流大学目标 建设高水平人才培养体系[J].中国高等教育，2019(Z1)：40-42.

[4] 叶佳.新时代高校"三全育人"的工作机制研究[J].高教学刊，2019(15)：46-48.

[5] 张廷. 论大学生课外科技活动体系的构建与实施[D].武汉：武汉科技大学，2008.

[6] 周燕，贾柠宁，李静，等.新时代高校创新创业教育的中国特色及中国方案思考[J].高教学刊，2019(10)：24-26.

[7] 田润平，宋萌，闫永红，等.基于"三全育人"理念 运用"五课"构建中医药高校"双创"教育教学模式实践研究[J].北京教育(高教)，2019(3)：94-96.

[8] 吴玉程.新时代高校落实"三全育人"的理论与实践探究[J].中国高等教育，2018(Z2)：35-37.

“一舌”小程序中的竞教结合教育研究

袁时金　金　磊　宋子帆　程书雨
同济大学软件学院

摘　要　近年来，学科竞赛项目在同济大学广泛开展。“基于深度神经网络的舌像分类及舌像采集与诊断小程序”是软件学院本科二年级学生的一个学科竞赛参赛项目，该项目将深度学习技术引入舌像分类识别，开发了具有舌像采集与诊断的“一舌”小程序，通过该小程序可以对用户进行辅助诊断。本文以此项目为例，阐述学科竞赛对人才培养、专业建设、实践教学等多方面的推进作用。

关键词　学科竞赛　舌诊　深度学习　人才培养　专业建设　实践教学

一、引言

“基于深度神经网络的舌像分类及舌像采集与诊断小程序”项目，以舌诊和人工智能为出发点，建立舌像数据集和舌像分类模型，基于此参赛团队开发了“一舌”小程序，通过摄像头采集用户的舌像，然后进行一系列的预处理，最后给出用户的舌像分类和辅助诊疗意见。

该项目是以中医学与计算机相结合的交叉学科研究为基础，彰显了现代科技结合实际生活所迸发的魅力，顺应了时代发展趋势并大力弘扬了中医文化，充分展现了竞教结合对人才培养、专业建设、实践教学多方面的推进作用。

二、竞赛项目背景

舌诊是中医的特色诊法之一，舌像的变化迅速而又鲜明，凡脏腑的虚实、气血的盛衰、津液的亏盈、病位的浅深、愈后的好坏都能较为客观地从舌像上反映出来。但舌诊严重依赖主观经验，又易受客观环境影响，有研究通过对 10 名中医师的 230 例舌像的诊断结果分析发现，诊断完全一致的仅 9

例[1]。目前,人工智能已经在影像学领域取得较大进展,图像识别技术日趋成熟,将人工智能技术应用到中医舌诊领域将极大提高舌诊的准确率。

1. 人工智能在医学领域的发展

人工智能在医学领域的应用肇始于1974年成立的斯坦福大学医学实验计算机研究项目[2]。近年来随着计算机设备的更新和互联网技术的进步,人工智能得到快速发展,目前在医学影像学和临床诊断领域取得一定成果。

人工神经网络(ANN)以及卷积神经网络(CNN)都是通过模仿人类脑神经回路建立的信息处理系统,可以根据当时的环境状态、信息特点自行调整,具有较高的自适应性;具有联想记忆功能,能够完成复杂的非线性映射。

2. 人工智能在舌诊应用中的意义

在新时代新医改背景下,中医发展态势良好。从《中共中央国务院关于深化医药卫生体制改革的意见》文件中可以看出国家对中医十分重视。例如,改革重点任务要求实施中医药传承与创新工程,推动中医药服务资源与临床科研有机结合,加强中医适宜技术的应用,充分发挥中医药在治未病、重大疾病治疗和疾病康复中的重要作用。由此可见,中医作为'治未病'的典型代表,开展辅助诊断,将会收到显著成效。

与西医常用的诊断方法相比,中医舌诊具有很多优点。与中医"切诊"或西医听诊等诊断方式比较,中医舌诊不易受患者运动波动及个人情绪波动的影响,因此其诊断不易受干扰、诊断结果不易出现偏差,且其诊断方式相较其他检查更温和,不会为患者带来采血、穿刺等额外的痛苦,也不需要接触患者身体而引起其不适感,诊断疾病时仅需患者伸出舌头即可。在临床上,大部分诊查技术依靠价格昂贵的医疗耗材和设备,而中医舌诊的诊断成本低且方法简便易行。然而与现代西医诊断方式相比,中医舌诊也存在问题,例如中医舌诊虽不易受患者自身影响,但易受周围环境、医生自身经验判断干扰,诊断结果会产生差异,影响治疗效果。

针对中医舌诊中存在的问题,通过人工智能技术可以很好地避免临床医生主观判定的弊端,为临床诊疗服务。目前,大部分研究[3-6]都是通过提取研究组和对照组舌像的RGB值,分析各组舌像色度学上存在的差异。

三、"一舌"小程序

在"基于深度神经网络的舌像分类及舌像采集与诊断小程序"项目中,参赛团队首先建立舌像数据集,依据中医舌诊的专业知识对舌像样本进行分类标注；基于深度学习和图像识别技术，建立舌像分类模型，然后对用户的舌像样本进行分类。利用舌像分类模型，参赛团队开发了“一舌”小程序（图 1）。

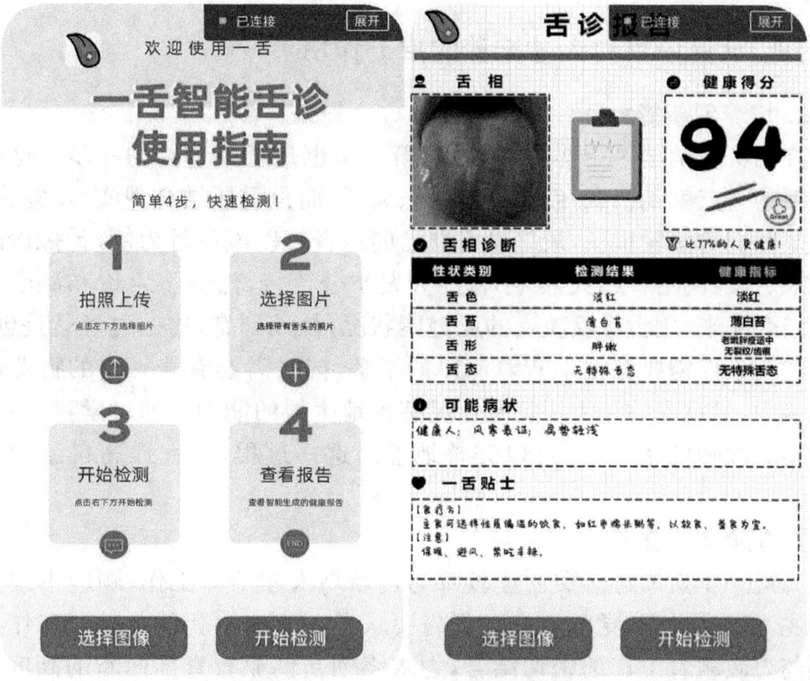

图 1　“一舌”小程序界面截图

“一舌”小程序中应用到的人工智能技术包括两方面：一是利用K-Means无监督学习算法实现舌苔以及舌色的聚类；二是基于采用 Open CV 级联分类器进行有监督训练所得的模型来实现舌像图片中舌体的识别。

“一舌”小程序具有两大主体功能：智能舌诊与中医舌诊学堂。

(1) 智能舌诊功能：用户可以通过拍照或选择本地图片来上传带有舌头的图像，“一舌”服务端将会检测图像中的舌体是否存在，若不存在则会提示用户重新上传。在舌体被成功检测后，“一舌”服务端将会截取图像中舌体部分进行诊断，基于 HSV 颜色空间以及训练好的模型对舌体的舌色、舌苔、舌形、舌态四个方面进行考查，随后形成诊断结果。最终，“一舌”服务端会生成一份包含了舌体图像、诊断结果（包含舌色、舌苔、舌形、舌态以及它们的健康指标）、健康得分、可能病状、“一舌”贴士五大板块的诊断报告，报告将被返回至“一舌”小程序并呈现给用户，以上处理过程将在 2 秒内完成。另外，用户的诊断结果将被写入数据库并作为样本对模型进行进一步训练。

(2) 中医舌诊学堂：包含中医药典、阴阳调和、舌色看健康等中医舌诊知识，可供用户学习了解。

四、竞赛项目对人才培养的推进作用

1. 培养创新能力

在同济大学学科竞赛中，选题是第一步也是至关重要的一步。这一步很重要的一点就是新意，创新不是异想天开，而是需要结合现实，反复论证，经过导师们的多轮审核，最终发出自己的声音。以该项目为例，舌像诊断不断发展、神经网络日趋火热，小程序开发十分流行，然而将舌诊和深度神经网络结合起来，用舌像反映人的亚健康状况，从无到有，这一过程就是创新。这一过程不仅需要对技术有着深厚的了解，同时需要有着一定的行业趋势把控能力，最重要的是需要拥有让灵感落地生根的能力。通过学科竞赛，学生在指导教师的指导下，可以完整地经历这一过程，大大提高自己的创新能力。

2. 提高思政素养

为进一步贯彻与落实创业教育与创新型人才培养工作，顺应中国特色社会主义发展进程，党的十九大报告要求高等院校创新创业教育工作必须加强与思政教育工作的密切结合，力求将创新创业教育推向新的高度。在新时代，同济大学学科竞赛以思政教育视角为创新创业人才培养的驱动力，项目选题积极响应国家号召，从古代乐器，丝绸之路、皮影等中国传统文化的弘扬，到垃圾分类、人工智能现代流行科技的使用，学生在指导教师的带领下，在学科竞赛项目的开展过程中，潜移默化地受到了思政教育的熏陶，提高了自身的政治素养。该竞赛项目充分融合弘扬了中国传统文化的重要组成部分——中医文化。2020 年年初，一场突如其来的新冠肺炎疫情席卷中国，面对疫情肆虐，中国共产党将人民群众的生命安全放在第一位，坚强领导中国人民战“疫”。目前，全民战“疫”取得伟大成果，中医功不可没，中医在抗击疫情中治疗患者，安抚群众，绽放璀璨的光芒。相信经过这件事，越来越多和中医相关的优秀学科竞赛项目将会出现，这类项目将大大提高双创人才的思政素养，文化自信。

五、竞赛项目对专业建设的推动作用

在该竞赛项目中，人工智能技术的使用涉及两个方面：

一是舌像图片的高效标记。由于原始舌像样本数据集的一部分图片标注缺失或者不完备，而人工进行标注工作量大且效率低下，因此采用了无监督学习 K-Means 聚类算法对舌像图片的舌色和舌苔方面进行标记。另外，舌像图片本身并不能直接使用 K-Means 算法进行聚类，需要预先提取出特征向量，而考虑到舌像图片分类以及中医对舌色和舌苔诊断时的最大依据为颜色，因此结合 HSV 颜色空间对舌像图片进行处理。HSV 即色相、饱和度、明度，是一种将 RGB 色彩模型中的点在圆柱坐标系中的表示法。在根据 HSV 颜色空间得到各颜色空间像素点占比后，针对舌色和舌苔，选取不同的初始数据来作为用于K-Means算法的特征向量。对于舌色，中医常见的分类为"淡白""淡红""绛红""青紫"，因此选取红色、深红色、青色、紫色四类颜色空间组成四维特征向量；对于舌苔，中医常见的分类为"薄白苔""厚白苔""黄苔""灰黑苔""灰绿苔"等，因此选取白色、黄色及橙色、黑色及灰色、绿色及青色四类颜色空间组成四维特征向量。最终实现千余张舌像图片的高效标记。

二是舌像图片中舌体的识别。采用了 Open CV 级联分类器进行有监督训练，达到了较为出色的舌体识别效果。

随着中医与科技结合的话题热度越来越高，而中医舌诊由于主观性的限制难以发展推广。在该项目中，参赛团队对舌像分析及舌像特征提取方面的研究，为中医舌诊的现代化以及加快中医舌诊专业建设作出了贡献。

六、竞赛项目对实践教学的推进作用

软件工程学科旨在培养多样化、创新型卓越工程科技人才，为我国计算机领域的产业发展和国际竞争提供人力支撑。软件工程学科的教学模式也经过了几代更迭，直到现在形成了以专业实践教学为基础的教学模式。按照软件工程的思想，构建与专业理论课程体系相对独立又相互联系的专业实践教学体系，具体包括基础实践阶段、专业实践阶段和综合实践阶段三个层次阶段[7]。其中基础实践阶段是针对专业能力初步锻炼的阶段，包括学生在暑假组织的企业认知实习，弥补课堂教学的不足；专业实践阶段强调把专业知识运用到科研探索中，这包括课程实验、课程设计等。而在综合实践阶段，学科竞赛即是比较重要的一种方式。在学科竞赛项目中，学生能够提出一个新想法并把它实现，本身就是一个创造的过程，而这种能力正是实践的力量。如果学生没有新想法，可以咨询指导老师，从而逐步锻炼自己的实践能力。

对于软件工程学科来说，创新实践能力是一种极其重要的能力，让学生在掌握了自身所学知识的前提下，通过学习与运用，将自己的想法转换成实际可见、可用的产物，这种模式十分有效地践行了实践教学。整个教学模式的主要目的在于缩小高校与企业的距离，而这个距离主要由高校来负责缩小[8]。增加教师的实战经验，多派教师出去学习，多带领学生进行实战项目开发。创新创业项目就是一次要求教师与学生一起努力、共同完成的实验性项目，指导教师负责为学生指出研究的方向和需要了解的知识，同时在学生有疑问时能够给出比较完善的解答，而学生则需要通过自身的学习来尽可能完善自己的项目。比如在本竞赛项目中，在教师提供了最初的思路和研究方向后，学生通过自主学习本学科中深度神经网络知识以及中医学科中的舌诊知识，并通过技术实践，构建了基于深度学习的舌像分类模型并开发了具备舌像分类和辅助诊疗功能的“一舌”小程序。通过这一系列的流程，学生对知识的掌握更进了一步，且了解了更多的学习方法，提升了学习能力，培养了实践意识，这对实践教学具有一定的推进作用。

七、小结

随着现代社会的发展，先进技术层出不穷，而传统文化却似乎渐行渐远。如何使用新技术去传承传统文化，改变人类生活，该竞赛项目给出了一个角度，使用人工智能助力中医舌诊，不仅培养了学生的创新意识、文化自信，而且顺应了时代发展潮流，加快了中医舌诊专业建设，推动了实践教学的发展。

参考文献

[1] 伍喜良，陆小左.230 例舌象图谱中舌色诊断结果分析[J].天津中医药，2005，22(5)：388-389.

[2] 鲁雨莜，张烨，孔军辉.新医改背景下中医院医务人员发展研究[J].中国医药导报，2019，16(15)：168-171.

[3] 李敬华.冠心病舌诊定量研究[D].北京：中国中医科学院，2006.

[4] 胡广芹，陆小左，周冰，等.舌诊应用于健康检查失眠病人诊断的临床研究[J].职业与健康，2009，25 (11)：1211-1213.

[5] 梁浩荣.子宫腺肌病舌象特征的文献及临床研究[D].广州：广州中医药大学，2016.

[6] 樊威，李潇潇，丁江涛，等.人工智能在中医舌诊中的应用探讨[J].光明中医，2019，34

(1):37-40.
[7] 刘冉,李雷,王玉峰.新工科背景下软件工程专业实践教学模式研究[J].当代教育实践与教学研究,2020(3):135-136.
[8] 蒋东玉,田英鑫.基于创新创业能力培养的软件工程专业实践教学体系研究与实践[J].中国新通信,2019,21(3):180-181.

国际商事仲裁模拟仲裁庭辩论赛与卓越法律人才培养

刘春彦　张韬略　杨健宇
同济大学法学院

摘　要　国际商事仲裁模拟仲裁庭辩论赛(Vis Moot)在举办 27 届后,已具备了令人瞩目的竞赛水平和规模。该类竞赛能够有效地提升参赛学生对国际贸易实践和国际商事仲裁的认识水平,全面锻炼学生的专业知识、法律思维、文书写作、英语口语和在对抗性环境下的临场表达能力。将该类竞赛的备赛过程与日常教学相结合,能够弥补长期以来传统法学教育对实践缺乏重视的不足,是培养以实践能力为导向的国际化卓越法律人才的有效途径。
关键词　国际商事仲裁　模拟仲裁庭　竞教结合

一、国际商事仲裁模拟仲裁庭辩论赛概述

国际商事仲裁模拟仲裁庭辩论赛(Willem C. Vis International Commercial Arbitration Moot, Vis Moot)主要由各国际组织和基金会主办,旨在推动对商事仲裁和国际贸易法的学习研究。该项竞赛由联合国国际贸易法委员会①、维也纳大学等机构联合主办,竞赛以全英文方式进行,决赛地点为维也纳。这也是联合国机构在全球范围内举办的唯一一项学生竞赛,至今已举办 27 届[1]。为扩大赛事规模和影响力,Vis East Moot 基金会、英国皇家特许仲裁员协会东亚分会和联合国国际贸易法委员会等国际机构还在香港设立了东方赛区的竞赛,称为“Vis East Moot”。东方赛区的竞赛与在维也纳进行的决赛并无上下层级之分,各高校可以派出代表队同时参加两

①联合国国际贸易法委员会(UNCITRAL)于 1966 年由联合国大会设立,旨在促进国际贸易法逐步协调和统一。该委员会由大会选出的 60 个成员国组成,成员的构成代表了世界各个不同地理区域及其主要经济和法律体系,官方网站为 https://uncitral.un.org/。

个赛区的竞赛。Vis Moot 在每年 10 月的第一个星期发布赛题，并在次年 3 月或 4 月份举办正式竞赛。

“Vis Moot”竞赛组委会鼓励全球各个国家和地区的高校队伍在参加“Vis Moot”正式竞赛前与其他队伍进行练习赛，以提升对赛题的认识和队员的准备水平。在这样的背景下，为了促进中国国际化仲裁法律人才培养，中国国际经济贸易仲裁委员会自 2000 年起创办“贸仲杯”，邀请 60 支左右中国高校队伍参与，并支持冠亚军队伍分别参与“Vis Moot”和“Vis East Moot”。贸仲杯至今已举办 17 届，既是“Vis Moot”的国内选拔赛，也是其认可的全球首场赛前赛，已成为我国仲裁赛事的第一品牌，在国际上的影响力也不断扩大。除此之外，国内还有上海国际经济贸易仲裁委员会等主办的“Moot Shanghai”、北京仲裁委员会主办的“Vis Pre-Moot 北京”和广州仲裁委员会主办的“广仲杯”等类似性质的赛前赛。

“Vis Moot”赛题模拟的是两家公司就某国际贸易纠纷引起的仲裁，在历次赛题中，其虚拟了地中海（Mediterraneo）和厄瓜多尔（Equatoriana）两个国家作为两家公司的所在地，并虚拟了中立国多瑙河（Danubia）作为仲裁地。在给出一系列仲裁文书和证据材料后，赛题要求参赛队员就若干争议问题展开论述。争议问题一般分为程序问题和实体问题两部分，程序问题每年涉及的仲裁规则一般不同，如《联合国国际贸易法委员会国际商事仲裁示范法》（*UNCITRAL Model Law on International Commercial Arbitration*）①、香港国际仲裁中心《机构仲裁规则》（*HKIAC Rules*）等，而实体问题则主要依靠《联合国国际货物销售合同》（*United Nations Covention on Contracts for the International Sales of Goods*，*CISG*）②和《国际商事合同规则》（*Unidroit prchciples for International Commercial contracts*，UPICC）③解决。进行口头辩论时，由于其模拟的是仲裁庭，气氛较为温和，一般先由双方队员担任的律师对程序问题进行陈述，而后分别进行反驳，再按同样的方式完成对实体问题的讨论。三位来自全球的评委则

①《联合国国际贸易法委员会国际商事仲裁示范法》，于 1985 年 6 月 21 日由联合国国际贸易法委员会主持制定，其宗旨是协调和统一世界各国调整国际商事仲裁的法律，建议各国从统一仲裁程序法的愿望和国际商事仲裁实践的特点出发，对该示范法予以适当的考虑。

②《联合国国际货物销售合同公约》，于 1980 年在维也纳举行的外交会议上获得通过，并于 1988 年 1 月 1 日正式生效。1986 年 12 月 11 日，中国交存核准书，成为公约缔约国之一。

③《国际商事合同通则》，由国际统一私法协会于 1994 年编撰，后多次修订，旨在为国际商事合同制定一般规则，并可用于解释或补充国内法，以及作为国内和国际立法的范本。

担任仲裁员，组织庭审进程，并可在律师陈述时进行提问，最终为每方给出得分。在仲裁的环境下，每个环节的顺序和时间均可由双方协商确定。一般情况下，各队均会选择更长的陈述时间（一般为程序和实体问题各14分钟）和相对较短的反驳时间（一般为程序和实体问题各1分钟）。总体上，整场庭审的对抗性相比传统辩论赛较低，但双方需要分别与仲裁庭交流自己对整个案件的观点，并回答和说服仲裁庭，使之确信己方的观点。这一过程锻炼了参赛队员与仲裁庭交流的能力，需要参赛队伍做好充分的前期知识储备和语言表达能力的训练。“Vis Moot”系列比赛一般分为循环赛阶段和淘汰赛阶段。以“贸仲杯”为例，每支队伍需要参加四场循环赛比赛，不以单场比赛决定胜负，而通过四场循环赛累积的总分排名决定是否进入淘汰赛阶段。近年来，“贸仲杯”淘汰赛阶段均在前八名队伍间进行，采取单场淘汰赛制，最终决出冠亚季军，其他进入前八名的队伍获得一等奖。未进入前八名的队伍将根据总分排序，以决定二、三等奖队伍名单。从竞赛的整体设计来看，“Vis Moot”对参赛队员的法律知识（特别是国际仲裁、国际合同法）、法律思维、文书写作、英文口头表达、临场应变等各方面的能力，都提出了较高的要求。而这些能力的培育，与我国培育国际化卓越法律人才的目标恰恰是一致的。

二、竞教结合工作的开展

为了更好地培育国际化的卓越法律人才，同济大学法学院自2017年起开始参加国际商事仲裁模拟仲裁庭辩论赛，并在当年即获得“贸仲杯”三等奖。2018年，同济大学代表队第二次参赛即取得历史性的突破，以“贸仲杯”循环赛总分第一名的成绩进入淘汰赛，最终获得贸仲杯季军、一等奖，并参与了次年年初举办的“Moot Shanghai”，与赫尔辛基大学、阿姆斯特丹大学等国际队伍对垒，获得了宝贵的经验。2019年，同济大学代表队继续参加竞赛，获得“贸仲杯”二等奖，并参与了2020年3月受疫情影响以线上形式举办的“Vis East Moot”，与哈佛大学、新加坡国立大学等国际顶尖队伍同台竞技，展现出了同济法学学子的风采。

为更好地开展实践教育，促进学生对相关专业知识的学习，并有力助推竞赛队伍的备赛活动，法学院在多项课程中对竞教结合工作进行了体现。在本科生“专业英语”课程中，任课教师张韬略副教授专门设置了模拟仲裁环节，利用往届“Vis Moot”赛题和优秀文书，对赛制进行一定程度简化后要求学生组队并全员参与。学生通过学习全英文赛题和文书，并在全英文环境下进行口头辩论，能够亲身体会法律专业英语与日常用语在各方面的差异，并巩固课堂专业知识。教师通过对学生进行指导，能够了解学生的学习情况，并得以通过学生在该环节的表现给出有说服力的平时成绩。与此同时，学生在专业英语上的学习成果得到展现，并可以借此产生兴趣，积极参与竞赛队伍组织的活动，并寻求加入队伍最终亲身参与竞赛。此外，在本科生"法律诊所"课程中，任课教师刘春彦副教授在为学生介绍法律意见书和尽职调查报告的组成部分及主要内容的基础上，引导学生分为若干学习小组，每组选择一个法律实践中的法律意见书或尽职调查报告进行深入研究讨论。法律意见书和尽职调查报告都是法律行业工作实践中常见的书面文件，学生需要了解该类文件与研究学习中常见的学术文献的区别。最后，学生需要通过小组汇报的形式展示研究成果。这样的课程安排能够帮助学生尽快了解工作实践的需求，并提升学生的语言表达能力、逻辑思维能力和案例分析能力。

2020 年 4 月至 5 月，考虑到许多专业学科竞赛受疫情影响被迫取消，学生缺乏实践机会，法学院在线上组织了"法学学科竞赛集训营"，以提升学生的专业技能，并为竞赛队伍培养后备力量。此次集训营由法学院竞赛队伍具体组织，该队伍由法学院、土木工程学院土法班和新生院济世学堂学生组成，并由法学院刘春彦、张韬略、黄丽勤等多位专业教师和院领导指导。集训营分为中文模拟法庭和国际商事仲裁两大版块，竞赛队伍的指导教师、教练和资深队员为所有参与学生进行了对竞赛概况、专业基础知识、学习方法、赛题分析、文书写作、文档排版和口头表达等各个方面的讲解，并通过组织考核的方式将一批新鲜力量补充进竞赛队伍。集训营共有约 90 名学生参加，其中半数为新生院济世学堂学生。举办这类活动为新生院学生提供了了解专业学院的机会，并打下了一定的专业基础。在"三全育人"综合改革和"竞教结合"实践教学方案的指导下，法学院继续建设常态化竞赛集训机制，并已开始组织 2020 年暑期的竞赛队伍集训，为参加 2020 年秋季学期开始的"Vis Moot"、上海模拟法庭等竞赛做准备。未来，法学院将以专业学科竞赛为契机，争取参加更多、更高级的竞赛，扩大参赛学生的范围，力争全员参与，以全面提升学生的专业知识水平和实践能力。

三、竞教结合实践心得

从有关高校队伍披露的信息来看，中国高校参赛队伍的人数多在 6 到

12人，通常由硕士研究生和高年级本科生组成；配备1至2名教练，通常由专业教师和往届队员组成。一般来说，人数较多的队伍能够在文书写作和法律研究等方面取得一定的优势，每名队员所需完成的任务量较小，可供选择上场队员的范围也更广；但与此同时，队伍也将面临个人能力不均和经费开销巨大等方面问题。

有研究指出，在实践中可以扩大教学面，将其作为一个专门的学习项目，既招收志在参与"Vis Moot"竞赛的学生，也接收那些仅打算将其作为一门课程参与学习的学生。实践中以案例发布时间作区分将教学分为春季和秋季两个阶段。春季学期以往年案例作为教材，指导学生进行研读、分析和撰写文书，并进行模拟庭辩，在整个过程中辅之以国际商事仲裁、庭辩技巧、国际商法和法律文书写作等专业内容教学。在10月初组委会发布赛题后，则以新赛题作为教学材料，并开始着手选拔参赛队员[2]。这种模式的优势在于能够更为合理的安排教学资源投入和获得产出，既能作为正式备赛前的潜在队员集训，又能给更大范围的学生作为实践类课程予以选修机会，平均到每个学生的投入较为合理。但这种模式也存在一定的缺陷，即参赛队员需要在课程学习之外花费更多的时间对赛题进行分析研究，并需要在有限的时间内完成其他学生无须完成的高质量文书写作和庭辩准备。此时其他学生如果不对参赛队员进行如文献检索和法律研究等方面的帮助，则参赛队员的压力将十分巨大，而如果其他学生提供了这类帮助，则又在客观上存在违反独立完成文书规则之嫌。

同济大学代表队在本科生院的大力支持下，在前三年的参赛中逐渐摸索出了该项竞赛的备赛模式。在整个"Vis Moot"赛季始于10月赛题发布，终于次年3月或4月口头辩论的情况下，备赛如也在秋季学期开始，实际上是十分困难的。为此，同济大学代表队已基本形成了春季学期大面积培训，暑假期间布置任务选拔，秋季学期形成队伍开始备赛的整体安排。具体地说，赛季在每年春季结束后，则由几名资深队员和教练组织活动，面向所有学生开始进行培训。该培训以赛题和规则为基础，以提升学生实践能力为目标，主要内容为对赛题的结构和规则进行解读，同时讲解文献检索、案例分析和文书写作等的基本方法，在培训内容完成后布置研究任务，一般以口头发表的形式进行，并由资深队员和教练根据学生完成研究任务的情况将其吸收进竞赛队伍，以准备下一阶段的文书写作集训。通过这一阶段培训进入竞赛队伍的学生，将主要作为队伍中负责出庭的队员进行锻炼。此外，在暑假期间,竞赛队伍继续面向全体学生发布任务,主要内容仍为往届赛题研究,一般以文书写作的方式进行,并选拔表现出色的学生进入竞赛队伍。通过这一阶段进入竞赛队伍的学生,将主要作为队伍中负责文书写作和法律研究的队员进行锻炼。以上两阶段相互补充,可在秋季学期开始时形成一支以资深队员为骨干,并同时搭配有出庭队员和研究员的梯队竞赛队伍。以此实现竞教结合与可持续发展,尽量避免队伍因若干优秀队员的离开而影响竞赛。线上教学平台为实现上述目标,提供了契机。

四、竞赛对卓越法律人才培养的价值

传统的教学方式是“老师在台上讲,学生在下面听”,这种方式的缺陷早已被教育界认识,因此有许多学者提出了改进教学模式的方法。如黄进教授曾阐述过在教学中广泛使用讨论、对话和辩论的方式,称为“3D课堂教学模式”,即讨论(Discussion)、对话(Dialog)和辩论(Debate)[3]。类似小组讨论的方式有助于提高学生对知识的自主学习和运用水平,但课堂上的理论与实践应用之间仍然存在一定距离,难以通过此类学术争鸣进行弥补。

随着我国对外开放的逐步扩大和对外经贸等领域的发展,以实践能力为导向的国际化卓越法律人才的价值开始受到重视,尤其是对于国际法领域的法学学科,学生在传统课堂学习中,想要做到知识与实践相结合在客观上十分困难。而所谓卓越法律人才,除了扎实的基础知识外,更必须掌握实践技能。因此,仿真环境下的竞赛能够为学生提供一个难得的几近真实的实践机会。例如,“Vis Moot”的赛题在近年开始加入双方当事人和代理人与仲裁庭和仲裁机构往来的十几封甚至几十封信件,许多参赛队伍在首次面对这些信件时显得极为紧张和谨慎,因为这些信件看起来并不会影响案件的事实和核心法律问题。显然,这样的往来信件在真实的国际商事仲裁中客观存在,且发挥着重要的作用。通过在赛题中加入这部分材料,有助于向学生展示真实的国际商事仲裁程序。

在竞赛的组织形式之下,模拟仲裁庭辩论赛本质上是一项实现了教、学互动的活动。仲裁员在指导参赛队员、贡献自己观点和经验的同时,可以从参赛队员和其他仲裁员那里获得新鲜的视角和信息;教练在训练参赛队员的过程中,能够接纳新知识、新方法,并不断强化自己的技能;参赛队员则提高了语言运用能力,加强了研究能力和法律知识的积累,更有机会在行业精英面前展示自己的潜力等[4]。同时,所谓“十年树木,百年树人”,人才培养必然是一个漫长的过程，绝非一朝一夕之功。因此，不能期待参加了一届或几届竞赛即可培养出一批优秀的国际化法律人才，而应当将竞赛的备赛过程与日常教学相结合，在学生之间形成能够形成“传帮带”的梯队和竞教结合相互促进的氛围，持之以恒开展相关工作。学校、学院等应加强对竞教结合工作的制度保障，鼓励教师积极参与竞赛的准备工作，对学生进行专业知识、学术规范和实践技能等方面的指导。可以说，坚持组织和参加以“Vis Moot”为代表的国际商事仲裁模拟仲裁庭辩论赛，并坚持竞教结合方针，可成为培养以实践能力为导向的国际化卓越法律人才的有效途径。

参考文献

[1] 李珍妮.Vis Moot 与 Jessup Moot[J].武大国际法评论，2015(1)：412-422.

[2] 何其生，范晓亮.法学教育视野下的 Willem C.Vis 模拟国际商事仲裁模拟仲裁庭辩论赛[J].时代法学，2012，10(4)：112-120.

[3] 黄进.关于国际私法教学的几点思考[J].武大国际法评论，2003(0)：311-316.

[4] 王子妍，肖永平.模拟仲裁庭辩论赛：培养国际型法律人才的有效方法[J].中国大学教学，2012(4)：64-67.

竞教结合——社科类教学改革模式的路径探索

戴维来　刘斯琦

同济大学政治与国际关系学院

摘　要　随着教学改革深入开展，学科竞赛的重要性正在凸显，竞教结合的发展模式逐渐得到广大院校的认可，尤其为社科类专业提供改革助力。社科类学科竞赛不但有利于培养创新型人才，也利于推动实践性学科建设。本文基于具体案例从夯实专业基础、锤炼专业技能和扩大学科影响等方面探讨参与社科类学科竞赛需要具备的关键要素，引发对于竞教结合的思考，坚守学科竞赛内核与发挥双赢品牌效应构成其重要内容。

关键词　社科竞赛　学科改革　竞教结合　教学改革

本科教学质量与培养模式的改革始终是我国高等教育人才培养的关键问题。教育部、财政部颁发的《关于实施高等学校本科教学质量与教学改革工程的意见(2007 年)》已明确提出，将学科竞赛纳入实践教学和人才培养的创新改革之中，充分肯定了学科竞赛作为高端人才培养平台的重要地位和关键角色。社科竞赛的出现也为社科专业的改革发展开辟了新的道路。传统教学方式以课堂为主，教师作为主讲者向学生单向传递知识，互动不佳，学生学习兴趣较弱，无法达到预期教学目标。而社科竞赛作为一方良药，能够有效弥补传统教学方式的缺陷，激发学生学习兴趣及潜能，不断提高学生的实践能力与创新能力。

一、学生参与学科知识竞赛的重要意义

一直以来，国家高度重视学科竞赛发展，期望通过学科竞赛推动教学改革，提升教学质量。在 2018 年全国教育大会上，习近平总书记强调发挥学科竞赛活动在教育教学改革和创新人才培养中的重要作用。学科竞赛为各高校提供了丰富的人才储备与学术资源，尤其为社科类专业提供了理论与实

践结合的卓越平台，在学科特色的基础上凸显自身优势，扩大影响力。

（一）加快创新型人才培养

党的十八大以来，习近平总书记对教育工作做出许多重要论述，多次强调人才培养工作的重要意义，扎实把握新时代人才培养的基本内涵[1]。当前“以人为本”的教育理念贯彻新时代教育方针的要求，其核心要求就是解决好培养什么人、怎样培养人的重大问题。在这一背景下，学科竞赛脱颖而出，逐渐成为检验人才培养成果的试金石。

通过学科竞赛活动，各高校的人才培养工作正在顺利开展，更多创新型人才破茧而出。在传统课堂教学过程中，学生积极性不高，学习自主性弱，创新意识薄弱。而竞赛的性质能够激发学生的学习热情，使学生学习积极性得到大幅提升，从被动学习转化为主动学习[2]。在此基础上，参赛学生运用扎实的专业知识自主发现问题、探究问题，并提出相应的解决办法，锻炼创新思维，有利于提升个人科研能力和创新能力。同时，学科竞赛活动经常要求学生组队参与，以小组形式团体参赛，集思广益，推陈出新。在相互交流中，多种想法互相碰撞，有利于孕育出新思路和新方法，启发学生的创新意识，延展学生的创新能力[3]。学科竞赛很好地结合了这两点，为创新型人才的培养提供了成长土壤。

（二）推动实践性学科建设

学科竞赛不但是人才培养的重要平台，还是学科建设的坚实支柱，对高等教育的发展具有举足轻重的作用。而学科建设的质量直接关系到专业前景与学科发展的未来走向。目前各高校正在进行学科建设改革，打造实践性学科体系，重视互动式教学模式，尤其为社会科学类专业指明了改革方向，凸显学科竞赛的重要意义[4]。

社会科学类专业众多，不仅包含纷繁复杂的专业知识，还涉及治国理政的实践应用。狭义角度，它的研究对象为人们的活动及其发展规律；广义角度，在一定经济基础之上的社会公共活动、关系和发展规律等构成社会科学的研究对象。无论从狭义还是广义角度，都可以看出社会科学类专业是对人类社会实践活动的总结和概括。社会科学类专业并不是抽象而空洞的理论堆砌，它必须与实践紧密结合。目前社会科学类专业的发展以理论探究为主，容易与实践脱节，学科竞赛恰好能够弥补这一缺陷，让学生在现实生活中运用理论知识解决实际问题，强化理论分析能力与政务实践能力，实现更高层次学科体系建设目标，增强学科的实践性[5]。同时，学科竞赛有利于构建互动式教学模式，促进教学水平的提升[6]。各类社科竞赛的举办加强了师生之间的互动交流，使得教师对教学内容进行思考总结，更多运用启发式教学方法培养学生的学习兴趣，提升综合素质。

二、学科竞赛要素价值及实践导向

近年来，各类学科竞赛不断涌现，参与学科竞赛的人数不断增加，逐渐成为各高校评审等级的标准之一。虽然各高校踊跃报名学科竞赛，但如何有效参与学科竞赛，将竞赛效果最大化才是重中之重。2019 年 12 月，同济大学政治与国际关系学院参加了由教育部高等学校政治学类专业教学指导委员会指导、暨南大学承办的“首届全国国际政治本科生论坛——领事保护的国际比较”，取得团体一等奖和多项个人奖项，充分展现了政治学专业本科生的专业水准与综合素养。

（一）夯实专业基础

在参赛前，学院经选拔挑选出四名本科生组成参赛队伍，在指导教师的带领下积极筹备，做出详细的备赛计划，以严谨求实的态度和坚持不懈的精神对待此次比赛。其中最核心的一点即扎实巩固专业基础知识，提升专业素养，这为之后的奖项奠定了稳固基础。

专业基础知识对于社科专业的学习极其重要，是立身之本。社科类竞赛的考查形式和内容尽管常常改变，但内核离不开对专业基础知识掌握程度的考查，因此夯实专业基础知识必不可少。然而不同于理工专业，社科专业的学习是一个长期浸润的过程，对专业知识的灵活掌握也非一朝一夕。教师首先要做到的就是提升课堂教学的有效性，创新教学方法[7]。一方面，教师需引导学生主动求知，鼓励学生积极探索问题，激发学生的学习热情，使得学生更加自主、主动获取理论知识；另一方面，还应借助新媒体技术的力量，更新教学手段，通过音频、视频等方式加深学生的印象，筑牢专业基础[8]。除此以外，学生还需充分利用课外时间加强阅读，补充专业知识。社会科学基础理论深厚，研究方法多元，仅依靠课内知识无法观览学科全貌，加强课外阅读十分必要。不但要学习本专业的经典学术成果，锻炼学生的逻辑思维能力，还要注重阅读广泛性，尝试从学科融合视角解决问题，有助于开阔视野，培育创新意识。

（二）锤炼专业技能

“首届全国国际政治本科生论坛”设置了参赛论文、共启愿景、世界咖啡、群策群力、开放空间、城镇会议六个比赛环节，包含小组讨论、个人展示、论文答辩等丰富内容。经过激烈竞逐，学院学子展现出国政风采，齐心协力，摘得桂冠。比赛中，选手们围绕研究主题展开讨论、各抒己见，针对问题发散思维，形成较为完整的议题体系，创造性地将有关国际关系、外交学理论、领事保护、地缘政治等知识学习的技术应用到论坛的不同环节，进一步突出其在论坛活动的主体性，激发学生的积极性，点燃学生的创造性。由此观之，实践技能和专业基础知识二者相辅相成，缺一不可。

从一定意义上来说，社会科学专业是一门"经世致用"的学问，其理论知识来源于实践，最终也要回归实践。因此，在重视思维方法与科研精神培育之外，在平时的学习生活中不能忽视社会实践能力的提升。

一是注重加强学生的科研训练，积累科研经验。科研训练是提升学生学术能力的有效方式，它能够快速使学生培养学习兴趣、深层次了解科研过程、体会学术意义，最终实现个人研究能力的提高。这对于参加社科竞赛大有裨益，科研训练的经历有利于学生快速适应竞赛过程，更加从容地运用学术研究方法应对挑战[9]。高校应积极鼓励学生参与科研训练，为学生提供良好科研平台，积极塑造学生的科研观念及工作态度。

二是通过参与社会调研实地了解社会情况，提升综合能力[10]。社会调研是基础的社会科学研究方法之一，也是了解社会的快速途径。参加社会调研对学生的适应能力、沟通能力、表达能力都具有一定的锻炼效果，有助于学生在参赛过程中灵活自处、随机应变，以此展现自身学术水平，获得评委认可。除此之外，外语能力、团队协作、社交礼仪等实践技能也需得到重视，纳入人才培养方案。

（三）扩大学科影响

学院参赛团队取得优异成绩，学院官网和公众号都对此进行了大力宣传，让更多学生了解此类社科竞赛，鼓励学生报名参加，有利于推动"一流竞赛促一流学科建设"。目前，学科竞赛的宣传工作正处于上升期，众多优质的学科竞赛得到国家的大力支持，吸引了各大高校的学生积极报名参与。共青团中央和中国科协等单位联合举办的"全国大学生课外学术科技作品竞赛""中国'互联网＋'创新创业大赛"等国家级赛事，还有各校级学科竞赛正在如火如荼地举行，在这些比赛中，众多学子脱颖而出，还有一些质量较高的项目和学术作品也获得了较高的关注度，各高校纷纷通过校园网、海报、条幅、座谈会等方式加强对学科竞赛的宣传。然而，目前社科竞赛存在宣传力度不足、宣传平台较少的问题,应进一步加强宣传力度,扩大宣传范围,让更多学生认识了解社科竞赛,从而为社科专业吸引更多资源和人才。这种宣传不应局限在获奖后的报道与采访,还应包括赛事情况、专业介绍、未来展望等内容,让大众深入了解社科专业的来龙去脉,借助比赛平台提高学科的知名度与影响力。

三、关于竞教结合模式的思考

针对各高校当前开展学科竞赛的现状,应使竞教结合模式成为未来常态化的改革发展方向。无论是社科竞赛,还是其他学科的竞赛,都应得到大力推广和充分支持,坚持以人为本的教育理念,找准学科竞赛定位,为参赛学生和团队提供一个制度化、专业化、科学化的平台。

(一)坚守学科竞赛内核

当前学科竞赛已得到广大高校的认可,成为高校学生社会实践经历的重要一环。学科竞赛为广大学子带来了展现自我的机会,但也带来了一系列问题:竞赛机制的激励主要是以获得优秀竞赛成绩为导向,这在一定程度上的确激发了参赛学生的参赛积极性和斗志,但也进一步坐实了“只重结果,不重过程”的竞赛负面效应,使得竞赛的内核被忽视。同时,为了谋求较高的参赛成绩,高校更倾向选拔少数优秀学生作为参赛者,如此削弱了学科竞赛对大部分学生学习兴趣与学习动力的牵引作用,学科竞赛的受众面大幅缩减,无法达到预期效果。

学科竞赛举办的根本目的在于激发学生学习兴趣,提升学生综合能力。但以结果为导向的评价指标体系并不能完全契合学科竞赛举办的真实意图,使得很多学生过于注重比赛结果,忽视在比赛过程中的学习体验。尤其对于社会科学专业而言,量化标准的衡量方法并不完全适合评价个人的学术水平与学术成果,容易形成功利化和浮躁的风气,不利于整体学科建设。因此,必须构建更加完善的学科竞赛体系,明确学科竞赛的根本内核[11]。各高校应积极鼓励学生参加竞赛,积累实践经验,在比赛中增加历练,享受过程,稳扎稳打,方有所成。

(二)发挥双赢品牌效应

结合学科特点与自身实力,各高校应把握学科竞赛的重要机遇,实现学科竞赛与重点学科的互利共赢,促进竞赛水平和教学质量的进一步提升。作为学科竞赛的主要承办者,各大高校根据本校性质和专业特色选择性承办学科竞赛，而高校的重点学科就是承办学科竞赛的主要依据[12]。如果使得重点学科与学科竞赛紧密挂钩，形成品牌效应，就能够实现双赢。在扩大学科竞赛影响力的同时，为重点学科建设带来动力，提升专业知名度。

一方面，在竞教结合的趋势之下，高校将进一步重视学科竞赛的影响力，加大经费、人力等方面的投入，以重点学科为依托打造具有本校特色的竞赛平台，提高比赛的专业性和权威性，创造更多锻炼机会，树立竞赛标杆；另一方面，学科竞赛也推动本校重点学科发展，将学科竞赛讨论的行业前沿问题作为未来发展方向，推陈出新，适时改革。同时，学科竞赛的举办能够带动全校的科研氛围和教学热情，实现重点学科的品牌化建设，提升院校知名度[13]。各高校可以从学科竞赛中挑选和培养学科人才，打造品牌团队，充分发挥学科竞赛的品牌效应与辐射作用，不断丰富校园底蕴，提升学校知名度[14]。

参考文献

[1] 新华社.习近平出席全国教育大会并发表重要讲话[EB/AL].[2020-01-25].http：www.gov.cn/xinwen/2018-09/10/content_s320835.htm.

[2] 柏连阳，蒋建初，盛正发.基于学科竞赛的新建本科院校技术创新人才培养探析[J].中国高教研究，2010(08)：65-67.

[3] 陶楠，闫秀荣，宋春光.基于双创型人才培养模式的教学改革与实践——以社科奖全国市场营销大赛为例[J].商业经济，2015(37)：56-57.

[4] 严薇，杨天怡，袁云松.学科竞赛与创新人才培养[J].实验室研究与探索 2008，27(12)：107-108.

[5] 谢桂娟.政治学开放式教学体系的构建[J].现代教育科学，2008(2)：122-124.

[6] 李金昌，林家莲.实践教学与学科竞赛相结合，促进创新人才培养[J].实验技术与管理，2011，28(11)：1-3.

[7] 倪亚红，王运来."双一流"战略背景下学科建设与人才培养的实践统一[J].江苏高教，2017(2)：7-10.

[8] 蔡基刚，武世兴.引进多媒体网络技术，改革传统的教学模式[J].外语界，2003(6)：2-7.

[9] 张贤明.政治学与行政学专业人才培养的时代要求、学科特性和模式创新[J].中国大学教学，2019(9)：45-50.

[10] 王蕾，张巧英.基于学科竞赛的高校实践教学体系创新研究[J].教育理论与实践，2015，35(6)：43-44.

[11] 鲁保富.构建系统、高校的学科竞赛管理机制促进高校学风建设[J].中国大学教学，

2005(5):37-38.
[12] 董方旭,况晓慢.高校学科竞赛运行体系的构建[J].中国成人教育,2010(14):32-33.
[13] 闫舒静,张兴会,李辉,等."教学改革-科技创新-学科竞赛"互动模式的创建与实践[J].天津工程师范学院学报,2006(4):3-5.
[14] 韦玮.试析学科竞赛在高校学风建设中的作用[J].宁波大学学报(教育科学版),2005(3):86-88.

“治理—战略—思想史”特色的政治学与行政学本科专业人才培养模式探索

孙　磊
同济大学政治与国际关系学院

摘　要　近年来，同济大学政治学与行政学本科专业在专业人才培养模式的探索上取得显著成就。其探索经验包括：以“治理—战略—思想史”的研究型教学为专业基础特色，以学生的创新创业指导和课外实践能力培养为专业实践特色，以国际化办学作为贯穿本专业建设全过程的专业国际化特色。

关键词　一流学科建设　政行特色　人才培养

同济大学政治学与行政学本科专业（含国际政治方向）设立于2007年。近年来，本专业在发展过程中逐渐确立了“治理—战略—思想史”的鲜明特色，并在专业建设、人才培养、社会实践和国际交流等方面均取得了显著成就。政治学与行政学专业始终着眼于高端与多元化的人才培养理念，致力于形成具有中国特色、同济特色和政行特色的培养优势。依据教育部高等学校教学指导委员会在2018年新编的《普通高等学校本科专业类教学质量国家标准》，政治学与行政学专业教育应具有“有鲜明的政治性、理论性、应用性和实践性”①。在此基础上，本专业围绕一流学科建设和高端人才培养的目标，坚持将“治理—战略—思想史”作为教学研究活动的重点方向，并在此基础上将支撑全方位、全链条的学术型人才培养体系作为专业基础特色，将学生的创新创业指导和课外实践能力的培养作为专业实践特色，将国际化办学作为贯穿本专业建设全过程的专业国际化特色。

政治学与行政学专业坚持课程思政与专业教学实践的相互融合，坚持

①《政治学类教学质量国家标准》，收入教育部高等学校教学指导委员会编的《普通高等学校本科专业类教学质量国家标准》，高等教育出版社2018年版，第39页。

培养学生良好的政治道德和思想情操,提高学生的政治辨别能力,完善学生的政治洞察力和解决各种复杂社会公共事务的能力。在强化学生科学研究能力和实践运用能力的同时,开拓学生的国际视野,从而更好地服务于同济大学践行立德树人的社会主义教育宗旨,服务于高等院校培养社会主义建设者和接班人党的教育事业根本任务。我们将政治学与行政学本科专业培养模式的探索经验进行总结,以期更好地与其他专业相互交流,互促互进。

一、以"治理—战略—思想史"的研究型教学作为专业基础特色

正如俞可平教授所言,经过 40 年的发展,中国政治学无论在学科建设、基础理论、人才培养,还是应用研究、政策咨询和学术交流等方面,都取得了重要成就,呈现出了明显的学术进步趋势。然而,在学科的专业化、知识化和学术化等方面,当代中国政治学也面临着严峻挑战,尤其是由于受功利化影响,基础研究日益薄弱,对策研究日益泛滥[1]。以此为鉴,我们主张,政治学与行政学专业的教学研究秉持"统筹国内国际两个大局"的战略思想,聚焦"治理—战略—思想史"的总体方向,逐步确立了以战略研究为主体,辅以亚太研究(东亚研究为核心)和欧洲研究(德国研究为核心)的"一体两翼"开放型研究型教学格局。在此过程中,本专业教师致力于实现"教研相济",不仅强调教师个人在教学和科研中某一方面的优势与特色,而且推动科研成果进课堂、课堂教学促科研,从而使得本专业学生在接受专业普遍性教育的同时,更多感受具有同济特色的领域优势。目前,政治学与行政学专业在教学过程中已经形成了以中国战略研究为核心,以国际关系研究为主线,以比较政治、国家治理和战略思想史为支撑的教学体系,教师在研究型教学过程中会重点关注战略研究、外交理论与实践、比较政治研究、马克思主义国际理论与实践等专业方向,致力于将中国战略研究、中国战略传统、大国崛起战略比较等领域的全国学术引领作用转化为课堂教学的成果与成效,从而促成以治理理论为依托、以战略研究为核心、以思想史为新增长点,由此形成的"同济战略学派"。它既是本专业教师的靓丽品牌,更是本专业学生的自信来源。

就治理方向的教学而言,本专业始终注重普遍性与特殊性的结合,将具有普遍意义的理论和历史作为基础加以夯实,将具有特殊意义的个性化研究和领域性探索作为特色予以彰显,从而以基础铸就专业性,以特色打造品

牌性;就战略研究而言,本专业注重个体与团队的结合,强调代表学者对学院、学科和学界的积极贡献,特别是其对战略理论、战略哲学和战略思想史方面的引领性价值,突出战略研究对学院教学、科研和咨询的全方位促动。同时,本专业始终有计划地培育和孵化战略研究团队,发挥中国战略研究院等机构在凝聚合力方面的作用,促进专业内部形成"在宏观战略层面有权威学者、在中观战略层面有青年才俊"的梯队建设;就思想史研究而言,本专业长期注重理论性与历史性的结合,并将其作为专业中长期发展的新增长点,致力于将理论与历史相互凝聚的思想史教学作为承载治理教学和战略教学的"高峡平湖",从而契合学术发展的规律、促动课堂教学的创新、实现学科特色的落地。

更为关键的是,本专业特别强调自身服务于国家重大战略需求的教学优势与特色,并且在教学过程中尤为彰显战略研究作为"治理—战略—思想史"中项的核心动能。在此基础上,本专业依托同济大学中国战略研究院,开创中国战略学学科,形成教学—科研—咨询相辅相成的三位一体互动:组织《中国国际战略导论》《国际战略学》《中国战略传统》《大国战略比较研究》等战略学教材的编写,并使科研成果进入课堂,努力开创一个全新的学科领域;编辑出版《中国战略报告》(以书代刊)、组织出版系列丛书(北京大学出版社"大战略研究丛书"、人民出版社"中国战略传统丛书"和"大国战略丛书"、中国经济出版社"中国国家战略书系"和"东北亚战略书系"、上海人民出版集团"中国战略研究丛书")等举措,确立了学院在战略研究领域举足轻重的地位;本专业始终强调与国家安全委员会、国家发改委、商务部、科技部、外交部、中央外办等部委的平台对接,决策咨询报告多次获得习近平、李克强、王沪宁、韩正等中央领导人的肯定性批示。

总的来说,同济大学政治学与行政学专业具有自己鲜明的专业风格,可以在专业培养目标的基础上突出本科教学的特色与优势,特别是通过"治理—战略—思想史"的三环联动,更好地培养学生的理论修养、历史素养和战略涵养,使其更好地对接国家治理和国际战略的重大需求,使其可以更好地成为新时代中国与世界互动关系的载体与桥梁,使其真正成为国家用得上、用得快、用得好的社会精英与拔尖人才。

二、以学生的创新创业指导和课外实践能力培养作为专业实践特色

政治学与行政学专业主要服务于国家的治国理政,具有很强的实践性。

然而现有的国家专业要求关于实践教学缺乏指导性的制度与标准，以至于长期专业教学中没有实践教学团队，对此的重视不够[2]。结合国家与学校的相关文件要求，实施国家级大学生创新创业训练计划，能够促进高等学校转变教育思想观念，改革人才培养模式，增强高校学生的创新能力和在创新基础上的创业能力，培养适应创新型国家建设需要的高水平创新人才[3]。以此思想为指导，政治学与行政学专业长期注重培养学生的专业素养和综合能力，深入开展学生创新创业教育，通过组织多种形式的教育活动提升学生的实践能力、创新能力和社会适应能力。与此同时，本专业致力于选拔优秀骨干教师担任学生创新创业导师，以及配合学院与企事业单位、社区等共建创新与创业实训基地，深入推进学生创新创业项目建设。在上述过程中，本专业主要在以下方面强化了对学生创新创业指导的全方位把握。

第一，高度重视大学生创新创业训练的改革意义。本专业坚持由专业负责人亲自负责，协调学院教务、科研、设备、财务、学工、团委的相关教师共同制定切实可行的管理办法和配套政策，将大学生创新创业训练计划的日常管理工作纳入本科生教学管理体系。第二，积极落实大学生创新创业训练的制度保障。本专业结合创新创业指导与训练的基本要求，在相应的课程建设、成果认定、学分认定等方面给予政策支持，把创新创业训练项目作为个性课程写入培养方案，同时组织建设与创新训练有关的创新思维与创新方法等选修课程。第三，持续建设大学生创新创业训练的导师队伍。本专业在学院教学改革进程的推动中，对参与大学生创新创业训练计划的学生实行导师制，并为参与创新创业指导制定相关的激励措施，鼓励专业教师担任大学生创新创业训练计划的导师，同时探索聘请企业导师指导学生创业训练和实践。第四，注重营造大学生创新创业训练的文化氛围。在日常工作中，本专业积极搭建项目学生交流平台，定期组织项目指导教师之间的交流，鼓励表现优秀的学生，支持项目学生参加校内外学术会议，为学生创新创业提供交流经验、展示成果、共享资源的机会。

好的创新创业指导举措，必将带来更好的创新创业成果。近四年来，政治学与行政学专业在科技创新和社会实践方面成果丰富，共开展国家大学生创新创业训练计划（国创）5 项、上海市大学生创新创业训练计划（上创）2 项、同济大学大学生创新创业训练计划（SITP）16 项。在此基础上，政行专业的学生在社会实践、创新创业等活动和竞赛中获得多项国家级、省部级和校级奖项，实现了本专业积极举措的良性反馈。如2016年上海市本科生社科论坛一等奖、首届全国（暨南）国际政治本科生论坛中，斩获团体一等奖、个人一等奖等4项个人奖项、2016年“创青春”全国大学生创业大赛实践挑战赛金奖、2018年“创青春”上海市大学生创业大赛公益创业赛金奖、2018年“创青春”全国大学生创业大赛公益创业赛金奖、2018年“知行杯”上海市大学生社会实践项目大赛特等奖、2019年第十六届“挑战杯”上海市大学生课外学术科技作品竞赛二等奖等，学生暑期社会实践团队先后荣获“上海市大学生优秀暑期社会实践团”“上海市优秀项目奖”等荣誉。

另外，政治学与行政学专业十分注重学生课外实践能力的培养，全面提升实践教学基地和第二课堂品质，重视对学生实地调研和基层实践经验的能力提升。高度关注学生的课外实践活动，以多种形式提升学生的实践能力和创新能力。为了进一步创新人才培养模式，充分借助社会资源和平台，通过创新基地建设、第二课堂活动等途径，促进一、二课堂融合，加强实践育人。本专业在上海市杨浦区就业促进中心、四平路街道办事处、上海市人大、井冈山大学法政学院等地设有4个“城乡基层政务实习基地”，通过组织学生进入实习基地接受实习基地聘用兼职教师的实际指导，亲身参与基层实际工作，切实提高他们从事基层政务和行政工作的能力，同时巩固学生的课堂知识，锻炼他们的表达交流能力、通用办公技能和组织管理能力。另外，邀请国内外知名专家和实习基地聘用兼职教师走进同济课堂，定期举办以培养学生实际工作能力为目标的学术讲座和实习课程，提高学生运用所学基础理论和专业知识进行实际工作的能力，表达沟通能力等，这些差异化的能力特征帮助学生在择业时提升个人竞争力。

支持学生创新实践项目，提高学生创新能力。近四年来政治学与行政学专业共有20多支项目团队入选扶持序列，包括学术创新训练项目和创业训练项目两类。专业导师给每个项目以精确、到位的指导。学生参与暑期社会实践项目，涵盖寻访校友、点赞家乡、寻访老兵、理论宣讲、海外寻经等大类别，参与学生100余人次。围绕城乡基层政务实践、社区矫正教育、历史街区保护、新农村建设和实践、公益创新创业等5个主要方向组织和开展大学生社会实践。与颂鼎社创以及上海市黄浦区图书馆深入合作，探索合作建立大学生公益创新志愿服务基地的实施路径，打造大学生创新创业的特色品牌。

三、以国际化办学作为贯穿政行专业建设全过程的专业国际化特色

政治学与行政学专业牢牢把握“国际化”的突出特点和比较优势，积极开辟各种途径，拓展本科生学习国际化课程、参与国际化论坛、开展国际化交流的新途径，构建学术交流的全球性布局和战略支点布局。本专业依托国际合作项目、短期国际交流项目、全日制攻读学位国际学生项目、中外人文交流项目、外国专家访学讲学项目、国际学术论坛项目、国际研究生论坛项目和国际暑期班项目等，构建了一支富有经验的国际交流与外事管理工作团队。其特色总结如下。

第一，本专业形成了完整的校际交流和学生联合培养发展框架。目前已在此基础上建立了10门左右全英文课程体系和国际学位项目人才培养体系，还在同英国利兹大学洽谈合作项目。接收来自越南、柬埔寨、白俄罗斯、哈萨克斯坦、吉尔吉斯斯坦、乌克兰、乌兹别克斯坦、罗马尼亚、乍得等国留学生，攻读硕士学位。同韩国庆熙大学、芬兰坦佩雷大学、法国图卢兹政治学院、意大利都灵大学、日本成蹊大学、日本立教大学等高校建立学生交流项目，派出或接收参加短期校际交换交流的学生20余人。

第二，依托学校本科生院相关对外交流项目，积极开展学生对外交流活动。近年来，政行专业每年依托本科生院积极开展海外暑期班活动。与意大利佛罗伦萨大学建有暑期合作项目，派遣10多名优秀本科生参加同济大学佛罗伦萨暑期班活动，赴意大利开展暑期班学习与交流活动。还积极同外国语学院、国际文化交流学院、法学院等兄弟学院开展了卓有成效的校内合作机制。同外国语学院合作，先后同澳大利亚新南威尔士大学、英国巴斯大学等合作举办研究生国际论坛，选派10余名优秀研究生参加国际学术交流活动。同国际文化交流学院合作，共同拓展短期国际交流项目和全日制攻读学位国际学生项目；同法学院等兄弟学院合作，共同建设同济大学—乔治· 华盛顿大学暑期班交流项目等。

第三，用好用足国家政策资源。首先，积极利用国家外专局、教育部、同济大学等的政策条件，申请并执行外专项目。持续执行教育部名师讲座教授项目、国家外专局项目、学校重点引智项目和其他学者访问项目，邀请国外著名专家学者前来同济大学访问，从事授课、合作科研和举办学术讲座等活动。其次，大力开展中外人文交流项目。政行专业同太平洋国际交流基

金会合作，每年邀请并接待 2～3 组来华访问交流的美国大学生团，每组美国大学生团人数约为 25 人。此项目是中美人文交流高层磋商机制成果。开展此项目有利于推动同济大学对美人文交流，增进中美两国之间的民间友好交往，为中美友好贡献力量。学校中西学院还同西班牙纳瓦罗大学合作，在过去几年间每年邀请并接待两组来华访问交流的西班牙大学生团，两批西班牙学生团每团人数约为 60 人。此外，持续建设和拓展高端学术论坛平台。除继续举办中国战略论坛、上海—釜山合作论坛、中国青年战略论坛、全球青年学者峰会、中美北极社科论坛等高端学术会议外，拓展同中央对外联络部当代世界研究中心的合作，共同举办“一带一路”发展论坛，拓展同日本东京大学东洋文化研究所的合作，共同创建“中日中青年学者战略对话”交流平台，拓展同日本佳能全球战略研究院的合作，共同创建“中日经济战略对话”交流平台，持续举办学院“中国与世界”名家系列讲座。

经过几年的努力，本专业国际化建设的全球布局不断完善，在国际学生招生等关键性的国际化指标方面已位居全校前列，在国际学生与国内学生数量比例方面位列全校专业学院第二名。积极利用国家提出“一带一路”倡议给予的机遇和教育部在国际化建设方面提供的政策支持，依托学校对欧洲（德国）的交往优势及在理工科方面的发展优势，积极推动在国际化研究课题、对欧洲（德国）交流项目及学科交叉与融合方面发挥重要的引领作用。本专业国际化发展得到学校高度评价和积极认可，2019 年 6 月学院被列为同济大学“三全育人”综合试点首批试点学院，学院学生国际视野提升工程获得学校资助①。本专业以“三全育人”综合改革试点建设为契机，构建内容完善、标准健全、运行科学、保障有力、成效显著的全方位国际化人才培养体系，形成全员、全过程、全方位育人格局。

四、结语

同济大学政治学与行政学本科专业根据教育部指导委员会政治学科的标准，努力在专业人才培养模式上积极探索。与国内北大、复旦、人大的同类专业相比，我们力求夯实基础，打造自身的特色，即以“治理—战略—思想史”的研究型教学作为专业基础特色，以学生的创新创业指导和课外实践能

①《同济大学“三全育人”综合改革试点建设方案》（同委〔2019〕33 号），https://news.tongji.edu.cn/info/1002/68994.htm.

力培养作为专业实践特色，以国际化办学作为贯穿本专业建设全过程的专业国际化特色。当然，我们的探索中仍然存在不少问题，希望能与兄弟院校相关专业多交流，多取经，争取更大的进步。

参考文献

[1] 俞可平.当代中国政治学的成就、趋势与挑战[J].天津社会科学，2019(1)：69.

[2]《政治学与行政学专业学生实践教学改革与实践[J].教育现代化，2018(12)：113.

[3] 国务院办公厅关于深化高等学校创新创业教育改革的实施意见(国办发〔2015〕36 号[EB/OL].[2020-01-10]http://www.gov.cn/zhengce/content/2015-05/13/content_9740.htm.

创新型人才培养目标下的“寓教于行”教学模式探析

葛天任　溥雨欣
同济大学政治与国际关系学院

摘　要　高校教育的最终目标是实现创新型人才培养。创新人才的培养不是课堂教学就能完成的，必须有实践教学的配合，“寓教于行”的教学模式是教学改革背景下的一种发展创新。实践教学的手段和方法有许多种，本文结合三个社会实践教学案例，提出了学科竞赛、游学交流、参观访问三种类型的实践教学模式，并对具体项目的教学设计、实施、效果收获进行了详细介绍。本研究为形成具有实践教学特色的人才，提高教学质量，最终提高培养创新人才的质量提供新的思路和借鉴。
关键词　创新型人才培养　社会实践教学　创新思维　寓教于行

一、高校教育改革与实践教学发展趋势

随着现代中国教育教学实践中新经验和新理论的不断出现，我国教育模式和教学体系发生了显著变化。传统的教育模式在教学实践中逐渐显露出教学形式僵硬固化、学校教育中过分注重知识传授而忽视了对学生的应用性和创造性培养等问题。主要原因如下：首先，教育的功利化现象较为严重。一直以来基础教育围绕着应试教育展开，重点考查知识的掌握和应对考试时的技巧训练，造成了“重知识，轻实践”“重记忆，轻思维”“重继承，轻创新”等不足，这在高等教育中也较为突出，学生重成绩、重就业、重结果。其次，缺乏大教育观。学生的教育时间和教育场所被压缩在课堂上，囿于书本所学的知识，而缺乏对社会民情的关注和关怀，难以真正地学以致用。再次，缺少人文关怀与人文精神，传统教育视学生为接受教育的机器，忽略了人的主体性与独特性；没有以应有的人文关怀引导知识，师生之间存在地位不对等的弊病；“灌输式”束缚了人的思想与活动空间，容易造成许多学生思

想上和性格的不健全、不平衡。

中国高校作为高等教育的基地，肩负着人才培养的使命。高等教育，是教育的重要组成部分，是在完成中等教育的基础上进行的专业教育和职业教育，是培养高级专门人才和职业人员的主要社会活动[1]。与“外延式发展”以规模壮大、数量增加为特征的基础教育和中等教育相比，高等教育的“内涵式发展”以质量提升为发展目标，着眼于充分发挥高校内部各种要素的优化配置，如管理体制机制的创新、教学内容和手段的优化、师资力量的加强、人才培养质量的严格要求等，通过充分发挥各种要素的配置效率来推动高等教育质量的提高[2]。因此，质量是高等教育永恒的主题。当前，我国高等教育处于推进和实现“内涵式发展”的新阶段，其根本要求即提升人才培养质量，尤其在一流本科教育建设的背景下，我国针对高校教育进行了体制机制的改革创新[3]。近年来，我国高校教育在深化本科教学改革、强化学科竞赛力度、创新人才培养方式、实施创新创业教育、开拓学科国际化视野等方面都取得了显著的成效。

针对目前传统教学模式所存在的问题以及教学改革的发展趋势，普遍认可和倡导的一种应对措施便是实践教学模式。该教学模式重在提升学生的行动力，是理论联系实际、深刻理解和掌握所学知识的有效途径。相较于传统的教师通过自身的说教、学生通过单纯地听来学习知识的模式，理论学习与实践教学相结合是一种更为高效的学习方式[4]。实践教学的本质是“寓教于行”，这一教育理念在中西方古代先哲的教育思想中就已经有所体现。亚里士多德的实践哲学认为人们的一切规划和实践都若明若暗地以某种善为旨归，明确实践是一种以自身为目的，内在于自身的活动，实践的理性是明智，离开了实践，智慧就没有严格意义的善[5]。实践教学在中国有着悠久的传统，明代的王阳明曾提出“知行合一”的育人理念，他认为修身养性和学习简单理论知识并不是全部的学习过程，而是应该将“知”（理论知识）与“行”（实践）结合起来，使得理论知识在实践中得到深入和提升[6]。20 世纪 30 年代，陶行知先生更是提出了现代学校的实践教学理念，亲自实践、创办学校，提倡“知行合一”的学校教育。本文根据上海市“知行杯”大学生社会实践大赛、同济大学—佛罗伦萨大学暑期交流实践教学以及同济大学“红色文化基因”社会实践教学等 3 个实践教学经历，探索和总结了“寓教于行”教学模式的创新思路，在此基础上通过教案设计回顾来展现具体的做法和实践，最后对其效果进行了评估。

二、"寓教于行"教学模式的新理念

大学教育的最终目标是人才培养,关键是将实践知识转化为创新和创造,实现人才创新。"寓教于行"旨在通过学科实践和专业应用,在具体行动中深化所学知识,并汲取新的知识,从而培育学生的创新思维、研究逻辑和研究方法,以及基于书本和实践知识的综合创新能力。同时在"寓教于行"教学模式下,教师和学生的角色得到重构,这有别于传统教学中教师对学生"灌输式"教育的角色定位,形成了以学生为主体的教学发展理念。教师更多地扮演辅助性角色,来引导和激发学生如何思考、体会以及创造创新。本文将具体通过以下三种实践创新的教学方式来探究"寓教于行"教学模式的发展新思路。

(一)学科竞赛带动实践教学

实践教学与学科竞赛相结合,是人才培养模式改革创新的重要建设内容。从形式上看,学科竞赛作为一种比赛,通过营造一种参与竞争、参与科研、自主学习的氛围,激发学生主动思考,积极追求达到更高、更新的目标要求[7]。从过程上看,整个竞赛从组织队员开始,就在培养学生的主动思维、发散思维、直觉思维、批判性思维。通过学生提出问题,设计实验方案,探索解决问题的方法,在竞赛中突出学生的主体地位,突出手脑并用的探究式学习方法,有助于学生主动构建科学的知识体系,促进理论与实践的结合[8]。

2018年"知行杯"上海市大学生社会实践项目大赛在一定程度上体现了学科竞赛与实践创新的结合。该课题项目是对上海外卖快递从业群体生存状况所进行的调查,学院课题组基于选题进行了大量的实证研究。在此过程中,研究方法和研究思路主要由学生设计和制定,老师针对方案给予合理纠正;学生亲自参与调查调研,而老师主要扮演对学生调查调研做法的启发者和评估者;同时,通过课题组定期的研讨会和学生演讲等形式,来跟进课题进度,相互交流想法,进一步完善课题方向。在该课题的实践过程中,学生的学习兴趣和创造性思维得到了充分的激发,学生根据自己的专业特性及所长,选择了诸如问卷、访谈、开座谈会、影像拍摄、创办公众号等方式进行资料的收集和记录。同时在方案实施过程中,学生也能够积极发挥主观能动性。比如针对"外卖人员难以统一联系及采访"的问题,组员选择在外卖点餐高峰期对外卖配送人员进行蹲点采访,利用其等待取餐的时间来进行简明扼要的采访,收集到了丰富的事实信息,是本课题采访调研过程中的一项创新之处。

（二）游学交流带动实践教学

游学是世界各国、各民族文明发展中，最为传统的一种学习教育方式。现代教育意义上的游学，是20世纪随着世界和平潮流和全球化发展进程而产生，并逐渐成熟的一种国际性跨文化体验式教育模式。随着“走出去”成为大势所趋，如今的游学更是一个“读万卷书，行万里路”的过程。在游学期间，学生学习语言课程、参观当地名校、入住当地学校或寄宿家庭、参观游览国外的主要城市和著名景点，真正做到了“学”和“游”的结合。游学性质的教学实践活动，既可以使学生感受不同地域的文化，又能培养学生的跨地域格局和国际视野，在学科学习的过程中获得新的启发和灵感，实现创新思维的培养。

2019年，国政学院团队赴意大利参与同济与佛罗伦萨大学的暑期实践交流项目，该项目的特色在于中外合作以及游学性质。此次学习交流中，团队一共走访了罗马、佛罗伦萨和威尼斯三个城市，除了在佛罗伦萨大学参与学术讲座交流，本次实践教学更多地采取“边游览，边教学”的教学模式。在参观过程中，教师围绕欧洲的政治文明起源、历史兴衰更迭、城市更新和治理等学生感兴趣的主题，进行了生动有趣的讲解，极大地激发了学生的兴趣和求知欲。学生通过教师讲解、博物馆导览等方式了解历史知识和文化背景，在实地走访中感受古迹氛围，在讨论中思考。

（三）参观调研带动实践教学

参观调研是实践教学模式十分重要的一个环节，其目的是使学生通过参与社会实践，了解当前国内社会经济文化状况。丰富知识积累，引导学生开阔眼界；培养学生理论联系实际的工作方法，提高其在实践中调查研究、观察问题、分析问题以及解决问题的能力；帮助学生更全面、更立体地了解所学的知识，并以此指导具体的专业设计实践，为后续专业课程的学习打基础[9]。

2018年暑期，为探寻“红色基因”在“一带一路”起点地区市场经济发展中的所起的实际作用，国政学院实践团前往东南沿海多个省市进行调研，以此寻觅“红色基因”与市场经济发展二者之间碰撞的火花。调研团通过参观各革命旧址和博物馆，通过音画和文物实地感触各地经济、文化发展以及红色革命的伟大历史，了解到原有的红色文化如何转化成当代爱国主义文化。此次调研，团队不仅了解城市发展，也深入到乡村，既遇到了青年创客，也与企业大咖进行座谈。这种直接的接触是在校园里、课堂中是无法获得的，调研之行给团队的成员上了一场别开生面的社会课。

三、教学设计与实施

在创新实践教育理念的推动下，我们要制订符合教学目标的教学方案，以期在教学实践过程中能够充分发挥学生和教师的主观能动性，最终实现实践创新的人才培养目标。那么如何制订和完善教学规划设计，从而使教学方案能够真正实现其教学目标和价值？研究发现，应从教学方案的能动性、系统性和多元化三方面加以考虑。

(一) 能动性要素：让学生参与教学方案设计

第一，教学方案的能动性体现为学生在目标和兴趣导向下参与方案的规划设计。基于"寓教于行"教学模式下学生作为主体的角色定位以及培养创新能力的目标要求，学生应从教学方案设计伊始便获得充分的参与，针对学生的差异化兴趣和多元化需求进行充分定制，以期使教学方案符合学生自我发展和自我实现的目标。例如在佛罗伦萨大学的暑期交流项目中，学生在项目行程安排上被赋予完全的自主权，整个项目过程的行程路线规划、参观景点选取，以及讲授内容的选择皆由学生亲自制完成。最终学生商议制订出包括罗马、佛罗伦萨和威尼斯三个城市的游学行程，以及选择感兴趣的历史博物馆和文化遗迹自主参观游览。

第二，教学方案的需求性还体现在学科体系和专业需求框架下的共同价值选择。例如在与佛罗伦萨大学交流课题的选取中，团队考虑到成员是来自政治学、社会学两个专业的学生，根据两个专业的特性以及内容，选取了"文艺复兴时期佛罗伦萨经济"(The economy of Renaissance Florence)和"历史环境下城市与建筑的更新"(Urban and architectural renewal in the historical environment)两个主题，与学生的专业所学(政治思想史、城市发展、城市研究等)有较大关联。再比如在"知行杯"项目中，课题组选取外卖和快递青年从业者作为研究对象，也是基于学生的专业期待和专业价值而进行选取的。学生期待通过深入的文献研究和实证研究，对这一具体的职业群体进行深入的刻画和了解，弥补学界研究不足、体现学术价值，同时，也希望通过亲身接触这一职业群体探寻其生存现状、职业发展和社会心态，探讨在他们为城市高速发展做出贡献的同时社会如何给予他们应有的关怀和保障，体现政治学与社会学专业学生的社会情怀与人文关怀。

(二)系统性要素:方案设计覆盖全过程

教学方案的系统性要求在制订时考虑其实施过程的完整性,虽然社会实践是“寓教于行”教学模式的核心组成部分,但应该意识到,保障实践调研的顺利开展以及将实践收获转化为创新创造的成果也是实践教学中的重中之重,即教学实施方案需要从前期到后期进行全过程的综合考虑。这里以“探索红色文化基因之旅”实践调研项目为例,调研团队的实践流程主要分为:实践动员、背景资料搜集、调研地点选定和联络、实地调研、调研经验总结五个阶段。

第一,实践动员阶段。主要是对实习目的、实习内容、实习要求进行确立,并对人员组成、活动形式、预期成果进行了初步设计。团队在调研前期进行了成员组织理念认同、田野调查方法等多个板块的专业培训,学生就研究课题向专家老师进行专业咨询。第二,背景资料搜集阶段。主要通过查阅大量相关资料、文献,对所调研地区的经济、社会、人文背景知识进行了学习,初步了解各地的主要情况。第三,调研地点选定和联络阶段。基于已有的项目策划,排查项目地点,并初步选择各省市有代表性的企业单位作为调研地点,与当地政府及相关企业部门进行联系和确认,将行程路线安排详尽细致,避免时间上的冲突和处事上的不便,以确保实践顺利进行。第四,实地调研阶段。针对各省市创意产业园区中在红色文化与市场经济发展结合方面成效显著的多家企业,调研团通过实地走访、座谈、问卷调查等形式深入了解其发展历程、改革动因,总结其成功经验,获得宝贵的一手资料。在每天的调研活动之后,每名成员就当天的调研内容凝聚500字以上的相关感受和小结,这种方法能够有效帮助学生结合所学知识分析收集到的信息和问题,使团队在一站一站的行进中,提升团队对原有问题的认识,不断修改完善原有的访谈问卷设计;并有利于将调研城市进行横向比较,更好地发现调研城市的特色优势。第五,调研经验总结阶段。实地调研结束后,团队第一时间对调研访谈、录音、影像资料进行整理,做好记录反馈工作,保持调研内容的时效性和准确性。同时,以学生为主体来编制实习成果,结合相关专业知识将实践调研中的所见所闻进一步总结,撰写新闻稿三篇、调研报告一篇以及成果集一本。同时通过演讲汇报、发布成果集、多媒体平台宣传等方式,将有关内容分享给有需要的读者,使“红色基因”“一带一路”、社会主义市场经济的力量更深入人心。表1总结了对“红色文化基因”实践教学的方案设计全过程全要素。

表 1　“红色文化基因”社会调研项目系统性教学方案设计

实践动员阶段	背景资料搜集阶段	调研地点选定和联络阶段	实地调研阶段	调研经验总结阶段
① 确定主题 ② 人员筛选 ③ 专业培训	① 文献查阅 ② 明确主体 ③ 关键词解读	① 地点选定 ② 联络确认 ③ 安排行程	① 参观记录 ② 座谈会 ③ 实地走访 ④ 问卷调查 ⑤ 每日小结	① 资料整理 ② 成果编写 ③ 成果评估 ④ 成果发表

（三）多元化要素：教学方法和工具的多元运用

“寓教于行”的教学模式重在培育学生实践过程中的创造性思维，同样地，教学方案本身也需要具备创新性和多元化的特征，进一步激发学生如何思考，为学生创新提供更多的渠道和可能性。教学方案的多元化具体表现为研究方法多样化和研究途径丰富化。研究方法的多样化强调运用学科多维度的思考体系和多种类的操作途径来解决实践中所遇到的问题，而研究途径的丰富化强调跳出学科技术框架的局限，另辟蹊径来加深学生在实践中的感受和认识。

例如在“知行杯”社会实践教学中，团队在方案设计中运用了专业研究逻辑，制订了一个涵盖多元化方法和工具的研究方案：首先对漂移青年的社会发展进行概念界定和文献梳理，其次分析“互联网＋”行业给漂移青年带来的影响，然后通过实证研究呈现青年的发展现状，剖析其职业发展的诉求。在描述性分析之后具体讨论造成漂移青年美好理想和现实巨大落差的原因，并针对其现状和诉求提出一些切实的建议。团队通过多样化的社会研究方法，来进一步加深理论和实证研究。文献法通过查询有关文献资料，加强研究的理论性和科学性；访谈法围绕相关话题展开，加深对群体生活现状的了解；非参与式观察法通过不定期走访观察外卖员与快递员的工作环境、工作情况和生活情况，为课题研究获取直观感受；问卷法为研究提供了真实有效的数据支撑。此外，该项目同时实现了研究手法的创新，引入了诸多生动有趣的实践研究途径。比如在资料的收集上采用了现场拍摄和录制的手段，相比于传统的录音访谈和文字记录，可以更加真实地记录漂移青年工作生活的片段，展现其精神风貌。再比如打造微信订阅号平台，来进行阶段性的记录和研究输出，同时通过该平台与社会外界形成良性互动，能够更加有效地了解社会对于外卖快递从业人群的态度和看法。表 2 对“知行杯”

社会实践教学方案多元化要素进行了总结。

表 2 “知行杯”外卖从业人群研究项目多元化教学方案设计

研究思路专业化	研究方法多样化	研究途径创新化
概念界定、文献梳理、实证研究、原因分析、建议提出	文献法、访谈法、观察法、问卷法	公众号建设、纪录片拍摄

四、教学项目效果评价

总的来说,“寓教于行”的教学模式在一定程度上通过社会化的培育使学生加深对社会民情的关注和关怀,有利于正确价值观的形成和健全人格的培养。其次,“知”与“行”的结合使学生能够真正地学以致用,有利于提高其利用专业知识分析和解决实际问题的能力,加深对所学专业的理解和掌握。最重要的是,以学生为核心而展开的实践教学能够提升学生的主体意识,培育其个性特征,在实践过程中开阔视野,激发其独立思考、自主创新的思维习惯,最终实现创新型人才培养的目标。

“上海‘漂移族’青年群体的生存现状与社会心态及其对策研究”课题荣获 2018 年“知行杯”上海市大学生社会实践项目大赛的特等奖、同济大学第四届“卓越杯”大学生科技创新竞赛暨第十六届“挑战杯”全国大学生课外学术科技作品同济校内赛特等奖。同时该项目的学术成果还有上海“漂移族”青年群体深度调查及有效服务对策专报 1 篇,在澎湃英文版 *Sixth Tone* 发表英文评论 1 篇。学生在实践教学课程期间所打造的“漂移之声”公众号,作为了解快递外卖小哥生活的线上沟通服务平台,一方面让社会了解在上海工作生活的外卖和快递青年,以故事的方式说出他们的心声,记录漂移青年的风貌。另一方面,也为漂移青年提供一个了解社会,便利生活的途径。最终该公众号一共获得了1 152 人的订阅。同时学生将实践中的影像资料制作成了一个短纪录片,记录了漂移青年工作生活的片段,展现其精神风貌,通过倾听他们的心声,给予其一定的关怀和诉说的渠道。除此之外,课题组还创新发明了沪语、英语简易读本,由社区或企业发放给漂移青年,作为增强其沟通能力、培养职业技能的一种方式;交规小游戏的简易小程序发明则可以作为其休息时的放松方式。同时,由于漂移青年的职业特性,马路安全对他们尤为重要。小游戏旨在让他们在休闲娱乐的同时能够了解一定的交通规则,为其出行安全增添一份保障。

佛罗伦萨暑期实践教学交流课程结束后，团队成员进行了内容总结与成果反馈，完成了名为"濡染与守护：当下的我们如何与古代文明相处"的实践报告，同时此项目成果还包括每个小组成员在游学期间的3篇500字的游学体会、1篇2 000字的游学小结，以及一个记录团队游学历程的vlog视频。在团队成员的游学体会和游学小结中，可以明显看到学生们对于城市更新与文化遗产保护、传统与现代如何平衡等问题的浓厚兴趣和研究关注。此外，团队成员以此次游学的所见所闻为灵感进行了游学专题展板的制作，在学校内进行展览和宣传，将团队此次游学的成果及收获分享给大家。此次游学实践经历的收获，更多的是游学过程中国外优秀历史文化所带来的洗涤与熏陶，在两周不到的时间内，学生们对三座城市的建筑与规划、历史与人文形成了直观的认知，对经济史、艺术史、建筑环境的更新保护等知识也有所了解。走出大学课堂，暂时脱离自己熟悉的环境，用脚步丈量异域城市，这不失为一种鲜活的学习方式。从日常生活到参观游览，学生们在陌生的地域环境中感受到不同的文化内涵，开阔视野的同时不断激发着学生们的思考。

"红色基因之旅"实践教学课程获得了同济大学卓越杯社会实践大赛一等奖和上海市"知行杯"社会实践教学大赛三等奖。学生通过分工合作，制作和完善"重温红色之旅，筑梦'一带一路'——社会主义市场经济发展中的'红色基因'调研项目"调研报告及其成果集。通过九天的走访调研，收获了大量的资料，包括乡村振兴、老区建设、城市更新、产业转型等多个方面，为后续进一步的研究做了铺垫；同时此次调研的实践经验为以后国际关系、地方政府学、社会主义市场经济等学科课题的完善提供宝贵的实践经验，以期在未来的学术研究中获得新的理论成果。除此之外，在调研过程中，调研团队得到了各地团委的接待，与当地团委工作人员和相关企业家进行了深入的交流，并在企业与地方政府之间的交谈中多次强调"红色基因"在社会主义市场经济发展中所具有的重要作用，同时结合"一带一路"的主题，对相关企业进行相关访谈。实践结束后，本团队也一直保持与地方政府与企业的联系，及时通过微信公众号等途径将我们的所思所获分享给企业。调研过程中，调研团及时根据每日行程及收获，撰写新闻稿，先后发布到同济大学校团委公众号"同济大学团委实践部""青春同济"、同济大学政治与国际关系学院官方网站以及公众号"同济国政人"，并被转载发布于余姚市共青团网站"余姚青年网"，截至2018年9月15日，累计阅读量达1 113次，赢得了广泛关注。

五、结语

在高等教育实践不断推进和国家对人才培养要求不断提高的背景下，新的教学理念得以提出和发展，诸如“渐进式教学”“翻转式教学”“体验式教学”等教学模式层出不穷。从社会学的观点出发，大学教育既是专业化的过程，更是帮助学生完成社会化的过程。对于一个即将迈入社会的成年人来说，大学教育更应该培养他们的交流能力、团队协作能力、创新能力和自我教育能力等。

“寓教于行”的教学模式通过专业知识的运用化和实践成果的经验化，能够实现较高的学术转化率，最大程度上提升学生的自主学习能力以及独立思考和分析问题的能力，是实现创新人才培养的重要途径。但同时也需要反思如何实现实践教育模式长远有效运行。换句话说，当前诸多实践创新项目以完成学术成果的创新作为其终点，但如何将学术成果中所体现的创新思维再次运用到改造社会的实践中，则需要我们进一步的思考和落实。

参考文献

[1] 崔瑞霞，谢喆平，石中英.高等教育内涵式发展：概念来源、历史变迁与主要内涵[J].清华大学教育研究，2019(6)：1-9.

[2] 彭青.高等教育高质量发展的本质含义与实现机制[J].南通大学学报(社会科学版)，2019(4)：133-140.

[3] 张继明.我国高校本科教学改革的审视与现代化治理路径——基于20余年来改革历程与治理模式的分析[J].高校教育管理，2020(4)：115-124.

[4] 张娟.高校人文社会科学实践教学体系的建构与实施[J].陕西教育(高教)，2020(7)：69-70.

[5] 亚里士多德.尼格马克伦理学[M].北京：商务印书馆，2003.

[6] 鲍贤杰.王阳明“知行合一”思想对高校思政教育的启示[J].高教学刊，2020(6)：180-181.

[7] 王昭荣，周钗美，鲁兴萌.构建研究型实践教学模式的思考与探索[J].高等理科教育，2005(4)：93-95.

[8] 李金昌，林家莲.实践教学与学科竞赛相结合，促进创新人才培养[J].实验技术与管理，2011，28(11)：1-3.

[9] 徐晓丽，李静薇.建筑学专业参观调研实习实践教学模式建构[J].牡丹江师范学院学报(自然科学版)，2013(4)63-64.

基于资讯丰富度理论的混合教学模式探索与实践

——以全国大学生广告艺术大赛为例

方红峰
同济大学艺术与传媒学院

摘　要　培养创新型人才是大学教育的重要任务。本文以资讯丰富度理论为依据，总结出一种特殊的课堂/网络混合教学模式，即多渠道多类别的培训、课程植入与跨学科合作、网络多媒介辅导和组织、以学生为主体等的组织和教学方式。经过多年摸索和实践，将此教学模式应用于大学生广告艺术大赛的培训教学，建立了比较成熟的学科竞赛组织和培训机制，并取得了一定的教学成果。

关键词　资讯丰富度　混合教学　创新　大广赛

一、引言

培养创新型人才是大学教育的重要任务，创新型人才主要有学术型知识创新人才和实践型技术创新人才，所谓实践型创新人才，就是具有创新意识、创新精神、创新能力并能够取得创新成果的特殊人才[1]。大学生学科竞赛是整合课内外实践教育教学的重要环节，是培养学生创新精神和动手能力的有效载体，对培养和提高学生的创新思维、创新能力、团队合作精神、解决实际问题和实践动手能力具有重要的作用[2]。

全国大学生广告艺术大赛（以下简称大广赛）是大学与企业、行业交互的平台。线上、线下互动分享、交流，提升学生实践能力，探讨创新，产生了大量优秀作品，不仅使企业收获鲜活的有创意的作品，也建树了有活力的年轻品牌形象，让企业的理念、产品在大学生这个庞大的群体中，得到有效的传播，产生深远影响。大广赛聘请学界、业界资深专家、学者和企业高管组成专业评审团，评选参赛作品，并将评审后的作品进行网络展示，影响了更多大学生。

近年来，大广赛作为为数不多的全国范围的文科类学科竞赛，影响力逐步扩大，2019 年参赛院校已达 1 504 所，覆盖全国 50%以上的高校，参赛作品数量达 40 余万组，参赛人数达 101 万人次，已经成为所有文科院校及艺术相关学生必选的创新实践的“逐鹿场”。大广赛为了鼓励广大学生挖掘创意、积极参赛，对学生参赛作品的数量不设门槛，但想要得奖，则有一定的难度，2019 年获全国赛奖项数为 4 655 组(数据来自大广赛官媒)，仅占所有参赛作品的 1.15%。面对如此大规模的学生知识技能需求，参赛院校要如何探索竞赛运行模式、培养面向社会发展需要的创新型人才，建立一套科学、规范、长效的创新实践人才培养机制，满足学生对于专业知识技能的需求，成了一个实际而紧迫的问题。

因赛程形式和规模、专业知识领域和内容、教学管理体制等多方面原因，如今的大广赛培训教学需要符合如下特点。

首先，具有创新意识、创新精神、创新能力并能够取得创新成果是学科竞赛的一个主要宗旨。因此，创新性是大广赛作品创作中最重要的因素，教学设计既需要满足符合广告作品的一般规律和审美的基本教学需求，又要能够启发学生的创新精神、培养实践才能。

其次，根据参赛作品的种类不同，其相关技能各不相同且覆盖面广。如平面类要求学生有平面构成、图文软件等基础知识；视频类要求拍摄、后期制作等基本技能；动画类需要画故事版、三维或二维软件制作动画；互动类需要学会 iH5 互动软件；广播类需要录音、配乐、后期加工；策划案类要做品牌分析、市场调查、营销提案；文案类重创意；营销创客类要现场比拼；公益类要抓住文化与道德主旨。这种知识技能的需求和规模，为教学组织带来了一定的挑战。

再次，我国的大学生对自身未来的发展方向(至少在一段时间内)不太明确，学习主动性相对较低，这在一定程度上影响了其学习的热情[3]。研究结果显示，大学生普遍对专业知识理解与记忆能力较强，而对高层次学习成果的批判与创新能力较弱。因此需要在提升其学习积极性的基础上，加强对其知识的高层次认知与创新能力培养。

从次，传统的书面文字阅读可能无法满足数位原生代(digital native)学生需求[4]。近年来，新媒体的发展，为转变教育观念，改革传统的课堂教学模式、学习方式和管理体制创造了条件[5]。新媒体与教育的紧密结合为课堂教学,网络教学带来了生机,为新型教学模式的开发创造了可能。

最后,基于移动互联网的教学为拓展优质教育资源、促进教育公平、提高教育国际化水平注入了新的理念,提供了新的路径。探索线上与线下教学相结合的模式成为一种趋势[6]。在网络环境下的学生可能会在多个层面上取得更好的学习成果,尤其是在使用课堂和网络技术相结合的情况下[7]。

基于以上分析,研究在学科竞赛组织中,单一的课堂教学、只关注少数学生的精英培训教学或放任自流的教学方式都不能实现学科竞赛的教学目标,参考比赛、学生与现代教学媒体技术的特点,需要开发一套结合课堂和网络的多媒介教学模式。

二、混合教学模式的理论探讨

1. 资讯丰富度

从信息传播的角度来讲,教学过程就是信息传递、转换、反馈、控制和评价的动态过程[8]。教学过程中信息传递包括了知识分享与移转:知识分享比较强调非正式、水平式、自由式、个人平等式的知识分享;而知识移转比较强调具备由组织主导、较正式、有明确知识目标的及提供者与接受者有明确的流动方向类型的知识流动[9]。

达夫特(Daft)和伦格尔(Lengel)两位学者于 1983 年提出资讯丰富度的概念[10]。知识信息的丰富度能改变个体理解的能力,所谓的丰富度即是接受者看到传递的信息时,能够从该信息中解读得到意义的多寡程度,亦即所谓资讯丰富度越高,则表示接收者可以从接收到的信息中认知到更多的意义[11],从而提升其对该信息的理解能力。

教学过程可以通过不同沟通渠道(面对面或透过媒介)来完成,如果沟通管道不同,则媒介丰富度不同,由其所传递知识的丰富度亦将有所不同,因此媒介类型也将影响个体理解资讯[12],从而形成不同的学习效果。

Daft 和 Lengel 认为沟通渠道的媒介资讯丰富度的高低判断有四项准则,包括:①即时回馈性(speed of feedback):在双方彼此对谈中,可即时获得回馈;②多元线索(multiple cues)的沟通能力:双方为更清楚表达,常常伴随一连串线索,包含语言或非语言,认知线索、情绪线索等,例如肢体语言、文字、图像等;③提供量身定制信息(individually tailored messages)的能力,即个人化:传递信息时,是否可以表达出更多个人的情感,使信息更完整地表达个人感受，或传递内容和传达方式都适合个体的接受认知能力；④多模态的自然语言（the capability of the channel to use natural language to convey subtleties）：在多模态信息中，语言可以是各种形式的，例如文字、图、表或具有特别意义的符号等。

如果某种媒介同时符合上述四个准则，则可以被认为是媒介丰富度较高，那么其对于资讯的传输能力强，个体能够接受到更多的信息含义。因此，在教学模式中，应该在可能的情况下选择丰富度更高的媒介。

2. 知识传递管道选择

资讯传递管道的合理选择可以帮助接收者吸收和理解知识。根据以上资讯丰富度理论观点，新旧传递管道具有如下的特征：

（1）传统管道以面对面或群组直接讨论的方式传递，具有最高的媒介丰富度，但组织、传递的成本高，接收者数量较有限。常见的传统教学管道有课堂教学、讲座、现场活动等；传统管道能够满足资讯丰富度判准中的即时回馈性、多元线索、个人化和多模态语言的全部需求，但因其资源和时空限制，常常难以满足全时空的即时性，也通常由于一对多的传播方式，难以满足所有个体的信息需求。

（2）新媒介管道以网络方式传递，具有成本较低、速度较快、传递层面与范围较广等特点，其媒体丰富度依赖于管道的技术特征。常用于知识传递的新媒介管道有社交媒体、搜索引擎、电子邮箱、影音平台、慕课平台等。本文根据资讯丰富度理论及教学实施的实际经验，选择微信群组、慕课等方式作为传递知识的新媒介管道展开研究。结合传统课堂和多种网络媒介的形式，决定知识传输管道的选择的模型如图1所示。

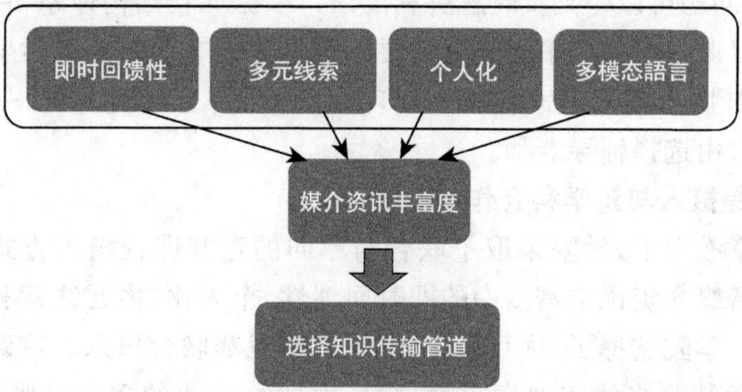

图1　基于资讯丰富度理论的课堂/网络混合式教学模式媒介渠道选择

三、混合教学模式的形成与应用实践

在竞争日益激烈的高等教育环境中，一个重要的趋势是采用混合式的教育模式，促进课堂和分布式学习环境的混合。这是一个全球性的趋势[13]。混合的教育模式导致了传统课堂和远程学习的融合[14]，这是与企业培训项目中采用降低成本的混合学习方法相平行的趋势[15]。先进信息技术的应用使这种融合成为可能，并有可能改变传统教室和远程学习环境中的教育过程。然而，混合模型对学习过程和结果的影响还没有被很好地理解，导致在教学规划或实践者在教学项目中采用了许多不同的方法[16]。为了更好地理解这些影响，在广泛的学习环境中研究信息技术的影响是至关重要的。

在融媒体环境下，开发新的教学模式需要考虑网络和新媒体技术的发展对学习过程和效果的影响。可以说网络拓展了现代教学的资讯来源管道，而新媒体为资讯的丰富度提供了可能。混合式学习的核心就是要将传统课堂教学和数字化学习的优势相结合，有效地提高学生的学习效果[17]。

学科竞赛是培养实践型技术创新人才的“试炼场”，高校为学生提供丰富的培训媒介渠道是深入开展大学生学科竞赛的重要支撑条件。本文以同济大学艺术与传媒学院（以下简称学院）四个涉及大广赛的专业为例，分析该混合教学模式的组织应用过程。

1. 多渠道、多类别的培训

学院通过多种媒介渠道展开组织和培训：开设专门的竞赛课程、专家讲座、获奖学生经验分享、优秀作品培育、课后定期专业解答、网络群组答疑等多管道培训方式、深入开展学科竞赛活动，使四个专业的学生都有机会获得辅导，遇到问题可以得到及时解决和反馈。根据课程结构体系，目前本科一年级学生以课程内作业平面类为主要参赛目标。本科二年级学生基本都能通过课程作业的形式参赛。本科三年级学生一部分通过课程，一部分根据参赛类别自由选择辅导老师。

2. 课程植入与跨学科合作

在课堂教学上，学院采取了联合与单向的竞赛课程植入方式。课堂植入同时具备媒介资讯丰富度中的即时回馈性、个人化、多元线索和多模态语言等条件。学院选择了“项目教学”课程进行竞赛联合植入。该课程为四个专业的跨学科选修的实践类教学项目，由四个专业的多名教师共同授课。项目教学课程采取跨学科导师制的教学方法，近几年每年都有几名竞赛辅导教师依托“项目教学”招募参赛学生，进行大广赛的辅导。该课程辅导的内容涉及大广赛的各类作品形式，教师也会依据所长，给予学生相关专业的指导意见。此外，四个专业共有的“计算机图文设计”、广告学的“平面广告”、广编的“视听语言”“影视特效”等课程，广新的“数字媒体制作”，动画的“三维动画与影视特效创作”“实验动画”等课程都进行了一定程度的课程植入。这些课程多数都是实验课或实践类课程，除了教授基本理论、制作基础，还需要让学生进行与课程相关的实验与创作，因此大广赛中的各类型均可涉及。许多教师通过课程植入，以其丰富的实践经验将参赛选手带入新技术的应用和科研开发的殿堂，重视学生的兴趣爱好和特长的培养，鼓励学生以跨专业、跨课程的小组等多种方式进行合作创作。

3. 网络多媒介组织和教学

学院除了鼓励教师将竞赛创作实践植入到相关课程，还组织了针对大广赛等高水平的学科竞赛的课外参赛辅导，包括线下和网络形式。网络主要以微信群组和慕课为主。在课堂教学过程中的即时回馈性不等于创作过程中的即时回馈性，这个方面将由网络教学的方式进行弥补。网络沟通节约了大量资源，解决问题的即时性比传统渠道更胜一筹。

微信群组可以满足上述媒介资讯丰富度中的即时回馈性、个人化等条件，在多元线索和多模态语言上稍显不足，所以在面对全体学习者的资讯传播，如赛程组织、学习资料共享等方面，宜采用微信群组的传播方式。在一些研究中，师生关系被认为是对学生竞赛创新性中最具影响力的因素[18]。微信同时具有时空自由的移动特点，使学生遇到疑问随时随地可以联系组织者或指导老师，为师生交流提供了方便，改善了师生关系。慕课可以满足多元线索和多模态语言的条件，但在即时回馈性、个人化条件上稍有不足，因此适合理论知识讲授、整体性创意指导等内容的传播。

同时，通过微信群组进行各类比赛信息发布、参赛规则线上答疑和辅导，组织了大广赛等学科竞赛命题策略研究会、得奖作品分析会、培优选拔会、上海赛区宣讲会等活动。“艺传 mooc”公众号进行了优秀作业分享，获奖作品宣传，获奖者制作心得分享。相关公众号举办了各类点映、导演见面分享活动，邀请业界专家做参赛辅导、作品点评等。

4. 以学生为主体

学生既是参与竞赛的主体，又是竞赛的主要组织者。学院多渠道向学生宣传学科竞赛的意义，动员鼓励更多学生参与，培养骨干分子发挥带头和示范作用，采取跨专业合作、高年级带低年级等方式形成梯队。由学生团队组织，有计划、有步骤地进行普及性训练，极大地调动学生群体参与学科竞赛的积极性，以主人翁的态度积极主动地投身到学科竞赛活动中去。借助各类学生团队，进行多媒介的竞赛支持，如微信群组、公众号、学生社团、讲座和分享会等线上线下的组织宣传活动。

四、混合教学模式的应用效果

衡量学习成效应兼顾两个方面，一为主观衡量自己对学习过程的满意程度，二为以客观方式衡量学生学习表现[19]。经过四年的赛程组织和两年的混合式教学模式实践研究，学院已形成一个成熟的、具有竞争力的、可复制推广的学科竞赛和创新实践人才的培养模式。近年来，学院组队参加全国和上海市的各类大学生学科竞赛成绩显著提高，尤其是在全国大学生广告艺术大赛中屡获佳绩，多次获得全国赛区一等奖、优秀组织院校；上海赛区全场大奖、一等奖等。多年来，获得学科竞赛较高成绩的学生，也因此受到鼓励，成长为拥有广阔视野、勇于实践、成绩优异、积极的创新型人才。

2019 年的大广赛混合教学模式的运行，实现了线上线下、课内课外联动，有 301 件学生作品参赛，远超往年参赛数。全国赛区获奖数达到 20 项、奖率达 6.58%，上海市级获奖数达 75 项，奖率达 24.67%，远远超过了大广赛的平均获奖率。其中，全国一等奖动画作品《大广赛，创意我欢喜》出自植入课堂的实践作业。除课程植入外，还增加了讲座培训、优秀作品分享会、创新团队培优选拔等活动。通过前期进行的作品创意选拔大会，在所有竞选创意中挑选优秀学生进行培养。全国一等奖动画作品《TO ROCK》就产生于作品选拔和前期培育。

在混合教学模式想法提出和执行的两年内，学院约有 200 名学生参加大广赛。笔者对学院 2019 年参与大广赛的学生进行了问卷调查(参与人数 181)，发现基于知识传递管道资讯丰富度的混合教学模式，即选择参与课堂和网络培训，对竞赛的成绩影响是比较明显。

如图 2 所示，可以看到该课堂/网络混合教学模式应用的结果(获奖数据包括上海赛区和全国赛)。参与课程植入教学的学生人数为 134 人，没有参与课程植入教学的学生人数为 47 人。从图中可知，同时参加课堂植入教学及网络教学培训的 77 名学生(如柱状图左第一条上)，获奖人数达到了 46 人，获奖比例是最高的(59.74%)。其他情况下，获奖率均没有超过参赛率。

因此，拓展混合教学模式的渠道，对于学生的竞赛成绩有一定的影响。

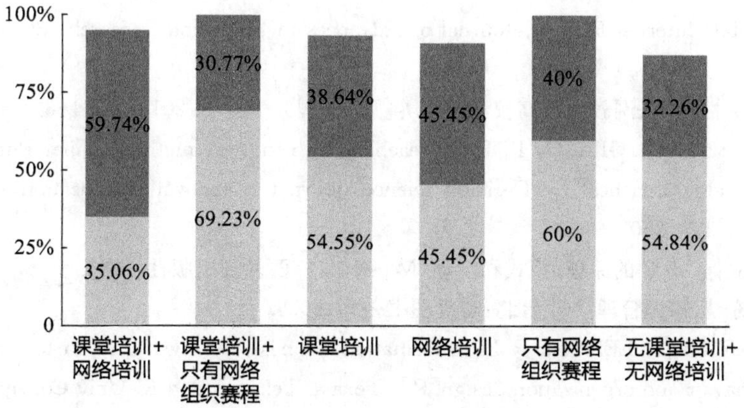

注：柱状图上半部分为获奖学生人数占参与该类学习方式学生人数比例

图2　课堂/网络混合教学模式应用的结果

五、结论

在培养创新型人才的混合教学模式的探索中，本文以资讯丰富度理论为依据，开发了适应学科竞赛的混合教学模式，采用了多渠道多类别的培训、线下的课程植入与跨学科合作、线上的微信群组与慕课教学、以学生为主体的多媒介支持等方式参与大广赛，实现了多学科、多技能的优秀创新人才培养目标。

提高学习效果的是学习模式及其与支持技术的契合度，而不是技术本身的存在[5]。教师是学科竞赛引导者，学生是创新实践的生力军。学院广大学科竞赛的教师，把课程教学活动与学科竞赛活动紧密结合起来，与学生建立课内与课外、线上与线下的多方面互动。由课程植入与线上教学相结合等教学方式构成的混合教学模式，在对参与大广赛的学生的培训中被证明是切实有效的。

参考文献

[1] 王晓勇，俞松坤. 以学科竞赛引领创新人才培养[J]. 中国大学教学，2007，(12)：59-60.

[2] PRENSKY M. Digital natives, digital immigrants part 1[J]. On the horizon, 2001, 9(5): 1-6.

[3] FANG HONGFENG. The Impact of New Media Technology on Education in the Mobile Internet Era [J]. Journal of Advances in Education Research, 2018, 3(4): 244-249.

[4] 钟秉林. 互联网教学与高校人才培养[J]. 中国大学教学,2015(9): 4-8.

[5] WEBB H W, GILL G, POE G. Teaching with the case method online: Pure versus hybrid approaches[J]. Decision sciences journal of innovative education, 2005, 3 (2): 223-250.

[6] 吴立岗. 教学的原理、模式和活动[M].南宁:广西教育出版社,1998.

[7] 林东清.知识管理[M].台北:智胜图书公司,2003.

[8] DAFT R L, LENGEL R H. Information richness. A new approach to managerial behavior and organization design[R]. Texas: Texas A and M Univ College Station Coll of Business Administration, 1983.

[9] 吴盛,王贵英,刘忠诚.知识传递管道丰富度认知之研究——以 e-learning 的环境来探讨[J].资讯管理学报,2009,16(3): 1-28.

[10] DAFT, R L, LENGEL R H. Organizational Information Requirements, Media Richness and Structural Design[M]. HANOVER: INFORMS, 1986.

[11] COOKSON P S. The hybridization of higher education: Cross national perspectives [J]. The International Review of Research in Open and Distributed Learning, 2002, 2(2):30-43.

[12] SHALE D. The hybridisation of higher education in Canada[J]. International Review of Research in Open and Distributed Learning, 2002, 2(2):N/A.

[13] STROTHER J B. An assessment of the effectiveness of e-learning in corporate training programs[J]. International Review of Research in Open and Distributed Learning, 2002, 3(1):N/A.

[14] SADLER S E. Does the Learning Styles Questionnaire measure style or process? A reply to Swailes and Senior (1999)[J]. International Journal of selection and assessment, 2001, 9(3): 207-214.

[15] 田富鹏,焦道利.信息化环境下高校混合教学模式的实践探索[J].电化教育研究,2005(4): 63-65.

[16] 王亚娜,金丽馥,毛罕平.学科竞赛中大学生创新绩效影响因素分析[J].高校教育管理,2019(5):104-114.

[17] MOTIWALLA L, TELLO S. Distance learning on the Internet: An exploratory study[J]. The internet and higher education, 2000, 2(4): 253-264.

优化人才培养评价体系，提升大学生科创实践育人成效*

王娇楠[1]　邵鲁宁[2]

1. 同济大学校团委　2. 同济大学经济管理学院

摘　要　随着创新创业教育深化，高校学生科创活动从第二课堂向专业知识教育转化，传统的以“指标”为导向的评价体系无法持续满足当今人才培养要求，应将自主创新能力评价模型引入人才培养评价体系。通过鼓励建设科创型学生社团、延伸“校企合作”进入本科生培养体系、建立健全学生专利保护意识和服务体系，深入促进学生自主创新能力的培养，从而增强大学生参与科创活动的积极性，有效提高科创项目的成果转化率，全面深化科创实践育人成效。

关键词　自主创新能力　科技成果转化　专利保护

一、大学生科技创新活动现状

随着国家和高校对大学生科创活动的大力提倡与支持，大学生科创活动数量也在逐年增加。受我国传统教育方式影响，大学生的专业理论知识一般较扎实，但是实践创新能力较弱。目前，大学生参与科创活动主要有以下特点：

(1) 参与广泛：以上海市为例，随着“国家级—市级—校级大学生创新创业训练计划”的建立和完善，95%的在校学生有创新创业经历；

(2) 以实践教育为主：创新创业活动主要集中在学生第二课堂，以实践为主，随着创新创业学院和创新创业平台的成立，高校大学生科创活动从第二课堂实践逐步向有体系的专业教学转型。

科创的成果转化是其与社会经济活动的结合点。作为科创活动的最后

* 已发表于《改革与开放》，2019 年第 24 期。

一个环节，这一过程无论是促进学生参加科创活动、人才培养还是推动经济发展等均有较重大意义。其重要性表现在以下几个方面：

(1) 保护科创成果，保护知识产权。大学生的科创成果往往存在不完善性，这使成果很容易被窃取。因此只有通过申请专利等，才能使科创的成果获得合法的保护，才能更加激发学生的创新热情。

(2) 科技型人才向实践型人才的转化。通过项目平台，鼓励学生从事科创活动，把科创竞赛成果向实用技术转化，才能使科创跃上新台阶，使科创人才得到实践的培育。

(3) 帮助地方经济发展。大量的科创成果转化为实用技术，成为生产力，为经济发展注入新鲜血液和活力。

根据我国教育部发布的《中国高校知识产权报告》，目前我国高校的专利转化率低于5%，而科技成果转化率约为10%。大学生科创成果的转化率较低，主要原因如下：

(1) 科技成果转化思维影响。高校主要的科研活动成果导向的目标为论文、成果、专利、奖项等。而次要目标才是为社会提供产品或者服务。

(2) 应用型培养体系不足。高校教师在育人过程中重科研精神培养，不重视科研成果向实际生产力的转化，应用型科研人才稀缺，成果转化率低。

(3) 科研课题缺乏应用性，没有以市场为导向。当前科研模式下，部分高校科技人员选择科研课题收集信息时，不以市场需求为导向，导致科研成果不符合市场需求，无法产生经济效益。

(4) 缺少转化平台，技术市场双向信息沟通不顺畅。高校、企业、市场三者之间缺乏有效的信息交流。尤其是学生科创作品，除了大赛等展示机会外，缺少能够进行转化的有效平台，同时学生未进入社会工作，对市场实际需求不了解。

二、引入自主创新能力评价模型

人才的自主创新能力是科技成果有效转化的保证。高校在培养学生的过程中，要尤其注意培养学生的自主创新能力，其可归纳为原始创新、集成创新和引进消化吸收再创新。根据人才创新能力模型，利用理论模型的影响因素建立调查问卷，同时采用 Likert 5 点量表进行测量。然后，利用该量表，对科创学生、创新活动管理学生、创业实践活动管理学生、创业实践学生等项目进行了问卷调查，并使用数据测试了量表的可靠性、有效性和内部一致性。重测信度和内容有效性都进行了测试。样本统计情况见表1。

表1 调查人员分布情况

项目	科创学生	创新活动管理学生	创业活动管理学生	创业实践学生	合计
数量	75	60	105	120	360
百分比	20%	16%	29%	33%	100%

处理收回的278份有效问卷,得到它们之间的相关系数矩阵,并用LISREL软件进行数据的二阶因子分析,符合实验结果,模型适用于高校学生。自主创新能力的评价体系,从知识结构、学习能力、团队意识、创新意识和共同愿景几个维度,为高校的创新创业人才培养,尤其是大学生科创工作提出了新的评价体系,创新、创业不是独立的单一能力,而是一种素质。我们可以说,具备较强的学习能力和扎实的学习基础、拥有较强的团队合作意识、拥有较强的创新意识和愿景驱动(除了利益动机外),是学生自主创新能力培养的重要维度。同时,新的评价机制引入,对于现有科技成果转化和高校教育发展具有如下意义:

(1) 打破单一的以竞赛成绩、学分认定为导向的评价指标和实施办法,以德育人,进一步增强学生的创新热情,以激励机制为引导,将定量化的评价体系与定性相结合。

(2) 除了示范榜样教育和拔尖人才培养外,进一步推动双创活动的广泛性,从指标导向向能力导向转移。

(3) 高校成果转化是直接的、指标的、显性的评价体系,而自主创新能力是一项长期的工作,是科技创新与文化创新共同促进发展的互动结果,不同性质的科创活动、创新能力,也需要有间接、长远和隐性的评价指标。

三、大学生科创促进高校科技成果转化的对策

1. 鼓励科创型社团、创新型课堂

现行高校社团以校园文化活动社团为主导,以学生兴趣为主题,高校要想营造一个良好的科创竞赛活动的氛围,应该重视和培养学生科创社团,增加社团对学生的凝聚作用。同时注重发挥在科创方面有兴趣、有成绩、有感悟的朋辈教育。

在培养方案、教学计划中突出创新创业项目的内容,建设创新型课堂。

如:增设自主设计实验。目前大多数实验课均为验证型,开设自主设计类的实验可以培养学生创新能力,即让学生自己发现、提出并解决问题。考虑到实际操作的可行性,建议将自主设计类实验与传统类实验结合,即布置作业时让学生可自主选择传统实验或是自主设计实验。

对本科生引入“导师制”课题,使本科生提前感受科研生涯。以同济大学土木工程学院为例,本科三年级的每一名本科生都要求在网上选择一位导师及其课题,并在毕业之前按照课题的要求、目的去思考、实验,并要有一定的成果方能结题。且该“导师制”课题为毕业之前必须通过的内容。“导师制”课题给所有的学生提供了接触一线科研的机会,让学生能够更早得到锻炼,发掘潜力。

2. 延伸“校企合作”项目(课题)至本科生培育阶段

“校企合作”项目(课题)一直是高校贡献知识效益溢出的重要途径,但往往集中于课题组、实验室和某个特定学院,资源倒向较小优势学科。延伸“校企合作”至本科生阶段,一方面让学生尽早了解所学专业的实际市场情况,打破象牙塔局限,同时也利于企业未来的人才资源聚集;另一方面,企业的前瞻性、调研型课题可以下沉,延伸至本科生阶段,进一步促进校企合作的深度和广度,为更多学生的科创活动提供市场导向,从而使未来科技成果的市场转化更加可行。

3. 专利知识融入创新教育,专利服务纳入高校学生群体

随着创新创业在大学的深入展开,大学生的科创成果也不断涌现。创新的成果是劳动成果,必须得到尊重和保护。高校应积极开展科创类的讲座,向学生讲解专利对于知识产权的保护作用,培养学生对自己知识资产的保护意识。应建立健全官方的大学生科技成果转化机构,完善制度机制,提升大学生科创成果转化能力。目前在高校中,以学生为第一作者申请专利,没有相应的支持体系,学生往往要以个体的形式直接申请,费用昂贵、流程复杂,也没有教师指导如何进行申请书的撰写等工作。现阶段,不少学生依托导师和实验室进行专利申请。尽快建立服务学生的专利体系,可以进一步盘活用好学生科创成果,形成全面的专利布局,加速知识产权价值实现,以此为牵引,助推高校科技成果转化。

4. 设立“科创工作室”支持师生合作项目转化

高校单纯依靠学生的科创活动很难促进成果转化,同时单纯依靠教师为主体进行科创成果转化也有障碍,基于现有课题组模式,可以鼓励教师和学生设立“科创工作室”，以成果转化、创办科技型公司、大赛获奖等为导向，一方面可以让更多学生参与到科创工作中，学生可以负责转化部分，另一方面，老师可以专注于科研问题，同时教师本身的强大社会资源也有助于成果的尽快转化。同时，高校可以以资源、实验室等资源入股1～3年，之后原价退出。配套设立“原创基金”，资助原创科技项目，以学生获得国家发明专利、成果转化等为指标考核，主要用于支持和资助建立以科技成果转化为基础的课题组，具有巨大的发展潜力和良好的市场前景，类似于“科技中小企业创新”基金，发挥“催化剂”作用。随着技术和经济全球化的趋势不可逆转，即技术标准与专利相结合的新趋势不断形成新技术联盟。“原创基金”的建立是对原创型研究的有力支持，是通过专利获得大量知识产权，获得制定行业技术标准的话语权的积极努力。

四、结语

大学生科创能力的培养，是新形势下培养高素质高科技人才的重要手段。建立健全的大学生科技体系、培养学生科创的能力是大学教育不可或缺的部分。创新创业活动培养了学生的创新、实践能力，使校园的创新氛围日益浓厚。高校应进一步加强大学生科技能力的培养和促进科技成果的转化，尤其是学生自主创新能力的培养，加大科创教育力度，加强高校、社会、企业的联系，培养学生适应社会和经济建设的能力，使学生全面发展。

参考文献

[1] 曹景胜，王天利，石晶，等.大学生科技创新成果转化现状及路径研究[J].辽宁工业大学学报(社会科学版)，2016，18(2)：87-89.

[2] 崔源，李雪琪，王文涛.大学生科技创新的现状、问题及对策研究[J].产业与科技论坛，2012(1)：94-95.

[3]《中国高新区》编辑部.提高科技成果转化率提升科技创新驱动力[J].中国高新区，2016(3)：3.

[4] 崔虹云，尚东昌，陈新.基于大创项目的学生科技创新成果转化研究[J].边疆经济与文化，2017(3)：52-53.

[5] 张铁忠.浅论高校科技创新及科技成果转化[J].成都理工大学学报(自然科学版)，2003，30(s1)：111-112.

[6] 刘希宋，王辉坡.科技成果转化人才自主创新能力模型[J].科技进步与对策，2008，25(11)：222-225.

[7] 阎为民，周飞跃.高校科技成果转化绩效模糊评价方法研究[J].研究与发展管理，2006，18(6)：129-133.
[8] 丁日佳，信春华，陈佳鹏，等.科技成果转化为国际标准潜力的模糊综合评价模型[J].标准科学，2006(10)：33-35.
[9] 张华胜.中国制造业技术创新能力分析[J].中国软科学，2006(4)：15-23.
[10] 张一红，关晓岗.突破科技成果转化障碍的主要对策[J].辽宁科技参考，2005(3)：30-34.
[11] 吴顺恩.如何破解高校科技成果转化的瓶颈[J]. 中国高校科技，2015(5)：68-69.

学科竞赛的组织管理优化对教改的促进作用

——全国土木工程材料创意作品赛办赛体会

朱洪波

同济大学先进土木工程材料教育部重点实验室

摘　要　通过总结举办全国土木工程材料创意作品竞赛的组织与优化过程，分析了举办全国性大学生学科竞赛的工作体会，参照大型学术会议模式建立系统竞赛管理体系；规定多专业学生联合组队促进学科交叉和激发创新意识；采用周报及公开点评制度有效督促学生认真备赛，并在实时掌握备赛进度的同时，及时解决参赛队遇到的各种难题；制定详细竞赛规则和评分标准，显著提高竞赛效率，保持竞赛公正性；通过“实物展示＋线上答辩”形式保障竞赛在疫情下顺利进行；多种形式宣传，扩大赛事影响；借鉴学科竞赛管理经验，改革实验教学内容，获得一定效果。

关键词　学科竞赛　土木工程材料　创意作品　组织管理　周报表

全国土木工程材料创意作品竞赛是由同济大学材料科学与工程学院土木工程材料系于 2016 年发起的年度赛事，经过多年打磨，该赛事从早期只面向本院本硕学生逐步提升为校级、上海市级直至成为全国性大型比赛，2019 年第四届参赛队伍来自全国近 20 所高校，报名人数 170 多名。办赛初衷是培养和提高本校本专业学生对材料知识的学习兴趣，加深对土木工程材料的认识，体验理论与实践结合的乐趣。其宏观背景是同济大学针对整个社会普遍重视“创新、创业”而采取的具体回应措施。目前国内的相关活动丰富多彩，在各专业领域大学生的创新能力培养方面均成效显著；对 2013—2017 年全国“挑战杯”的获奖统计[1]显示，前 10 名和前 50 名中的 30 名都来自“985”高校，14 个获奖队为“211”高校学生，可见学科竞赛成绩也反映了高校的综合实力，因此竞赛备受重视。多数高校通过参赛来实现对学生综合能力的培养目标，形成了各具特色的组织管理体系[2-5]，而承办全国性学科竞赛的收获无疑最丰，但同时其组织和管理难度也大幅度提高，相关经验总结和分析很少，本文介绍了在多年承办该赛事中不断完善和优化组织管理工作的体会，并将其经验运用到实验教改中，取得了一定效果。

一、竞赛内容

参赛组在1～2个月的时间内制作一件实物作品，内容与土木工程材料有关，可用土木材料制作其他领域的制品，也可用其他领域的材料制备土木工程构件，作品名称自定。每届比赛选定一个作品主题，例如，"节能环保""绿色制造""智能建造"等。作品可以采用水泥、石膏等作为胶凝材料与其他废旧材料组合制成，也可直接采用废旧材料拼接而成，不宜采用化学胶黏剂；作品可以是建筑产品、装饰品、艺术品、实用物件、玩具等，形式不限，尺寸不宜过大(最长不超过1米)，以便展示。作品应通过巧妙的构思，充分利用各种原材料特性，或者通过特别的制备/组合工艺完成，不宜太简单或太随意地将几种废旧材料摆放或搭接成型。

首届比赛只针对本院本科生，要求参赛小组中至少有1名土木工程材料专业学生，第二届为了提高作品质量将参赛范围扩大到研究生，但仍要求参赛小组中至少有1名土木工程材料专业的本科生，这一改变也对学生完成作品极为有利，可充分利用研究生对实验室的使用便利及其导师的直接指导；其结果显著提高了作品的制作效率和水平；同时，也促进了各专业学生的交叉融合与协作，从而碰撞出更多的"创意火花"。

二、赛事启动

1. 参赛通知发布

每年秋季入学后的第3周左右，发布"竞赛通知"。选择此时启动比赛是考虑学生的学业压力相对较小，有更多的精力备赛。早期的"通知"主要通过学工办的微信群、公众号、学院网站、学校网页、邮件群发等多种途径集中发布，在本校学生中产生重点信息效应，后期随着赛事范围逐步扩大至全国高校。2019年第四届比赛还通过"全国高校建材研究群"发布，由于反响热烈，组委会担心报名者过多、超过承受能力，还在群中对特别提醒拟参赛的高校慎重考虑该赛事为首次推广至全国范围、影响力有限、各校管理部门对其是否认可等事项，但仍出现远超预期的报名规模。

为增加比赛宣传效果，将历年获奖作品及简介同时发布浏览链接，既可呈现赛事成果，也可对新选手提供作品创意参考。

2. 报名管理

从首届比赛开始，组委会就根据大量国内参赛经验并特别仿照同济大学参赛多年的、由美国土木工程协会举办的中太平洋地区大学生土木工程竞赛赛制，建立了完备的组委会机构、备赛管理流程、评比办法等管理体系，因此赛事启动比较顺畅，学生对比赛“通知”的理解透彻，比赛目标明确，为比赛顺利开展奠定了良好基础。

赛事的日常管理由专职教师总负责，具体由学生创新活动组织（同济大学材料学院大学生创新基地）的成员执行，从“通知”发布起就负责解答学生疑问、统计报名信息等，首次升级为全国赛后，组建了强大的组委会阵容，如图 1 所示。

图 1　第四届大赛组委会与志愿者合影

根据经验，学生收到通知至决定参赛的周期不长，通常在 1 周左右，其间学生要自由组队，但其作品内容可以暂定，后续可以更改，因此，报名截止时间确定在发布通知后的 2 周。首届全国比赛时外地、外校的报名同样迅速，可见各高校对学生创新活动的重视且相关氛围浓厚，组织、响应很快。

三、比赛规则

1. 比赛形式

采用作品实物展示与展板、答辩结合的形式，总分 100 分，具体细分为：实物作品（50 分），作品说明书及展板（30 分），现场答辩（20 分）。

正式评比前，所有作品邮寄到学校并集中公开展示 2 周以上，制作电子作品集在网络广泛宣传为比赛造势，参赛选手则可在此期间为自己的作品拉票来争取“最佳人气奖”。

作品展板由参赛队将设计的电子文档发给组委会，统一制作。作品说明书是答辩时发给评委的，参赛队自带或发给组委会打印。

2. 奖项设置

共设团体一等奖(奖金 5 000 元人民币)1 项，二等奖(奖金 3 000 元人民币)2 项，三等奖(奖金 2 000 元人民币)3 项；并设立最佳创意作品奖、最佳展板奖、最佳展示奖及最佳人气奖(奖金各 1 000 元人民币)各 1 项，同时设立优胜奖(奖金 1 000 元人民币)和参与奖若干。

获一、二等奖的本院本科学生奖金由赞助企业发放，并可额外获得保送研究生加分。

3. 评分办法

评委会由不少于 7 位的行业专家组成，分别就参赛的各单项(除最佳人气奖外)部分打分，各单项分中扣除最高和最低分，取中间 3 个评分的平均分为作品的单项得分，然后将 3 个单项得分汇总为作品总分。若发现与往届比赛作品在设计上雷同，至少扣除 20 分。

最佳人气奖根据网络投票小程序的结果确定。早期比赛曾设计在各作品及其展板旁设立参观学生签名(留言)投票板，作为该奖项的加分依据，后期改为仅以网络投票为准，简单、方便且相对合理。

为方便专家打分，设计了详细的评分表，同时给出评分依据，见表 1。

表 1　土木工程材料创意作品赛评分

参赛组号	作品名称	作品 50 分			展板 30 分		答辩 20 分			获奖等级	单项奖建议(√)		
		效果 20	做工 15	寓意 15	设计 15	内容 15	答题 10	仪态 5	团队 5		创意奖	展板奖	表现奖
1	……												

比赛分为分组赛和决赛。为显示公平，早期评委全部从校外聘请，到 2019 第四届全国赛时，安排了前来参赛的外校指导教师做评委，但其不参加本校学生组的评比，本校教师不做评委。为了避免本校学生利用“天时地利”优势获奖，特别安排其在同组评比。进入决赛而没有获得一、二、三等奖的参赛队获优胜奖，没有进入决赛的获参与奖。

四、赛事管理

1. 周报制度

因备赛周期较长，并且比赛的主体与内容比较开放，因此日常管理工作非常重要。

首届比赛的组委会主要成员都兼任参赛队的指导教师，队员中多数都有自己的研究生或本科生，对学生备赛情况非常了解，很快发现学生报名后的进度迟缓，于是立即制定了周报制度，要求学生填表（表 2）汇报每周的备赛计划与进度，同时对各组进度表进行点评和公布，以此推动学生积极、认真备赛。

表 2　土木工程材料创意作品赛第____周工作计划

组号：	组长：	电话：
作品名称：	×××（可修改）	
本周计划	1. ……；　2. ……	
完成情况	□已完成　□ 部分完成　□未完成	
	主要困难	1. ……；　2. ……
	解决办法	1. ……；　2. ……
下周计划	1. ……；　2. ……	
求助导师：　是□　否□		导师支持：　是□　否□

采用周报表制度的效果立竿见影，明显加快了学生的备赛进度，不仅定期提醒学生要为比赛投入时间和精力，并且能让学生从他人的进度乃至具体措施中得到启示，从而改进或优化自己的实施方案，不少参赛组还就此制订了自己的作品设计与制作计划，使备赛工作有序、高效的推进。

通过周报表情况，组委会在实时掌握各参赛队筹备进度的同时，也及时了解其遇到的困难及其在操作中的不妥之处，然后通过参赛微信群予以沟通、解答或通过与实验室、指导教师的沟通解决其在作品制作条件和创意设计方面的实际问题。比如，提示选手所确定作品名称不要过长或过短，如何采购或获取特殊的少量原材料，征得学院领导支持，要求各级教师和实验室配合学生的实验等。1 个参赛队要在作品中体现“环保、节能”概念，于是教师指导其将红砖粉加入其中来实现装饰颜色，甚至告知其到砖砌的围墙下找碎砖头，砸碎后再研磨即可得到红砖粉。类似细心、具体的指导不仅让学生少走弯路、加快进度和节省成本，而且让学生倍感温暖，为赢取比赛增添了信心。

周报表形式还提前淘汰了一些准备不足或重视不够的参赛队，他们经过几次周报之后逐渐发现了自己的精力有限，无法在固定时间完成作品，因此选择提前退赛，这为最后的实际评比安排提供了预警，避免了冷场和其他超额准备等情况的出现。

2. 赛前准备

该赛事规模扩大至全国高校后，赛前准备工作量倍增，不仅赛场规格和布置要求提高，而且增加了外地参赛师生的住宿、交通和生活安排事项。组委会成员具有承办大型学术会议的经验，提前对比赛地同济大学嘉定校区周边的住宿、餐饮、旅游交通的信息进行了详细调查，并对竞赛期间的饮食作出细致安排，制作出精美的竞赛“邀请函”，按照国际会议的标准列出各种事项，设计展台、幕布和宣传册，规划好比赛流程，同时在赞助企业的支持下制作了纪念品，组委会与学工办通力合作安排学生作为志愿者负责接待和处理各种杂务，有力地保障了竞赛的顺利进行。

外地作品到场后，有些需要再次组装，有些需要前往物流站点提货，这些琐碎工作都由志愿者完成，评委和嘉宾等则由教师负责联络，重要贵宾请学院领导出面邀请。

有些外地参赛队无法派代表前来，可以制作答辩视频，交给组委会在比赛时播放。

在当前的疫情下，2020 年第五届比赛如期举办，采取线上、线下结合的方式评比，形式更加灵活。

3. 比赛经费

参赛队不支付报名费等比赛费用。作品制作费由参赛队自理，大多数参赛队都可从比赛奖金中得到补偿；外地师生的交通及住宿费用自理，比赛当天的两餐安排在学校食堂，由组委会发放自助餐票。从实际运行情况看，各高校对学生创新项目都很支持。

前两届比赛的主办费用全部来自企业赞助，后续随着赛事规模扩大，费用大幅度提高，学校开始提供一定的资助，加上企业增加的赞助，刚好能够支付比赛的所有花销。

4. 成果与宣传

该赛事在 4 年之内从学院级别扩大至全国，承办和协办单位也从首届的材料学院增加至同济大学、武汉理工大学、东南大学、重庆大学等多个强势土木工程专业的高校和上海市硅酸盐学会、上海市土木工程学会、上海市混凝土行业协会、上海市建筑材料行业分会等多家相关领域学术团体。除了原赞助商外还有新企业加入，参赛师生和作品数量更是激增，竞赛不仅在学生之间产生深刻影响，而且在社会上引起强烈反响。多次受邀的评委专家表示，参赛作品的质量每年都有显著提升，2019 年第四届的部分获奖作品如图 2 所示。

(a) 一等奖《砼新岛》　(b) 二等奖《水落"实"出》　(c) 三等奖《山水田园》

图 2　部分获奖作品

五、学科竞赛管理对实验教改的促进作用

创新实践是近年来同济大学在教改，尤其是实验教改中的重点工作内容，对于材料专业来说，创新作品的设计与制作则是实现创新实践的最重要手段和措施。传统实验教改主要强调对实验项目的内容进行改革，其改革力度和深度乃至效果有限，而借鉴学科竞赛的整套设计思路、管理与成绩评价体系制定的实验教改方案，对教学实施过程的管理更加科学、高效，还能引起学生的极大兴趣。

其中，在学院开设的研究生大材料通识类公共课程“材料的制备与实践”中，即借鉴了“创意作品赛”的技术路线。该课程是为了提高材料研究生对不同材料方向研究方法的认识而开设的。因为研究生的专业分工较为细致，不少学生对其具体材料领域以外的相关信息和知识了解较少，而不同材料方向的研究手段虽有差异但又相互融合，因此要通过该课程促使学生投入到各个方向的实际科研训练中，即让研究生体验不同的材料实验。在建材方向的实验中，就仿照“创意设计”的理念，要求学生采用石膏成型一件或一批各种造型的小摆件。该实验项目的内容原为让学生了解建材的成型工艺并训练其动手能力。较早设计的是浇筑长方形棱柱试样，改为浇筑“艺术”摆件后，学生对此环节的学习兴趣显著提升，图3是学生采用的制作模具和拆模后得到的动物摆件。

图3 石膏材料成型模具与作品

从实验课程教学情况看，学生在此实验环节的参与性很高，在按照标准规定的流程完成实验操作后，很快就各自得到了不同的“小玩意儿”，可谓真正的“寓教于乐”。有不少学生将此小件摆放在宿舍的书桌前直至毕业，可见这一物件对学生的影响周期很长，相应地，该实验内容也必将给学生留下深刻印象。

六、结论

(1) 举办全国性学科竞赛的组织工作繁重，参照大型学术会议的组织模式，建立系统管理体系；鼓励多专业学生组队，促进学科交叉和激发创新意识。

(2) 采用周报及公开点评制度，有效促进学生认真备赛，在实时掌握备赛进度的同时，及时解决各种难题；制定详细比赛规则和评分标准，显著提高比赛效率，保证竞赛公正性；通过“实物展示＋线上答辩”的形式保障比赛在疫情下顺利进行；多种形式宣传，扩大赛事影响。

(3) 借鉴学科竞赛管理经验，设计实验教改内容，获得良好效果。

参考文献

[1] 黄丹琳，梁微，潘利文. 我国高校大学生学科竞赛现状分析[J]. 教育教学论坛，2020(2):305-306.

[2] 唐黎，胡一波，王西娅，等. “三三三制”广谱式创新创业教育体系探索与实践[J]. 实验技术与管理，2020，37(1):24-28.

[3] 赵琳，吴小红，钟方翼. 基于众包模式构建地方高校学科竞赛管理体系——以丽水学院为例[J]. 丽水学院学报，2020，42(3):98-103.

[4] 官丽莉，金周雨，李雨婷，等. 实验教学示范中心在学科竞赛管理中的作用与实践[J]. 长春师范大学学报，2020，39(2):143-145.

[5] 姚利花，郭刚，张占东，等. 学科竞赛和实践教学相融合培养新工科人才的研究[J]. 大学教育，2020(6):36-38，53.

国际混凝土轻舟赛对实验教改的促进作用*

朱洪波[1]　沈水明[2]

1. 同济大学先进土木工程材料教育部重点实验室　2. 同济大学土木工程学院

摘　要　本文回顾了组织参加十余届美国“国际混凝土轻舟赛”的历程，介绍了该国际比赛的赛制特点，指导我校在实验教改中设计更多的“开发性”“设计性”内容，并对实验课程的评价体系进行多元化设计；通过总结我校十余年参赛获得的组织与管理经验，对我院实验教学安排的流程进行重新梳理，建立顺畅的沟通与联合办公机制，从教师新增或更新实验课程的起始阶段到最后落实实验室支持硬件的全流程，制定出细致的操作规则，促进实验教改工作有序推进；借助出国比赛机会考察美国高校实验室管理与学生竞教结合情况，启发我校的大学教育改革思路，同时加强对学生在创新思维、社交与组织管理等方面的综合能力培养；通过分析美国轻舟赛的获奖与总结过程，树立为同济加油和争光的理念与信心，注重通过实验课程训练学生的科研成果总结与表达能力。

关键词　国际比赛　混凝土轻舟　组织管理　实验教改

美国国际混凝土轻舟赛最早于1970年由新泽西州理工学院约翰·克雷格教授发起，1988年由美国土木工程师协会首次举办正式比赛。该赛事在国际土木工程届享有盛誉，特别在美洲地区影响巨大，几乎所有相关技术人员都曾在大学期间参与或关注过，经过多年打磨，该赛早已形成了知识性与趣味性俱佳、学生参与度极高的国际大赛，赛制与管理体系完备，是美国土木工程相关专业大学生的年度盛事。由于美国土木工程技术对国际的巨大影响力，该赛也在世界范围广受关注。同济大学于2007年由土木学院首次

* 同济大学实验教改项目；上海市2020年度“科技创新行动计划”科普专项：未来土木工程师起航培育课程建设与实践。

组队并连续多年作为美国境外唯一高校队参赛，初期还经历了两年观察，作为非正式参赛队参加“表演赛”。在国内创立该赛事的教师经过多年细致考察，争取到各种软硬件资源为参加比赛提供了充分条件。经过严格校内选拔所组建的队伍首次亮相分赛区正赛便取得名次，学校也为此设计了有针对性的各种管理制度和激励措施并逐年完善和优化，同时整合校内资源，由土木学院牵头组织，材料学院、交通学院、环境学院等的多学科、多专业师生共同参与，比赛成绩连年提高，赛事影响力持续加大，成为同济大学学生普遍向往的学科竞赛活动。

该赛每年的参赛队伍总数达 250 余支，通过预赛的冠、亚军共 24 支队伍进入 6 月的全美总决赛。我校通过多年备赛和参赛的组织工作，在收获大量比赛荣誉和大批学生出国参赛经历的同时，也从中获得很多灵感与借鉴经验，为我校的实验教改工作提供了具体参考依据。

一、赛题与赛制对实验教改的启示

该赛题规定了造船材料、船型设计、造船规范、展示要求和学生参赛资格等，赛制要求报名队伍首先提交 1 份混凝土轻舟的建造设计书，经过审核通过后方可成为正式的受邀参赛队。混凝土轻舟的主要技术指标见表 1。

表 1　混凝土轻舟及测试样的技术指标

<table>
<tr><th colspan="2">项目</th><th>指标要求</th></tr>
<tr><td colspan="2">强度</td><td>可载 4 人，且经受划船操作不破裂</td></tr>
<tr><td colspan="2">容重(船体灌满水后)</td><td>可漂浮于水上</td></tr>
<tr><td colspan="2">船长度</td><td>≤22 英尺</td></tr>
<tr><td rowspan="5">原材料</td><td>胶结材料</td><td>各种水泥，禁用邦德胶及环氧树脂类</td></tr>
<tr><td>增强筋材厚度</td><td>≤总厚度的 50%</td></tr>
<tr><td>掺和料</td><td>≤3 种，粒径≤75 μm</td></tr>
<tr><td>普通骨料</td><td>≥30%船总体积</td></tr>
<tr><td>轻骨料</td><td>≥70%船总体积</td></tr>
</table>

其中，船体容重不能超过 1 g/cm^3，这也是体现“轻舟”的标志性指标；禁用的树脂类材料可以保障轻舟的“无机材料”特性，适合在野外环境中的长期耐久性。因为要满足划船比赛的需要，所以，在水泥制品中，这种轻舟属于轻质高强制品。我国曾在 20 世纪五六十年代建造过不少水泥船[1]，

后来提倡发展钢丝网水泥船[2,3]，并一度在农村大力推广应用[4,5]，但因过于笨重并未推广，目前只作为景观船存在于一些景区中。但传统水泥船与比赛轻舟存在重大差别，即在赛船中不准设置钢筋，这就对其制造技术提出了更高要求。

参赛选手在说明书中要按照要求提供包括船型设计图、混凝土配合比及其计算公式、各原材料技术指标与成本核算等相关的详细内容，最后经过反复推敲和精心构思，撰写出标准文稿。

比赛分为说明书、答辩、展示/交流及划船等 4 个板块，其分值均各占团体总分的 25%，采用扣分形式打分，船队队长可以对自认为不合理的扣分进行申诉。各板块又细分为许多比赛小项及其对应的分值点，比如：展示板块包括对整船、船结构模型、原材料、展板的展示以及现场交流（包括队员与评委之间和不同队的队员间交流）等；划船赛又分为 3 类，分别是双人 200 米的技巧、冲刺和 4 人 400 米冲刺，再根据男双、女双、混双细分为 5 个小项，相应设置 5 个划船单项奖，所有小项成绩累计入划船赛总分。技巧赛通过多次绕标曲线行进，冲刺赛在 100 米直道上加速后返回。针对各板块制定了细致的评分标准和依据，其中，说明书与展示评分标准见表 2。

各单项赛根据分数排出名次后，再按照表 3 的细则评出团体名次。

表 2　说明书和划船赛评分细则

说明书(25%)				船展示(25%)	
项目	小分	项目	小分	项目	小分
内容完整性	10	施工图和规范性	10	制作工艺	25
合理性、适用性(船体设计、结构分析、配合比、施工)	60	进度计划	5	外部与内部完整性	25
项目的范围、计划、管理与费用	15	混凝土配合比设计	25	各段衔接工艺	20
安全、材料测试与施工	10	结构计算	10	外观效果	25
质量控制与保证	10	船体厚度/加固和开放面积百分比	5	耐用性	5
可持续性	5	创新性	15		
总体评价(简洁性/清晰性/信息完整性/布局/格式/写作质量)			20		
单项总计	200			100	

表3 团体总分计算方法

单项名次	技术类得分			划船赛得分		
	说明书	答辩	展示	技巧	冲刺	4人冲刺
1	25.0	25.0	25.0	5.0	4.5	6.0
2	22.5	22.5	22.5	4.5	4.0	5.4
3	20.0	20.0	20.0	4.0	3.6	4.8
4	17.6	17.6	17.6	3.5	3.1	4.2
5	15.0	15.0	15.0	3.0	2.6	3.6
6	12.5	12.5	12.5	2.5	2.2	3.0
7	10.0	10.0	10.0	2.0	1.8	2.4
8	7.5	7.5	7.5	1.5	1.4	1.8
9	5.0	5.0	5.0	1.0	0.9	1.2
10.0	2.5	2.5	2.5	0.5	0.4	0.6

从上述赛题和赛制情况可以看出，其考核与评价体系非常细致，能够引导参赛选手有针对性地备赛和参赛。反过来分析我校关于土木工程材料的课程是实验课程设置，可以看出存在大量“验证性”内容，很多只是简单地按照相关标准，通过所谓的规范化操作让学生了解具体的实验方法，这对开发学生的创造性不利，同时也使得实验课程枯燥无味，并进一步导致对实验课成绩的评定也流于形式，因为所有学生在实验课中所做的工作内容雷同，反映在“实验报告”中的内容也接近，很难从中分辨出不同学生的努力程度与学习收获。

受此启发，在实验教改中提出了很多“开发性”“设计性”内容，并对实验课程的评价系统进行改进，将原来主要依据“实验报告”评定成绩的单一模式改为通过“实验设计、实验操作、实验收获、分组讨论”等多种评价环节的方法，引导学生通过实验课程激发对专业基础知识更多思考，同时在动手能力、科学研究的成果总结与表达能力等综合能力提高方面得到实质性的训练。

二、组织管理工作对优化实验课程管理的作用

1. 参赛队员选拔

每年比赛结束后，总结、表彰会与下届新队员报名启动会同时举行。新队员经初选后首先进入校内团队参与各项比赛筹备活动，至下届比赛前再

根据队员的日常表现以及面试答辩情况选拔出国参赛队员，落选成员也能获得校内的“创新学分”。因此，针对该赛事的组织工作常年不断。参赛学生主要来自土木学院，同时也有材料学院和其他学院学生。土木学院安排专门教师负责全面管理和指导备赛过程，材料学院也建立了常规机制由专任教师具体指导轻舟制作与材料分析等。总体上，轻舟队中的新队员经过一年训练后，会在第二年赢得出国参赛资格，因此始终保持着新老队员结合的组织构架，对备赛较为有利。

2. 备赛过程

校内备赛团队组建后，首先准备项目计划书及说明书，其中要体现与以往不同的创新内容，该部分工作非常锻炼学生的资料分析、数据整理，英文表达和创新思维等理论功底，全体队员会分工协作完成大量相关的资料收集与分析工作。同时，划船训练也是备赛中的关键环节，因为划船速度历来是我们的短板，在历届比赛中，美国选手都具有体质上的天然优势，其爆发力与耐力明显占优，但也并非单靠力量就能赢得比赛，特别在回转赛中，划船技巧占据较大比重。因此我校队员充分利用嘉定校区拥有的龙舟赛水面条件，制订了严格的训练计划，在课余时间开展了艰苦的划船练习，为提高划船赛成绩奠定了坚实的基础。

造船过程是锻炼学生动手能力的重要环节，材料学院在教学空间极其紧张的情况下为此辟出专门场地供队员操作，并提供最大的实验室方便队员开展搅拌、成型和常规性能检测等实验，同时还利用现代测试装备，为比赛提供微观分析数据，使参赛的文字资料增色不少。四平路与嘉定校区的队员也克服两地之间舟车劳顿的困难，往来参加集体训练与集中讨论，既保障了备赛工作的顺利进行，也增加了团队的凝聚力。队员在材料学院地下车库轻舟队专门场地的造船场景如图 1 所示。

图 1　队员集体造船

从备赛管理工作中能够看出，要完成一项综合性创新活动，学校和学院相关部门与师生的上下齐心协力至关重要。我校在当下万众创新的社会与教育改革背景下，每年都新增或更新大量的实验课程，但在实验课程管理方面仍存在滞后现象。由于实验课程内容更新速度较快，经常发生实验室硬件无法充分和及时保障的情况。在我校的实验课程管理中，实验内容由上课教师负责制定，其业务属于教务系统，而实验室又有单独的管理系统，按照规定还应提前将实验进度表向学校的实验室与后勤管理处进行报备，而多数情况是在开课学期之初才定下实验内容，于是报备工作变成了事后通报，这当然不利于实验室的充分制备。虽然二者之间的及时沟通不存在问题，但其信息并不完全通畅，很多教师，尤其是新进教师并不完全了解实验室的具体情况。实验内容的改变均要求实验室硬件与之配套，包括实验设备和实验材料甚至实验环境，比如新实验所需要的新材料，由于很多属于大宗工业品，少量的实验材料并非能够及时采购到，有些危化品还涉及较长的申购审批和运输过程；再比如当实验内容新增了有挥发性材料的内容时，实验室应具备标准的通风系统，否则不符合安全要求，但事实上我院的实验室并非都具备该条件；等等。由此造成的矛盾每年都有发生，给实验教学安排带来不便。

针对上述情况，借鉴美国轻舟赛的备赛管理经验，对我院实验教学安排的流程进行重新梳理，建立顺畅的沟通与联合办公机制，从教师新增或更新实验课程的起始阶段到最后落实实验室支持硬件的全流程，都制定了细致的操作规则，使得实验教改工作能够有序推进。

3. 出国比赛

要将比赛船及大量物品运输到美国，需提前 2 个月将集装箱交给国际船运公司，其间所有的报关、联络以及在国内和美国境内的货运业务都要精确安排；同时，众多师生的出国手续也要根据相应规定和时间节点细致规划和办理。装运船的工作繁重，非常锻炼队员的动手能力和吃苦耐劳与团结协作精神。多数参赛学生为首次出国，除了各种手续办理因不熟悉流程通常要往返多次外，还要考虑可能遇到的各种生活和健康问题。不仅要备好常用的用于治疗肠胃不适、感冒、晕船及缓解时差等药物，还要注意遵守美国法律和公共秩序、带好防寒衣物和正装、避免携带可能引起海关检疫禁止的食品等诸多细节。而针对比赛对交流环节的要求，更是经过反复培训，除了要对比赛内容烂熟于心外，还要举止大方，文明礼貌，充分展现出同济大学乃至中国大学生的精神风貌。

比赛由美国有土木专业的各大学轮流承办，因为赛船通常先要运到承办大学的实验室进行拆箱，所以作者作为随队指导也亲身体验了不同美国大学实验室的运行机制和管理模式，它们多数像我们一样分为课程实验室和科研或创新实验室，其特色在于对后者的管理。

首先，管理教师通常是一位多面手，其任务不单是日常管理，还有能力为各种新型实验作出充分的准备，包括各种新型实验器具、模具和异形工具，他们都可以想方设法自己制造或委托加工，研究生只要提前向其提交实验计划，就能在规定的时间顺利开展实验，而这部分工作在国内高校通常由研究教师或学生来完成，相对来说，美国高校的实验室教师兼任了技师的角色，可使科学研究更加高效。

其次，美国大学生的创新活动较多，并且很多也结合了其所学专业及课程。众所周知美国高校的很多考核方式是学生提交一份综合研究与分析报告，其通过创新活动所撰写的课程报告就能够显得内容丰满，这对启发我们进行竞教结合的高校教育改革具有直接的借鉴作用。

三、比赛总结对实验教改的影响

1. 获奖

同济大学代表队自参赛十余年来，成绩逐年上升，最近的 2017—2019 年连续三届在分赛区获得冠、亚军，成功晋级全美总决赛，并蝉联总成绩第四名(前 5 名获奖)。2019 年的全美总决赛成绩见表 4，参赛过程及奖牌如图 2 所示。

表 4　2019 年全美总决赛成绩

序号	比赛项目		名次
1	总成绩		4
2	设计报告		4
3	演讲答辩		3
4	作品展示		7
5	划船竞速	男双冲刺	5
6		女双冲刺	7
7		男双技巧	7

在表彰总结暨轻舟队招新会上，队员们充满激情与活力的赛事回顾与体会分享，极大地激发了新队员的参与热情，也能明显感受到他们经过本赛

事的洗礼，对知识更加渴求，对未来的奋斗目标更加坚定，综合能力大幅度提高，为人处世更加成熟、稳重。

(a) 奖牌

(b) 参赛队员、带队教师与赛船“SONG”

(c) 展示环节与美国队员交流

(d) 同济队员冲刺

图 2　比赛及获奖

2. 对学生和学校的深远影响

出国比赛对学生的各方面影响巨大，尤其是在出国深造方面。参赛选手本来都是通过竞争脱颖而出的优秀学生，早已定下了出国深造的目标，而通过这次经历变则得更加清晰。当然，也促使很多学生选择美国高校，据不完全统计，参赛队员赴美读研或读博的比例远高于全校的留美比例。比赛间隙，学生会去邻近的知名高校参观，顺便与该校在读的同济校友交流，参赛的美国高校及评委老师又多是土木专业领域的知名学者，这一切都给学生提供了零距离深耕美国高校的机会，有些学生还就此确定了未来导师甚至研究课题。

比赛对国内日益关注的学科竞赛活动也起到了促进和推动作用。由于该赛事启动较早，多年积累的组织、管理经验和评价方法、激励机制等都为后来不断推出的各种创新项目、学科竞赛提供了很好的示范、引领作用。材料学院于2016年创建的“土木工程创意作品大赛”，就完全模拟了该赛事的赛制和评分办法，使得比赛的知识性、趣味性和组织科学性得以充分体现，短短4年就使比赛规模迅速从土木工程材料系的范围逐年扩大至校级、上海市级直至全国级别，2019年的比赛收到了全国近20所高校的40多只参赛组报名，参赛学生170多名。

比赛对扩大学校声誉的作用也显而易见。同济大学土木专业号称在全球领先，而从比赛中也能够感受到我们在国际上至少在美国大学生中的这种实际地位。首先，总决赛前五的高校会记入这项著名赛事的历史，并出现在后续各界比赛的宣传册中；其次，在划船赛中，当各队选手随着我们一起流利地高喊“同济、加油！”的时候，特别是在颁奖仪式上，当同济选手多次上台领取各种奖牌的时候，全场几百人同声高呼“TONGJI!”“TONGJI!”，那震耳欲聋的欢呼声让队员们热泪盈眶，作为同济人的自豪感油然而生！

3. 对教学改革的影响

混凝土轻舟赛对土木工程材料专业的实验教学改革也产生了显著影响。在实验内容方面，创新设计借鉴了其理论与实践相结合的特点，不仅突破了传统主要通过实验操作来训练学生动手能力和了解相关操作规范的教学范围，而且增加了学生自主设计并以合理、科学的方式表达出来的要求；在形式上，借鉴了轻舟赛的评分机制，更细致、更灵活地对学生的实验课程成绩进行评价，重点强调了学生的参与程度与深度思考对其成绩的影响。在多个项目的“实验报告”中，都增加了对实验过程和结果的讨论环节并明确其分值；同时，将传统普遍单凭“实验报告”来评价实验课成绩的方法改进为以“实验设计、实验操作、实验结果呈现、数据分析与讨论、关键技术问题辩论和实验心得”等多个新设考查板块的新型成绩评定系统，使得成绩评定更加科学、结果更加合理。从实际运行看，该措施也引导学生对各实验项目投入了更多的预习和思考，实验课程中所有学生的参与程度普遍提高，学生在实验中所提出的问题也更加深入，不再像过去那样集中于实验操作或设备的使用等初级问题，而是更多地对实验所揭示的深层次技术原理加以咨询，总体上显著提升了实验课程的教学效果。

四、结论

通过分析美国混凝土轻舟赛的赛题和赛制特点，指导我校在实验教改中设计更多的“开发性”“设计性”内容，并对实验课程的评价体系进行多元化设计。

通过总结我校十余年参赛获得的组织与管理经验，对我院实验教学安排的流程进行重新梳理，建立顺畅的沟通与联合办公机制，从教师新增或更新实验课程的起始阶段到最后落实实验室支持硬件的全流程，制定出细致的操作规则，促进实验教改工作有序推进。

借助出国比赛机会考察美国高校实验室管理与学生竞教结合情况，启发我校的大学教育改革思路，同时加强对学生在创新思维、社交与组织管理等方面的综合能力培养。

通过分析美国轻舟赛的获奖与总结过程，树立为同济加油和争光理念与信心，注重通过实验课程训练学生的科研成果总结与表达能力。

参考文献

[1] 一兵. 我国水泥船工业发展迅速[J]. 建材工业信息，1986(1)：1-2.
[2] 李惠相.关于继续开发钢丝网水泥的建议[J].中国建材，1982(5)：50-51.
[3] 李惠相，郑梦卿.钢丝网水泥的耐久性[J].混凝土及加筋混凝土，1986(6)：7-11.
[4] 中南工业建筑设计院.无肋式钢丝网水泥农船折迭拼装成型工艺[J]. 建筑材料工业，1963(9)：19-23.
[5] 高克真.我国钢丝网水泥农船的质量和检验[J].水泥与混凝土制品，1984(10)：42-44.

基于竞教结合的环境设计类学生创新思维构建实践

——以“汇创青春(环境设计类)”项目为例

沈　嘉[1]　刘　佳[2]　汉欣慧[1]

1. 同济大学创新创业学院　2. 同济大学环境科学与工程学院
环境科学与工程国家级实验教学示范中心

摘　要　在上海市文教结合“汇创青春上海大学生文化创意作品展示季”活动指导下，构建上海市环境类高校横向联动、纵向衔接、定期会商、运转高效的“命运共同体”协同合作机制；以优秀教师资源及实践教学产业基地共享为基础，开展不同学校、不同类别环境学科学术成果的交流碰撞；通过提升学生创新思维、创新能力等进而提升人才培养质量，孵化创新创业成果，促进产教融合。

关键词　竞教融合　创新思维　汇创青春　文化创意作品展示

为了响应“大众创业、万众创新”的国家号召，我国创新创业工作进入了新的阶段，国家推出了众多的创新创业比赛，各大高校也为鼓励大学生积极参加创新创业采取了一系列措施[1]。自2016年以来，由中共上海市教卫委、上海市教育委员会主办的“汇创青春”活动旨在贯彻落实国家“大众创业、万众创新”“深化高等学校创新创业教育改革”的重要部署，助力上海建设具有国际影响力的文化创意产业中心和“设计之都”“时尚之都”“品牌之都”[2]，大力营造长三角文化创新和创意产业发展的生态环境，搭建校园创意创新与文化产业园区对接的桥梁，打通“学生作品—孵化产品—商品”的转化链条，推进高校文创教育成果与市场创新创意产业的“无缝”对接，满足人民日益增长的美好生活需要[3]。

“汇创青春”项目的实施是高等教育服务国家创新战略的要求，有利于持续推进一流大学和高水平特色大学建设。提升我国高等教育服务能力和国际竞争力是加快推进“双一流”建设，推进科教融合、协同创新，汇聚全球高等教育优质资源，服务国家战略和上海社会经济发展的重要抓手。

本研究以同济大学承办的五届“汇创青春上海大学生文化创意作品展示季”（以下简称“汇创青春”）环境设计类文化作品展示活动为例，探索上海市新时期环境设计类学生创新思维的构建实践模式。

一、“汇创青春”环境设计项目展示体系构建

全球知识网络时代，对新环境的整体设计提出了更高的标准和要求。新环境设计，不仅仅要融入物质和非物质两层含义，更要在设计中体现“人”这一基本理念。人与环境互动的设计，满足人的多样化需求，这就需要环境设计者在网络信息的有效指引下，主动出击、调整策略、注重变化，体现出环境设计新的特点。

网络时代下的新环境设计，容纳了包括环境技术、环境艺术、设计景观、城市设计等专业内容，涵盖的领域也越来越多，专业界限越来越模糊。可以说，环境设计类和环境专业、设计专业都有着千丝万缕的联系，涵盖了物质、生态、系统多方面的内容。

当前各种环境设计专业类的竞赛越来越多，充分反映出环境设计在社会上的人才需求与行业竞争的压力，同时也是行业兴旺的表现。环境设计专业“竞教结合”主要是指以学科竞赛为导向、以赛促教的模式。在这个模式中，学校通过一些巧妙的设计将一些原本在传统课堂教学中进行传授的内容通过实践竞赛的方式进行，主要采用的是教师指导学生竞赛的方式，重点培育学生的创新思维能力和综合应用能力。在这个过程中，教师可以根据学生的不同个性进行贯穿整个比赛全过程的专项指导，无论是产品构思、方案优化、效果处理，还是板块设计等，全面推动和促进学生创新能力的发展。因此，有效地将竞赛与教学相结合，调动学生的学习积极性，是带动环境设计专业发展壮大的一条有效途径[4]。

“汇创青春”（环境设计类）展示活动在比赛设置上充分考虑“新环境设计”过程中的所有环节，紧紧抓住“为人服务”“以人为本”的理念。参赛类别包含新环境设计的绝大多数子类，体现了环境科学、建筑与城市规划、艺术世界三个学科门类的融合，这也为不同类型的环境设计类的学科融合共生、资源共享提供了可能。

二、“汇创青春”环境设计大赛组织模式创新

近年来，各高校十分重视“汇创青春”大赛，积极组队参加比赛，坚持把赛教融合作为创新型人才培养的途径之一，切实通过赛中教、赛中学来培养高质量人才，夯实了“以赛促教”及“竞赛与第一课堂联动”，取得了丰硕的成果。“以赛促教”既扩大了获奖院校的知名度；又提高了学生的专业实践技能和综合素质。获得奖项的学生获得更多升学和就业的机会，也间接提高了学生参与大赛的积极性。学生通过参加与专业相关的大赛，切实提高了学生的技能水平和实践能力，以项目教学为驱动点，通过教师指导，带动学生参赛，将大赛内容与课程内容相结合，注重教学的实用性、科学性和前沿性，培养了学生的创新能力、合作能力和现场表现力等，达到了“以赛促教”的显著成效。

第五届“汇创青春”环节设计类项目的参与高校有：同济大学、上海交通大学、华东师范大学、华东理工大学、东华大学、上海大学、上海师范大学、上海理工大学、上海海洋大学、上海海事大学、上海电力大学、上海工程技术大学、上海应用技术大学、上海戏剧学院、上海音乐学院、上海第二工业大学、上海商学院、上海视觉艺术学院、上海师范大学天华学院、上海外国语大学贤达经济人文学院、上海建桥学院、上海杉达学院、上海工艺美术职业学院、上海东海职业技术学院、上海邦德职业技术学院、上海行健职业学院、上海交通职业技术学院等 34 所高校，其中公办院校 20 所，民办院校 14 所。参与学生分别来自环境设计、室内设计、建筑装饰工技术、展示艺术设计、医学检验技术、舞台设计、视觉传达设计等 49 个专业，参与高校开设相关专业情况见表 1，参与 A 类比赛专业及项目数见表 2，参与 B 类比赛专业及项目数见表 3。

表 1 “汇创青春”环境设计类项目分类

A. 建筑、城市规划、环境艺术设计类	A1. 城乡规划 A2. 城市设计 A3. 建筑设计 A4. 室内设计 A5. 景观设计 A6. 街道家具设计 A7. 环境图形设计 A8. 环境服务设计 A9. 展览展示设计 A10. 空间体验设计
B. 环境保护技术设计类	B1. 水处理 B2. 固废处理 B3. 大气治理 B4. 噪音治理 B5. 废弃物资源化 B6. 环境修复 B7. 生态治理 B8. 环境检测 B9. 物联网 B10. 环境服务技术 B11. 其他

表 2　A 类项目参赛学生专业及项目申报数量

专业	项目申报数	专业	项目申报数
环境设计	168	城乡规划	3
室内设计	39	会展设计与策划	3
园林	19	城市更新设计	3
建筑装饰工技术	15	平面设计	2
建筑学	14	康复治疗工程技术	2
展示艺术设计	18	雕塑	1
医学检验技术	1	服装	1
舞台设计	10	建筑设计	1
艺术设计	9	康复物理治疗	1
会展	6	多媒体设计技术	1
设计学	6	景观设计	1
视觉传达设计	5	生态学	1
生态建筑设计	4	公共空间设计	1
工业设计	3	视觉设计	1
药学	3		

表 3　B 类项目参赛学生专业及项目申报数量

专业	项目申报数	专业	项目申报数
环境科学工程	11	市场营销	1
环境化学	6	材料科学与工程	1
应用化学	4	信息管理与信息系统	1
化学工程与工艺	3	食品科学与工程	1
海洋生物学	2	安全工程	1
电气工程及其自动化	2	食品安全	1
给排水科学与工程	2	生态学	1
海洋技术	2	材料化学	1
水产养殖学	2	建筑环境与能源	1
环境与建筑学	1	资源循环科学与工程	1

三、“汇创青春”环境设计大赛取得的成效

1. 参赛学生年级分布广，毕业班参与热情高

本次参赛学生年级分布广，其中 A 类参与学生人数较多，特别值得注意的是，A 类中专科院校的学生参与度呈逐年上升的趋势，这说明“环境设计”

类注重体验参与实践学科的学生越来越清醒地认识到书本外的实践尤其重要，特别是毕业班的学生，一直是这项赛事的参赛主力军，主要原因是该类学科的实习作业、毕业设计很多都与现实生活场景相结合，学生容易理解，并将所有专业知识转化为参赛作品（图 1）。B 类作品由于学科入门门槛较高，所以参赛作品数量较少，但高年级本科生及研究生始终是这个类别的主力军，项目的技术含量较高（图 2）。

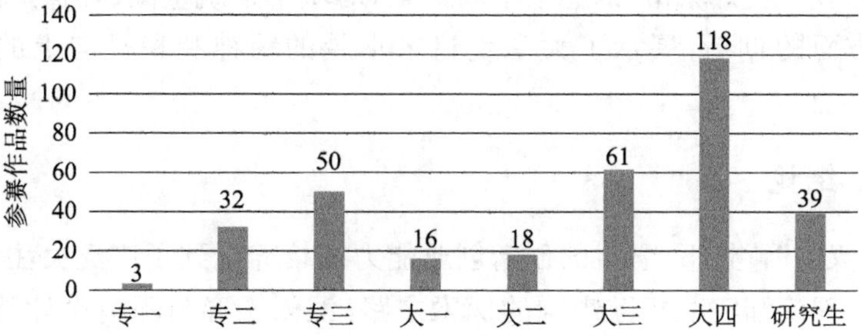

图 1　A 类年级分布

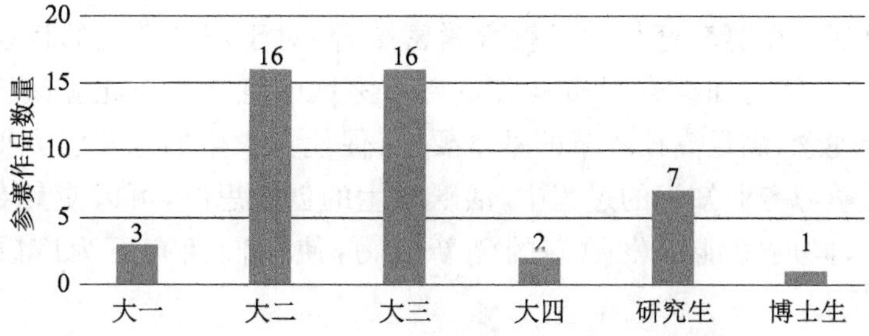

图 2　B 类年级分布

2. 高峰高原学科带动“汇创青春”环境设计类项目质量

为进一步扩大活动影响力和作品质量，“汇创青春”环境设计类从第四届开始特邀请环境与生态Ⅳ类高峰学科加入，在“环境保护技术设计”类别中上海市环境类各高校共申报参赛作品 90 余件，创历年新高。申报项目涉及“互联网＋”环境监测、新型检测设备开发、污染治理新技术、污染物资源化新工艺等，大部分项目已获得发明专利，少数项目已经实现产品化，作品呈现出理工融合、兼容并蓄、博采众长、服务于中国环境问题解决的特点。本竞赛通过“以赛促教”“竞赛与第一课堂联动”，实现了学科建设支撑于创新创业人才培养，通过同城跨校的合作与交流实现了优势学科高校带动上海市环境类学生创新能力的整体提高。

3. 参赛作品紧扣社会热点

本竞赛参赛作品中A类作品前十位的热门关键词是空间、改造、景观设计、社区、主题、城市、公园、室内设计、上海、体验。B类作品前十位的热门关键词是废水、高效、催化剂、设计、新型、有机、系统、监测、水体、装置。本竞赛充分展现了上海高校学生立足于自身学科，为积极推进上海“设计之都”建设，为追求“美好城市”的愿景不断探索，对城市建筑空间、环保产品、环境技术等方面的创新，展示了大学生追求卓越的精神和积极向上的社会责任感。

四、结论

在“双创”背景下，学生的创新创业能力的培养受到了广泛关注，竞教结合是一条理论和实践相互影响的探索之路，汇创青春与环境设计类的教学是相互作用、相互促进的。一方面软件课程教学的改进和完善推动汇创青春作品的参赛水平，另一方面比赛本身中多学科交叉展示又反过来促进课程教学改革。竞赛教育与学科教育紧密结合，对于培养学生的科技创新能力，提高专业能力和综合素质具有重要而深远的意义。因此应该积极践行竞教结合理念，满足高校改革的基本要求，促使大学生的综合能力得到有效提升。在学习专业知识的过程中，活跃学生的创新思维，可以使其专业素养稳步提升，同时也能激发他们的创新能力，使他们拥有更为广阔的提升空间。

参考文献

[1] 上海市教育委员会.上海市教育委员会关于印发《上海市高等教育改革和发展“十三五”规划》的通知[A/OL].(2017-02-27) [2018-05-24].http: / /www.Shmec.gov.cn / html /xxgk /201702 / 301132017004.html.

[2] 娄永琪.全球知识网络时代的新环境设计[J].南京艺术学院学报(美术与设计)，2017(1):3-9.

[3] 郭磊，张春红.基于学科竞赛的工业设计专业教学实践[J].课程教育研究，2013(17):40.

[4] 王素坤.竞教结合提升学生科技创新能力的实践[J].中国高校科技与产业化，2010(9):48-49.

基于"互联网+"大赛的创新创业人才培养路径研究

李龙翔[1]　周梦妮[1]　章　浩[2]

1. 同济大学创新创业学院　2. 同济大学信息化办公室

摘　要　中国"互联网+"大学生创新创业大赛目前已成为高校深化创新创业教育改革的重要抓手,大赛的评审标准为教育部会同国内创新创业专家学者共同制定,在一定程度上反映了创新创业人才培养的方向和趋势。本文基于第4、第5届大赛高教主赛道的评审规则,探究不同评价指标在人才培养中的关键作用,及其对第一课堂创新创业教学的实际指导意义。

关键词　"互联网+"　大赛　创新创业　人才培养

一、研究背景

中国"互联网+"大学生创新创业大赛(2020年更名为:中国国际"互联网+"大学生创新创业大赛,以下简称"互联网+"大赛)是为深入贯彻落实全国教育大会精神,全面落实习近平总书记给中国"互联网+"大学生创新创业大赛"青年红色筑梦之旅"大学生的重要回信精神,按照《国务院办公厅关于深化高等学校创新创业教育改革的实施意见》等文件要求,由教育部、发改委、工信部、人力资源部等十三个部委和省政府共同举办的创新创业大赛。大赛的目的及任务为以赛促学,培养创新创业生力军;以赛促教,探索素质教育新途径;以赛促创,搭建成果转化新平台[1]。自2015年第一届大赛开始,已成功举办5届。第五届大赛共有来自全球五大洲124个国家和地区、4 093所学校的457万名大学生、109万个团队报名参加大赛,参赛项目和学生数接近前四届大赛的总和。其中,国际赛道有来自120个国家和地区、1 153所学校的6 000多名大学生参赛,使大赛成了一场"百国千校"的世界大学生创新创业盛会。

大赛的评审标准为教育部会同国内创新创业专家学者共同制定,在一定程度上反映了创新创业人才培养的方向和趋势。本项目基于第四、第五届大赛高教主赛道的评审规则，探究不同评价指标在人才培养中的关键作用，及其对第一课堂创新创业教学的实际指导意义。

二、大赛评审标准对创新创业课程体系建设指导意义

本文主要研究高教主赛道创意、初创和成长组评审规则对创新创业课程评价指标的影响。三个组别都是从创新性、团队情况、商业性和带动就业前景(社会效益)四个方面给出具体的内容要求和分值，分值依不同组别对项目的要求不同有所区别。第五届"互联网+"大赛评审标准在第四届大赛的基础上进行了进一步的凝练和提升，具体见表1。

表1　第五届与第四届"互联网+"大赛评审标准差异

组别	创新性	团队情况	商业性	带动就业前景
创意组	1. 分值不同：第四届占45分，第五届占40分；2. 突破和创新要求不同：第四届强调利用互联网技术、方法和思维在销售、研发、生产、物流、信息、人力、管理等方面寻求突破和创新；第五届在商业模式、产品服务、管理运营、市场营销、工艺流程、应用场景等方面寻求突破和创新；3. 创新成果要求不同：第四届无单独强调；第五届要求取得一定数量和质量的创新成果(专利、创新奖励、行业认可等)	1. 团队成员要求不同：第五届增加了对团队成员创新思想和能力互补情况的考察；2. 公司架构要求不同：第五届增加了对股权结构的安排是否合理的考察	整体要求不同：第五届增加了项目目标市场容量及市场前景，未来对相关产业升级或颠覆的可能性，近期融资需求及资金使用规划是否合理的考察要求	1. 分值不同：第四届占5分，第五届占10分；2. 名称描述不同：第五届此项名称变更为"社会效益"
初创、成长组	1. 突破和创新要求不同：第四届强调利用互联网技术、方法、思维在销售、研发、生产、物流、信息、人力、管理等方面寻求突破和创新；第五届在商业模式、产品服务、管理运营、市场营销、工艺流程、应用场景等方面寻求突破和创新；2. 第五届新增鼓励与区域经济发展、产业转型升级相结合	1. 团队成员要求不同：第五届新增重点考察成员的投入程度；2. 第五届新增师生共创组，须特别关注师生分工协作、利益分配情况及合作关系稳定程度	1. 商业模式要求不同：第五届明确了已获外部投资情况；2. 融资方面要求不同：第五届新增关注维持企业正常经营的现金流情况	第四届强调项目增加社会就业份额，上下产业链的密切程度和带动效率；第五届强调项目实际带动的直接就业人数，考察项目未来持续带动就业的能力

从两届"互联网+"大赛评审标准差异可以看出，鼓励基于创新的创业、

打造能力互补的优秀团队、提升面向未来的产业化思维、将自身发展同祖国和人民的需求与社会的发展进步相结合及努力为祖国的发展改革贡献力量将是未来企业家必须具备的能力和素质。在高校创新创业课程体系构建中，应加强和补充这四部分的指标内容，并依据课程特点和进展情况，探究如何在现有评价体系基础上，更好地将这四部分内容有机地融入其中，进而更好地为创新创业人才培养服务。

三、同济大学创新创业课程建设情况

1997 年，清华大学经济管理学院 MBA 项目开设了创新与创业方向课程，开启了高校自主探索的阶段。教育部在清华大学、中国人民大学等 9 所高校启动创新与创业教育试点，立项建设了 32 个创新与创业教育类人才培养模式创新实验区，标志着创新创业教育进入试点改革阶段。自 2016 年起，所有高校按照规定都应设置创新创业学分课程。我国 9 所试点高校在创新创业课程开发上显现出优势，课程体系较为完善，设置了面向不同年级的通识专业必修、选修课程，涉及普及、兴趣、专业、实践和网络课程等，引入 SYB 和 KAB 创业培训课程。教学方法已向多样化方向发展，创业企业家进校园，通过创业大赛等第二课堂形式提供创业项目并进行实践模拟等。但受条件限制等，我国一些高校创新创业课程目标的设置则缺乏层次性、阶段性，未能体现不同学生群体、院校与学科的特征和需求，创新创业课程仍为大班授课，以理论讲解为主，针对性不强，也缺少案例分享、小组讨论、创业团队互动等具有启发性和实践性的教学方法，并在一定程度上脱离生活实际[2]。

同济大学经过多年的建设已经构建出以核心创新创业课程为基础，专创结合通识选修课为覆盖，创新创业知识结合专业课和专业选修课的同济大学创新创业课程体系。2019 年，同济大学启动了专创结合优质课程建设项目，“机械创新设计方法”“数据量化推理”“生命科学综合实验”“文化创意产业园区专题”“大数据与人工智能”“机场规划与设计”“电视节目策划与制作”“新时代的中国与世界”“中国玉石与玉文化鉴赏”“现代通信与信息技术”等一批开设在专业培养方案里的专业课程脱颖而出，结合已经梳理的含创新创业知识的专业课，一个贯穿通识课程、专业课程、实践课程的创新创业全过程课程体系已经基本形成。但目前课程的内涵建设还未达到理想状态，课程的质量测评和监控工作也只在部分课程中进行了尝试，专业课中的创新创业知识分布还不尽合理，课程教学方法也有待进一步提高，虚拟仿真、模拟教具等现代化教学手段也未进入课堂。

四、创新创业课程体系构建

1. 构建分层次创新创业课程体系

“互联网＋”大赛中的创意组主要针对在校大学生（未成立公司），初创、成长组主要针对毕业5年内的校友（已成立公司，包括在校已成立公司）。从评审规则可以看出创意组和初创、成长组明显的不同，也就意味着这两类学生的培养重点是有所区别的，这也就要求在课程体系构建上侧重点要有不同。

针对有创意，但没有达到项目可落地开公司的学生，从评审规则中可以看出创新性和团队情况占了很大的比重（合计占比70%），也就意味着对于这部分学生的课程体系设置，主要以鼓励创意和团队合作为主。进一步分析评审内容，创新性中提出“突出原始创意的价值，不鼓励模仿，鼓励项目与高校科技成果转移转化相结合”，团队合作中提出“团队成员的教育和工作背景、创新思想、价值观念、分工协作和能力互补情况”，并单独列出了带动就业情况（社会效益）这一项，这为课程体系构建提出了非常明确的方向，也正契合国家提出的创新引领创业、创业带动就业，推动高校毕业生更高质量创业就业这一理念。

针对项目已经较成熟，可以达到落地开公司的学生，从评审规则中可以看出商业性占比最大（40%），其次是团队情况（30%），这就要求对于这部分学生的课程体系构建要围绕实际的商业环境展开。进一步分析评审内容，商业性中从“经营绩效、市场营销策略、成长性、商业模式、融资”等方面重点考查，团队情况中从“成员的投入程度、公司的组织构架、股权结构、人员配置、激励制度、项目外部资源的整合能力”等方面重点考查，这就要求课程体系要加入公司治理、市场营销、资源整合提升等相关的理论和实践内容，助力项目更好、更快的发展。

2. 课程体系引入诚信教育

通过对比第四、第五届大赛评审规则可以发现，过程的监督和所提供数据的佐证已经是一个必然的趋势，两届大赛通知中都明确规定：参赛项目须真实、健康、合法，无任何不良信息，项目立意应弘扬正能量，践行社会主义核心价值观。参赛项目不得侵犯他人知识产权。所涉及的发明创造、专利技术、资源等必须拥清晰合法的知识产权或物权。抄袭、盗用、提供虚假材料或违反相关法律法规一经发现即刻丧失参赛相关权利并自负一切法律责任。第五届大赛中进一步规定已获投资(或收入)1 000 万元以上的投资项目,必须提供有效的证明材料。这些一方面保证比赛的公平公正,另一方面也可以引导大学生具备诚实守信的道德品质。

所以在课程体系构建中要引入诚实守信、遵纪守法等内容。通过案例讲解、校友分享等多种形式,让诚实守信、遵纪守法根植于每一个创业者的心中。

3. 课程体系评价标准适当加入可量化因素

创新创业教育的核心是“教育”,而“人”不但是出发点也是落脚点,因此,其实质应该是实现对“人”的教育,而非对“项目”的教育。“项目”只是培育创新创业人才的重要载体。“项目”即使失败了,但是创新创业的种子一旦植入年轻学子的心灵,一定会在恰当的时候开花结果。创新创业教育不仅强调面向个体提供设计思维训练,强调机会识别和开发能力,更强调培养学生洞察力和自信心。正是在这个意义上,我们提倡创新创业教育,是提倡一种培养能力的实践教育,也是提倡一种尊重创新的“宽容失败”的文化,更是提倡一种自我挑战的基于“人”的全面发展的教育[3]。对比第四届、第五届大赛的规则变化,很显著的一个特点就是加入更多可量化指标的考核,比如更加注重取得创新成果(专利)、更强调直接带动就业人数和持续带动就业的能力等。

基于以上两个特点,一方面创新创业课程体系的评价标准中应保留宽容失败、注重过程教育的特点;另一方面,关键指标和时间节点应适当加入可量化因素,帮助学生更加清楚自己目前所处位置、水平以及今后应达到的目标和要求,助力其更加全面、健康的成长。

参考文献

[1] 吴爱华,侯永峰,郝杰,等.以“互联网+”双创大赛为载体 深化高校创新创业教育改革[J].中国大学教学,2017(1):23-27.

[2] 俞苏洋,胡永红.协同视域下高校创新创业课程体系优化初探[J].中国成人教育,2020(2):60-62.

[3] 樊丽明.创新创业教育:高教综合改革的突破口[N].文汇报,2016-04-22(6).

基于大学生机械产品数字化设计大赛指导模式的探索

陈　哲　李梦如　孙　波　于睿坤　奚　鹰

同济大学机械与能源工程学院

摘　要　大学生机械产品数字化设计大赛主要是通过三维设计软件进行满足实际需求的创新设计比赛，此类比赛的设计过程和结果与传统需要加工、制作实物类的比赛有较大区别，因此在学生的指导模式上也有不同。本文结合指导教师多年指导经验和获得成果从而对机械产品数字化设计大赛的指导模式进行探索。

关键词　机械产品　数字化设计　指导模式

一、引言

社会的发展，国家的繁荣，人类的进步都离不开创新，创新人才的培养是当今社会的重中之重，而创新人才往往都是通过高校走向社会[1,2]。因此，高校作为培养创新人才的摇篮，有着义不容辞的责任。其中通过大学生参与学科竞赛的方式促进学生的创新实践能力和创新精神的培养是行之有效的重要手段。

在机械行业中，不论是传统设计还是创新设计都离不开数字化设计，因此，数字化设计的能力对于学生是必不可少的。学生通过参与机械产品数字化设计大赛可以获得并提高数字化设计的能力，这种能力对学生的创新实践能力和创新精神的培养起到了十分积极的作用。为了帮助学生能够更好地从数字化设计大赛中获得创新实践能力和创新精神，本研究从指导教师的角度出发对大赛的指导模式进行探索[3-5]。

二、机械产品数字化设计大赛特点

机械产品数字化设计大赛与传统需要加工、制作出实物类的比赛有着显著区别。数字化设计大赛注重的是如何利用软件自身的各种功能，帮助创作者完成自己的创新设计，例如，利用有限元分析可以优化零件的尺寸和形状，利用运动仿真分析可以研究各零部件在运动过程中的各种情况，利用衍生性设计，颠覆传统设计理念，感受设计前沿带来的冲击，目的都是力求设计出最优秀的作品[6]。

一种比赛指导模式并不能适应各种机械类比赛，下文将主要针对机械产品数字化设计大赛的优势和劣势，探索一种适用于机械产品数字化设计大赛的指导模式。

1. 大赛的优势

（1）数字化设计大赛不需要考虑制作实物的加工和材料费用，只需要进行数字化建模、有限元分析和运动仿真等工作，最终提交的作品以数字化的形式存在。作品可以不断地推倒重来，学生不断优化自己的设计，因此学生的想象力和创新能力不会受到比赛制作经费的限制。

（2）常见的数字化设计软件中大多有有限元分析模块、运动仿真模块、衍生型设计模块等一些有利于优化设计的高效模块，学生在大赛中通过使用这些模块可以更好地接触并掌握一些前沿设计方法。

2. 大赛的劣势

（1）由于数字化设计中建模比较容易，在零件设计的过程中容易忽略实际生产加工的难度和成本，易出现零件能被设计出来但加工不出来或难以加工的情况；

（2）在培养学生动手能力方面较为欠缺，学生无法对自己设计出来的作品有一个感性的认识，缺少加工、装配和调试等相关过程，设计作品的可行性没有实物进行验证。

为了全面促进学生的创新实践能力和创新精神的培养，如何充分发挥大赛的优势，补足大赛的劣势是机械产品数字化设计大赛指导模式探索的方向。

三、同济大学机械产品数字化设计大赛的开展情况

1. 同济大学开展大赛的流程

图1是同济大学开展大赛的流程，每年校内大赛负责人从大赛组委获得大赛通知后，在学院网站和学校选课网上发布大赛校内通知和校内报名表，有意愿参加大赛的学生提交报名表至校内大赛负责人处，校内大赛负责人完成报名表收集后召开大赛现场说明会。说明会进行大赛主题解读，学生信息核对，指导教师分配，后续小组汇报安排等工作。学生在理解大赛主题

后就可以开始进行作品设计,在设计过程中有专门的指导教师进行指导,主要有共享指导和单独指导两种方式。

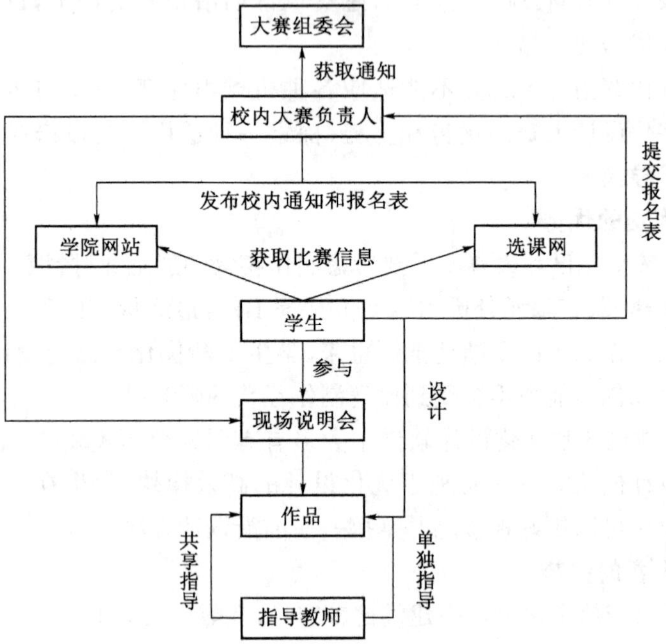

图 1　开展大赛流程

2. 获奖情况

同济大学于2012年开始参加全国大学生机械产品数字化设计大赛,至今已经参加了8届比赛。2012年第一次参赛,只有2组作品入围全国赛。经过几年的探索,2016年,有8组作品进入全国赛。

从2012年到2019年,在全体指导教师和参赛学生的共同努力下,喜获不少成果,获奖情况见表1。

表 1　全国大学生机械产品数字化设计大赛获奖情况

大赛时间	2012年	2013年	2014年	2015年	2016年	2017年	2018年	2019年
初赛报名(组)	4	13	32	24	23	15	15	16
校内选拔(组)	2	8	9	6	8	3	2	2
全国一等奖(组)	0	1	1	0	2	0	2	1
全国二等奖(组)	2	1	1	2	1	3	0	1
全国三等奖(组)	0	3	2	3	1	0	0	0

四、指导模式的探索

根据上文中提到的大赛特点和大赛开展流程，我们不难发现，比赛过程中，指导教师的指导对学生起到非常积极的作用，高效的指导模式能够起到扬长避短、取长补短的作用[7]。

1. 传统指导情况

机械类专业学科竞赛的传统指导模式为学生在教师指导下完成赛题解析、创意构思、结构设计、图纸绘制、设计文档编写以及现场竞赛等环节。目前，在大多数高校机械类专业学科竞赛指导中主要有四个问题。

（1）教师指导能力不足：机械类学科竞赛的题目难度不断加大，涉及的知识面越来越广，各种要求越来越高，每个教师因“术业有专攻”，1～2 名教师已经不足以全面的指导学生完成优秀的作品[8]；

（2）教师重理论、轻实践：因为数字化设计大赛的特殊性，不需要加工实物，教师在指导学生的过程中往往忽视了加工、装配、调试等实践过程；

（3）学生三维建模软件不熟悉：大多数学生可能是第一次接触三维建模软件，或者仅熟悉三维建模软件中的部分功能，无法充分利用软件的优势；

（4）学生思维局限性明显：报名小组大多数都是机械类专业的学生组队，受专业知识的影响看待问题的角度接近。

2. 学院机械产品数字化设计大赛指导模式方向

为了解决传统指导模式中遇到的四个问题，提升学生创新实践能力和创新精神，我们结合机械产品数字化设计大赛的特色以及多年的指导经验，总结出以下五种方式作为指导模式的方向。

（1）发展多元化指导教师团队：学院机械产品数字化设计大赛的指导教师团队由多名实验室教师和理论课教师组成，且大多数教师都有多年横向项目的实践经验，整个指导教师团队有多个研究方向，其中有机械原理、机械设计、工程材料、互换性与技术测量、液压技术、电控技术、三维建模等方向。在这样的教师团队指导下，学生不但可以获得更广阔、更专业和更前沿的知识，还能获得相关的实践经验，做到理论与实际相结合，有利于培养自身的创新实践能力和创新精神。

（2）单独指导与共享指导并存：单独指导指的是小组的固定指导教师利用课余时间对学生作品进行一对一指导，学生能从与教师的不断交流中潜移默化地获得创新实践能力和创新精神。共享指导指的是大赛校内负责人周期性地举行小组作品进度汇报，汇报完毕后所有指导教师对作品进行多对一指导，帮助学生发现更多的问题、提供更广的思路，完成更好的作品。这样的方式不仅能发挥多元化指导教师团队的优势，又能避免学生在各方面有所欠缺的情况。

(3) 熟练掌握三维建模软件：三维建模软件是比赛的核心设计手段，相关教师开设了三维建模软件使用的选修课程供需要的学生学习，帮助学生更容易、更高效、更深入地学习使用三维建模软件，有了合适的工具才能更好地培养自身的能力。

(4) 鼓励跨学科跨专业组队：在学生以小组为单位报名时，鼓励不同学科或者不同专业的学生组成小组，提升小组的综合能力，学生在比赛过程中能够学到跨学科、跨专业的知识，对自身能力的培养十分有用。

(5) 鼓励学生大胆创新：授人以鱼不如授人以渔，尊重学生的想法，不将教师的想法强加于学生，而是利用教师自身的知识和经验发现学生作品中的问题和不足，引导学生不断的完善自己的作品，培养学生的创新实践能力和创新精神[9]。

六、结束语

经过指导教师团队多年的总结和探索，已经初步形成了适合机械产品数字化设计大赛的指导模式，但是大赛在其他方面还存在着一些问题。

从表1中可以发现，2017年开始初赛报名的小组数量和校内选拔的小组数量较前几年明显下降，主要原因有两点：一是近几年学生修习创新学分的途径较之前增加，学生参与竞赛的意愿和坚持到底的动力显著降低；二是大赛题目难度不断增加，指导教师团队缺少新鲜的“血液”，导致现有指导教师团队更替不及时。两方面因素的叠加造成了报名参赛后坚持到底的小组越来越少，这是一个不可忽视的问题。因此，探索如何吸引教师和学生参与机械产品数字化设计大赛显得尤为迫切。

参考文献

[1] 徐生文.创新发展有力推进了中国特色社会主义的巨大进步[J].中文信息，2015(10):301-301,356.
[2] 郭艳娇.国家繁荣源自民众对创新过程的普遍参与[J].地方财政研究，2016(5):1.
[3] 许达志，高妍，肖小勇.基于学科竞赛体系的大学生创新实践能力培养[J].教育教学

论坛,2020(29):245-246.
[4] 刘秋菊,罗清海,邹祝英,等.学科竞赛对大学生创新能力促进作用分析[J].高教学刊,2020(19):34-37.
[5] 钟相强.以学科竞赛为载体培养大学生的创新能力——以三维数字化创新设计大赛为例[J].科技视界,2015(33):15-15,34.
[6] 孟祥龙.机械产品数字化设计创新与发展[J].数字化用户,2019(19):135.
[7] 黄丹琳,梁微,潘利文.我国高校大学生学科竞赛现状分析[J].教育教学论坛,2020(2):305-306.
[8] 林铮,林权,刘其南.以共享模式指导机械类专业学科竞赛培养创新人才[J].武夷学院学报,2019,38(9):88-91.
[9] 左跃群,熊翰卿.学科竞赛下的高校机械专业实践教学改革分析[J].科技资讯,2020,18(9):85-86.